COLLECTION DES UNIVERSITES DE FRANCE

publiée sous le patronage de l'ASSOCIATION GUILLAUME BUDÉ

Gellius, Aulus.

p. -21
p. 8.
280-5

AULU-GELLE

LES NUITS ATTIQUES

LIVRES I-IV

TEXTE ÉTABLI ET TRADUIT

PAR

RENÉ MARACHE

*Professeur à la Faculté des Lettres
et Sciences humaines de Rennes*

PARIS

SOCIÉTÉ D'ÉDITION « *LES BELLES LETTRES* »

95, BOULEVARD RASPAIL

1967

Conformément aux statuts de l'Association Guillaume-Budé, ce volume a été soumis à l'approbation de la commission technique qui a chargé M. Jean Collart d'en faire la révision, en collaboration avec M. René Marache.

© Société d'Éditons *LES BELLES LETTRES*, Paris, 1967.

INTRODUCTION

Première Partie

AULU-GELLE
ET LES NUITS ATTIQUES

I. — L'AUTEUR

Le nom.   L'auteur des *Nuits Attiques* s'appelait A. Gellius, selon Lactance, Servius et Saint-Augustin [1]. Flavius Vopiscus ne cite que le nom Gellius [2]. Priscien au contraire le nomme Agellius [3], et c'est la forme que la plupart des manuscrits nous ont transmise. C'est aussi celle qui a prévalu au Moyen Age. La question a passionné les érudits de la Renaissance qui se sont livrés à d'interminables polémiques à ce sujet. Elle est aujourd'hui tranchée, la première série de témoignages paraissant incontestable.

Note bibliographique. — La matière de cette introduction est empruntée pour une part à nos ouvrages sur Aulu-Gelle :

La critique littéraire de langue latine et le développement du goût archaïsant au IIe siècle de notre ère, Plihon, Rennes, 1952.

Mots archaïques et mots nouveaux chez Fronton et Aulu-Gelle, Paris, P.U.F. [1957].

La mise en scène des Nuits Attiques : Aulu-Gelle et la diatribe in *Annales publiées par la Faculté des Lettres de Toulouse, Pallas*, I, 1953, p. 84 sq.

A propos de l'analogie et de l'anomalie, ibid., II, 1954, p. 32 sq.

Fronton et A. Gellius (1938-1964) [Bibliographie] in *Lustrum*, 1965, 10, p. 213-246.

1. Lact., *Epit.*, 24 (29), 5 : *A. Gellius in libris Noctium Atticarum* ; Serv., *Aen.*, V, 738 : *Aulus Gellius in libris Noctium Atticarum* ; Aug., *Ciu.*, IX, 4 : *in libris quibus titulus est Noctium Atticarum scribit A. Gellius.*

2. *Vita Probi* 1 : *quodque M. Cato et Gellius rettulerunt.*

3. *Inst.*, 7, 80 ; 6, 61 ; 6, 75 ; cf. 4, 31 ; cf. Aug., *Quaest. in Hept.* I (*ad lib.* , XIX, 1).

Vie. Tout ce que nous savons d'Aulu-
Gelle, nous le savons par son
ouvrage. Et si les *Nuits Attiques* nous présentent le
personnage, ses idées, ses scrupules, elles nous instruisent
peu sur les événements de sa vie et leur chronologie.

Aulu-Gelle n'était pas africain, quoi qu'en ait pensé
Monceaux [1], ou du moins, il est impossible d'affirmer
qu'il le soit. Tout jeune homme, nous le voyons à
Rome, et c'est à Rome qu'il a vécu toute la partie de
son existence que nous apercevons dans les *Nuits
Attiques*. Bien entendu il a fait en Grèce un voyage,
ou plutôt un séjour qui dura au moins un an, puisqu'il
y a passé toutes les saisons [2]. Il est vrai que rien
n'interdit de supposer qu'il y ait eu plusieurs voyages.
Ce qui est sûr, c'est qu'il a assisté à des Jeux Pythiques
en compagnie de son maître et ami le philosophe
Calvisius Taurus : il l'affirme [3] et on a retrouvé une
dédicace de Taurus à Delphes ; il est malheureux
qu'elle ne soit pas datée [4]. Car on ne possède aucun
indice chronologique sur ce voyage. Aulu-Gelle était
à ce moment encore un jeune homme : nous en sommes
assurés, moins par les termes dont il se désigne,
adulescens ou *iuuenis* [5], qui ne comportent aucune
précision, que pour l'y voir entièrement adonné aux
études. Or, il a grand soin de le dire, une fois passée
une période de jeunesse, les études n'ont été dans sa vie
qu'un violon d'Ingres, passionnément aimé certes,
mais qui ne l'a jamais amené à négliger les devoirs de

---

1. *Les Africains*, I, p. 250.
2. Il est question de la grande chaleur de l'été (18, 10, 1 ;
cf. 2, 21, 2), de l'automne (1, 2, 2) ; du gel de l'huile en hiver
(17, 8) ; des Saturnales (18, 13). A trois reprises il est question d'un
voyage de retour qui peut être une seule et même traversée
(9, 4 ; 16, 6, 1 et 19, 1).
3. 12, 5, 1.
4. Cf. E. Bourguet, *De rebus Delphicis*, p. 371, qui, s'appuyant
sur la chronologie de Friedlaender, la date de 163. (Cf. Sylloge, 3,
868 A. Rem. 2 et *Fouilles de Delphes*, III, 1, Paris, 1929, n° 467,
p. 279). En réalité cette date doit être remontée largement, car
on va voir que la chronologie de Friedlaender est inacceptable.
5. *Iuuenes*, 2, 21, 4.

la vie, jugés plus importants. Comme les riches Romains de la meilleure société, son travail principal était de faire fructifier son patrimoine, et il y a joint l'éducation de ses enfants [1]. Mais il ne se désintéressa pas de la vie publique et les magistrats le choisirent comme juge [2]. Il oppose ce devoir du forum et de la vie réelle aux études, à la vie artificielle de l'intellectuel qui se tapit à l'ombre des bibliothèques [3] et des salles de cours. Il semble donc avoir fait le voyage en Grèce, et avoir rassemblé la matière des *Nuits Attiques*, dans une période de jeunesse de durée indéterminée, où il s'est adonné aux études.

Chronologie. C'est cette période elle-même qui nous fournit les indices chronologiques les plus précieux. Aulu-Gelle a fréquenté les grammairiens après avoir accompli le cycle des études normal à l'époque. Il s'est attaché aux maîtres grammairiens et surtout à Sulpicius Apollinaris pour satisfaire sa curiosité et son goût de l'érudition, et pour poursuivre en quelque sorte des études supérieures. Or il nous dit très précisément qu'il fit la connaissance de Sulpicius Apollinaris peu après avoir pris la toge virile : « *Cum iam adulescentuli Romae praetextam et puerilem togam mutassemus magistrosque tum nosmet ipsi exploratiores quaereremus...* [4] ». Il suffirait donc de connaître la date de cette rencontre pour apprendre du même coup quelle fut la date de naissance de notre auteur. Or Aulu-Gelle semble l'indiquer : « *Adulescens Romae cum etiam tum ad grammaticos itarem, audiui Apollinarem Sulpicium, quem in primis sectabar,*

---

1. *Praef.*, 23.
2. 14, 2, 1 : *Quo primum tempore a praetoribus lectus in iudices sum, ut iudicia quae appellantur priuata susciperem...*, 12, 13, 1 : *Cum Romae a consulibus iudex extra ordinem datus...*, cf. 11, 3, 1.
3. 14, 2, 1 : *ut homo adulescens a poetarum fabulis...*, 13, 13, 1 : *Cum ex angulis secretisque librorum ac magistrorum in medium iam hominum et in lucem fori prodessem.*
4. 18, 4, 1. La rencontre prend l'allure d'un événement, d'une révélation et peut se comparer à la rencontre de Démosthène et de Callistrate (3, 13), de Socrate et Platon ou Phédon.

Erucio Claro praefecto urbi dicere [1] ». Erucius Clarus fut préfet de la ville et consul pour la 2e fois en 146. Faut-il en conclure qu'Aulu-Gelle est né en 128 ou 129 ? Friedlaender n'hésitait pas à le croire et proposait même la date de 130 [2]. En réalité Aulu-Gelle a fréquenté Apollinaris pendant un nombre d'années qui ne se laisse pas circonscrire. Ensuite il faudrait savoir s'il donne aux personnages le titre que ceux-ci portaient au moment ou ils sont mis en scène, ou celui qu'ils portent au moment où l'ouvrage est écrit. Une formule employée ailleurs, montre Erucius Clarus en correspondance avec Sulpicius Apollinaris à une date qui n'est pas 146. On est à la même époque : « *Nam id tempus ego adules- cens Romae sectabar eum discendi gratia...* [3] ». Erucius n'est pas nommé là *iterum consul*, ce qu'il était en 146, mais son nom est suivi des mots *qui praefectus urbi et bis consul fuit*. Friedlaender a bien tort de s'ap- puyer sur ce texte : la formule peut très bien vouloir dire : « qui fut, par la suite, préfet de la ville et deux fois consul » ; elle peut à la rigueur signifier « qui avait été préfet et deux fois consul » ; elle ne peut en aucun cas indiquer ce deuxième consulat comme contemporain de la scène. En réalité ces indications et bien d'autres nous montrent que les *Nuits Attiques* ont été écrites après l'année 146, mais elles ne permettent pas de définir la date à laquelle se passent les scènes décrites ni par conséquent la date de naissance de l'auteur.

Or nous avons, pour la publication de l'ouvrage, un *terminus ante quem*, très solide, que l'on a voulu cependant mépriser, pour conserver une chronologie plus tardive qui ne s'appuyait sur rien. Apulée dans son *Apologie*, citant les poètes érotiques les plus célèbres, énumère : *apud nos uero Aedituus et Porcius et Catu-*

---

1. Pour la préfecture d'Erucius Clarus, cf. G. Vitucci, *Ricerche sulla praefectura Urbi in aetate imperiale*, Rome, 1956, p. 117, n° 23.

2. Friedlaender, *Darstellung aus der Sittengeschichte*, IV, p. 284 ss. Cf. P.K. Marshall (*Class. Philol.*, LVIII, 1963, p. 145 ss.), qui adopte la même date.

3. 13, 18, 3.

lus [1]. Pourquoi cite-t-il ces trois noms ? Parce qu'il les avait lus dans le chapitre 19, 9 des *Nuits Attiques*. Pour détruire ce témoignage, il faut imaginer que les deux écrivains ont eu sous les yeux une même anthologie où les trois poètes figuraient ensemble. C'est la théorie de Büttner qui est devenue classique [2]. Mais H. Bardon a fait remarquer que ces trois auteurs ne devaient pas à eux seuls fournir un volume d'anthologie[3]. Il reste donc à expliquer pourquoi, entre une pléiade d'écrivains divers, Apulée a choisi précisément les mêmes qu'Aulu-Gelle, pourquoi il les énumère dans le même ordre et à la même occasion, une comparaison avec les érotiques Grecs. A vrai dire la thèse de Büttner repose sur un postulat, l'*Apologie* est de 158, les *Nuits Attiques* de 175. Mais la date de 158 a été confirmée encore par les découvertes épigraphiques récentes de J. Guey et de R. Syme [4], alors que celle de 175 ne repose sur rien [5]. Dans ces conditions il n'y a aucune raison pour

1. *Apol.*, 9.
2. *Porcius Licinius und der litterarische Kreis des Q. Lutatius Catulus*, Leipzig, 1883. Les arguments de Büttner sont repris par B. Luiselli (*Ann. Fac. Litt. Filos. Univ. Cagliari*, XXVII, 1960, p. 127 ss.).
3. *Q. Lutatius Catulus et son cercle littéraire* in *Et. class.*, XVIII, 1950, p. 145 ss.
4. La date de l'*Apologie* est fixée par le proconsulat de Claudius Maximus. Cette date est de 158-159 comme le prouvent les inscriptions étudiées par J. Guey (*Rev. Et. Lat.*, XXIX, 1951, p. 307-317) dont le raisonnement est fortifié et complété par R. Syme (*Rev. Et. Anc.*, 1959, p. 310 ss.) ; cf. B.E. Thomasson, *Die Statthalter der Römischen Provinzen Nord-Afrikas von Augustus bis Diokletian*, Lund, 1960, I, p. 73 ss.
5. C'était la date de Teuffel. Les partisans d'une date tardive s'appuyaient surtout sur le témoignage de Radolfus de Diceto dont le manuscrit *R* indiquait 169. Mais d'autres manuscrits, tout aussi sérieux, du même auteur, indiquent 119 et le principat d'Hadrien. G. Gunderman (*Trogus und Gellius bei Radolfus de Diceto*, Leipzig, 1926) a montré qu'on ne pouvait rien tirer de ce témoignage. Le calcul que font certains à partir de la loi des douze Tables est vicié à la base, le texte des manuscrits devant être corrigé (20, 1, 6). D'autres se fondent sur une analyse du texte, comme Castorina (*Giorn. It. Filol.*, III, 1956, p. 137 ss.) qui s'appuie sur une interprétation du parfait *praestitit* de 19, 12, 1.

persister à nier l'évidence : les *Nuits Attiques* sont antérieures à l'*Apologie* d'Apulée.

On doit en placer la composition entre 146 et 158. Il n'est pas nécessaire de s'écarter très en avant de 158, le rhéteur Apulée était homme à flairer toute nouveauté et à s'en servir. D'autre part Aulu-Gelle n'était probablement pas très âgé quand il publia son ouvrage : l'éducation de ses enfants paraît être une de ses préoccupations essentielles à ce moment-là. Il peut être né entre 115 et 120, avoir rencontré Sulpicius Apollinaris aux environs de 137 et il reste vingt ans où on a toute latitude de placer les divers événements dont il parle [1]. Il serait mort peu après 158 puisqu'il ne donna jamais de suite aux vingt livres qui dans son idée devaient en annoncer d'autres. Mais à part les deux dates fondamentales, reconnaissons le, tout cela n'est que conjecture. Il reste qu'Aulu-Gelle nous donne une image de la vie intellectuelle et des principaux personnages qui l'animaient sous Antonin et aussi, sûrement, dans les dernières années d'Hadrien.

II. — L'ŒUVRE

Le titre. L'ouvrage s'intitule les *Nuits Attiques*, comme Aulu-Gelle l'atteste lui-même dans sa préface et deux fois ensuite au cours des chapitres [2]. Ce titre a été choisi pour son élégance, quoique l'auteur s'en défende, et ne prétend nullement donner une indication sur le contenu. Le mot *Noctes*, qui peut paraître poétique, est en réalité le synonyme d'élucubrations, et désigne tout simplement le travail intellectuel, qui se pratiquait à la lampe, pendant les longues nuits d'hiver, à une époque où le

---

1. B. Romano, *Quibus temporibus fuerint A. Gellius et M. Valerius Probus* (in *Riv. Filol.*, XLIV, 1916, p. 547 ss.), arrive à des conclusions plus hardies et propose des dates encore un peu plus hautes. Son argumentation n'est pas toujours probante.
2. *Praef.*, 10 (cf. 19) ; 1, 25, 18 ; 14, 6, 1 et 5, ; 18, 4, 11.

jour se terminait avec le coucher du soleil. Quant à l'adjectif *Atticae* Aulu-Gelle nous dit lui-même qu'il rappelle le pays où le travail fut commencé [1].

Le foisonnement d'érudition. Les *Nuits Attiques* se présentent comme une succession de chapitres sans lien les uns avec les autres. Ces chapitres très brefs (les plus longs occupent quelques pages, les plus courts quelques lignes), traitent des sujets les plus divers. Toutes les branches du savoir ou presque ont intéressé Aulu-Gelle. Les plus nombreux sont consacrés à des questions de grammaire ou de langue latine. Morphologie, phonétique, prosodie, sémantique et même, ce qui est remarquable [2], syntaxe. Souvent il s'agit d'expliquer des mots ou des formes rares tirées d'anciens auteurs, de rappeler les valeurs anciennes ou classiques de mots dont les sens anciens s'étaient estompés au IIe siècle. Mais, d'autres fois, l'auteur rappelle des notions de portée très générale : le problème que pose l'origine du vocabulaire et les théories de Nigidius Figulus sur ce point ; la définition du barbarisme et du solécisme...

La littérature y figure sous des formes très diverses : citations commentées d'auteurs anciens ou classiques ; discussions sur l'emploi d'un mot, sur la portée d'une phrase, comparaison entre un texte grec et la traduction qu'en a donnée un écrivain latin. Il existe aussi de très rapides synthèses comme la définition des trois genres de style, ou des sommes de renseignements, comme la biographie de Plaute qui reste la source essentielle de nos connaissances sur la vie du poète. Les chapitres biographiques sont nombreux, mais ils rapportent des détails piquants plus qu'ils ne sont consacrés à un auteur particulièrement intéressant. Les écrivains grecs ont place à côté des latins, largement en ce qui concerne les détails biographiques, beaucoup moins pour les commentaires de textes.

1. *Praef.*, 10.
2. Cf. J. Collart, *Bull. Fac. Lettres, Strasbourg*, 38, 1960, p. 267 ss. et *Rev. Et. Lat.*, XLIII, 1965, p. 384 ss.

L'histoire y est présente, mais sans constituer un genre bien déterminé. On trouve de nombreuses anecdotes sur des personnages historiques ou semi-historiques, comme sur des écrivains ou des philosophes. Les grands hommes, les héros de l'histoire romaine y paraissent surtout lorsqu'il s'agit de montrer la frugalité et la vertu civique des grands romains d'antan. Des contes étonnants peuvent concerner des personnages historiques comme le fils de Crésus. Enfin il existe quelques chapitres de chronologie, dont l'un même (17, 21) prend l'ampleur d'un *compendium* d'histoire universelle.

Les chapitres dont l'intérêt est surtout juridique, sont nombreux. Aulu-Gelle s'intéresse surtout aux institutions anciennes : droit des magistrats, des prêtres, comme la vestale ou le flamine de Jupiter ; droit privé, le statut des femmes, juridique et moral. Plusieurs études ont une vaste portée comme : *municipium* et *colonia*, *rogatio* et *lex*, même *pomerium*.

Mais les sciences de la nature ne sont pas absentes: nom des astres, propriétés ignifuges de l'alun, ou résistance du palmier à la pression, nom des veines et des artères, durée de l'accouchement; spéciaux ou généraux, les renseignements abondent. Là encore les *miracula* apparaissent tout naturellement : le dauphin amoureux de l'enfant, mœurs étranges de peuples exotiques, etc...

Dans la philosophie, c'est surtout la morale qui intéressait Aulu-Gelle. Les discussions sur la casuistique et les *officia* sont en grand nombre : préséances entre un père et son fils magistrat, devoir du juge entre un méchant muni de tous les instruments juridiques et un juste dépourvu de preuves. Mais certains chapitres sont des résumés d'extension très large : Chrysippe et la Providence, théorie d'Aristote sur la mémoire, *controuersia* entre un stoïcien et un péripatéticien, différence entre Pyrrhoniens et Académiciens, etc...

Si la plupart des chapitres portent sur un détail relevé par hasard, beaucoup donnent au contraire une rapide synthèse sur une vaste question. Les *Nuits*

Attiques ne se proposent pas seulement de conserver des détails curieux, mais aussi de mettre à la portée des lecteurs une foule de renseignements ; autant qu'une compilation, c'est une œuvre de vulgarisation.

Commentarii. La préface nous explique très clairement quelle fut la méthode. L'œuvre est tout simplement un recueil de notes de lecture ou d'audition ; mais Aulu-Gelle distingue très soigneusement entre les notes qu'il a prises en lisant ou entendant ses maîtres, *annotationes pristinas*, et la mise en œuvre qu'il en fait, *commentarii* [1]. Ce mot qui signifie *carnets* ou *notes* et prend par instants le sens de commentaire, implique une certaine activité de qui les rédige, une fin qu'il se propose, bref une élaboration. Il reste que la base et la raison d'être de l'ouvrage ce sont les *excerpta*, les notes de lecture. Il s'agit là d'une méthode très étrangère aux modernes, mais très répandue dans l'Antiquité. Quand Pline le Jeune nous parle de l'inlassable activité de son oncle, il nous le montre occupé perpétuellement à prendre des notes, et il se sert du verbe *excerpebat* et du nom *commentarii* [2]. Pour Fronton et Marc-Aurèle le travail de lecture, c'est de faire des *excerpta* ; ils en ont tellement conscience qu'ils emploient volontiers l'expression *legere ex* ; lire, c'est tirer des notes d'un livre [3]. Prendre des notes en lisant fut de tout temps une nécessité, mais la nature même du livre et les conditions de travail le rendaient particulièrement indispensable à l'époque. Le *uolumen* se présentant comme un rouleau fait d'une feuille continue, les lecteurs n'avaient pas comme de nos jours la faculté de marquer une page, d'y revenir alors qu'ils étaient parvenus bien au-delà : il fallait noter, recopier au passage. Au demeurant les

---

1. *Praef.*, 3 : *Facta igitur est in his quoque commentariis eadem rerum disparilitas, quae fuit in illis annotationibus pristinis.*
2. Plin., *Ep.*, III, 5, 10 : *liber legebatur, adnotabat excerpebatque*, cf. *ibid.*, 17.
3. Cf. p. 63, l. 1 (Van den Hout).

livres étaient si rares qu'il y avait tout avantage à faire ces extraits et à les conserver.

De là à les publier, il n'y avait qu'un pas et il était franchi depuis longtemps. N'était-ce pas rendre service aux futurs lecteurs que leur éviter de recourir à un original difficile à se procurer, leur épargner la peine de parcourir un long volume, puisque on en avait extrait tous les renseignements intéressants ? C'est ainsi que pullulèrent tous les recueils les plus divers, composés de détails notés au cours des lectures et plus ou moins classés. Toutes les périodes où l'érudition fut en honneur, ont connu cette littérature. Chez les Alexandrins déjà avaient paru des recueils de métamorphoses, et des catalogues de toute sorte. A Rome il en fut de même : Pline l'Ancien avait donné trois livres *studiosi*, divisés en six volumes, et huit livres *dubii sermonis* qui devaient contenir des notes philologiques juxtaposées. La préface d'Aulu-Gelle énumère une série de titres d'ouvrages analogues. Tels devaient être les *Commentarii Antiquarum lectionum* de Caesellius Vindex ; des *siluae* comme celles de Valerius Probus, recueil de remarques sur le langage ancien. D'autres n'annonçaient aucune limitation et ne se bornaient à aucun domaine particulier. Ainsi la ὕλη d'Ateius Philologus, le *Pratum* de Suétone ou les *Musae* d'Aurelius Opilius, sans parler d'ouvrages plus anciens comme les *Epistolicae Quaestiones* de Varron, ou grecs comme les *Quaestiones Conuiuiales* de Plutarque auxquels on ajoute parfois la παντοδαπὴ ἱστορία de Favorinus.

Composition de l'ouvrage. Aulu-Gelle a ainsi noté des détails de toute sorte, sans choix ni dessein prémédité. Puis il a repris ses notes en éliminant vraisemblablement pas mal, mais il le dit nettement, sans aucun souci d'y introduire un ordre, quel qu'il fût. *Vsi autem sumus ordine fortuito quem antea in excerpendo feceramus* [1]. Il faut

1. *Praef.*, 2. Cf. au paragraphe suivant *rerum disparilitas*.

bien avouer que sur ce point jamais œuvre n'a corres-
pondu aussi parfaitement à ce qui en est annoncé dans
la préface. Les chapitres se suivent sans lien entre eux
la plupart du temps ; parfois deux chapitres successifs
traitent de sujets voisins ou dérivent de la même
source [1] : c'est la preuve que le désordre n'a pas été
organisé [2]. Tout au plus faut-il remarquer que les
débuts de livre sont particulièrement soignés : le
chapitre de tête est généralement dialogué et mis en
scène. Au demeurant le nombre des chapitres mis en
scène augmente dans les derniers livres et semble
révéler une certaine évolution d'Aulu-Gelle, qui, de
plus en plus, a été amené à donner à son œuvre le
caractère de souvenirs et mémorables.

*Composition
des chapitres.*
La composition des chapitres est
tout aussi peu rigoureuse et Aulu-
Gelle ne s'impose aucune règle,
aucun cadre rigide. Il faut faire cependant à ce propos
deux remarques. Les anciens n'avaient pas les facilités
que nous avons de rejeter en note les références, les
citations ou les réflexions qui peuvent venir comme
complément sans embarrasser ou infléchir le cours du
développement. Très souvent ainsi, le dernier paragraphe
d'un chapitre est constitué par une citation qui confirme

1. Par exemple Masurius Sabinus *Iuris Ciuilis lib.* II est cité
en 4, 1 et 4, 2, puis Servius Sulpicius en 4, 2 ; 4, 3 et 4, 4 (le *de
dotibus* dans le dernier cas, cf. 13, 14 et ss.). Selon Ruske il
y aurait jusqu'à quatre chapitres consécutifs à dériver de la même
source, par exemple 1, 17 ; 1, 18 ; 1, 19, et 1, 20, mais il faut
de la subtilité pour le prouver, et l'identité de source de ces
chapitres est loin d'être démontrée. Au contraire deux chapitres
qui paraissent de même source, sont séparés 3, 13 et 3, 17 (s'ils
sont bien de Favorinus) ; 6, 7 et 6, 9 (de Probus) ; 11, 1 et 11, 3.
2. Il a fallu toute la subtilité méfiante des érudits pour prétendre que le désordre était fictif et voulu, non pas *ordo fortuitus*
mais destruction intentionnelle de l'ordre. C'est la thèse de
Mercklin (*die Citiermethode und Quellenbenutzung des A.G. in
den Noctes Atticae*, Fleckeisen Jahrb., Suppl., III, 1860, p. 705 ss.)
qui fut suivi notamment par Faider (*la Préface des Nuits Attiques*
in *le Musée belge*, XXVI, p. 189 ss.). Voir la réfutation de cette
thèse par A. Maréchal, *A propos de la préface des Nuits Attiques*
in *Rev. Phil.*, LV, 1929, p. 288.

2

ou contredit, en totalité ou en partie, ce qui a été dit dans le corps du chapitre [1] ; parfois c'est simplement le texte du passage dont il a été question dans la discussion principale. D'autre part, il est bien certain que les citations elles-mêmes, font aux yeux de l'auteur le mérite de l'ouvrage : elles sont annoncées dès le *lemma* et, bien loin de diminuer l'originalité du chapitre, elles en sont, non pas seulement la parure, mais la raison d'être. Cela explique pour une part les sinuosités de la démonstration et les irrégularités du plan.

La langue et le style. A première lecture le style d'Aulu-Gelle paraît dépourvu de prétention, et d'une clarté toute technique. En réalité les intentions artistiques n'en sont pas absentes. Les coquetteries de la préface suffiraient à en avertir. Aulu-Gelle a une théorie esthétique et l'applique dans son œuvre : il est à la recherche du mot rare. Il orne son propos de mots archaïques et de mots nouveaux. On le surprend à plusieurs reprises en train de collectionner les mots extraordinaires dans quelque ancien auteur et on le voit à l'occasion s'en servir tout naturellement [2]. En fait un relevé précis des mots archaïques montre qu'il est allé rechercher dans l'ancienne littérature et particulièrement chez les comiques une foule d'*hapax*, d'inventions verbales ou de mots depuis tombés en désuétude [3]. Il semble également qu'il ait senti quelle avait été la liberté ancienne et que ce soit l'antiquité qui lui ait enseigné à forger un très grand nombre de mots nouveaux (il en a été compté 380). Les procédés de formation ne sont pas les plus difficiles : dérivation de substantifs en *-tor*, *-tio*, d'adjectifs en *-bundus*, *-lentus*, composition négative par *in* ; tout cela répond à des besoins qui ne sont pas toujours artistiques, qui

1. On peut considérer par exemple en 4, 1, 20, les citations données en appendice de la discussion sur *penus*, qui contredisent Favorinus et ne sont pas conformes à ses exigences en vue d'une bonne définition.
2. Cf. *infra*, p. xxi et notre *Critique littéraire...*, p. 225.
3. Cf. nos *Mots nouveaux et mots archaïques...*, p. 263 ss.

semblent cependant l'avoir été à l'origine. Le vocabulaire des *Nuits Attiques* est en pleine évolution, une évolution qui s'autorise de l'archaïsme, mais qui ouvre vers les inventions néologisantes des siècles suivants.

Cependant Aulu-Gelle conserve un goût rhétorique classique qui le mène vers Cicéron et la recherche d'une certaine abondance. Il aime les redoublements de synonymes et sa phrase montre une prédilection pour les rythmes binaires ; il accole volontiers à un verbe un participe de même sens, s'attachant toujours à donner une certaine ampleur à son style. Il suffit, pour s'en convaincre, de jeter les yeux sur la traduction qu'il donne de l'histoire d'Arion, telle qu'elle se lit chez Hérodote, et de la comparer au récit de Fronton, qui est conçu comme un chef-d'œuvre de brièveté, orné seulement d'un ou deux mots extraordinaires. La prose des *Nuits Attiques* est ainsi empreinte d'une certaine bonhomie, due à l'abondance verbale, à l'absence de tension, et le goût du mot rare y aboutit à une facilité qui renforce cette impression.

Au total l'œuvre est celle d'un érudit qui se confie avec un certain abandon, nous livrant sa préoccupation du moment sans souci excessif de se raidir, de construire son propos, d'imposer de lui-même une image toute modelée.

III. — LES IDÉES LITTÉRAIRES : LE GOUT DU MOT RARE ET DE L'ARCHAISME

Fronton dans les Nuits Attiques. Fronton occupe dans les *Nuits Attiques* une place éminente. Majestueux et respecté, il apparaît cependant toujours dans l'intimité, entouré de gens doctes et éclairés. Il les domine de son prestige. Dans la discussion c'est toujours lui qui a raison finalement, même contre Favorinus [1]. Auprès de ce grand per-

---

1. Dans la *controuersia* sur les noms de couleur (2, 26).

sonnage Aulu-Gelle cherchait une science : « *Nec unquam factum est quotiens eum uidimus quin rediremus fere cultiores doctioresque* [1] ».

Or cette science, c'est la science du latin. Latiniste, il défend la cause de la langue latine parce qu'il en connaît mieux que personne les richesses [2]. Quand il intervient, c'est souvent pour préciser le sens réel d'un mot et les conditions dans lesquelles il peut être employé [3]. Sa méthode est entièrement fondée sur le principe d'autorité. Il s'agit avant tout de connaître quel est l'écrivain qui a employé le mot ou la forme contestée, et il ne faut accorder d'autorité qu'à un auteur ancien [4]. Et Aulu-Gelle comprend que ce que Fronton enseigne, c'est à fouiller les auteurs anciens pour y trouver formes et mots rares : « *Haec quidem Fronto requirere nos iussit uocabula... ut nobis studium lectitandi in quaerendis rarioribus uerbis exerceret* [5] ».

Tel est précisément l'enseignement que Fronton dispensait à Marc Aurèle, telle est la théorie qu'il formule expressément dans sa correspondance. Tout l'art consiste dans le choix des mots : c'est de ceux-ci que viendra tout l'ornement du discours, toute sa beauté. Il recommande un travail minutieux et scrupuleux qui nécessite une science réelle, et, dans une image précieuse, il proclame la nécessité de connaître *castella uerborum, concilia uerborum* [6], « *loca, gradus, pondera aetates, dignitatesque dinoscere* [7] ».

Inversement il considère que le mot le plus recherché est le mot le meilleur. Il rejette absolument la langue commune et ordinaire. Il reproche à Cicéron son vocabulaire trop simple et trop clair. Il définit une théorie des mots inattendus et surprenants, *insperata et inopinata uerba*. Ce sont des mots qu'on présente au

---

1. 19, 8, 1. Cf. *scientiam rerum uberem* (2, 26, 20).
2. 2, 26.
3. 13, 29 ; 19, 10 ; 19, 13 ; 19, 8.
4. 19, 8, 15.
5. *Ibid.*, 16.
6. P. 134, l. 29 s.
7. P. 133, l. 22.

lecteur par surprise et contrairement à son attente. Seul l'écrivain de génie est capable d'imaginer ces mots. Si on les supprimait dans le texte tout autre serait incapable de les retrouver [1]. Ils se caractérisent donc par leur valeur expressive et leurs qualités intrinsèques. Mais surtout ce sont des mots rares, ignorés du commun. Celui-là seul qui sait les employer a droit à l'éloge auquel Fronton tient le plus, *elegans* ; l'*elegantia* est la qualité de qui sait choisir ses mots ; en fait de qui sait préférer, au mot courant, un vocable extra-ordinaire. Or, en pratique, les mots inattendus et surprenants ne peuvent guère être autre chose que des mots archaïques. L'archaïsme a tous les avantages de la nouveauté, et seul il offre toutes les garanties : on peut évaluer exactement sa latinité.

C'est une rupture complète avec le classicisme. Au nom de principes esthétiques baroques, Fronton rejette tous les auteurs dont la langue est banale. Il se tourne vers les poètes archaïques, proclame la supériorité d'Ennius sur Virgile, il aime Plaute et même Labérius, dédaignant Horace. Caton est le premier des orateurs, Salluste vient ensuite, Cicéron ne saurait prétendre qu'à la troisième place. Et, de lui, Fronton n'aime en réalité que les lettres.

La théorie du mot rare, et le goût littéraire d'Aulu-Gelle. Or Aulu-Gelle s'est plié aux principes frontoniens. Il a travaillé à la recherche des mots rares. C'était chez lui surtout curiosité philologique. Mais il est heureux d'introduire dans son propre vocabulaire certains des mots qu'il a trouvés chez les anciens auteurs. On le voit s'exercer à retenir des listes de mots ou de tours rares[2].

---

1. *Insperatum autem atque inopinatum uero appello, quod praeter spem atque opinionem audientium aut legentium promitur, ita ut, si subtrahas, atque eum qui legat, quaerere ipsum iubeas, aut nullum aut non ita significando adcommodatum uerbum aliud reperiat* (p. 57).

2. 19, 7 : mots de Laevius ; 17, 2 : de Quadrigarius ; 10, 25 et 10, 9 : noms de chars et d'armes.

Le goût du mot rare commande ses jugements littéraires comme ceux de Fronton : pas de qualité plus prisée que l'*elegantia* [1] ; c'est un vif éloge sous sa plume que celui qu'il décerne à Salluste, *nouator uerborum* [2]. Il goûte les écrivains qui ont le plus évité le langage courant et ordinaire à condition qu'ils aient eu recours à l'archaïsme : Laevius, Matius, Furius d'Antium et surtout Laberius, Ennius bien sûr et davantage Plaute, grand artiste en mots et effets verbaux ; en prose Caton, Claudius Quadrigarius et Salluste. C'est à quelques nuances près le goût de Fronton : les écrivains antérieurs à l'époque de Sylla ou ceux qui, plus récemment, ont retrouvé les hardiesses verbales de l'époque archaïque.

Plus modéré que Fronton, Aulu-Gelle laisse aux écrivains classiques, une place plus grande : il ignore Horace, mais il s'intéresse beaucoup à Virgile, dont il admire la pureté de langue, et chez qui il trouve des mots aussi remarquables que chez les anciens. Il le dit *uerborum diligentissimus*[3], et emploie à son propos, à plusieurs reprises, l'épithète *elegantissimus* [4]. Il ne cherche pas non plus à faire la moindre réserve sur Cicéron qu'il met très au dessus de Caius Gracchus [5], qu'il défend contre ses détracteurs [6], et cela, tout en se rendant fort bien compte que Cicéron n'a jamais aimé le mot rare [7], qu'il l'a même évité très constamment.

---

1. *Elegans* est dit d'un mot rare d'Ennius (5, 11, 12), d'une expression rare de Caton (11, 1, 7), de Varron (18, 12, 1), de Quadrigarius (17, 2, 1 et 26).
2. 1, 15, 18.
3. 2, 26, 11.
4. 20, 1, 54 ; 17, 10, 6 ; 10, 11, 7.
5. 10, 3, 1.
6. 17, 1.
7. 10, 21,1 : le purisme de Cicéron, qui a évité de se servir de mots attestés chez Caton et Salluste.

La polémique
contre Sénèque
et les grammairiens
analogistes.

Cela ne l'empêche nullement de déployer une certaine violence à la défense des idées qu'il a héritées de Fronton. Comme celui-ci, il se déchaîne contre Sénèque avec d'autant moins de modération qu'il envisage, non l'œuvre dans son ensemble, mais les jugements peu déférents du philosophe sur Ennius, Cicéron et Virgile. Il le traite d'*homo nugator*[1], d'*ineptus et insubidus homo*[2]. Il use du même style à l'égard de toute une catégorie d'anonymes qu'il met en scène[3]. Ce sont en général des grammairiens de profession. Ostentateurs et charlatans, ils aiment se retrancher derrière leur spécialité pour couvrir leur ignorance. Car ils ignorent tout des anomalies et des mots rares qu'on trouve chez les auteurs anciens. Ils dédaignent la méthode de Fronton et ne font confiance qu'à la raison, *ratio*, c'est-à-dire à l'analogie. Il faut qu'une forme puisse s'expliquer logiquement, peu importe où elle est attestée. Certains l'avouent brutalement : « *Tibi, inquit, habeas auctoritates istas ex Faunorum et Aboriginum saeculo repetitas atque huic rationi respondeas*[4] ». Aulu-Gelle méprise leur façon de légiférer dans le vide, les traite de *nouicii semidocti*[5], et se moque de ceux qui observent comme des règles sacrées leurs lois arbitraires qui ne se fondent sur aucune tradition[6]. Il atteste ainsi parfaitement son adhésion à la doctrine qui fait, de la rareté de langue, la valeur littéraire la plus sûre, et de l'autorité des anciens, la seule loi.

1. 12, 2, 8.
2. *Ibid.*, 11.
3. 5, 21 ; 7, 15 ; 6, 17 ; 8, 10 ; 13, 31 ; 16, 6 ; 15, 9 ; 20, 10 ; 18, 4 ; 19, 10 ; cf. 16, 10 ; 18, 9 ; 4, 1.
4. 5, 21, 7 ; cf. 15, 9, 6.
5. 16, 7, 13.
6. 17, 2, 15 : *qui grammaticorum noua instituta ut* τεμένων ἱερὰ *obseruant*.

IV. — LE PRIMAT DE LA MORALE
ET LA DOCTRINE DE LIMITATION :
LA DIATRIBE
ET L'AMOUR DE L'ANTIQUITÉ

La préface s'inspire très largement de celle de l'*His-toire Naturelle*, reprenant jusqu'aux mots de Pline dans l'allusion aux prédécesseurs et rivaux[1]. Mais au lieu de l'intention affirmée d'accumuler le plus de renseignements possible, on trouve une mise en garde assez inattendue contre l'excès du savoir, contre un indigeste entassement de connaissances inutiles. Aulu-Gelle place, en épigraphe de son œuvre, le dit d'Héraclite d'Ephèse : πολυμαθίη νόον οὐ διδάσκει. Il affirme avoir fait un tri sévère et avoir rejeté tout ce qui était déplaisant ou désagréable, c'est-à-dire tout simplement sans intérêt, tout ce qui n'apportait pas de perfection à la culture, tout ce qui n'était pas utile[2]. Il s'agit bien entendu d'une utilité tout intellectuelle. Le livre s'efforce de rassembler des connaissances capables de former l'esprit et de le nourrir : « ...*ex quo facile ado-lescant aut ingenia hominum uegetiora aut memoria adminiculatior, aut oratio sollertior aut sermo incor-ruptior*[3] ». C'est un dessein parfaitement clair, inspiré par une doctrine humaniste : la science est faite pour l'homme et non l'homme pour la science.

Miracula.   Parmi les connaissances qu'Aulu-Gelle rejette, en vertu de ce principe, figurent en premier lieu les détails extraordinaires

1. Cf. P. Faider, *La Préface des Nuits Attiques* in *Musée Belge* XXXI, 1927, p. 201 ss. Le mot *subsiciuus* en particulier est pris à Pline. L'énumération des titres lui doit beaucoup aussi. Mais Pline est plus hargneux à l'égard de ses rivaux.
2. *Praef.*, 11 : *quod sit aut uoluptati legere aut cultui legisse aut usui meminisse* ; cf. *ibid.*, 12 : *ad... utilium artium contem-plationem*. Cf. 14, 6, *lem.* où le plaisir et l'utilité sont associés de la même manière.
3. *Praef.*, 16.

qu'il appelle *miracula* [1]. Ce sont, par exemple, des
contes sur les habitants de contrées inconnues, des
Scythes anthropophages, des Arimaspes à l'œil
cyclopéen, des êtres véloces dont les pieds sont tournés
vers l'arrière, une Albanie de fantaisie dont les habitants
ont les cheveux blancs dès l'enfance, et voient mieux
la nuit que le jour [2]. Le même principe explique sa
méfiance à l'égard d'Apion dont il n'admet le témoignage que comme témoin oculaire direct, se refusant
à lui accorder créance lorsqu'il rapporte l'opinion
d'autrui [3]. Il explique aussi certains de ses jugements
sur Pline, dont il fait l'éloge cependant et qu'il admire [4],
mais à qui il reproche vivement d'avoir prêté à Démocrite des opinions ridicules sur le caméléon [5].

Cette horreur théorique des *miracula* s'accompagne
d'une curiosité intense pour les histoires de ce genre,
et Aulu-Gelle cherche chaque fois tous les prétextes,
pour se départir, à l'égard du présent récit, de la
méfiance qu'il affiche en général. Il se trahit même avec
beaucoup de naïveté quand il parle du charme falla-
cieux de telles histoires étonnantes « *qua plerumque
capiuntur et ad perniciem elabuntur ingenia maxime
sollertia eaque potissimum quae discendi cupidiora
sunt* [6] ». La sympathie qu'il proclame pour ces esprits
intelligents et avides d'apprendre est celle que l'on
ressent pour ceux qui sont atteints de la même maladie
que soi-même.

---

1. 14, 6, 3.
2. 9, 4.
3. 5, 4, 3.
4. 9, 4, 13 : *uir in temporibus aetatis suae ingenii dignitatisque
gratia auctoritate magna praeditus.*
5. 10, 12, 1. Remarquons qu'en 9, 4, 7-12, le départ est mal
fait entre les stupidités des livres de Brindes et l'*Histoire Naturelle*
de Pline elle-même : « *Id etiam in isdem libris* (les livres de
Brindes) *scriptum offendimus quod postea in libro quoque P¹inii
Secundi Natura¹is Historiae septimo legi... Haec atque alia eiusmodi
legimus* : *sed cum ea scriberemus tenuit nos non idoneae scripturae
taedium...*
6. 10, 12, 4.

Discussion sur les faits historiques. Il rejette de même des discussions oiseuses sur des faits historiques. Alexandre refusa de jeter les yeux sur la veuve de Darius ; fut-il plus admirable que Scipion qui renvoya à son père une jeune captive après en avoir contemplé la beauté ? Il dédaigne cette *declamatiuncula* [1]. Peut-être veut-il condamner par là tout le système des *suasoria* et, plus qu'une science inutile, une dépense d'énergie et de talent à tout autre chose qu'à une recherche historique.

La science physique. Il est tout aussi réticent en ce qui concerne la science. Les discussions qui relèvent des sciences physiques et portent sur la nature du son [2] et de la lumière [3], lui paraissent simples divertissements d'oisifs, *argutae delectabilisque desidiae aculeos*, des vétilles, *scrupuli*. Elles peuvent retenir l'attention un moment, on ne saurait s'y adonner. Il ne faut pas les remâcher trop longtemps : « *Non diutius muginandum* ».

Primat de la vie et de l'expérience. Ce qui est important c'est de savoir diriger sa vie : tous les savoirs qui sont étrangers à cette préoccupation sont à rejeter. En lisant les livres achetés chez le bouquiniste de Brindes, Aulu-Gelle est pris de dégoût « pour une littérature sans portée et qui ne vise en rien à donner des armes et être utile à l'expérience ordinaire de la vie [4] ». Il regrette de ne pas trouver dans les sciences physiques *emolumentum aliquod solidum ad rationem uitae pertinens* [5]. Il cite toute la tirade de Calliclès dans le *Gorgias*, et y voit un enseignement utile, destiné à détourner justement d'une philosophie purement intellectuelle et spéculative, « qui ne sert en rien à gouverner la vie ni

1. 7, 8, 4.
2. 5, 15.
3. 5, 16.
4. 9, 4, 12.
5. 5, 15, 9.

à la mettre en ordre [1] ». Il consacre un chapitre à commenter deux vers d'Afranius qui disent la sagesse, fille de l'expérience et de la mémoire. A cette occasion, parlant des hommes qui n'ont reçu d'enseignement que de livres et de maîtres, il les compare à des esprits qui rêvent ou qui délirent [2].

Haine du pédantisme. Il rejette tout ce qui est spécialisation et le pédantisme qui en est la conséquence. Il raille le jeune philosophe orgueilleux d'une science fraîche, fier de connaître les termes philosophiques, et montrant par là même qu'il est étranger à toute sagesse [3]. Il rappelle le mot d'Herodes Atticus sur un philosophe *pallio tenus*, dont seul le costume était philosophique [4]. Il reprend ainsi le thème, très répandu de tous temps, mais particulièrement au IIe siècle, du philosophe dont la pratique dément la théorie [5]. Sa lutte contre les grammairiens, dont nous avons parlé, procède du même esprit. Des pédants ridicules s'abritent derrière leur titre et leur profession, ce qui leur permet d'ignorer les vrais problèmes.

Les idées d'Aulu-Gelle et la diatribe. Ces idées ne sont pas nouvelles. Déjà exprimées par Socrate avec une portée tout autre, elles ont été véhiculées par tout un courant de pensée, celui qu'Oltramare [6] a appelé la philosophie diatribique. D'origine stoïcienne ce courant de pensée rassemble en lui tous les enseignements de tendance ascétique que contenaient les diverses doctrines ; il présente d'autre part une véritable synthèse entre

1. 10, 22, 24.
2. 13, 8, 2.
3. 2, 2.
4. 9, 2.
5. 17, 19 ; cf. Epictète, *Diatribae*, II, 19, 24 et 28 ; Dion et Lucien, *passim* ; Diog. Laert., VI, 2, 25 et 27 ; Anaxippus (Kock, III, p. 299 fr. 4). Cicéron, *Tusc.*, II, 4, 11, ss. ; Sénèque, *Epist.*, 29, 5 ; Quint. I *Praef.*, 15 ; Juvénal II, 1 ss.
6. *Origines de la diatribe romaine*, 1926.

philosophie et rhétorique, celle-ci étant mise au service de celle-là. Il est caractérisé par une volonté très affirmée de vivre la philosophie, d'échapper à la pure théorie et aux défauts des purs théoriciens. Par les Cyniques il se rattache à Socrate qui avait ramené la philosophie du ciel sur la terre et qui avait donné à la morale le pas sur la métaphysique [1]. Les idées diatribiques prennent une position très importante au Ier et au IIe siècle dans le monde gréco-romain. Les penseurs et les philosophes se situent par rapport à elles. Sénèque, Musonius, Epictète, Dion Chrysostome et Lucien se les sont assimilées et en ont défendu l'essentiel.

Deux principes se dégagent de la pensée d'Aulu-Gelle. « Une philosophie théorique qui reste théorique est sans intérêt ». Aussi bien « la morale seule importe ». Or ce sont précisément deux principes de la philosophie diatribique. Dans le classement qu'il a fait des thèmes diatribiques, Oltramare a classé les deux thèmes en question avec les numéros 3a et 1.

Mais il existe une preuve encore plus précise des rapports entre Aulu-Gelle et la diatribe. Quand celui-ci veut opposer ses *Nuits Attiques* et la matière qu'il cherche pour elles, à une indigeste *polymathia*, il se sert d'une citation très caractéristique : « *Nam meae Noctes... de uno maxime illo uersu Homeri quaerunt quem Socrates prae omnibus semper rebus sibi esse cordi*

---

1. Sur tout cela voir P. Oltramare, *op. laud.* La thèse d'Oltramare a été contestée et le terme de diatribe est contestable. Il s'agit peut-être moins d'un mouvement d'idées que d'une synthèse pratique et morale des diverses doctrines et des divers enseignements : la philosophie antique était toujours une école de détachement et d'ascétisme, réel ou virtuel. Les procédés de démonstration et de persuasion étaient catalogués et ressassés dans les écoles. Sur cette discussion, cf. P. Boyancé, *Rev. Et. Grecques*, 1951, p. 107 ; Sénèque, *De constantia sapientis*, commentaire par P. Grimal, Paris, 1957, et J. Bompaire, *Lucien écrivain, Imitation et création*, Paris, 1958, p. 353, qui insiste sur l'équivalence entre thème rhétorique et thème diatribique, (cf. *Rev. Et. Anc.*, 1950).

dicebat : ὅττι τοι ἐν μεγάροισι κακόν τ' ἀγαθόν τε τέτυκται [1].

Or ce sont les Cyniques qui ont aimé rappeler l'usage que Socrate avait fait de cette citation. Une phrase de Diogène Laërce nous apprend que Diogène le Cynique l'avait constamment à la bouche [2], Musonius s'en servait pour définir la préoccupation unique de la philosophie [3] : et c'est un des plus authentiques représentants de ce qu'Oltramare appelle diatribe ou philosophie populaire.

Aulu-Gelle qui n'aime pas beaucoup citer de contemporains fait une grande place à Musonius [4] et surtout à Épictète. En citant Musonius qui interdisait d'applaudir un philosophe, il prenait parti contre la sophistique, pour l'ascétisme diatribique. Épictète a une autorité si incontestée qu'on recourt aux *Entretiens* comme à une sorte de bible : c'est de lui qu'Aulu-Gelle, par Herodes Atticus et Favorinus, tire une condamnation du pédantisme philosophique [5] ; c'est à son texte qu'un philosophe a recours pour se justifier d'avoir manqué d'impassibilité pendant une tempête [6]. Plutarque lui-même n'était pas étranger aux idées diatribiques, Oltramare en a fait la démonstration [7]. Or c'est pour Aulu-Gelle une source de tout premier ordre. Beaucoup de renseignements très divers lui sont empruntés [8].

---

1. 14, 6, 5.
2. Diog. Laert., 9, 3 (103) : καὶ ὅπερ τινες ἐπὶ Σωκράτους τοῦτο Διοκλῆς ἀναγράφει τοῦτον φάσκων λέγειν : « Δεῖ ζητεῖν ὅττι τοι ἐν μεγάροισι κακόν τ' ἀγαθόν τε τέτυκται ». Cf. 2, 4, 6.
3. Frgmt 3, p. 10, l. 8 (Hense) : καὶ ὁ φιλόσοφος ὥσπερ ἔλεγε Σωκράτης, τοῦτο διατελεῖ σκοπῶν ὅττι τοι ἐν μεγάροισι κακόν τ' ἀγαθόν τε τέτυκται.
4. Aulu-Gelle lui accorde beaucoup d'attention et le cite trois fois, bien qu'il soit de date récente, comparant une de ses maximes à celles de Caton (16, 1), citant une *sententia* pleine de substance morale : *remittere animum quasi amittere est* (18, 2, 1), et un précepte intéressant : le philosophe digne de ce nom ne doit pas être applaudi (5, 1).
5. 1, 2 et 17, 19.
6. 13, 1, 14.
7. *Op. laud.*, p. 168.
8. 1, 1 ; 2, 9 ; 4, 11, 13 ; 15, 10.

Et il est le héros d'une anecdote qui a presque la forme d'une chrie [1]. Enfin, parmi les maîtres qu'Aulu-Gelle nomme, Favorinus et Taurus paraissent avoir subi très fortement l'influence diatribique [2] et doivent lui avoir transmis cet enseignement.

L'antiquité romaine. L'idéal de la philosophie, cynico-stoïcienne, c'est essentiellement l'ascétisme et la force morale. Ce sont précisément les deux points qui caractérisent les anciens Romains. « L'antiquité est honnête, bonne et sobre [3] ». La frugalité est la vertu que pratiqua toute la nation. Aulu-Gelle rêve à la sévérité des anciens censeurs et il en rapporte plusieurs traits [4] : il s'agit d'un véritable paternalisme, de magistrats qui sont chargés de l'éducation de leur peuple. Mais le plus étonnant, c'est peut-être la force morale de ces héros d'un autre âge : Fabricius dédaignant l'or des Samnites [5] ; le même Fabricius recommandant aux suffrages du peuple son ennemi Rufinus [6]. Tout mensonge est exclu, toute bassesse. Aulu-Gelle oppose aux artifices des rhéteurs, la droiture des antiques magistrats qui ne savent pas farder la vérité, ainsi Metellus Numidicus parlant sur le mariage, ou Caton pour les Rhodiens [7]. Il aime répéter qu'il trouve dans un discours de ces gens-là un enseignement meilleur que dans les traités des philosophes.

Caton. Caton, qui aux yeux de Fronton, était le plus grand orateur latin, était aussi pour la littérature diatribique un héros dont on citait les *dicta* et qui trouvait place à côté de Socrate

---

1. 1, 26.
2. Cf. *Pallas*, I, p. 91 ss.
3. 1, 10, 3 : *Sed antiquitatem tibi placere ais, quod honesta et bona et sobria et modesta sit.*
4. 4, 12 ; 4, 20 ; 6, 22.
5. 1, 14.
6. 4, 8.
7. 1, 6 et 6, 3.

et de Diogène [1]. Son ascétisme était devenu proverbial. Aulu-Gelle rapporte avec enthousiasme les traits d'une avarice intransigeante : simplicité totale des maisons de campagne, absence de tout luxe : « Ils me font un crime de manquer de tout ; je leur reproche de ne savoir manquer de rien [2]». Il trouve, à son langage, un accent d'inimitable sincérité. Il rapporte ses traits, marqués d'un humour impitoyable, contre les travers de ses contemporains [3]. Il défend avec énergie l'argumentation du *pro Rhodiensibus*, modèle parfait d'éloquence, autant qu'autorité morale incontestée, en butte aux critiques injustifiées des rhéteurs [4]. Certes Caton l'a attiré par son langage archaïque, par la verdeur pittoresque de son vocabulaire ; mais, ce qu'il admire surtout, c'est la force morale du personnage, que la littérature diatribique avait depuis longtemps placé sur le piédestal des héros. Il va vers l'antiquité par amour du langage ancien et du mot rare, mais aussi par goût philosophique de la morale, avec, en sus, l'illusion de trouver là une morale en action, incontestable, parce que pratique et réelle. Autant qu'à un besoin artistique et littéraire, le culte de l'antiquité et de son héros le plus populaire, Caton répond à une soif de vertu, celle qu'admire en lui l'enseignement diatribique.

V. — LA MISE EN SCÈNE
DANS LES NUITS ATTIQUES
ET LA GENÈSE DE L'OUVRAGE

Les courts chapitres des *Nuits Attiques* ne sont pas toujours présentés comme des notes de lecture. Certains mettent en scène des maîtres, des amis de l'auteur, ou encore des anonymes, généralement

---

1. Cf. Oltramare, *op. laud.*, p. 87.
2. 13, 24, 1.
3. Cf. notre *Critique littéraire...*, p. 282.
4. 6, 3.

ridicules et souvent grammairiens. Le décor est parfois évoqué : une belle et chaude nuit d'été sur un bateau en Grèce, le parc et la villa d'Herodes Atticus, un après-midi ensoleillé de février sur une place à Rome, la chambre de Fronton, le petit domaine suburbain de Julius Paulus, etc... Aulu-Gelle aime l'animer par quelque circonstance particulière : chez Fronton, la discussion du maître de maison avec son architecte ; en sortant accompagner Antonius Julianus, l'incendie d'un immeuble romain. A mesure que l'ouvrage avance, ces scénettes se multiplient [1] et lui donnent la couleur et le charme d'un recueil de souvenirs.

Mémorables — Il n'est pas très difficile de rattacher une pareille mise en scène à une tradition et à un véritable genre littéraire : ce sont des ἀπομνημονεύματα comme cela a été reconnu depuis longtemps [2]. Le genre était très employé dans l'enseignement philosophique. Il s'agissait souvent des souvenirs d'un élève sur un maître, rapportant un enseignement ou les dits mémorables de ce maître ; l'auteur n'y jouait pas un rôle de premier plan mais se contentait de figurer discrètement parmi les auditeurs. Le modèle en était les *Mémorables* de Xénophon. Mais les écrits de ce genre avaient pullulé [3].

Banquets. — Beaucoup des entretiens qui nous sont présentés ont lieu à table lors de banquets plus ou moins esquissés. Un seul roule sur la manière de se tenir à table : c'est à propos d'un étudiant d'Athènes une critique de l'ivrognerie [4].

1. Cf. plus haut, p. XVII.
2. Cf. L. Mercklin, *Die Citiermethode und Quellenbenutzung des A. G. in den Noctes Atticae*, in *Fleckeisens Jahrb. f. class. Philol.*, Suppl. III, p. 675, qui pense que les ἀπομνήματα de Favorinus ont pu lui servir de modèle. R. Hirzel (*Der Dialog*, 1895, 11, p. 260), y voyait des diatribes.
3. Schwartz *in* Pauly-Wissowa... s.u., cite des ἀπομνημονεύματα sur Cratès, Stilpon, Ariston et Epictète ; cf. E. Weber, *De Dione Chrysostomo Cynicorum sectatore* in *Leipziger Studien zu class. Philol.*, X, p. 77.
4. 15, 2, 1-3.

Ailleurs les questions traitées sont sans rapport avec le cadre [1]. Aulu-Gelle désire écarter son lecteur des lieux d'étude proprement dits, et montrer ses maîtres s'entretenant dans l'intimité avec leurs disciples, qui sont plus des amis que des élèves. Or le banquet est le symbole même de la vie de société, favorable aux conversations entre pairs. Mais les conversations de table constituent un des genres les plus répandus du dialogue philosophique [2], et, de Platon à Lucien, on ne saurait compter les écrits dont le banquet fournit le décor [3].

Chrie. La chrie est un procédé plus exclusivement scolaire. Elle ne vise qu'à présenter un fait remarquable et, plus souvent, un mot piquant ou sentencieux. Bien des chapitres des *Nuits Attiques* se terminent ainsi sur une *sententia* définitive et brillante, qui conclut un récit plus ou moins bref. Ainsi le mot d'Antonius Julianus sur la volubilité excessive dont un jeune homme faisait preuve dans une *controuersia* : « *Adulescens hic sine controuersia disertus est* [4] ». On peut assimiler à une chrie les quelques paroles que Titus Castricius prononce pour exhorter des sénateurs romains, ses élèves, à ne pas renoncer au costume traditionnel de leur ordre, et elles s'ornent d'une citation de Cicéron. [5] Certaines

---

1. Par exemple le nom et la direction des vents chez Favorinus (2, 22) ; influence de la lune sur la croissance de l'oignon chez Annianus (20, 8) ; la coagulation de l'huile et du vin chez Taurus (17, 8) ; les trois poètes érotiques et épigrammatistes latins chez un riche anonyme (19, 9) ; questions captieuses lors d'un banquet de Saturnales à Athènes (18, 2).
2. Cf. les articles *Symposion* de Hug dans Pauly-Wissowa ainsi que de Navarre dans Daremberg-Saglio, Pottier, et Martin, *Symposion, die Geschichte einer literarischen Form*, Paderborn, 1931, cf. toute la bibliographie indiquée par J. Bompaire, *Lucien...*, p. 314.
3. Cf. J. Bompaire, *loc. laud.*, qui distingue très nettement deux grandes traditions dans le genre, la tradition comique et la tradition érudite. Episode comique chez Aulu-Gelle en 17, 8.
4. 9, 15.
5. 13, 22 ; cf. 9, 2 ; 1, 26, 9.

chries synthétisent un jugement littéraire ; ainsi le mot de Favorinus sur un vers de Plaute [1]; une autre résume toute une théorie morale sur le malheur d'être riche [2].

Souvent c'est une citation qui joue le rôle de la chrie. On le sait, les *Nuits Attiques* s'honorent de citer telle ou telle belle phrase des auteurs anciens [3]. C'est ainsi qu'une citation clôt toute une leçon de morale : Favorinus, aux prises avec un archaïsant intempestif, lance un mot de César [4] ; Taurus confond un jeune homme qui s'excusait sur l'exemple d'autrui, en citant une période de Démosthène [5] ; et une autre fois, dans des conditions analogues, il assène une phrase d'Aristote [6] ; quelquefois le passage est assez long, ainsi la pahe d'Épictète qui met en déroute le jeune et pédantesque stoïcien [7].

Cas concrets. D'autres fois l'enseignement moral est donné de façon un peu différente, mais qui témoigne d'un goût analogue pour une mise en scène simple et frappante. Souvent, à propos d'un problème de casuistique plus ou moins traditionnel, Aulu-Gelle imagine une petite conversation très schématique. Un gouverneur de province, proconsul, et son père viennent tous deux en visite chez le philosophe Taurus, il s'agit de savoir, une seule chaise se trouvant là, lequel des deux doit s'asseoir. La scène ne servira que d'une introduction à un court exposé de Taurus, assez proche de la chrie, que termine, suivant le procédé analysé ci-dessus, une citation de Claudius Quadrigarius [8]. Le philosophe stoïcien doit-il rester totalement impassible devant la douleur ou le danger ?

1. 3, 3, 6.
2. 9, 8.
3. Cf. p. xvii ; c'est encore la façon de voir de Montaigne.
4. 1, 10.
5. 10, 19 ; cf. 20, 4.
6. 19, 5.
7. 1, 2. Le principe de la citation en note ou en appendice est tout différent, cf. p. xvii.
8. 2, 2.

Une visite à un philosophe malade [1], une tempête lors d'une traversée [2], mettent le lecteur en présence de cas concrets qui posent le problème. Ces courtes historiettes vécues, nous affirme Aulu-Gelle, ne sont pas entièrement imaginaires [3] : elles ont été schématisées pour répondre au cas traditionnel envisagé.

Ce procédé d'enseignement et de discussion ne figure pas dans le catalogue des procédés diatribiques. Il est cependant tout à fait conforme à l'esprit de la diatribe : toute présentation à la fois concrète et schématique, tout ce qui facilite à l'auditeur l'intelligence d'une question, tout ce qui rend les choses évidentes par une analogie tangible et simple y a sa place. Ainsi le Stertinius d'Horace comparait l'avare à l'homme qui entasserait chez lui les cithares sans même connaître la musique.

Dialogues. Au contraire, Aulu-Gelle ne se sert qu'une fois de la fable ésopique [4] et rejette totalement le récit mythologique. Mais il use abondamment du dialogue. Celui-ci se déroule suivant des formes stéréotypées. Les personnages sont placés dans une opposition totale et sans nuances. C'est par exemple la conversation entre un stoïcien et un péripatéticien en présence de Favorinus [5]. Entre Favorinus et Fronton, entre le même Favorinus et Caecilius, malgré la courtoisie des interlocuteurs, l'opposition des thèses est la même au départ. Le souvenir de la *controuersia* joue son rôle, mais l'esprit diatribique de simplification est dominant. La discussion avec le grammairien ridicule se déroule selon une

---

1. 12, 5.
2. 19, 1.
3. La visite au stoïcien malade a été faite au cours d'un voyage à Delphes en compagnie de Taurus. Or on a retrouvé à Delphes la dédicace de Taurus ; cf. p. VIII et n. 4.
4. 2, 29 : *L'alouette et ses petits* prise à Ennius.
5. 18, 1. La promenade à Ostie apparaît dans un sujet de rhétorique ; cf. Suétone, *Rhet.*, 1, 9.

dialectique agressive qui veut renouer avec la pure tradition socratique [1].

La partie mémoire des *Nuits Attiques* s'inscrit, on le voit, dans la tradition diatribique. Mais Aulu-Gelle s'est servi de cette tradition à des fins très diverses. Parfois il reste fidèle à ce qui en était l'enseignement essentiel. Plusieurs petites scènes sont consacrées à des problèmes de casuistique ou à illustrer les thèmes diatribiques. En ce sens Aulu-Gelle pourrait apparaître comme une sorte de Lucien, plus grêle et plus faible, bien sûr, mais usant des mêmes procédés. En réalité il ne se borne pas là : l'érudition l'intéresse plus que la morale ; en dépit de lui-même il reste un érudit qui dit du mal de l'érudition, et tomberait sous le coup de sa propre théorie, si la foi en la vertu rédemptrice de l'antiquité ne le sauvait. A nos yeux son originalité est de se servir d'un procédé philosophique à des fins toutes différentes, pour exposer des détails érudits et introduire des citations d'anciens auteurs. Il avait à vrai dire un certain nombre de devanciers grecs. On ne lui en connaît pas de latins [2]. C'est par un acte créateur qu'Aulu-Gelle a inséré l'exposé de ses recherches de philologue et d'antiquaire dans le cadre que lui fournissaient les traditions du dialogue philosophique, de la chrie et de la diatribe.

VI. — LES SOURCES

La question des sources est évidemment un problème essentiel. Elle avait suscité des travaux importants dans la seconde moitié du XIXe siècle : ceux de L. Mercklin [3] et de J. Kretzschmer [4] essentiellement,

---

1. Cf. plus haut, p. XXIII.
2. L'œuvre de Varron, il est vrai, pourrait présenter un exemple, assez différent. du mélange entre érudition et tradition diatribique.
3. *Op. laud.*
4. *De A. Gelli fontibus.* Pars I. *De auctoribus A. Gellii grammaticis,* Posnaniae, 1860.

suivis par L. Ruske [1], et O. Froehde [2]. Depuis, la recherche n'a guère progressé dans ce sens, et on est contraint de se fier plus à une impression d'ensemble qu'à des certitudes.

La lecture des *Nuits Attiques* inspire un véritable respect pour la science d'Aulu-Gelle. La liste des citations d'auteurs est interminable. Evidemment, si l'on y regarde de près, un bon nombre de ces citations sont imbriquées les unes dans les autres, et ne correspondent pas à des lectures réelles : elles ont été relevées dans un ouvrage lui-même cité. Ainsi quand Aulu-Gelle énumère les opinions des jurisconsultes sur *morbus* et *uitium*, le simple examen du texte indique que les citations de Labéon et de Trebatius ne sont pas de première main : elles figuraient dans le passage de Caelius Sabinus. La chose se reproduit à chaque instant. Et cependant à s'en tenir à l'analyse du texte, le nombre des auteurs consultés reste immense.

Le véritable problème, c'est de savoir si Aulu-Gelle a bien trouvé où il l'indique les citations qu'il donne, s'il n'a pas copié purement et simplement un nombre plus ou moins grand de chapitres dans des ouvrages antérieurs qu'il ne cite pas. Ainsi S.W. Beck [3], à la fin du siècle dernier, prétendait démontrer que la plupart des chapitres avaient été pris à l'ouvrage de Pline *de dubio sermone*. Thèse indémontrable autant que difficile à réfuter, comme le dit Hosius [4]. En fait elle n'a rencontré que peu d'assentiment [5]. Aulu-Gelle

---

1. *De A. Gellii Noctium Atticarum fontibus quaestiones selectae* Glaciae, 1883.

2. *Römische Dichtercitate bei Gellius.* Festschrift J. Vahlen, Berlin, 1900.

3. *Studia Gelliana et Pliniana* in *Fleckeisens Jahrb.*, Suppl., 1892.

4. *A.G. Noctes Atticae*, ed. Hertz-Hosius, Leipzig, 1903, p. XVIII.

5. Citons pour mémoire la thèse de H. Nettleship (*The Noctes Atticae of Aulus Gellius* in *Lectures and Essays*, Oxford, 1885, p. 248 ss., ou *Am. Journ. Phil.*, IV, 1883, p. 391 ss.), qui veut qu'Aulu-Gelle se soit beaucoup inspiré de Cornelius Epicadus, Octavius Avitus ou du livre d'Asconius *Contra obtrectatores Vergilii*.

ne se présente pas comme un faussaire. On a noté en sa faveur le soin avec lequel il reproduit les citations, indiquant fort bien s'il s'agit d'une citation littérale ou d'un résumé. Il va jusqu'à compléter les citations de sa source. C'est le cas notamment lorsqu'après avoir lu les critiques de Tiron contre le *Pro Rhodiensibus*, il ajoute : « *Verba adeo ipsa ponemus Catonis, quoniam Tiro ea praetermisit* [1] ».

Il faut alors distinguer dans ce que nous dit Aulu-Gelle entre les citations et les anecdotes qui parfois les introduisent. La réalité, l'authenticité de ces scènes a été discutée et niée. Mercklin [2] s'est servi surtout du chapitre IX, 4, sur les livres de Brindes qui interviennent dans un décor daté et localisé. Aulu-Gelle, débarquant à Brindes, trouve chez un bouquiniste, à vil prix, des volumes dans un état de saleté assez repoussant : c'étaient des livres d'Aristeas de Proconnèse, d'Isigonus de Nicée, de Ctesias, d'Onesicrite, de Philostephanus et d'Hegesias. Il donne une idée rapide des invraisemblances géographiques et ethniques qui s'y trouvaient et enchaîne en citant un passage du livre VII de l'*Histoire Naturelle* de Pline. Or tout le paragraphe précédent, qui est donné comme un résumé des livres achetés à Brindes, se trouve être une démarcation d'autres passages du même ouvrage. Pline cite lui-même, dans les termes que reprend Aulu-Gelle, Aristeas Proconnesius, Isigonus Nicaensis, Onesicrite et Ctesias. Il n'omet que les noms de Philostephanus et d'Hegesias qu'il cite ailleurs (VII, 207). Mercklin en conclut que l'histoire des livres de Brindes est inventée de toutes pièces et que tout a été pris chez Pline [3].

---

1. 6, 3, 49.
2. *Op. laud.*, p. 640 ss.
3. Alors qu'il ne cite Pline qu'au § 7, il prend dès le § 6, à l'*Histoire Naturelle* la note sur les Scythes anthropophages et les Arimaspes à un seul œil (VII, 2, 9 à 11), ainsi que les notes sur l'Albanie et les Sauromates (*ibid.*, 12) et sur les hommes dont les pieds sont tournés vers l'arrière (*ibid.*, 11). Mais Aulu-Gelle a fait un choix parmi les *mirabilia* et parmi les auteurs que Pline énumérait ; il a en outre bouleversé l'ordre de l'énumération. Il est assez grave aussi que, en 10, 12, alors qu'il rapporte les

Du coup toutes les anecdotes lui semblent suspectes et il admet qu'en général les propos des maîtres, rapportés dans les *Nuits Attiques*, sont en réalité pris à des sources écrites, à leurs œuvres la plupart du temps.

En fait on remarque que deux des noms d'auteurs ne sont pas dans Pline. Une base atteste la réalité du voyage de Taurus à Delphes [1] et tend par conséquent à nous faire admettre pour vrai ce qu'Aulu-Gelle dit de ce voyage et des incidents qui l'ont marqué. Il faut penser que ces anecdotes si schématiques et si caractéristiques, illustrant si bien une vérité philosophique, ont été arrangées et remaniées, comme les histoires trop bonnes que racontent de facétieux personnages. Aulu-Gelle a peut-être trouvé à Brindes quelques livres des auteurs qu'il nomme. Il en a parcouru quelques-uns. Puis relisant Pline il lui a paru commode de s'en tenir à cette liste de *mirabilia*, plutôt que d'aller rechercher dans les volumes les histoires étonnantes qu'il tient à rapporter.

De façon générale il tend à minimiser l'importance de sa source principale et tel ouvrage qu'il cite à propos d'un paragraphe, se révèle la source de tout le chapitre. Au deuxième chapitre du livre I, Herodes Atticus, gourmandant un jeune néophyte en philosophie stoïcienne, finit par citer une page d'Epictète. Or le jeune homme et son attitude sont ce qu'Epictète attaque dans les pages voisines de la page transcrite ; l'influence de la source s'étend bien au delà de la citation et selon toute vraisemblance donne forme et direction au récit d'un incident qui peut être réel [2]. Les modernes se sont ainsi ingéniés à trouver la source de chaque chapitre parmi les auteurs qui y sont nommés,

termes de Pline relatant les assertions fantaisistes de Démocrite sur le caméléon, il lui prête l'énoncé d'un titre *de ui et natura chameleontis* dont on cherche en vain la mention dans l'*Histoire Naturelle*.

1. Cf. p. VIII et n. 4.
2. Le raisonnement dit du *dominateur* et les diverses *captiones* de logique formelle sont cités chez les deux auteurs. Mercklin pensait que la scène pouvait être authentique car il y a une erreur dans la citation d'Epictète (livre I au lieu de livre II).

en se fondant généralement sur la façon dont Aulu-Gelle s'exprime sur chacun. Ils arrivent ainsi à des résultats probables. Mercklin pense que Caesellius Vindex, toujours critiqué, n'est connu que par un ouvrage de Sulpicius Apollinaris, et qu'il en va de même de Terentius Scaurus, cité une fois seulement pour une critique erronée adressée au même Caesellius[1]. Hosius a donné des sources un tableau qui reste très prudent, attribuant une source écrite à presque tous les chapitres qui se réfèrent à une source orale, étendant à tout le chapitre ou au groupe de chapitres le rôle de la source qui n'est indiqué que pour un paragraphe.

Nous serions quant à nous beaucoup moins affirmatif encore, en ce qui concerne l'inauthenticité des sources orales. Aulu-Gelle peut broder çà et là, arranger les anecdotes, il n'en est pas certain pour autant qu'il faille considérer comme un emprunt à une œuvre écrite d'un de ses maîtres, toutes les paroles qu'il met dans la bouche de chacun d'entre eux.

On constate qu'au terme de tant de recherches la multiplicité des sources demeure affirmée. Il reste une très grande diversité d'auteurs consultés et une incontestable richesse de documentation. Parmi les juristes, Labéon, Capiton, Masurius Sabinus, et peut-être même Sulpicius Rufus ont été vus directement à plusieurs reprises. Parmi les philosophes, Aristote et Plutarque fournissent des détails érudits ou curieux, Musonius ou Epictète des enseignements moraux. Le prince des érudits, dans les *Nuits Attiques* comme partout, c'est Varron : il est constamment cité comme l'autorité la plus haute à laquelle on puisse se référer et il est impossible de penser qu'Aulu-Gelle ne le connaisse que de seconde main, tant les citations en sont fréquentes. Hygin, Nigidius Figulus, Valerius Probus, Pline l'Ancien et même Verrius Flaccus sont les érudits auxquels Aulu-Gelle a accordé le plus grand crédit.

---

1. Cf. 2, 16, 1 et la n.

Les *Nuits Attiques* constituent une réserve de détails érudits qui émanent des meilleurs auteurs. L'esprit scientifique d'Aulu-Gelle ne dépasse pas en probité celui de son temps ; mais le soin qu'il apporte à reproduire les citations et même à les vérifier, témoigne en sa faveur. Quelle que soit l'idée que l'on se fait de sa méthode de travail, l'œuvre mérite confiance et constitue un florilège de l'érudition latine.

Deuxième partie

LA TRADITION ET LE TEXTE

I. — LES MANUSCRITS

Les *Nuits Attiques* donnent sur l'antiquité des renseignements si précis et évoquent la vie littéraire sous les Antonins avec tant de vie qu'elles provoquèrent l'enthousiasme des humanistes. De là le grand nombre d'éditions qui en furent procurées au XVIe siècle, de là auparavant le grand nombre des manuscrits qui en furent établis, notamment au XVe siècle.

Notre tradition manuscrite reste anonyme. L'histoire ne nous a conservé le souvenir d'aucun éditeur connu. Celui qui copia le manuscrit *A* s'appelait probablement Cotta. Il est totalement inconnu de nous. Inconnu aussi le Gallus Avienus dont Schengke avait vu le nom sur un manuscrit de la plus grande fidélité, à la fin du XVIe siècle : « *Agellii P. Noctium Atticarum lib. XIX qui supersunt cum argumentis Gallus Avienus VC RC* ». L'authenticité du renseignement a d'ailleurs été mise en doute.

Les deux distiques qui figurent à la fin du livre IX dans la plupart des manuscrits ne nous apprennent pas grand-chose de plus :

C. AURELII ROMANI

Cecropias noctes, doctorum exempla uirorum,
  Donat habere mihi nobilis Eustochius ;
Viuat et aeternum laetus bona tempora ducat,
  Qui sic dilecto tanta docenda dedit.

On ignore qui est Caius Aurelius Romanus et on ne peut identifier le noble Eustochius, donateur du livre.

Plus instructive sans doute est la place de cet *ex libris*. Les vingt livres des *Nuits Attiques* formaient un ensemble trop important pour un seul *codex*. On a donc dû diviser en deux volumes. Le poème de Caius Aurelius Romanus atteste que le premier tome comprit les livres I à IX. Notre tradition manuscrite dérive d'un archétype qui était divisé tout autrement puisque le livre IX est rejeté dans la seconde partie. Cette dernière division remonte à l'époque carolingienne comme l'attestent nos manuscrits du Moyen Age, qui pour les livres IX à XX datent du IXe siècle.

Cette partition causa la perte du livre VIII qui manque dans tous nos manuscrits, attestant ainsi, le cas de *A* mis à part, l'unité de la tradition manuscrite qui dérive, pour la première partie, d'un archétype unique privé de ses derniers folios.

Les manuscrits de la première partie. Il faut faire une place à part au *Palatinus Vaticanus Latinus* 24 représenté par le sigle *A*. C'est le témoin le plus ancien que nous ayons de la tradition manuscrite. Il est écrit en capitale rustique *parce detorta* avec de grands contrastes entre pleins et déliés. Chaque page reçut deux colonnes de treize lignes de dix lettres environ. Quelques finales sont abrégées, *bus* en *B*, *que* en *Q* et *rum* à la fin d'une ligne en *R'*. Dans la ligature des folios 172a 173u on lit COTTA... SCRIBSIT. Le texte fut gratté au VIIe ou VIIIe siècle pour recevoir une version latine de la bible (livres de Judith, Tobie, Esther). Outre les *Nuits Attiques* ce manuscrit contenait un fragment de Tite-Live (XCI), du *Pro Fonteio* et du *pro Rabirio*, de Sénèque, de Lucain et du *de rebus Thebarum Mythologicis*. E. A. Lowe le date du IVe ou du Ve siècle [1]. L'origine en est inconnue. Il se trouvait à Lorsch au VIIIe siècle. A la fin du XVe siècle, il était la propriété de l'électeur palatin. En 1559 Otto-Heinrich le fit

---

1. E. A. Lowe, *Codices Latini antiquiores, a paleographical guide to latin manuscripts prior to the ninth century.* Oxford, I, p. 23, n° 74.

transporter dans l'église du Saint-Esprit à Heidelberg. En 1622 Maximilien de Bavière, devenu électeur palatin, remit toute la bibliothèque à Grégoire XV. C'est ainsi que le palimpseste fut reçu à la Vaticane par Urbain VIII en 1623.

Il semble que les lemmes figuraient tous immédiatement après la préface, comme la dernière phrase de celle-ci semble le requérir. Les citations grecques n'ont pas été transcrites ; la place pour les recevoir a été laissée en blanc. Le manuscrit a attendu en vain la main d'un réviseur. Ses leçons sont très spontanées et souvent très évidemment fautives. Mais par là même les fautes sont très faciles à corriger et *A* suggère très souvent la bonne leçon. Il est très précieux parce qu'il nous conserve une tradition totalement différente de celle des manuscrits postérieurs[1]. Son modèle était plus complet que les autres manuscrits qui nous restent, puisqu'il donne le texte de 1, 2, 13 à 1, 3, 7 qui est omis partout ailleurs.

Les trois manuscrits de l'époque gothique *PRV* sont assez étroitement apparentés entre eux. Ils ne contiennent que la première partie du texte, de façon plus ou moins complète. Celui qui paraît le plus ancien, et qu'on date du XIIe siècle, n'est pas le meilleur. C'est le *codex Lugduno Bat. Gronovianus* 21, jadis *Rottendorfianus*, *R*, dont Gronove s'est servi pour son édition. Il est écrit par plusieurs mains d'une écriture assez peu soignée. Il comporte 77 folios avec deux colonnes à la page. Au folio 25 commence le texte des *Nuits Attiques* par la préface, sans aucun titre. Il se termine par *inger mi calices* (6, 20, 6). Il ne donne pas les lemmes, ni les citations grecques, qui sont remplacées par la notation *gr* sans qu'aucun blanc soit laissé. Les scribes en sont peu fidèles : très fréquemment des éléments de phrase, voire des lignes entières ou même

---

1. Par exemple en 1, 4, où l'apparat critique montre avec évidence l'opposition entre *A* et le reste de la tradition manuscrite. Cf. 1, 3, 29, où l'on ne serait jamais arrivé par conjecture à retrouver le texte véritable, tant l'archétype des autres manuscrits était corrompu.

des paragraphes sont omis ; l'ordre des mots est souvent perturbé, certains mots sont remplacés par leurs synonymes. Son autorité en face de *P V* est donc mince et il ne peut guère servir qu'à décider entre les deux autres manuscrits de sa famille. S'il lui arrive d'apporter la bonne leçon, il n'est vraiment utile qu'à trois ou quatre reprises.

Le *Parisinus* 5765 qui a pour sigle *P* est le *Regius* de Gronove. Il provient de la bibliothèque de Charles IX et date du XIIIe siècle. Il comporte 111 folios et du folio 1 jusqu'au 61u, il contient les *Commentaires de la guerre des Gaules* de César. A partir du folio 61 u, deuxième colonne, ce sont les *Nuits Attiques* qui commencent par la préface à *iocundiora alia* ; mais elles sont cette fois précédées d'un titre *liber Auli Gellii Noctium Atticarum*. Il se termine au livre VII par les mots *ictus solis* (4, 3). Les lemmes figurent au début de chaque livre. Au premier livre ils s'interrompent après le lemme du chapitre 19, une demi-colonne a été laissée en blanc et le texte reprend en 1, 2, 11 par Δεικνυε πως. Les citations grecques notées soigneusement au début, manquent à partir du chapitre 2, 23 et les blancs sont, seulement en partie, remplis par les mots importants et les débuts de phrase.

Le *Vaticanus lat.* 3452 *V* est formé de trois parties, absolument différentes. La première date du XIIIe siècle. Elle comporte 56 folios dont deux blancs au début et à la fin. Dans un folio de garde non numéroté, on lit, écrit par une main récente, *Bibliothecae Collegii Capranicen* et au *verso* un *ex libris* de Fuluius Ursinus. Le titre et la préface manquent. Le volume commence par les lemmes du livre I, précédés par les mots *Primo commentario hec insunt*. Au contraire le livre VII y figure en entier suivi seulement du mot *deficit*. Les citations grecques sont toutes transcrites. Ce manuscrit, d'une écriture très soignée, est donc particulièrement précieux pour les citations grecques et pour le livre VII.

L'absence de préface dans *V* mise à part, ces trois manuscrits présentent les mêmes lacunes et surtout 1, 2, 13 - 1, 3, 7. Ils offrent les livres VI et VII dans l'ordre indiqué alors que les autres manuscrits, les *recentiores*, les inversent. *P* et *R* sont les seuls à mettre la préface en tête de l'ouvrage, les *recentiores* la donnent sans aucune séparation à la fin du livre XX ; et la façon très abrupte dont *V* commence, semble indiquer que ce manuscrit donnait lui aussi la préface en tête. Un simple coup d'œil sur l'apparat critique montre le groupe *PRV* en opposition avec le palimpseste *A* de façon absolument constante. Il s'oppose aussi mais de façon moins absolue à la famille des *recentiores*. En face de *A*, on note souvent l'accord *PRV*, *recentiores*.

Quant à la parenté réciproque des trois manuscrits, elle est bien difficile à établir. Le caractère incorrect et peu fidèle du manuscrit *R* empêche d'accorder grand crédit à l'opposition *PV-R*.*R* bien des fois a commis des erreurs gratuitement, il a pu aussi corriger et donner de temps en temps un texte en apparence meilleur. Il est certain qu'aucun de ces manuscrits ne descend des deux autres ; il est certain qu'ils descendent tous trois d'un ancêtre commun : ils n'en descendent pas immédiatement : *P* transcrivant les lemmes du livre I avait un modèle en ce point lacunaire, puisqu'il laisse un espace vide ; ce qui n'était pas le cas pour *V*. C'est, croyons-nous, tout ce que l'on peut dire.

Les manuscrits de la seconde partie. Les manuscrits qui ne contiennent que la seconde partie se laissent diviser en deux familles auxquelles Hosius a donné les sigles γ et δ. La famille δ est représentée par trois manuscrits essentiellement.

Codex bibl. nat. Parisin. 8664, sigle *Q*, du XIIIe siècle. Il comprend 53 fol. de grande taille. Il est écrit en belle écriture gothique. Il finit en 20, 10, 6 par les mots *celebriora manum conserere* comme *ZX*II. Une autre main a ajouté après l'*explicit* un quatrain à la Vierge. C'est un témoin d'une fidélité toute particulière. Il a été revu par un correcteur qui a souvent retrouvé la bonne leçon. Cependant Hosius ne pense pas qu'il se soit appuyé pour le faire sur aucun manuscrit. Le grec n'y figure pas.

Codex bibl. acad. Leidensis Vossianus lat. F 7 saec. XIV, 66 fol. De sigle *Z*. Il commence par les lemmes du livre IX sans titre. Il finit comme les manuscrits de la série en 20, 10, 6. Il a toutes les citations grecques en majuscules.

De *B* nous n'avons que deux fragments ; le plus important est conservé dans le manuscrit de la bibliothèque publique de Berne, sous le numéro 404. Une inscription placée en tête le date du 10 mars 1173. Il commence au début du livre IX mais finit en 12, 10, 3 par *esse potuit*. Commence aussitôt après, par le mot suivant, *admonendi*, un autre fragment du même manuscrit, conservé dans la bibliothèque de l'académie d'Utrecht enregistré : *Aeuum uetus. Scriptores Graeci.* Nº 26. Les feuilles du manuscrit d'Aulu-Gelle portent les numéros 111 à 117 et contiennent les restes du livre XII, et en outre (c'est la page 111) le chapitre 13, 5. Les citations grecques y figurent en lettres majuscules.

Les manuscrits de la famille γ sont un peu plus nombreux.

Codex Reginensis in Vatic. 597 de sigle *O*, IXe siècle. Du fol. 79 jusqu'au fol. 199 il contient les *Nuits Attiques* depuis *grammaticam facie* (9, 14, 2) jusqu'aux mots de Plaute : *pars uestrorum intellegit* (20, 6, 12). Le fol. 200 contient encore les débris du texte jusqu'à 20, 10, 5, et le manuscrit devait s'arrêter comme *QZX* Π au paragraphe suivant, à *manum conserere*. Ce manuscrit a été l'objet d'une monographie de L. Meagher (*The Gellius manuscrit of Lupus of Ferrières*, diss. Chicago, University library, 1936), qui a reconnu en lui le manuscrit qui fut lu et annoté par Loup de Ferrières et en a avancé la date du Xe au IXe siècle. Les corrections qui se trouvent ainsi attribuées au célèbre érudit sont inspirées du manuscrit *X* et souvent aussi de *N* qui est postérieur, mais L. Meagher n'hésite pas à conjecturer que Loup ait eu entre les mains un ancêtre de *N*. Le grec y figure, noté en majuscules.

Codex Reginensis in Vatic. 1646, II qui appartint à
P. Petavius. Gronove a usé d'une collation de ce
manuscrit qu'il appelait *Me* (*membraneus* par opposition à un autre *Petauianus chartaceus*). Il commence
avec les lemmes du livre IX et finit en 20, 10, 6. Après
l'explicit on lit *Willelmus scripsit anno incarnati uerbi
MCLXX.* Le grec y figure en onciales et parfois en
lettres latines.

Le *codex Leidensis* de la bibliothèque Académique,
Vossianus Latinus, F 112, de sigle *X*, qu'on appelait
quelquefois *Vossianus minor*, en parchemin, commence
au début du livre X sans inscription. Mais après les
mots *ita scripsit* (2, 7), se trouvent insérées quatre
feuilles contenant le livre IX, dont il manque le
début, jusqu'en 2, 10, *fortissimorum,* ensuite de 8, 1
nasci non à 12, 10, *dicit,* enfin de 16, 6, *postulantis* à la
fin. Il est écrit sur deux colonnes à la page. Le grec y
figure en général ; parfois l'emplacement en est laissé
en blanc. Les lemmata sont mis en tête de chaque
chapitre. A la première page on lit le nom d'Ant. Loisel.
Le manuscrit date du Xe siècle.

Codex Magliabecchianus n. 329, en papier, du XVe
siècle, sigle *N.* Il va plus loin que les manuscrits dont
nous avons parlé, et finit seulement en 20, 11, 5, par
les mots *nolite uos atque,* auxquels s'ajoute aussitôt la
préface, écrite d'une autre main. Les lemmes sont
groupés en tête de chaque livre. Ce manuscrit a appartenu jadis à l'église Saint-Marc des Dominicains à
Florence. D'après Laur. Mehus (*Vita Ambrosii Traversarii* in *Epistulae Ambrosii Traversarii* ed. Cannetus,
Florence, 1759), ce manuscrit est celui qu'établit
Nicolas Niccoli, et dans lequel Ambrosius Traversari
écrivit les citations grecques[1], comme l'indique une
lettre de ce dernier (Lib. VIII, *Ep.* 2, 1, p. 352, ed.
Cann.) : *Exspectamus magno cum studio XIV illos
Agellii libros ultimos quos diligentissime transcriptos
a te emendatosque testaris. Inseremus libentissime litteras
Graecas arbitrio tuo, ut extrema ueluti manus tam utili*

1. Cf. p. LIII.

labori tuo adponatur ». Or, les manuscrits de Niccoli ont passé à la *Marciana* (Mehus, *op. laud.*, p. 63 ss.) et le témoignage de Petr. Victorinus vient encore confirmer cette identification [1].

Il faudrait mentionner là les *recentiores* qui sont très proches de *N*, à telle enseigne que, s'ils ne dérivent pas de lui, ils doivent être copiés à partir de son modèle [2].

A la famille γ appartiennent encore, comme une rapide collation nous en a donné la certitude, deux autres manuscrits :

Codex bibl. nat. Parisinus Lat., 13038, jadis *S. Germanensis* 643 (216 antérieurement), donné au monastère par le duc de Coislin. Il avait appartenu à Claudius Puteanus. Du début du livre IX jusqu'à XX, 9 *columbatim labra* le manuscrit date du XIIIe siècle ; l'écriture comporte de nombreuses abréviations. Les lemmes sont groupés en tête de livre et ne sont pas répétés devant chaque chapitre. Nous lui donnerons le sigle *G*.

Codex Bibl. prov. Leeuwarden B.A. Fr. 55, jadis *Franequeranus* se termine en 20, 10, 6 par les mots *manum conserere* comme la plupart des manuscrits, en dehors de *N* et des *recentiores*. Il est écrit de plusieurs mains différentes, les premiers cahiers (livres I à XII) sont de mains anglo-saxonnes, les dernières proviendraient du monastère de Fulda ; le manuscrit daterait du IXe siècle et serait le modèle d'où Loup de Ferrières a tiré ses corrections, si l'on en croit G.I. Lieftinck (*Archiv. Paleogr. Ital.*, I, p. 11 ss.). Nous lui donnerons le sigle *L*.

---

1. Dans son édition de 1477. Au début du livre IX, il écrit « *Hic cepi conferre cum codice exarato manu Nicolai Nicolis... Quod antecedit autem durat in eo codice. Is liber est in diui Marci bibliotheca* ».
2. Cf. *infra* p. L ss.

Les manuscrits qui donnent les deux parties. Un manuscrit perdu, le manuscrit β pose une énigme curieuse. Il était bien connu de toute une série d'humanistes. On l'appelait le *Buslidianus* du nom de son propriétaire Jérôme Buslidius. Ses leçons nous sont conservées par le commentaire de Carrion pour toute une partie du livre I, par le témoignage de Canter, de Raevardus, Fruterius, Juste Lipse, Griphanius et d'autres. Ce manuscrit n'était pas complet : *minime integrum* (Griphanius) ; *hoc solo peccans quod non omnes Agellii libros contineret* (Fruterius). Mais il conservait les paragraphes 1,2,13 - 1,3,7, qui ne sont connus autrement que par *A*. On pourrait donc penser que ce précieux témoin se rattache à la famille de *A*. Or il n'en est rien : ses leçons s'écartent totalement de celles du palimpseste. En outre elles se révèlent généralement décevantes : elles ont trop souvent le rôle de la *lectio facilior*, supprimant des tours ou des mots rares, transformant même des phrases entières pour les rendre plus faciles. Elles ressemblent à celles de certains manuscrits du XVe siècle, écrits par des humanistes qui cherchent à interpréter leur modèle : si l'on compare le texte des paragraphes 1, 3, 1-7, tel qu'il se trouve dans *A*, avec la version de Canter prise dans le *Buslidianus*, on s'aperçoit que cette dernière est une interprétation par rapport à la première, plutôt qu'un ensemble de variantes. Certes β reste précieux : il est le seul à nous donner le texte de 18, 9, 1-7, le seul à donner un texte acceptable de 1, 21, 4. On ne peut douter qu'il ait existé ; il remontait probablement à une tradition différente de celle de nos manuscrits. Mais, soit du fait de ceux qui nous transmettent ses leçons, soit par un défaut de sa nature, il paraît peu fidèle et peu sûr.

On appellera *recentiores* (*recc.*) les manuscrits du XVe siècle qui rassemblent les deux parties des *Nuits Attiques*. Ils sont très nombreux : ils portent le texte le plus complet qui soit, non seulement parce qu'ils réunissent les deux parties, mais parce qu'ils sont les seuls à donner les lemmes du livre VIII et la fin du livre XX (10, 7-11, 5), cette dernière, il est vrai, avec le manuscrit *N*. Or les humanistes de la Renaissance étaient soucieux avant tout de retrouver le texte complet des *Nuits Attiques* : de façon bien touchante ils laissent dans certains manuscrits quelques feuillets en blanc, après les lemmes du livre VIII, pour y recueillir les pages perdues. Ils avaient donc tendance à négliger les manuscrits qui ne donnaient qu'une partie du texte, et ils ont fait le succès de cette famille.

Car cette catégorie où l'on a placé, sans bien les étudier, une foule de manuscrits en raison de leur date tardive, constitue bien une famille. Ils présentent les caractères distinctifs que voici : ils inversent l'ordre des livres VI et VII, ils placent la préface à la suite du livre XX, en enchaînant, sans aucune séparation, ce qui constitue maintenant les derniers mots du livre XX, avec le début tronqué de la préface : « *Per deos immortales nolite uos atque... iocundiora alia* ». Enfin les leçons de ces manuscrits ont une certaine homogénéité et il est des cas où elles s'opposent nettement à celles de *PRV* par exemple. Bien entendu, l'absence du livre VIII le prouve, il s'agit de deux traditions mises bout à bout : les *recentiores* dérivent de deux archétypes, l'un qui contenait les sept premiers livres et qui avait pour originalité d'y joindre les lemmes du livre VIII perdu, l'autre qui contenait la deuxième partie.

Pour la première partie le texte des *recentiores* ne dérive de celui d'aucun des manuscrits subsistants. Il n'est pas possible de lui trouver des rapports plus étroits avec *PV* ou *R* qu'avec l'ensemble des trois.

En ce qui concerne la deuxième partie, ces manuscrits sont apparentés très étroitement à la famille γ, et en particulier au manuscrit *N*. Celui-ci est d'ailleurs le seul à présenter un texte dont les limites coïncident exactement avec celles des *recentiores*, puisqu'il donne, lui aussi, la préface étroitement liée à 20, 11, 5. Il est sans doute imprudent de prétendre qu'ils aient été copiés sur *N*, ou sur le modèle de *N* : il faut alors dire que *N* est l'un d'entre eux et que l'archétype des *recentiores* fait partie de la famille γ.

L'étude générale des *recentiores*, impossible à faire à cause du trop grand nombre des manuscrits, n'apporterait pas une grande nouveauté en ce qui concerne le texte des *Nuits Attiques*. Toutes les éditions antérieures à Gronove ont été fondées sur des manuscrits de cette famille. On en connaît donc en gros les leçons, très proches de la *lectio facilior*, tendant à dépouiller Aulu-Gelle des raretés de forme et des tours abrupts dont il aimait orner son propos. Il était donc plus sage de s'en tenir aux principes de Hertz : fonder le texte sur les manuscrits *dimidiati*, donner en note le plus souvent possible sous le sigle *recc.* la leçon des *recentiores* telle qu'elle paraît être, d'après ceux des manuscrits que nous avons pu consulter, et d'après les éditions. Cette indication, bien entendu, n'a pas de valeur scientifique réelle parce que, excepté pour la préface, elle ne repose pas sur des dénombrements complets.

L'origine des manuscrits recentiores et le travail des humanistes sur la tradition. Quand la tradition manuscrite a-t-elle été réunifiée ? Et possédons nous le manuscrit qui fut à l'origine de toute la famille ? Dans plusieurs manuscrits un texte du XIIIe siècle est complété par une ou plusieurs mains du XVe. Tel est par exemple le *Germanensis* 643. Plus curieux est le cas du *Vaticanus* 3452 : au manuscrit de la première partie, on a ajouté un texte de main plus récente, mais du XIIIe siècle encore, semble-t-il, dont les dimensions sont celles des manuscrits anciens de la deuxième partie. Puis une main du XVe siècle a ajouté la fin du livre XX et la préface à la suite, donnant à ce livre tout ce qu'y ajoutent les *recentiores*. En réalité ces manuscrits ont toute chance d'avoir été complétés sur un manuscrit de la famille, bien loin d'en avoir été le prototype.

Dès le XIVe siècle certains humanistes signalent la présence d'un *totus A. Gellius*. Ainsi en 1375 Salutati (I, p. 203) chez les héritiers de Calderini. Ainsi Poggio indique en 1441 qu'Alfonso évêque de Burgos avait trouvé un *A. Gellium integrum neque lacerum ut noster est* (VIII, 24).

On a souvent attaché une importance considérable à la découverte que fit Nicolas Niccoli, lors d'un voyage à Venise et à Vérone, d'un manuscrit contenant les quatorze derniers livres des *Nuits Attiques*. Le fait est connu grâce à une lettre [1] d'Ambrosio Traversario de 1441 (VIII, 2). Sabbadini y voyait la preuve que la réunification remontait au-delà du XVe siècle. Mais il ne s'agit pas, comme Hertz l'avait déjà fort bien vu, des livres VI à XX, le livre VIII étant perdu. En effet beaucoup de nos manuscrits comptent le livre IX comme livre X et le livre XX comme XXIII. Niccoli a donc trouvé un manuscrit de la deuxième partie qu'il a recopié. Sa copie serait le manuscrit *N*.

Il n'y a pas à s'attarder davantage à la découverte, que fit Nicolas de Cuse, d'un exemplaire que lui réclamait F. Pizzolpasso dans une lettre du mois de décembre 1432. En effet Poggio dans une lettre un peu antérieure raillait ce manuscrit en ces termes : *Agellium scilicet truncum et mancum et cui finis sit pro principio* (*Epist.* IV, 4). Il s'agit donc d'un manuscrit qui avait la préface en tête. On peut songer au *Vatic.* 3452 : Nicolas de Cuse l'avait proclamé *integrum*, ce qu'il n'eût pas fait d'un exemplaire se limitant à la première partie. Poggio le trouvait *truncum* parce qu'il ne comportait pas encore les parties qui sont propres aux *recentiores*. Hertz (*Praef.*, p. LXXXI n.) note qu'il aurait fait le même chemin que le Plaute découvert par le même Nicolas de Cuse. La préface qui figurait alors en tête, a été enlevée pour que le livre fût conforme à l'idée qu'on se faisait alors des *Nuits Attiques*, celle que donne la classe des *recentiores*.

Il reste que le manuscrit daté le plus ancien de la classe, est celui que Hertz a étudié à Bratislava, le *Rhedigeranus* de 1418, à Florence. Quatre ans auparavant, le concile de Constance avait été l'occasion,

---

[1]. Texte cité p. xlviii. Cf. R. Sabbadini, *Le Scoperte dei codici latini e greci nel' secoli XIV e XV*, Florence, 1914.

pour les humanistes italiens, de faire maintes découvertes dans les bibliothèques d'Europe.

Si l'origine de nos *recentiores* reste obscure et le restera vraisemblablement longtemps, l'histoire de cette famille, c'est-à-dire l'histoire du texte d'Aulu-Gelle aux mains des humanistes, comporte des épisodes connus. En 1432, Guarino aidé par Lamola termina une importante révision du texte. Il avait l'année précédente trouvé un livre qui comportait les citations grecques et il fit porter son effort sur ce point, très important alors, puisque la plupart des exemplaires connus étaient très insuffisants, ne donnant pas le grec ou le donnant très incorrectement. Une lettre de Pizzolpasso au Panormita (XXIX, 202) datée du 23 octobre 1431 fait allusion à cette activité. Le manuscrit de Guarino fut établi à Ferrare. Il est perdu. Le *Vaticanus* 3453 qui est de Lamola doit être issu de ce travail. D'après Baron [1] bon nombre des manuscrits du nord de l'Italie sont des copies de Guarino, et c'est sous cette forme que les *Nuits Attiques* auraient atteint l'Angleterre. Une étude interne du texte de ces divers exemplaires seule pourra donner une certitude sur l'influence réelle de Guarino, qui, extérieurement, apparaît très importante.

L'anthologie valerio-gellienne. Parmi les innombrables florilèges et morceaux choisis que divers manuscrits ont conservés, les seuls qui soient vraiment intéressants forment l'anthologie valerio-gellienne. C'est un étrange ouvrage, composé uniquement de morceaux entrelacés de Valère-Maxime et d'Aulu-Gelle. Il est précédé d'une préface qui commence par un éloge de Valerius Maximus, *in describendis memorabilibus factis seu dictis elegantissimae eloquentiae uiri*, et se termine par une longue citation du paragraphe 2 de la préface

1. H. Baron, *A. Gellius in the Renaissance and a Manuscript from the School of Guarino* in *Studies in Philology*, XLVIII, 1951, p. 107 ss. Cf. R. Sabbadini, *La scuola e li studi di Guarino Veronese*, Florence, 1916.

des *Nuits Attiques*, suivie d'une phrase de Valerius. Nous avons, de cette anthologie, deux manuscrits principaux :

le *Parisinus* 4952 de la bibliothèque nationale, venant de la collection de Colbert, de sigle *T*, du XIIe siècle ;

le *Vaticanus Latinus* 3307, de sigle *Y*, du XIIe siècle également. Il appartint au cardinal Orsini (Fuluius Ursinus). Aucun des deux manuscrits ne donne de titre.

Un manuscrit de Bonn (Acad. Bonn. 218) contient certains débris de la même anthologie.

Les florilèges contenant un ou plusieurs chapitres d'Aulu-Gelle ne se laissent pas compter. L'épigramme de Plaute (1, 24) et surtout le catalogue de Sedigitus (15, 24), se trouvent dans beaucoup de manuscrits de Plaute. Les lettres, en premier lieu la lettre des Consuls au roi Pyrrhus (3, 8), ont eu également beaucoup de succès.

II. — LES TESTIMONIA

Quel que soit le nombre des manuscrits d'Aulu-Gelle, la tradition indirecte ne saurait être négligée. Les *Nuits Attiques* apportaient une foule de renseignements, qui faisaient les délices des érudits, et nombre d'entre eux les ont repris et insérés dans leurs œuvres. Hertz a dressé dans sa grande édition [1] la liste de ces auteurs qui va d'Apulée à Priscien en passant par Flauius Vopiscus, Lactance, Nonius, Ammien Marcellin, Macrobe, Servius, Saint Augustin. A vrai dire, certains n'ont fait que des citations très limitées. Mais Lactance nous a conservé dans son *Epitome Institutionum diuinarum* (29) le début du livre VII (1, 1-6) et il apporte dans les § qui suivent un texte qui s'oppose à celui de *PRV* et coïncide curieusement avec celui des

1. II, p. v ss.

recentiores, une fois dans la vérité, une fois dans l'erreur, et une troisième fois sans que l'on puisse se prononcer avec certitude.

Nonius Marcellus pille Aulu-Gelle sans le nommer : il déforme suffisamment le texte pour n'être que de médiocre utilité tant qu'il s'agit de la prose de notre auteur ; mais il a pris les citations d'écrivains anciens et là il s'avère précieux.

Ammien Marcellin est curieusement imprégné de science gellienne, et il arrive à insérer dans son propos, tout différent, des mots rares pris à Aulu-Gelle ou commentés par lui ; il donne même à l'occasion un fragment ou un résumé de chapitre. Il peut donc rendre de grands services et il permet çà et là de retrouver la bonne leçon.

Celui qui s'est servi le plus largement et le plus impudemment des *Nuits Attiques*, c'est Macrobe. Sans jamais nommer sa source, il démarque des pages entières qu'il met dans la bouche de ses personnages. Bien entendu cela ne va pas sans une certaine adaptation et certaines modifications du texte initial. C'est ainsi que le temps des verbes est souvent changé. On ne peut jamais avoir la certitude mathématique que le texte de Macrobe est exactement celui du manuscrit qu'il avait sous les yeux. Cependant avec un peu d'intuition, on arrive à des quasi certitudes : le mot remarquable, le tour digne d'attention sont toujours conservés : même dans la préface, où il veut dire tout le contraire de ce que dit son devancier, il trouve moyen de reproduire les effets les plus recherchés de la préface des *Nuits Attiques* [1].

Or les manuscrits dont se servaient Macrobe et Ammien échappaient aux erreurs de notre tradition manuscrite. Hertz a cru démontrer [2] qu'ils étaient proches parents de *A*. Il s'appuyait notamment sur

---

1. Cf. l'intéressant article de E. Tuerk, *Macrobe et les « Nuits Attiques »* in *Latomus*, 24, 1965, p. 381 ss. qui insiste sur l'originalité de Macrobe.

2. *Ibid.*, p. x et n.

3, 6, 5 où Macrobe, comme *A*, évite les énormes erreurs de notre autre tradition. Il a prouvé seulement, croyons-nous, l'indépendance de Macrobe à l'égard de l'archétype de ces manuscrits, indépendance qui lui est commune avec *A*. Mais c'est là une certitude très précieuse, qui rend indispensable de consulter Macrobe, toutes les fois qu'il reproduit notre texte. [1]

1. Liste des *testimonia*.

Apul., *Apol.*, 9 : (*Fecere tamen et alii talia* [i.e. uersus amatorios] : *apud Graecos Teius quidam... apud nos uero Aedituus et Porcius et Catulus, isti quoque cum aliis innumeris.*

Cf. *Noctes Att.*, 19, 9 : *uersus cecinit Valeri Aeditui, item Porcii Licini et Q. Catuli* et tout le chapitre.

Apul., *De mundo*, 13 : *At Fauorinus non ignobilis sapiens haec de uentis refert...* Suit aux chapitres 13 et 14 un résumé fidèle de *Noct. Att.*, 2, 22.

Flauius Vopiscus, *Vita Probi*, 1 : *Certum est quod Sallustius Crispus quodque Marcus Cato et Gellius rettulerunt.*

Lactance, *Epit. Inst. diuin.*, 24 (29), 5 : *Huius (Chrysippi) scientiam interpretatus est A. Gellius in libris Noctium Atticarum sic dicens* : *Quibus non uidetur...*, suit le chapitre 7, 1, 1 à 6.

Nonius Marcellus ne nomme jamais Aulu-Gelle mais le pille souvent.

Ammien Marcellin ne nomme pas davantage Aulu-Gelle mais lui emprunte des réflexions et des *excursus*, qui lui servent d'ornements, des mots et des expressions en grand nombre : le tout a été relevé très soigneusement par Hertz dans un article *Aulus Gellius und Ammianus Marcellinus* in *Hermes*, VIII, p. 257 ss.

Macrobe, dans les *Saturnales*, sans nommer lui non plus Aulu-Gelle, en transcrit des passages entiers : on en trouvera l'indication dans notre apparat critique.

Dans le *de differentiis et societatibus Graeci Latinique uerbi* (*Gramm.* Keil, V, p. 600, 17 ; 637, 19), il fait allusion au ch. 15, 3.

Servius, *Aen.*, V, 738 : *et Cicero in auguralibus et Gellius in libris Noctium Atticarum* (3, 2).

Aen., VII, 740 (*manuscr. Italici* seulement) : *Alii idem a Vergilio in Georgicis factum memorant, ut etiam ab Aulo Gellio traditur* (6, 20, 1)...

Georg., I, 260 : *Aulus Gellius ⟨ 10, 11, 1 ⟩ mature ueluti celeriter dicimus.*

August., *De ciuitate dei*, XIX, 4 : *In libris .quibus titulus est Noctium Atticarum A. Gellius elegantissimi eloquii et multae undecumque scientiae se nauigasse...*

Priscien, *Inst.*, VII, 80 (Keil *Gramm. Lat.*, p. 355) : *Nox etiam a nocte noctium unde Agellius Noctium Atticarum inscripsit.*

III. — LES EDITIONS

Le succès d'Aulu-Gelle, attesté par le grand nombre de manuscrits du XVe siècle, se maintint jusqu'à la fin du XIXe siècle. De là le grand nombre d'éditions qui en furent procurées.

L'édition princeps s'intitule : Auli-Gellii, *Noctes Atticae*, ed. Ioanes Andreas, episcopus Aleriensis, opitulante Teodoro Gaza, Romae, in domo Petri de Maximis, 1469. Elle était faite sur un manuscrit de la classe des *recentiores*, corrigé très arbitrairement. La préface est placée à la fin comme dans le manuscrit de base. Elle devait rester à cette place jusqu'au moment où l'érudit Saumaize s'avisa de l'erreur, c'est-à-dire pratiquement jusqu'à l'édition de Gronove. L'ouvrage était précédé d'une lettre du pape Paul II et suivi de vingt et un distiques en l'honneur du pontife.

Cette édition fut réimprimée en 1472. Elle servit de base à toute une série d'éditions qui se succédèrent à la fin du XVe et au cours du XVIe siècle sans apporter autre chose que parfois un effort de correction. Il faut

IV, 31 (*Ibid.*, p. 135), *Agellus Agelli Agellius*.

VI, 61 (*Ibid.*, p. 246), *Agellius Noctium Atticarum VIII, historia ex libris Heraclitae Pontici iucunda memoratu et miranda*.

VI, 75 (*Ibid.*, p. 259), *Agellius Noctium Atticarum V* : *sole medio, inquit, et arido et flagranti* (5, 14, 18).

Charisius, *Inst. Gramm.*, I (Keil, *Gramm. Lat.*, I, p. 54, l. 13) : *Gellius in II deabus, inquit, supplicans...*, suivent ensuite plusieurs citations des livres V, VII, XCVII (sic).

Ibid., (l. 25) : *Gellius uero regerum et lapigerum*.

Ibid., (p. 55, l. 7): *quamuis Gellius libro, XXXXIII, dixerit*: *caluariaeque eius ipsum ossum expurgarunt inauraruntque*.

Ibid., (p. 139, 2): *Gellius tamen libro, XXXIII, caluariaeque...* (même citation que la précédente).

Ibid. : *quamuis Gellius fora nauium neutraliter dixerit*.

Caper, *Orthographia* (Keil, *Gramm. Lat.*, VII, p. 100, l. 1). *Calua* κρανίον *uocatur licet Gellius* (*Celius* mss.) *caluariam dicat*.

Marius Victorinus, *Ars Gramm.* (Keil *Gramm. Lat.*, VI, p. 23, 19) : *...praeterea Demetrius Phalereus, Hermocrates, et nostris autem Cincius, Fabius, Gellius tradiderunt*.

arriver au commentaire de Carrion pour apercevoir une véritable critique du texte :

A.G.N.A. seu Vigiliae Atticae... Henrici Stephani *Noctes aliquot Parisinae, Atticis A. Gellii Noctibus seu Vigiliis inuigilatae...* cum notis Lud. Carrionis (1585). Les notes de Carrion s'arrêtent en réalité au milieu de l'explication de ἐκεχειρίαν (1, 25, 8). Henri Estienne a attendu en vain le reste des notes et a finalement publié le texte sans elles. Mais le texte de Carrion est un vrai texte critique, fondé sur la comparaison de plusieurs manuscrits dont le fameux β, deux *Puteani* et divers autres qui appartenaient tous à la classe des *recentiores*. Il ne s'effraie pas de s'écarter de la vulgate des éditions précédentes, ce qui a choqué. Quant au degré de confiance que Carrion mérite, il est difficile de le mesurer. Son texte en tous cas devint le modèle auquel se conformèrent toutes les éditions postérieures jusqu'à Gronove.

C'est à cet érudit hollandais que l'on doit les progrès décisifs dans la critique du texte.

A.G.N.A. editio noua et prioribus omnibus docti hominis cura multo castigatior. Amsteldami apud L. Elzevirium. 1651. Le *doctus homo* en question, J.F. Gronove, est en effet le savant qui a travaillé avec le plus de méthode sur le texte d'Aulu-Gelle. Quoi qu'il en dît, il avait préparé son édition par un travail de dix ans et des voyages à la recherche de manuscrits notamment en France où il prit connaissance du *Regius P*. Il s'était servi aussi des travaux très utiles de l'érudit Saumaize, ce qui lui a permis de remettre la préface à sa vraie place. Son goût du manuscrit ancien l'a en l'occurrence fort bien servi. Il a en effet renoncé bien souvent à la leçon des *recentiores* pour préférer celle de *P* ; pour la deuxième partie il s'est servi beaucoup de Π et il arrive ainsi à un texte qui repose sur une base beaucoup plus large que celui de ses devanciers. Cette édition fut reproduite en 1666 apud J.J. Waesberg... Elle est le fondement des éditions suivantes :

A.G.*N.A.* cum selectis nouisque comm. et accurata
recensione Antonii Thysii et Iacob Oiselii. Lugduni
Batauorum ex off. P. Leffen 1666. C'est essentiellement
l'édition de Gronove, corrigée parfois, disent les éditeurs,
sous la conduite des meilleurs manuscrits Elle n'apporte
en réalité rien de vraiment neuf.

A.G.*N.A.* interpr. et notis ill. Iacobus Proust ad
usum Delphini, Parisiis, apud J. Bernard, 1681. Edition
sans intérêt critique.

A.G.*N.A.* interpretationibus cum notis et emendationibus J.F. Gronovii Lugduni Batavorum apud J. de
Vivie, 1687.

A.G.*N.A.* *libri XX* prout supersunt quos ad libros
manuscriptos... novo et multo labore exegerunt,
perpetuis notis et emendationibus illustraverunt J.F.
et Jac. Gronovii. Accedunt Gasp. Scioppii integra
manuscriptorum duorum cod. collatio. P. Lambecii
lucubrationes Gellianae et ex L. Carrionis castiga-
tionibus utilia excerpta, ut et selecta uariaque commentaria ab A. Thysio et Jac. Oiselio congesta. Ap. Cornelium
Boutesteyn, et Johannem du Vivié, 1706.

Ces deux dernières éditions contenaient essentielle-
ment le travail de J.F. Gronove pendant les deux
dernières décennies de sa vie, avec deux ans l'aide de
son fils qu'il avait envoyé en Angleterre en 1670, et en
France en 1671. Il avait à sa disposition le manuscrit
R pour la première partie et *ZX* pour la seconde, outre
*PQ*Π et les notes prises sur le manuscrit *Fuluianus*.
Il s'y ajouta encore une collation d'un manuscrit
Oxoniensis collegii Lincolnensis faite par Jacques
Gronove et d'un manuscrit qui appartenait à un ami,
J. Scheffer. Jacques Gronove mit beaucoup plus de
lui-même dans l'édition de 1706. Il usa en outre du
manuscrit *T* et d'une collation de *N* faite par son frère.
Bien inférieur à son père en jugement, il a donné
cependant un travail utile. Au total l'œuvre des
Gronove marque un tournant dans l'histoire du texte.
La connaissance qu'ils ont eue de *PR* pour la première
partie et de *QZ* pour la seconde leur a permis de
prendre conscience de la tradition manuscrite dans son

ensemble et de donner ainsi les premières éditions vraiment critiques des *Nuits Attiques*.

A.G.*N.A. lib. XX* editio Gronoviana, praef. est I. L. Conradi, 1762. Outre les *excursus* de Conradi elle offre, en supplément à Gronove, des notes critiques de E.C.A. Otho, sans grand intérêt, les uns ni les autres.

P.D. Longolius ex optimis codicibus manuscriptis et primis editionibus, Curiae Regnitiae 1741. Introduit dans le texte quelques leçons déjà indiquées par Gronove. C'est Longolius qui a divisé le texte en paragraphes et les a numérotés.

A la même époque il faut citer les efforts d'Abraham Gronove, fils de Jacques, et surtout de Christian Falster et André-Guillaume Cramer. Mais ils ne publièrent aucune édition complète, bien que Falster en ait préparé une. Cramer ne donna que quatre chapitres (15, 4 ; 15, 5 ; 15, 14 ; 1, 12).

N.A. Albertus Lion collatis manuscriptis Guelferbitano et editionibus ueteribus recensuit a. 1824 et 1825. Le manuscrit *recentior* a éloigné cette édition des manuscrits retrouvés par Gronove, sans qu'aucune méthode préside à cette opération.

La dernière étape vers un texte scientifiquement établi fut franchie par Martin Hertz.

M. Hertz, Lipsiae sumptibus et typis B.G. Teubneri, 1853.

A.G.*N.A. libri XX* ex rec... M. Hertz, Teubner Leipzig, 1883 et 1885. Hertz a consacré une bonne partie de son existence à l'étude des manuscrits d'Aulu-Gelle. Il est le premier éditeur à avoir appliqué la méthode scientifique moderne au texte. Son attention s'est portée surtout sur les manuscrits les plus anciens, notamment le palimpseste *A* qu'il a collationné avec le plus grand soin. Pour la première partie il s'est servi surtout de *PRV* là où *A* faisait défaut ; pour la seconde, il a reconnu la division en deux familles. Il a ainsi établi un texte parfaitement acceptable. L'édition de 1853 ne comportait pas d'apparat critique, celle de 1883 est dotée d'un apparat extrêmement développé et très précieux. Un article de Fr. Kuhn dans les *Fleckeisen Jahrbücher*, d'après les notes de

Hertz, apporte quelques rectifications et compléments. (Suppl. XXI, 1894).

A.G.*N.A.* *libri XX* post M. Hertz ed. C. Hosius, Lipsiae, in aed. B.G. Teubneri, 1903. Hosius a travaillé surtout à partir de la grande édition Hertz. Il a noté avec grand soin les variantes des manuscrits anciens, mais il a négligé presque totalement les *recentiores*. Il a revu certaines des discussions et modifié certaines solutions, en général heureusement, mais toujours par le moyen le plus simple, sans, autant que son devancier, chercher l'explication de la faute.

A.G.*N.A.* *libri XX*, ed. J.C. Rolfe, Londres New-York, Loeb classical library, Heinemann, 1927-1928. Edition intéressante accompagnée d'une traduction anglaise, mais qui n'est pas d'une importance comparable à celle des précédentes pour l'établissement du texte.

La présente édition. La présente édition n'apporte pas de nouveauté révolutionnaire. Elle est grandement redevable à ses devancières et notamment aux éditions de Gronove, de Hertz et de Hertz-Hosius. Elle suit la route indiquée depuis Gronove, dans la première partie, priorité des manuscrits anciens sur la vulgate des *recentiores*, extrême attention accordée aux manuscrits anciens, *PRV* et surtout *A*, là où il existe ; dans la deuxième, pondération des témoignages suivant le classement en deux familles γ et δ. On ne s'est pas cru pour autant autorisé à négliger les *recentiores*. Notre intention première comme celle de tout éditeur devait être de remonter à l'archétype de la tradition manuscrite et, une fois sa leçon établie, de l'interpréter. Nous nous sommes montrés alors très prudents, nous efforçant de conserver le texte ainsi obtenu toutes les fois qu'il présentait un sens et ne le corrigeant qu'en cas d'extrême nécessité, le moins possible pour ainsi dire, cherchant autant que faire se peut à rendre compte de la faute.

La traduction. Des traductions françaises nous n'avons retenu que la traduction Mignon parue à la librairie Garnier : c'est une œuvre excellente, de grande fidélité et d'une remarquable aisance de style. Il est malheureux qu'elle repose sur un texte assez fantaisiste.

Notre traduction s'est voulue aussi fidèle que possible, et on s'est fixé pour intention de sacrifier le moins possible de l'original. Aulu-Gelle a voulu faire œuvre littéraire, nous avons eu occasion de le rappeler. Il aurait donc fallu tenir compte de chacun des effets qu'il recherche. Mais il fait preuve aussi d'une sorte de candeur, de gaucherie parfois. Nous n'avons pas voulu être plus élégant que lui. Il eût fallu la plume d'un Amyot pour rendre avec saveur les raffinements et les maladresses de style, les redondances et les lenteurs d'une prose qui cherche l'abondance dans la forme plus que dans les subtilités de la pensée.

Les notes ont été réduites à l'essentiel. Un index fournira quelques renseignements complémentaires sur les personnages mis en scène et les auteurs cités. Tout cela ne vise qu'à donner au lecteur les indications indispensables et ne tient nullement lieu du commentaire savant qui reste attendu. Disons combien nous sommes redevable, dans l'établissement de ces notes, au commentaire de la préface par Faider et au commentaire du livre I par H.M. Hornsby (Dublin, University Press Series, 1936), enfin au tout récent commentaire roumain de I. Fisher. Nous n'avons pu nous servir dans le 1er tome de la très belle édition de Favorinus par A. Barigazzi (F. Le Monnier, Florence, 1966).

Il faudrait, pour terminer, remercier ici toutes les personnes qui ont facilité nos recherches de façon plus ou moins directe. M. Jean Bayet le premier a proposé Aulu-Gelle à nos travaux. On nous pardonnera de ne mentionner en outre que le regretté M. Dain dont les conseils érudits nous ont été si précieux. M. Jean Collart a bien voulu accepter avec une bonne grâce souriante la charge ingrate de réviseur, et l'on conçoit que le présent Aulu-Gelle est fort endetté envers le savant éditeur de Varron. Enfin M. André nous a fait bénéficier de son érudition et de son aimable acribie.

SIGLA

Ad libros I-VII.

A palimpsest. Vatic. Palat. lat. XXIV, s. IV uel V.

P Parisinus olim Regius Bibl. Nat. 5765, s. XIII.

R Leidensis Bibl. Vniu. Gronou. 21 (olim Rottendorfianus) s. XII.

V Vaticanus lat. 3452, s. XIII.

Ad libros IX-XX.

Familia γ.

G Parisinus Bibl. Nat. 13038 (olim s. Germanensis 643),
s. XIII.

L Leuwarden Bibl. Prou. BA Fr. 55 (olim Franque-
ranus), s. IX.

N Magliabecchianus Florent. 329, s. XV.

O Vaticanus Reginensis lat. 597, s. IX.

Π Vaticanus Reginensis lat. 1646, s. XII.

X Leidensis Bibl. Vniu. Vossianus lat. F 112, s. X.

Familia δ.

B codicis anno 1173 scripti fragmenta : Bernense Bibl.
Mun. 404 (IX-XII, 10, 3 usque ad *esse
potuit*) ; schedulae cod. Rheno-Traiectini Bibl.
Academ. *Aeuum uetus. Scr. G.* 26.

Q Parisinus Bibl. Nat. 8664, s. XIII.

Z Leidensis Vossianus lat. F 7, s. XIV.

Ad libros omnes.

T Anthologia Valeria-Gelliana, Parisinus Bibl. Nat.
4952 (olim Colbertinus), s. XII.

Y Anthologia Valerio-Gelliana, Vaticanus Latinus 3307,
    s. XII.

β Buslidianus hodie perditus.

recc. recentiores s. XV per ultimam partem ad fami-
    liam γ adsignandi.

recc. p. recentiorum pars, alteram lectionem scilicet
    altera parte praebente.

u Vaticanus Vrbinate 309 qui ad Graeca legenda
    saepe adhibetur.

edd. editores.

Note. — La plupart de nos manuscrits et surtout les
manuscrits du XIIIe siècle ne distinguent pas *ae* de *e*.
Afin de ne pas alourdir inutilement l'apparat critique,
nous nous sommes abstenu de faire la distinction toutes
les fois qu'on pouvait considérer la leçon en *e* comme
un témoignage en faveur de la leçon en *ae*.

PRÉFACE

AULU-GELLE

NUITS ATTIQUES

PRÉFACE

...on peut trouver des agréments plus grands [1], il ⟨faut⟩ que des récréations de cette sorte soient procurées à mes enfants eux aussi, pour le moment où, quelque répit leur étant donné par leurs affaires, leur esprit pourra s'y relâcher et s'y complaire [2]. 2. Nous avons suivi l'ordre du hasard, celui de nos notes de lecture. Selon que j'avais eu en mains un livre, grec ou latin, ou que j'avais entendu un propos digne de mémoire, je notais ce qu'il me plaisait, de quelle sorte que ce fût, indistinctement et sans ordre, et je le mettais de côté pour soutenir ma mémoire, comme en des provisions littéraires [3], afin que, le besoin se présentant d'un fait ou d'un mot que je me trouverais soudain avoir oublié, sans que les livres d'où je l'avais tiré fussent à ma disposition, je pusse facilement l'y trouver et l'y prendre.

---

1. Le début de la préface est perdu. Au paragraphe 4 Aulu-Gelle se réfère à une phrase disparue : *in agro Attico sicuti dixi*. La préface ne figure en tête de l'ouvrage que dans les manuscrits *P* et *R*. Elle a disparu dans *V*. Les *recentiores* la donnent à la suite de XX, 11, 5 sans aucune ponctuation et écrivent *nolite uos atque iocundiora repperiri queunt*, quitte à indiquer un début de chapitre au paragraphe 2. Les anciennes éditions qui reposaient uniquement sur des manuscrits *recentiores* suivirent cet errement jusqu'à Gronove qui se rangea aux arguments de Saumaize et de Langbain.

Macrobe imite cette préface, dédiant l'ouvrage à son fils et reprenant des expressions entières *quasi de quodam litterarum penu, si quando usu uenerit, facile id tibi inuentu atque depromptu sit*. Mais l'idée générale est toute différente puisqu'il insiste sur sa propre originalité dans la composition de son œuvre.

A GELLII

NOCTES ATTICAE

PRAEFATIO

1. ***iucundiora alia reperiri queunt, ad hoc ut liberis quoque meis partae istiusmodi remissiones essent, quando animus eorum interstitione aliqua negotiorum data laxari indulgerique potuisset. **2.** Vsi autem sumus ordine rerum fortuito, quem antea in excerpendo feceramus. Nam proinde ut librum quemque in manus ceperam seu Graecum seu Latinum uel quid memoratu dignum audieram, ita quae libitum erat, cuius generis cumque erant, indistincte atque promisce annotabam eaque mihi ad subsidium memoriae quasi quoddam litterarum penus recondebam, ut quando usus uenisset aut rei aut uerbi, cuius me repens forte obliuio tenuisset, et libri ex quibus ea sumpseram non adessent, facile inde nobis inuentu atque depromptu foret.

PRAEFATIO *deest in V qui cum lemmatibus incipit; in recc. post* nolite uos atque 20, 1, 5 *praefatio incipit sine ulla distinctione; e §§ 2, 3, 8, 11, 16 multa* MACROBIVS *descripsit atque in usum suum uertit.* GELLIVS *ipse multa (praesertim § 3-10) e* PLINII *praefatione sumpsit*

1 partae *P* : perate *R* parate *recc.* ‖ **2** promisce *RT* MACR. : promiscue *P, recc.*

3. On a donc conservé dans les présents essais la variété qu'il y avait dans les notes primitives que nous avions rédigées brièvement, sans ordre, sans composition, de lectures et de savoirs divers [1]. **4.** Mais puisque c'est, comme je l'ai dit, pendant les longues nuits d'hiver sur le territoire du pays attique que j'ai commencé de m'amuser à rédiger ces essais [2], je leur ai donné le titre de *Nuits Attiques*, sans chercher à rivaliser avec l'agrément des titres[3] que beaucoup d'autres auteurs dans les deux langues ont donnés à des livres de ce genre. **5.** Ils avaient rassemblé une science variée, mélangée et presque hétéroclite, ils donnèrent de même dans cet esprit des titres très recherchés. **6.** Les uns appelèrent leur ouvrage les *Muses* [4], d'autres les *Silves* [5], celui là le *Manteau*[6], celui-ci la *Corne d'abondance*[7], un autre *Rayons de miel* [8], certains les *Prairies* [9], quelques-uns *En lisant* [10], un autre *Lectures antiques* [11], celui-ci *Florilège* [12], un autre encore *Trouvailles* [13]. **7.** Il y en a aussi qui donnèrent le titre de *Lampes* [14], d'autres de *Tapis*[15], certains même d'*Encyclopédie* [16], *Hélicon* [17], *Problèmes* [18], *Poignard* [19] et *Couteau à main* [20]. **8.** Il y en a eu pour donner le titre de *Mémoires* [21], de *Réalités*, *Hors-d'œuvre*, *Leçons* [22] ; ou d'*Histoire Naturelle* [23] ; d'*Histoire universelle* [24] ; il y en eut aussi qui appelèrent leur ouvrage *le Pré* [25], un autre *le Verger*, et aussi *Lieux communs* [26]. **9.** Beaucoup usèrent de *Conjectures* [27] ; il y en eut aussi qui mirent

1. *eruditionibus* ne se trouve au pluriel que chez Vitruve (1, 1, 1 ; *ibid.*, 11 et 12).

2. Les essais, *commentationes* et *commentarii*, désignent l'ouvrage mis en œuvre comme fait de morceaux indépendants : essais, études, notes, cahiers, carnets, feuillets. Cela s'oppose aux notes primitives de lecture *annotationes*, matière première inélaborée de l'ouvrage.

Aulu-Gelle parle d'amusement (*ludere* cf. plus haut *iucundiora*, plus bas *festiuitates*, etc.) à cause du caractère gratuit d'une érudition destinée uniquement à satisfaire la curiosité.

3. La phrase s'inspire de la préface de Pline *N.H.*, *Praef.*, 24 : *Inscriptionis apud Graecos mira felicitas...* et 26, *Me non paenitet nullum festiuiorem excogitasse titulum* : Cette modestie convient mieux à Pline dont le titre est très banal qu'aux *Nuits Attiques*. La hargne de Pline contre ses devanciers et concurrents est très atténuée chez Aulu-Gelle.

Voir les notes suivantes à la fin du volume.

3. Facta igitur est in his quoque commentariis eadem rerum disparilitas quae fuit in illis annotationibus pristinis, quas breuiter et indigeste et incondite eruditionibus lectionibusque uariis feceramus. 4. Sed quoniam longinquis per hiemem noctibus in agro, sicuti dixi, terrae Atticae commentationes hasce ludere ac facere exorsi sumus, idcirco eas inscripsimus ' Noctium ' esse ' Atticarum ', nihil imitati festiuitates inscriptionum quas plerique alii utriusque linguae scriptores in id genus libris fecerunt. 5. Nam quia uariam et miscellam et quasi confusaneam doctrinam conquisiuerant, eo titulos quoque ad eam sententiam exquisitissimos indiderunt. 6. Namque alii ' Musarum ' inscripserunt, alii ' Siluarum ', ille Πέπλον, hic 'Αμαλθείας Κέρας, alius Κηρία, partim Λειμῶνας, quidam ' Lectionis suae ', alius ' Antiquarum Lectionum ' atque alius 'Ανθηρῶν et item alius Εὑρημάτων. 7. Sunt etiam qui Λύχνους inscripserint, sunt item qui Στρωματεῖς, sunt adeo qui Πανδέκτας et 'Ελικῶνα et Προβλήματα et 'Εγχειρίδια et Παραξιφίδας. 8. Est qui ' Memoriales ' titulum fecerit, est qui Πραγματικά et Πάρεργα et Διδασκαλικά, est item qui ' Historiae Naturalis ', est Παντοδαπῆς 'Ιστορίας, est praeterea qui ' Pratum ', est itidem qui Πάγκαρπον, est qui Τόπων scripserit; 9. sunt item multi qui ' Coniectanea ', neque item non sunt

---

3 eruditionibus *PR* : ex eruditionibus *Gron.* annotationibus tractationibus *recc.* ‖ 4 esse *om. recc.* ‖ 6 *Graeca om. recc., R qui et multa Latina om.* ‖ hic *om. recc.* ‖ κηρία *Saumaise* : καιδια *P, cf.* PLIN. *H.N. Praef.* 24 ‖ ἀνθηρῶν : ανιθερων *P* ‖ 7 inscripserint *P* : inscripserunt *recc., R* ‖ 8 titulum *P* : titulos *recc.* ‖ τόπων Saumaise : τοπαν *P* τὸ πᾶν *Gron.* ‖ 9 sunt item *PR* : sunt autem *recc.* ‖ non *om. recc. p.*

en titre *Lettres Morales* [1], *Questions épistolaires* [2] ou *Questions Mélangées* [3], et certains autres titres, brillants à l'excès, qui sentent la recherche précieuse. **10.** Nous au contraire, selon les capacités de notre nature, avec une simplicité directe et même presque un peu rustique, nous inspirant du moment et du lieu de ces veillées d'hiver, nous avons inscrit en tête *Nuits Attiques*, le cédant autant aux autres dans la beauté du titre, que nous l'avions cédé dans la recherche et le raffinement de la rédaction.

11. Mais mon dessein en faisant les extraits et les notes n'a pas été non plus le même que celui du grand nombre des écrivains dont j'ai parlé [4]. Tous, et surtout les Grecs, au cours de nombreuses et diverses lectures, ramassaient à la pelle tous les renseignements sur lesquels ils tombaient, sans rien marquer d'un trait noir, comme le dit le proverbe [5], sans souci de choisir, sans rien chercher que l'abondance ; en les lisant l'esprit s'engourdira et vieillira de dégoût avant d'avoir trouvé çà et là un passage qui donne plaisir à qui le lit, culture à qui l'a lu, expérience à qui s'en souvient. **12.** Pour ma part, ayant à l'esprit ce mot d'Héraclite d'Ephèse, homme de la plus grande notoriété, qui dit à peu près : « Accumulation de connaissances ne profite pas à l'esprit », je me suis, il est vrai, fatigué à dérouler et à parcourir de nombreux volumes, dans tous les moments de loisir que j'ai pu dérober aux affaires ; mais je n'ai recueilli que peu de tout cela, et seulement ce qui peut mener des esprits bien disposés et dégagés d'autres soucis, au désir d'un savoir qui fait honneur et à la connaissance de sciences utiles, par un raccourci rapide et facile, ou ce qui était capable d'affranchir des hommes, occupés déjà par les autres nécessités

---

1. Les lettres de Sénèque à Lucilius citées en 12, 2, 3.
2. Ouvrage de Varron cité par Aulu-Gelle en 14, 7, 3 et 14, 8, 2. En 6, 10, 2 il est question d'un ouvrage de Caton de même titre. Il semble qu'il faille admettre avec Juste Lipse qu'il s'agit d'une erreur et que le nom de Caton est à remplacer par celui de Varron.

qui indices libris suis fecerint aut ' Epistularum Moralium ' aut ' Epistolicarum Quaestionum ' aut ' Confusarum ' et quaedam alia inscripta nimis lepida multasque prorsum concinnitates redolentia. **10.** Nos uero, ut captus noster est, incuriose et inmeditate ac prope etiam subrustice ex ipso loco ac tempore hibernarum uigiliarum ' Atticas Noctes ' inscripsimus, tantum ceteris omnibus in ipsius quoque *in*scriptionis laude cedentes, quantum cessimus in cura et elegantia scriptionis.

11. Sed ne consilium quidem in excerpendis notandisque rebus idem mihi, quod plerisque illis, fuit. Namque illi omnes et eorum maxime Graeci, multa et uaria lectitantes, in quas res cumque inciderant, alba, ut dicitur, linea sine cura discriminis solam copiam sectati conuer*re*-bant, quibus in legendis ante animus senio ac taedio languebit quam unum alterumue reppererit quod sit aut uoluptati legere aut cultui legisse aut usui meminisse. **12.** Ego uero, cum illud Heracliti Ephesii uiri summe nobilis uer*b*um cordi haberem, quod profecto ita est πολυμαθίη νόον οὐ διδάσκει, ipse quidem uoluendis transeundisque multis admodum uoluminibus per omnia semper nego-tiorum interualla in quibus furari otium potui exercitus defessusque sum, sed modica ex his eaque sola accepi quae aut ingenia prompta expeditaque ad honestae eruditionis cupidinem utiliumque artium contemplationem celeri facili-que compendio ducerent aut homines aliis iam

---

9 epistolicarum *PR* : epistolarum *recc.* ‖ **10** inscriptionis *edd.* : scriptionis *PR, recc.* ‖ **11** notandisque *P, recc.* : quaerendisque *R* ‖ conuerrebant *Carrio* : conuerte — bant *PR, recc.* ‖ **12** heracliti *R recc.* : *om. P* ‖ uerbum *edd.* : uerum *PR, recc.*

de la vie, d'une méconnaissance, honteuse en vérité et fruste, des choses et des mots.

13. Il y aura dans ces essais certains points délicats et subtils, de grammaire, de dialectique ou même de géométrie, et aussi quelques notations un peu difficiles sur le droit augural et pontifical [1] : il ne faut pas s'en détourner dans l'idée que c'est inutile à connaître ou difficile à comprendre. Nous n'avons pas poussé jusqu'en des replis trop profonds et trop obscurs les questions sur ces sujets ; mais nous avons donné des éléments et pour ainsi dire des échantillons des sciences nobles dont il est, sinon néfaste [2], du moins indécent, qu'un homme bien élevé n'ait jamais rien entendu ni touché.

14. Avec ceux qui pourraient avoir par moments temps et plaisir à lire ces modestes élucubrations, nous voulons qu'il soit bien entendu qu'en lisant ce qu'ils savent déjà, ils ne le mépriseront pas comme connu et banal. **15**. Qu'y a-t-il dans les belles lettres de si difficile qu'un bon nombre de gens ne connaissent déjà ? et il est assez flatteur que cela ne soit ni rabâché dans les écoles ni ressassé dans les écrits érudits. **16**. Quant à ce qu'ils trouveront de surprenant et d'inconnu, je crois juste qu'ils examinent sans vain esprit de dénigrement si ces quelques modestes leçons n'étant ni trop sèches pour nourrir leur étude, ni trop froides pour réchauffer et délecter leur esprit, ne

---

1. Faider remarque que cette indication correspond assez mal au contenu de l'œuvre. Aulu-Gelle se souvient peut-être de Cicéron (*Cato maior*, 11, 38) : *ius augurium, pontificium, ciuile, tracto.*

2. Les manuscrits portent *utile.* La correction est de Josse Bade en 1518. Elle paraît à peu près certaine, bien que Mommsen ait proposé *uile*, Maehly *futile*, car *inutilis* a tout naturellement en latin le sens de nuisible.

uitae negotiis occupatos a turpi certe agrestique
rerum atque uerborum imperitia uindicarent.

13. Quod erunt autem in his commentariis
pauca quaedam scrupulosa et anxia, uel ex
grammatica uel ex dialectica uel etiam ex geome-
trica, quodque erunt item paucula remotiora
super augurio iure et pontificio, non oportet ea
defugere, quasi aut cognitu non utilia aut per-
ceptu difficilia. Non enim fecimus altos nimis et
obscuros in his rebus quaestionum sinus, sed
primitias quasdam et quasi libamenta ingenuarum
artium dedimus, quae uirum ciuiliter eruditum
neque audisse umquam neque attigisse, si non
*in*utile, at quidem certe indecorum est.

14. Ab his igitur, si cui forte nonnumquam tempus
uoluptasque erit lucubratiunculas istas cognoscere,
petitum impetratumque uolumus, ut in legendo
quae pridem scierint non aspernentur quasi
nota inuolgataque. **15.** Nam ecquid tam remotum
in litteris est quin id tamen complusculi sciant ?
Et satis hoc blandum est, non esse haec neque
in scholis decantata neque in commentariis
protrita. **16.** Quae porro noua sibi ignotaque offen-
derint, aequum esse puto ut sine uano obtrectatu
considerent an minutae istae admonitiones e*t*
pauxillulae nequaquam tamen sint uel ad alendum
studium uescae uel ad oblectandum fouendumque

---

12 agrestique *P, recc.* : agrestiumque *R* || **13** geometrica *P,
R* (*ut uidetur*) : geometria *recc.* || inutile *edd.* : utile *PR, recc.*
|| at *recc.* : aut *PR, recc.* haud *recc.* || **15** ecquid *Madvig* : et
quid *PR, recc.* quid *et* ad quid *et* et si *recc.* || blandum
P, recc. : landum *R* libandum *et* librandum et liberandum
et libarum *recc.* || **16** et pauxillulae *Gron.* : epauxillule *P*
pauxillul- *R, recc.* || nequaquam *P, recc.* : nequam *R* || ad
alendum : ad ualendum *recc.* || uescae *PR²*, *recc.* : honestae
recc. inuenustae *recc.*

sont pas d'une origine et d'une espèce à rendre
naturellement les esprits des hommes plus vifs, leur
mémoire mieux soutenue, leur style plus facile, leur
langue plus correcte, et leur plaisir dans le loisir et
dans le jeu plus noble. **17.** Ce qui leur paraîtra peu
clair ou peu complet et riche, nous demandons, disais-je,
qu'ils le jugent écrit moins pour exposer que pour
avertir, et, satisfaits de l'indication de la piste à suivre,
pour ainsi dire, qu'ils continuent ensuite, s'il leur plaît,
avec des livres ou avec des maîtres. **18.** Pour ce qu'ils
jugeront inadmissible, qu'ils s'en prennent, s'ils l'osent,
à nos sources ; mais s'ils ont lu chez un autre, autre
chose que ce que nous disons, qu'ils ne se répandent
pas en reproches, aussitôt, à la légère, qu'ils pèsent
les arguments rationnels et les autorités que les uns
et les autres ont suivis.

19. Quant à ceux qui n'ont jamais pris plaisir ni peine
à lire, écrire, noter, qui n'ont jamais veillé de veilles
de ce genre, qui ne se sont jamais affinés à des luttes
et des discussions parmi des émules, adorateurs de la
même Muse, qui sont remplis de leurs dérèglements
et de leurs affaires, il sera de beaucoup préférable
qu'ils s'en aillent loin de mes *Nuits* et se cherchent
d'autres plaisirs. Il y a un vieil adage : « Le geai n'a
rien à faire avec la lyre, le cochon avec la marjolaine [1] ».

---

1. Comparer Lucrèce, 6, 973 : *amaricinum fugitat sus*, et Otto,
Sprichwörter, p. 155 et 336.

animum frigidae, sed eius seminis generisque
sint ex quo facile adolescant aut ingenia hominum
uegetiora aut memoria adminiculatior aut oratio
sollertior aut sermo incorruptior aut delectatio
in otio atque in ludo liberalior. **17.** Quae autem
parum plana uidebuntur aut minus plena in-
structaque, petimus, inquam, ut ea non docendi
magis quam admonendi gratia scripta existiment
et, quasi demonstratione uestigiorum contenti,
persequantur ea post, si libebit, uel libris repertis
uel magistris. **18.** Quae uero putauerint repre-
hendenda, his, si audebunt, succenseant, unde
ea nos accepimus ; sed enim, quae aliter apud
alium scripta legerint, ne iam statim temere
obstrepant, sed et rationes rerum et auctoritates
hominum pensitent, quos illi quosque nos secuti
sumus.

19. Erit autem id longe optimum, ut qui in
lectitando, scribendo, commentando, numquam
uoluptates, numquam labores ceperunt, nullas
hoc genus uigilias uigilarunt neque ullis inter
eiusdem Musae aemulos certationibus disceptatio-
nibusque elimati sunt, sed intemperiarum nego-
tiorumque pleni sunt, abeant a ' Noctibus ' his
procul, atque alia sibi oblectamenta quaerant.
Vetus adagium est :

Nil cum fidibus graculos*t*, nihil cum amaracino
[sui.

---

16 delectatio *Gron.* : delectatior *PR*, *recc.* || **18** temere
Carrio : tempere *P* tempore *R*, *recc.* || sed et rationes *PR*,
recc. : sed tractiones *recc.* || **19** percontando *post* lectitando
add. Gron. || abeant *Gron.* : labeant *PR* || per-contando
scribendo *post* abeant *add. PR*, *recc.*, *del. Gron.* || graculost
Hertz : graculos *R* greculos *P*, *recc.* graculo. *edd.*

20. Et même pour rendre plus purulente l'envie d'individus sinistres qui ont tort de se croire savants, j'emprunterai au chœur d'Aristophane [1] quelques anapestes, et la loi que ce poète si comique a édictée aux spectateurs de sa pièce, je la donnerai aux lecteurs de ces essais, que ne les touche pas, ne les aborde pas, la foule profane et sacrilège, étrangère aux divertissements des Muses. **21.** Voici les vers dans lesquels est promulguée la loi [2] : « Que se taise et s'éloigne de nos chœurs, celui qui, étranger à ce langage, est impur de pensée, jamais n'a vu ni dansé les chœurs sacrés des nobles Muses. A eux je dis et je redis, deux et trois fois, de s'éloigner des chœurs initiés. Vous, éveillez le chant et les fêtes nocturnes qui sont en harmonie avec ce jour de fête ».

22. J'ai fait jusqu'à ce jour vingt livres d'essais. **23.** Aussi longtemps que je vivrai de par la volonté des dieux, tous les moments résiduels [3] et secondaires que l'administration de mon patrimoine et l'éducation des enfants me laisseront de loisir, je les consacrerai à rassembler des souvenirs de cette sorte pour m'amuser. **24.** Le nombre des livres progressera donc, les dieux aidant, avec les progrès de ma vie elle-même, si courte qu'elle soit ; et je souhaite qu'il ne me soit pas accordé de vivre au delà du temps où je serai capable d'exercer cette faculté d'écrire et de rédiger des essais [4].

---

1. *Choro* : il s'agit de l'epirrhema qui fait suite à la parabase : *Ranae*, 354 ss. et 369 ss.

2. *Lex data* est en réalité une expression juridique qui désigne une certaine forme de loi par opposition à la *lex rogata*.

3. *Subsiciua tempora*, expression juridique qui se trouve déjà chez Cicéron, mais qui avait été reprise dans la préface de Pline (18) dans le même sens.

4. Ce ton de mélancolie est fréquent dans les préfaces, par tradition peut-être, et aussi parce que le recul que prend l'auteur par rapport à son œuvre, à sa vie, l'invite naturellement à envisager la mort. Salluste lui-même pensant à la gloire, songe à la brièveté de la vie. (*Catil.*, 1, 3 ; *Jug.*, 1, 1). Tacite envisage ce qu'il fera si *uita suppeditet* (*Hist.*, 1, 1, 4). Quintilien évoque la mort de ses fils. Ammien Marcellin qui se souvient souvent des *Nuits Attiques* proclame à la fin de son livre : *Scribant reliqua potiores aetate doctrinisque florentes* (31, 16, 8 ; cf. 21, 16, 4 : *perque spatia uitae longissima*).

20. Atque etiam, quo sit quorundam male
doctorum hominum scaeuitas et inuidentia irrita-
tior, mutuabor ex Aristophanae choro *a*napaesta
pauca et quam ille homo festiuissimus fabulae suae
spectandae legem dedit, eandem ego commentariis his legendis dabo, ut ea ne attingat neue
adeat profestum et profanum uulgus, a ludo
musico diuersum. **21.** Versus legis datae hi
sunt :

Εὐφημεῖν χρὴ κἀξίστασθαι τοῖς ἡμετέροισι χοροῖσιν
ὅστις ἄπειρος τοιῶνδε λόγων ἢ γνώμῃ μὴ καθαρεύει
ἢ γενναίων ὄργια Μουσῶν μήτ᾽ εἶδεν μήτ᾽ ἐχόρευσεν,
τούτοις αὐδῶ, καὖθις ἀπαυδῶ, καὖθις τὸ τρίτον μάλ᾽
                                                                  ἀπαυδῶ
ἐξίστασθαι μύσταισι χοροῖς, ὑμεῖς δ᾽ ἀνεγείρετε μολπὴν
καὶ παννυχίδας τὰς ἡμετέρας, αἳ τῇδε πρέπουσιν ἑορτῇ.

22. Volumina commentariorum ad hunc diem
uiginti iam facta sunt. **23.** Quantum autem vitae
mihi deinceps deum uoluntate erit quantumque a
tuenda re familiari procurandoque cultu liberorum
meorum dabitur otium, ea omnia subsiciua et
subsecundaria tempora ad colligendas huiuscemodi memoriarum delectatiunculas conferam. **24.**
Progredietur ergo numerus librorum, diis bene
iuuantibus, cum ipsius uitae quantuli quique
fuerint progressibus, neque longiora mihi dari
spatia uiuendi uolo quam dum ero ad hanc quoque
facultatem scribendi commentandique idoneus.

---

20 choro anapesta *Victor.* : choro apesta *R* choronapesta *P*
|| **21** *Graeca desunt in omnibus codicibus praeter P* || μυσταῖσι
χοροῖς *Arist.* : τοισι αορους *P* || **22** hunc *PV*, *recc.* : hanc *R* ||
23 a tuenda *P* : aduenda *R* acuent a *recc.* a curanda *et* a
cura *recc.*|| delectatiunculas *PR* (*fere*) *recc.*: disceptatiunculas *recc.*

25. Les sommaires de ce qui est traité dans chaque chapitre nous les avons tous donnés ici, afin que soit indiqué dès l'abord ce qu'on peut chercher et trouver, et dans quel livre [1].

LIVRE PREMIER

I. — De quel rapport et de quel raisonnement le philosophe Pythagore s'est servi, au dire de Plutarque, pour calculer et établir la taille qu'avait Hercule quand il vivait parmi les hommes.

II. — Qu'Hérodes Atticus, personnage consulaire, cita avec à propos, contre un jeune homme vantard et fanfaron, adonné en apparence seulement à l'étude de la philosophie, un passage du stoïcien Epictète qui distingue avec esprit, du vrai stoïcien, la foule des charlatans bavards qui prennent ce nom.

III. — Que le Lacédémonien Chilon prit un parti contradictoire pour le salut d'un ami ; et qu'il faut examiner avec circonspection et scrupule s'il y a lieu parfois de commettre une faute dans l'intérêt de ses amis ; il est noté et rapporté au même chapitre ce qu'ont écrit sur le sujet, et Théophraste et Cicéron.

IV. — Avec quelle finesse pénétrante Antonius Julianus a découvert, dans un discours de Cicéron, un sophisme par substitution de mot.

V. — Que l'orateur Démosthène, s'exposant aux insultes par le soin qu'il prenait de sa toilette et de son vêtement, était d'une élégance décriée ; et que de même, l'orateur Hortensius, à cause d'élégances de même sorte et de ses gestes d'histrion, se fit apostropher du nom de la danseuse Dionysia.

VI. — Passage d'un discours de Metellus Numidicus qu'il prononça devant le peuple, pendant sa censure, pour exhorter les Romains au mariage : pour quelle raison ce discours fut critiqué, et de quelle manière il fut défendu.

---

1. En fait dans tous les manuscrits anciens les *lemmata* sont groupés en tête de chaque livre, sauf dans le manuscrit *A* dont on ne peut rien affirmer de très assuré (cf. l'apparat critique). On a parfois pensé que la phrase était interpolée. Mais dans l'*Histoire Naturelle* de Pline les titres de chapitre sont tous groupés en un vaste ensemble qui constitue le livre I, suivant la préface et précédant l'œuvre elle-même. On peut penser qu'Aulu-Gelle a suivi, sur ce point encore, l'exemple de Pline.

On trouvera les notes critiques des lemmes en tête de chaque chapitre.

25. Capita rerum quae cuique commentario insunt, exposuimus hic uniuersa, ut iam statim declaretur quid quo in libro quaeri inuenirique possit.

CAPITVLA LIBRI PRIMI

I. — Quali proportione quibusque collectionibus Plutarchus ratiocinatum esse Pythagoram philosophum dixerit de comprehendenda corporis proceritate qua fuit Hercules, cum uitam inter homines uiueret.

II. — Ab Herode Attico C. V. tempestiue deprompta in quendam iactantem et gloriosum adulescentem, specie tantum philosophiae sectatorem, uerba Epicteti Stoici, quibus festiuiter a uero Stoico seiunxit uulgus loquacium nebulonum qui se Stoicos nuncuparent.

III. — Quod Chilo Lacedaemonius consilium anceps pro salute amici cepit ; quodque est circumspecte et anxie considerandum an pro utilitatibus amicorum delinquendum aliquando sit ; notataque inibi et relata quae et Theophrastus et M. Cicero super ea re scripserunt.

IV. — Quam tenuiter curioseque explorauerit Antonius Iulianus in oratione M. Tullii uerbi ab eo mutati argutiam.

V. — Quod Demosthenes rhetor cultu corporis atque uestitu probris obnoxio infamique munditia fuit ; quodque item Hortensius orator, ob eiusmodi munditias gestumque in agendo histrionicum, Dionysiae saltatriculae cognomento compellatus est.

VI. — Verba ex oratione Metelli Numidici quam dixit in censura ad populum, cum eum ad uxores ducendas adhortaretur ; eaque oratio quam ob causam reprehensa et quo contra modo defensa sit.

25 Capitula primi libri hinc relinco *R in quo sequitur lib.* I *c.* I *nulla inscriptione praeeunte.* || Primo libro hec insunt *add.* P *post* possit. *Libri* I *lemmata sequuuntur usque ad* c. 15, 19, *tum dimidia columna relicta est cui in margine* Deest *adscriptum est. Sequitur* 1, 2, 11 Δείχνυε πῶς *usque ad* κατηγορούμενον (12) *quibus in linea continua mediis omissis adnectitur* hic autem chilo 1, 3, 8 || *a verbis* Primo commentario hec insunt *incipit V. Sequuntur lemmata primi libri. Hoc loco codex rescriptus A lemmata uidetur habuisse omnia, quippe qui cum primae partis reliquias tantum praebeat, lemmata libri* 17, 21 *et* 18, 1 ss. *ostendat, his duobus libris a uerbis* XX *haec insunt disiunctis, ut quidem M. Hertz uisum est.*

VII. — Que dans ces mots de Cicéron tirés du cinquième discours contre Verrès : « *Hanc sibi rem praesidio sperant futurum,* ils espèrent que cela leur servira de défense », il n'y a ni faute, ni corruption ; que se trompent ceux qui font violence à des manuscrits de bonne qualité et écrivent *futuram* ; dans le même chapitre il est traité d'un autre mot de Cicéron qui est écrit correctement et qu'on a tort de transformer ; et quelques remarques sur les mesures et les rythmes de phrases que Cicéron a recherchés avec prédilection.

VIII. — Histoire trouvée dans les livres du philosophe Sotion sur la courtisane Laïs et l'orateur Démosthène.

IX. — Quelle était la méthode, quels étaient les degrés de l'enseignement pythagoricien ; et combien de temps la règle prescrivait de parler et de se taire.

X. — En quels termes le philosophe Favorinus s'en prit à un jeune homme qui parlait de façon trop archaïque et antique.

XI. — Que selon Thucydide, historien illustre, les Lacédémoniens ne se servaient pas, au combat, de la trompette, mais de la flûte ; citation de cet écrivain sur la question ; que d'après Hérodote, le roi Halyatte avait à l'armée des joueuses de lyre ; et, dans le même chapitre, certaines indications sur la syrinx dont Gracchus s'accompagnait dans ses harangues.

XII. — A quel âge, dans quelles familles, selon quel rite, quelles cérémonies et prescriptions religieuses, et sous quel nom une vierge vestale est « prise » par le grand pontife ; dans quelle condition juridique elle tombe, aussitôt qu'elle est « prise » ; et que, au dire de Labéon, elle ne peut hériter de personne sans testament et personne ne peut hériter d'elle sans testament.

XIII. — Que les philosophes se demandent s'il vaut mieux dans le cas d'une mission reçue, faire tout ce qui nous a été mandé, ou parfois aussi agir à l'encontre, si on espère que ce sera plus profitable à celui qui a donné la mission ; et les avis sur la question exposés contradictoirement.

XIV. — Ce qu'a dit et fait Caius Fabricius, homme couvert de gloire par ses hauts faits, mais pauvre en patrimoine et en argent, quand les Samnites lui offrirent de l'or en lingots dans l'idée qu'il en avait besoin.

XV. — Combien c'est un défaut désagréable et odieux qu'un bavardage futile et vain, et combien de fois les hommes les plus éminents en l'une et l'autre langues, l'ont dénoncé en de justes vitupérations.

XVI. — Que l'expression suivante du livre III des *Annales* de Quadrigarius « *Ibi mille hominum occiditur,* là un millier d'hommes sont tués », n'est pas dite par licence ni par figure poétique, mais est justifiée par un raisonnement précis et assuré de la science grammaticale.

XVII. — Avec quelle égalité d'âme Socrate supporta le caractère

VII. — In hisce uerbis Ciceronis ex oratione quinta in Verrem, « hanc sibi rem praesidio sperant futurum », neque mendum esse neque uitium errareque istos qui bonos libros uiolant et ' futuram ' scribunt ; atque ibi de quodam alio Ciceronis uerbo dictum, quod probe scriptum perperam mutatur ; et aspersa pauca de modulis numerisque orationis, quos Cicero auide sectatus est.

VIII. — Historia in libris Sotionis philosophi reperta super Laide meretrice et Demosthene rhetore.

IX. — Quis modus fuerit, quis ordo disciplinae Pythagoricae, quantumque temporis imperatum obseruatumque sit discendi simul ac tacendi.

X. — Quibus uerbis compellauerit Fauorinus philosophus adulescentem casce nimis et prisce loquentem.

XI. — Quod Thucydides, scriptor inclutus, Lacedaemonios in acie non tuba, sed tibiis esse usos dicit, uerbaque eius super ea re posita ; quodque Herodotus Alyattem regem fidicinas in procinctu habuisse tradit ; atque inibi quaedam notata de Gracchi fistula contionaria.

XII. — Virgo Vestae quid aetatis et ex quali familia et quo ritu quibusque caerimoniis et religionibus ac quo nomine a pontifice maximo capiatur, et quo statim iure esse incipiat simul atque capta est ; quodque, ut Labeo dicit, nec intestato cuiquam nec eius intestatae quisquam iure heres est.

XIII. — Quaesitum esse in philosophia, quidnam foret in recepto mandato rectius, idne omnino facere quod mandatum est, an nonnumquam etiam contra, si id speres ei qui mandauit utilius fore ; superque ea quaestione expositae diuersae sententiae.

XIV. — Quid dixerit feceritque C. Fabricius, magna uir gloria magnisque rebus gestis, sed familiae pecuniaeque inops, cum ei Samnites tanquam indigenti graue aurum donarent.

XV. — Quam inportunum uitium plenumque odii sit futilis inanisque loquacitas, et quam multis in locis a principibus utriusque linguae uiris detestatione iusta culpata sit.

XVI. — Quod uerba istaec Quadrigari ex ' Annali ' tertio, « ibi mille hominum occiditur », non licenter neque de poetarum figura, sed ratione certa et proba grammaticae disciplinae dicta sunt.

XVII. — Quanta cum animi aequitate tolerauerit Socrates

intraitable de sa femme ; et au même chapitre ce que Varron écrit dans une satire sur le devoir du mari.

XVIII. — Que Varron, dans le quatorzième livre de ses *Antiquités humaines*, reproche à son maître, Lucius Aelius, des fautes d'étymologie, et que le même Varron dans le même livre donne une fausse étymologie du mot *fur*, voleur.

XIX. — Histoire sur les livres sibyllins et le roi Tarquin le Superbe.

XX. — Ce que les géomètres appellent plan, ce qu'ils appellent volume, cube, ligne, et de quels noms latins on désigne tout cela.

XXI. — Que Julius Hyginus affirme de la façon la plus formelle avoir lu un manuscrit provenant de la famille de Virgile où il était écrit : « *Et ora tristia temptantum sensu torquebit amaror*, l'amertume tordra les visages tendus de qui la goûtera », et non ce qu'on lit d'ordinaire : « *sensu torquebit amaro*, tordra d'une sensation amère ».

XXII. — Si celui qui plaide une cause a le droit de dire en latin « *se superesse*, qu'il assiste » ceux qu'il défend, et ce qu'est proprement *superesse*.

XXIII. — Qui fut Papirius Praetextatus, quelle est la cause de ce surnom ; et toute l'histoire, agréable à connaître, de ce même Papirius.

XXIV. — Trois épitaphes de trois poètes anciens, Naevius, Plaute et Pacuvius, qu'ils firent eux-mêmes et qu'on grava sur leur tombe.

XXV. — En quels termes Varron définit *indutiae*, trêve ; et au même chapitre il est recherché avec grand soin quelle est l'explication du mot *indutiae*.

XXVI. — De quelle manière le philosophe Taurus m'a répondu alors que je lui demandais si le sage se mettait en colère.

LIVRE DEUX

I. — De quelle manière le philosophe Socrate avait coutume d'exercer l'endurance de son corps ; endurance de cet homme.

II. — Quels doivent être le principe et la règle des préséances entre père et fils, quand il s'agit de se mettre à table, de s'asseoir ou de circonstances semblables, à la maison ou en public, quand le fils est magistrat et le père simple particulier ; exposé du philosophe Taurus sur la question et exemple pris à l'histoire romaine.

III. — Suivant quel principe les anciens ont introduit dans certains verbes et dans certains noms l'aspiration de la lettre *h*.

uxoris ingenium intractabile ; atque inibi, quid M. Varro in quadam satura de officio mariti scripserit.

XVIII. — Quod M. Varro in quarto decimo ' Humanarum ' L. Aelium magistrum suum in ἐτυμολογίᾳ falsa reprehendit ; quodque idem Varro in eodem libro falsum furis ἔτυμον dicit.

XIX. — Historia super libris Sibyllinis ac de Tarquinio Superbo rege.

XX. — Quid geometrae dicant ἐπίπεδον, quid στερεόν, quid κύβον, quid γραμμήν ; quibusque ista omnia Latinis uocabulis appellentur.

XXI. — Quod Iulius Hyginus affirmatissime contendit, legisse se librum P. Vergilii domesticum, *ubi* scriptum esset : « Et ora tristia temptantum sensus torquebit amaror » non quod uulgus legeret « sensu torquebit amaro ».

XXII. — An qui causas defendit recte Latineque dicat « superesse se » is quos defendit ; et « superesse » proprie quid sit.

XXIII. — Quis fuerit Papirius Praetextatus ; quae istius causa cognomenti sit ; historiaque ista omnis super eodem Papirio cognitu iucunda.

XXIV. — Tria epigrammata trium ueterum poetarum, Naeuii, Plauti, Pacuuii, quae facta ab ipsis sepulcris eorum incisa sunt.

XXV. — Quibus uerbis M. Varro indutias definierit; quaesitumque inibi curiosius quaenam ratio sit uocabuli indutiarum.

XXVI. — Quem in modum mihi Taurus philosophus responderit percontanti an sapiens irasceretur.

CAPITVLA LIBRI SECVNDI

I. — Quo genere solitus sit philosophus Socrates exercere patientiam corporis ; deque eiusdem uiri patientia.

II. — Quae ratio obseruatioque officiorum esse debeat inter patres filiosque in discumbendo sedendoque atque id genus rebus domi forisque, si filii magistratus sunt et patres priuati ; superque ea re Tauri philosophi dissertatio et exemplum ex historia Romana petitum.

III. — Qua ratione uerbis quibusdam uocabulisque ueteres immiserint ' h ' litterae spiritum.

IV. — Quam ob causam Gauius Bassus genus quoddam iudicii ' diuinationem ' appellari scripserit ; et quam alii causam esse eiusdem uocabuli dixerint.

V. — Quam lepide signateque dixerit Fauorinus philosophus quid intersit inter Platonis et Lysiae orationem.

VI. — Quibus uerbis ignauiter et abiecte Vergilius usus esse dicatur ; et quid his qui improbe *id* dicunt respondeatur.

VII. — De officio erga patres liberorum ; deque ea re ex philosophiae libris, in quibus scriptum quaesitumque est an omnibus patris iussis obsequendum sit.

VIII. — Quod parum aequa reprehensio Epicuri a Plutarcho facta sit in syllogismi disciplina.

IX. — Quod idem Plutarchus euidenti calumnia uerbum ab Epicuro dictum insectatus sit.

X. — Quid sint fauisae Capitolinae ; et quid super eo uerbo M. Varro Seruio Sulpicio quaerenti rescripserit.

XI. — De Sicinio Dentato egregio bellatore multa memoratu digna.

XII. — Considerata perpensaque lex quaedam Solonis, speciem habens primorem iniquae iniustaeque legis, sed ad usum et emolumentum salubritatis penitus reperta.

XIII. — Liberos in multitudinis numero etiam unum filium filiamue ueteres dixisse.

XIV. — Quod M. Cato, in libro qui inscriptus est ' contra Tiberium exulem ', ' stitisses uadimonium ' per ' i ' litteram dicit, non ' stetisses ' ; eiusque uerbi ratio reddita.

XV. — Quod antiquitus aetati senectae potissimum habiti sint ampli honores ; et cur postea ad maritos et ad patres idem isti honores delati sint ; atque ibi de capite quaedam legis Iuliae septimo.

XVI. — Quod Caesellius Vindex a Sulpicio Apollinari reprehensus est in sensus Vergiliani enarratione.

XVII. — Cuiusmodi esse naturam quarundam praepositionum M. Cicero animaduerterit ; disceptatumque ibi super eo ipso quod Cicero obseruauerat.

XVIII. — Quod Phaedon Socraticus seruus fuit ; quodque item alii complusculi seruitutem seruierunt.

XIX. — ' Rescire ' uerbum quid sit ; et quam habeat ueram atque propriam significationem.

XX. — Quae uolgo dicuntur ' uiuaria ', id uocabulum ueteres non dixisse ; et quid pro eo P. Scipio in oratione ad populum, quid postea M. Varro in libris ' de Re Rustica ' dixerit.

XXI. — Super eo sidere quod Graeci ἅμαξαν, nos ' septentriones ' uocamus ; ac de utriusque uocabuli ratione et origine.

LIVRE TROIS

XXII. — De uento ' Iapyge ' deque aliorum uentorum uocabulis regionibusque accepta ex Fauorini sermonibus.

XXIII. — Consultatio diiudicatioque locorum facta ex comoedia Menandri et Caecilii, quae ' Plocium' inscripta est.

XXIV. — De uetere parsimonia; deque antiquis legibus sumptuariis.

XXV. — Quid Graeci ἀναλογίαν, quid contra ἀνωμαλίαν uocent.

XXVI. — Sermones M. Frontonis et Fauorini philosophi de generibus colorum uocabulisque eorum Graecis et Latinis ; atque inibi color spadix cuiusmodi sit.

XXVII. — Quid T. Castricius existimarit super Sallustii uerbis et Demosthenis, quibus alter Philippum descripsit, alter Sertorium.

XXVIII. — Non esse compertum cui deo rem diuinam fieri oporteat, cum terra mouet.

XXIX. — Apologus Aesopi Phrygis memoratu non inutilis.

XXX. — Quid obseruatum sit in undarum motibus, quae in mari alio atque alio modo fiunt austris flantibus aquilonibusque.

CAPITVLA LIBRI TERTII

I. — Quaesitum atque tractatum quam ob causam Sallustius auaritiam dixerit non animum modo uirilem, sed corpus quoque ipsum effeminare.

II. — Quemnam esse natalem diem M. Varro dicat, qui ante noctis horam sextam postue eam nati sunt ; atque inibi de temporibus terminisque dierum qui ciuiles nominantur et usquequaque gentium uarie obseruantur ; et praeterea quid Q. Mucius scripserit super ea muliere quae a marito non iure se usurpauisset, quod rationem ciuilis anni non habuerit.

III. — De noscendis explorandisque Plauti comoediis, quoniam promisce uerae atque falsae nomine eius inscriptae feruntur ; atque inibi, quod Plautus *in pistrino* et Naeuius in carcere fabulas scriptitarint.

IV. — Quod P. Africano et aliis tunc uiris nobilibus ante aetatem senectam barbam et genas radere mos patrius fuit.

V. — Deliciarum uitium et mollities oculorum et corporis ab Arcesila philosopho cuidam obprobrata acerbe simul et festiuiter.

VI. — Sur la force naturelle du palmier, que le bois de cet arbre, si on le charge, fait effort en sens inverse.

VII. — Histoire du tribun militaire Quintus Caedicius, tirée des annales. Citation d'un passage de Caton où celui-ci compare la vertu de Caedicius avec celle du Spartiate Léonidas.

VIII. — Lettre remarquable des consuls Caius Fabricius et Quintus Aemilius au roi Pyrrhus, conservée par l'historien Quintus Claudius.

IX. — Ce qu'était le cheval de Seius dont parle le proverbe; et quelle est la couleur des chevaux qu'on dit *spadices* (bais) ; explication de ce mot.

X. — Que le nombre sept a une force et une puissance qui ont été remarquées dans bien des phénomènes de la nature, ce dont Varron disserte avec abondance dans les *Hebdomades*.

XI. — De quels arguments futiles Accius se sert dans les *Didascalica*, quand il s'efforce de démontrer qu'Hésiode est plus ancien qu'Homère.

XII. — Que l'homme avide de boire largement est appelé par le grand érudit Nigidius *bibosus* selon une dérivation inusitée et presque choquante.

XIII. — Que Démosthène, encore jeune homme, étant disciple du philosophe Platon, après avoir entendu par hasard le rhéteur Callistrate dans une assemblée du peuple, s'écarta de Platon et suivit Callistrate.

XIV. — Que dire « J'ai lu *dimidium librum,* la moitié d'un livre » ou « J'ai entendu *dimidiam fabulam,* la moitié d'un conte » et autres expressions de cette sorte, c'est parler incorrectement ; que Varron donne l'explication de cette incorrection ; et qu'aucun des anciens ne s'est servi de cette expression.

XV. — Qu'il est attesté dans les livres et conservé dans la mémoire des hommes qu'une joie intense et inattendue apporta une mort subite à bien des gens, le souffle vital étant coupé, et ne supportant pas la violence d'un mouvement de surprise intense.

XVI. — Quelle diversité les médecins et les philosophes nous ont attestée dans la durée de la grossesse de la femme ; au même chapitre également les opinions des poètes anciens sur la question ainsi que beaucoup d'autres renseignements dignes d'être écoutés et retenus ; et les propres paroles du médecin Hippocrate tirées de son livre intitulé περὶ τροφῆς, *de la Nourriture.*

XVII. — Qu'il a été aussi transmis à la postérité, par des hommes de la plus grande autorité, que Platon acheta à un prix incroyable trois livres du pythagoricien Philolaos, et Aristote quelques-uns du philosophe Speusippe.

XVIII. — Ce que c'est que des sénateurs « à pieds », et pourquoi on les a appelés ainsi ; quelle est l'origine de cette expres-

VI. — De ui atque natura palmae arboris, quod lignum ex ea ponderibus positis renitatur.

VII. — Historia ex annalibus sumpta de Q. Caedicio tribuno militum ; uerbaque ex ' Originibus ' M. Catonis apposita, quibus Caedici uirtutem cum Spartano Leonida aequiperat.

VIII. — Litterae eximiae consulum C. Fabricii et Q. Aemilii ad regem Pyrrhum, a Q. Claudio, scriptore historiarum, in memoriam datae.

IX. — Quis et cuiusmodi fuerit qui in prouerbio fertur equus Seianus ; et qualis color equorum sit qui ' spadices ' uocantur ; deque istius uocabuli ratione.

X. — Quod est quaedam septenarii numeri uis et facultas in multis naturae rebus animaduersa, de qua M. Varro in ' Hebdomadibus ' disserit copiose.

XI. — Quibus et quam friuolis argumentis Accius in ' Didascalicis ' utatur, quibus docere nititur Hesiodum esse quam Homerum natu antiquiorem.

XII. — Largum atque auidum bibendi a P. Nigidio, doctissimo uiro, noua et prope absurda uocabuli figura ' bibosum ' dictum.

XIII. — Quod Demosthenes etiamtum adulescens, cum Platonis philosophi discipulus foret, audito forte Callistrato rhetore in contione populi, destitit a Platone et sectatus Callistratum est.

XIV. — « Dimidium librum legi » aut « dimidiam fabulam audiui » aliaque huiuscemodi qui dicat, uitiose dicere ; eiusque uitii causas reddere M. Varronem ; nec quemquam ueterem hisce uerbis ita usum esse.

XV. — Extare in litteris perque hominum memorias traditum, quod repente multis mortem attulit gaudium ingens insperatum, interclusa anima et uim magni nouique motus non sustinente.

XVI. — Temporis uarietas in puerperis mulierum quaenam sit a medicis et a philosophis tradita ; atque inibi poetarum quoque ueterum super eadem re opiniones multaque alia auditu atque memoratu digna ; uerbaque ipsa Hippocratis medici ex libro illius sumpta qui inscriptus est περὶ Τροφῆς.

XVII. — Id quoque esse a grauissimis uiris memoriae mandatum, quod tres libros Plato Philolai Pythagorici et Aristoteles pauculos Speusippi philosophi mercati sunt pretiis fidem non capientibus.

XVIII. — Quid sint pedari ' senatores ' et quam ob causam ita appellati ; quamque habeant originem uerba haec ex

sion de l'édit traditionnel des consuls : « Les sénateurs et ceux qui ont le droit de donner leur avis au sénat ».

XIX. — Quelle explication Gavius Bassus a donnée dans ses écrits de *parcus homo*, homme économe, quelle est, selon lui, l'origine de ce mot ; et, en sens contraire, de quelle manière et en quels termes Favorinus a ridiculisé cet enseignement.

LIVRE QUATRE

I. — Une conversation du philosophe Favorinus avec un grammairien un peu fanfaron, menée à la manière socratique ; il est dit au même chapitre dans quels termes le mot *penus* (provisions) a été défini par Quintus Scaevola ; et que la dite définition a été contestée et critiquée.

II. — Quelle est la différence entre *morbus*, maladie et *uitium*, vice de conformation, quelle est la valeur de ces mots dans un édit des édiles ; et si l'eunuque et les femmes stériles donnent lieu à rédhibition ; avis opposés sur la question.

III. — Qu'il n'y eut pas de procès entre époux dans la ville de Rome avant le divorce de Carvilius ; et au même chapitre ce qu'est proprement *paelex* (la maîtresse), et quelle est l'explication de ce mot.

IV. — Ce que Servius Sulpicius a écrit, dans son livre qui traite *des Dots*, sur le droit et la coutume qui présidaient aux fiançailles chez les Anciens.

V. — Histoire sur la perfidie d'haruspices étrusques ; et qu'en raison de cela le vers suivant a été chanté par les enfants dans toute la ville de Rome : « Mauvais conseil nuit au conseilleur ».

VI. — Texte d'un senatus consulte ancien où il est décrété un sacrifice de purification avec des victimes adultes, parce que les lances de Mars avaient tremblé dans le trésor sacré ; il est expliqué dans le même chapitre ce que sont des *hostiae succidaneae*, victimes de substitution, ce qu'est de même une truie *praecidanea*, préalablement immolée ; et qu'Ateius Capito qualifie certaines fêtes de *praecidaneae*.

VII. — Au sujet d'une lettre du grammairien Valerius Probus, adressée à Marcellus et traitant de l'accent de certains mots puniques.

VIII. — Paroles de Fabricius sur Cornelius Rufinus, homme cupide, qu'il s'employa à faire nommer consul, bien qu'il l'eût en haine et fût son ennemi.

IX. — Ce que signifie proprement *religiosus*, vers quels sens particuliers le mot s'est infléchi, et une citation sur le sujet prise aux *Notes* de Nigidius Figulus.

edicto tralaticio consulum : « Senatores quibusque in senatu sententiam dicere licet ».

XIX. — Qua ratione Gauius Bassus scripserit « parcum » hominem appellatum et quam esse eius uocabuli causam putarit ; et contra, quem in modum quibusque uerbis Fauorinus hanc traditionem eius eluserit.

CAPITVLA LIBRI QVARTI

I. — Sermo quidam Fauorini philosophi cum grammatico iactantiore factus in Socraticum modum ; atque ibi in sermone dictum quibus uerbis ' penus ' a Q. Scaeuola definita sit ; quodque eadem definitio culpata reprehensaque est.

II. — Morbus et uitium quid differat et quam uim habeant uocabula ista in edicto aedilium ; et an eunuchus et steriles mulieres redhiberi possint ; diuersaeque super ea re sententiae.

III. — Quod nullae fuerunt rei uxoriae actiones in urbe Roma ante Caruilianum diuortium ; atque inibi, quid sit proprie ' paelex ' quaeque eius uocabuli ratio sit.

IV. — Quid Seruius Sulpicius, in libro qui est ' de Dotibus ', scripserit de iure atque more ueterum sponsaliorum.

V. — Historia narrata de perfidia aruspicum Etruscorum ; quodque ob eam rem uersus hic a pueris Romae urbe tota cantatus est : « Malum consilium consultori pessimum est ».

VI. — Verba ueteris senatusconsulti *po*sita, quo decretum est hostiis maioribus expiandum, quod in sacrario *ha*stae Martia*e* mouissent ; atque ibi enarratum quid sint ' hostiae succidaneae ', quid item ' porca praecidanea ' ; et quod Capito Ateius ferias quasdam ' praecidaneas ' appellauit.

VII. — De epistula Valerii Probi grammatici ad Marcellum scripta super accentu nominum quorundam Poenicorum.

VIII. — Quid C. Fabricius de Cornelio Rufino homine auaro dixerit, quem, cum odisset inimicusque esset, designandum tamen consulem curauit.

IX. — Quid significet proprie ' religiosus ' ; et in quae diuerticula significatio istius uocabuli flexa sit ; et uerba Nigidii Figuli ex ' Commentariis ' eius super ea re sumpta.

X. — Quid obseruatum de ordine rogandarum in senatu sententiarum ; iurgiumque in senatu C. Caesaris consulis et M.
Catonis, diem dicendo eximentis.

XI. — Quae qualiaque sint quae Aristoxenus quasi magis
comperta de Pythagora memoriae mandauit ; et quae item
Plutarchus in eundem modum de eodem Pythagora scripserit.

XII. — Notae et animaduersiones censoriae in ueteribus monumentis repertae memoria dignae.

XIII. — Quod incentiones quaedam tibiarum certo modo factae
isc*h*iacis mederi possunt.

XIV. — Narratur historia de Hostilio Mancino aedilium et
Manilia meretrice ; uerbaque decreti tribunorum ad quos a
Manilia prouocatum est.

XV. — Defensa a culpa sententia ex historia Sallustii, quam iniqui
eius cum insectatione maligni reprehenderint.

XVI. — De uocabulis quibusdam a Varrone et Nigidio contra
cotidiani sermonis consuetudinem declinatis ; atque inibi
id genus quaedam cum exemplis ueterum relata.

XVII. — De natura quarundam particularum quae praepositae
uerbis intendi atque produci barbare et inscite uide*n*tur,
exemplis rationibusque plusculis disceptatum.

XVIII. — De P. Africano superiore sumpta quaedam ex annalibus memoratu dignissima.

XIX. — Quid M. Varro in ' Logistorico ' scripserit de moderando
uictu puerorum inpubium.

XX. — Notati a censoribus qui audientibus iis dixerant ioca
quaedam intempestiuiter ; ac de eius quoque nota deliberatum qui steterat forte apud eos oscitabundus.

LIVRE I

LIVRE PREMIER

I

De quel rapport et de quel raisonnement le philosophe Pythagore s'est servi, au dire de Plutarque, pour calculer et établir la taille qu'avait Hercule quand il vivait parmi les hommes.

1. Plutarque, dans le livre qu'il a écrit sur la nature et les vertus du corps et de l'âme d'Hercule, tant qu'il fut parmi les hommes, dit que le philosophe Pythagore raisonna avec habileté et précision pour trouver et mesurer la supériorité de taille et hauteur de celui-ci. **2.** Comme il était à peu près établi qu'Hercule avait mesuré de ses pieds la piste du stade qui est à Pise près du temple de Jupiter Olympien, et qu'il lui avait donné une longueur de six cents pieds, que les autres stades établis ensuite par d'autres, dans les pays de Grèce, avaient bien six cents pieds, mais étaient cependant un peu plus courts [1], il comprit facilement que la mesure et la grandeur du pied d'Hercule, une fois établi le rapport proportionnel, dépassait celles des autres d'autant que le stade Olympique était plus long que les autres stades. **3.** Ayant établi la mesure du pied d'Hercule, il fit ses calculs suivant le rapport naturel de tous les membres entre eux [2] et conclut, comme il s'ensuivait, que le corps d'Hercule était plus grand que

---

1. Le stade d'Olympie était en effet un peu plus long que les autres stades grecs avec ses 192,50 m. (Athènes 184,86 m., Delphes 177, 96 m.). Cela tenait à l'inégalité du pied dans les diverses cités grecques.

2. La taille d'un homme était six fois la longueur de son pied d'après Vitruve (3, 1), ce qui ne coïncide pas avec le canon de Polyclète : cf. Pline, *H.N.*, 34, 19, 55.

LIBER PRIMVS

I

Quali proportione quibusque collectionibus Plutarchus ratiocinatum esse Pythagoram philosophum dixerit de comprehendenda corporis proceritate qua fuit Hercules, cum uitam inter homines uiueret.

1. Plutarchus in libro quem de Herculis quantum inter homines fuit animi corporisque ingenio atque uirtutibus conscripsit, scite subtiliterque ratiocinatum Pythagoram philosophum dicit in reperienda modulandaque status longitudinisque eius praestantia. **2.** Nam cum fere constaret curriculum stadii quod est Pisis apud Iouem Olympium Herculem pedibus suis metatum idque fecisse longum pedes sescentos, cetera quoque stadia in terris Graeciae ab aliis postea instituta pedum quidem esse numero sescentum, sed tamen esse aliquantulum breuiora, facile intellexit, modum spatiumque plantae Herculis, ratione proportionis habita, tanto fuisse quam aliorum procerius, quanto Olympicum stadium longius esset quam cetera. **3.** Comprehensa autem mensura Herculani pedis, secundum naturalem membrorum omnium inter se competentiam modificatus est atque ita id collegit, quod erat consequens,

I. **1** quem de herculis *RV* : quem scribit *recc.* || quantum *RV, recc.* : quali β || fuit : fuerit β *om. recc. p.* || intersit *ante* conscripsit *add. recc.* || dicit *om. R.* ||**2** in terris graeciae *recc.* : in terras graecia *RV* in terras graeciae *recc.* in terris graecis *recc.* || sescentum *RV, recc.* : sescentorum *recc. p.* || **3** quanta longinquitas corporis ei mensura conueniret *post* pedis *add.* β.

les autres d'autant que le stade d'Olympie dépassait les autres stades établis avec le même nombre de pieds.

II

Qu'Herodes Atticus, personnage consulaire, cita avec à propos contre un jeune homme vantard et fanfaron, adonné en apparence seulement à l'étude de la philosophie, un passage du stoïcien Epictète qui distingue avec esprit du vrai stoïcien la foule des charlatans bavards qui prennent ce nom.

1. Herodes Atticus, homme gratifié du don d'éloquence grecque et du rang consulaire, quand nous étions à Athènes auprès de nos maîtres, nous invitait souvent dans des villas toutes proches de la ville, moi et le sénateur Servilianus, ainsi qu'un bon nombre de nos compatriotes qui étaient venus de Rome en Grèce pour y parfaire la culture de leur esprit. 2. Et là, étant chez lui dans une villa dont le nom est Cephisia [1], alors que l'ardeur de la saison et la constellation de l'automne brûlaient de tout leur feu, nous nous abritions de l'incommodité de la chaleur à l'ombre de bois immenses, dans des allées longues et douces au pied, dans une maison à l'exposition fraîche, près de piscines élégantes aux eaux abondantes et resplendissantes, dans le charme de la villa tout entière, résonnant de toute part du chant des eaux et des oiseaux.

3. Il y avait là avec nous un jeune homme adonné à la philosophie, de doctrine stoïcienne [2], à ce qu'il disait,

---

1. Cephisia était un faubourg d'Athènes particulièrement réputé par la fraîcheur de son climat, due à des courants marins.

2. Ce chapitre est en réalité l'illustration d'un chapitre d'Epictète (2, 19) qui au § 8 définit ainsi les fins de l'étudiant en philosophie : « Mais si je suis vaniteux, je puis, surtout dans un banquet, ébaubir les convives en énumérant ceux qui ont écrit sur ce sujet ». Il craint que le néophyte ne devienne plus bavard et plus importun (φλυαρότερος καὶ ἀκαιρότερος) qu'il ne l'était auparavant, et il oppose le savoir philosophique à la véritable pratique philosophique qui est une ascèse.

tanto fuisse Herculem corpore excelsiorem quam alios, quanto Olympicum stadium ceteris pari numero factis anteiret.

II

Ab Herode Attico C. V. tempestiue deprompta in quendam iactantem et gloriosum adulescentem, specie tantum philosophiae sectatorem, uerba Epicteti Stoici, quibus festiuiter a uero Stoico seiunxit uulgus loquacium nebulonum qui se Stoicos nuncuparent.

1. Herodes Atticus, uir et Graeca facundia et consulari honore praeditus, accersebat saepe nos, cum apud magistros Athenis essemus, in uillas ei urbi proximas me et clarissimum uirum Seruilianum compluresque alios nostrates qui Roma in Graeciam ad capiendum ingenii cultum concesserant. **2.** Atque ibi tunc, cum essemus apud eum in uilla cui nomen est Cephisia, et aestu anni et sidere autumni flagrantissimo, propulsabamus incommoda caloris lucorum umbra ingentium, longis ambulacris et mollibus, aedium positu refrigeranti, lauacris nitidis et abundis et collucentibus totiusque uillae uenustate, aquis undique canoris atque auibus personante.

3. Erat ibidem nobiscum simul adulescens philosophiae sectator, disciplinae , ut ipse dicebat,

---

II. *Lem.* iactantem *Hertz* cf. 4, 1, *lem.* : iactatum *PRV, recc.* ||
1 uillas *RV, recc.* : uillis β || proximas *RV, recc.* : proximis β. ||
2 longis *om. R* || positu *RV* : posticu[m] *recc.*

mais à la parole trop abondante et trop facile. 4. Bien
souvent, au cours du repas et des conversations que
l'on tient après les banquets, il faisait, sans tact ni
intelligence, des dissertations nombreuses et immodérées
sur les théories philosophiques, et il affirmait que,
comparés à lui, tous les autres, les hommes les plus
éminents de la langue attique, et toute la nation qui
porte la toge, tout ce qui a droit au titre de latin,
n'étaient que paysans mal dégrossis, et, en même
temps, il faisait retentir des mots difficiles à connaître,
pièges du syllogisme ou des sophismes dialectiques,
disant qu'il était le seul à pouvoir résoudre le sophisme
du triomphateur, du refus de réponse, du tas [1], et
autres énigmes de ce genre ; quant à la morale, la nature
de l'esprit humain, l'origine des vertus, les devoirs [2]
qu'elles commandent et ce qui se rapproche d'elles,
la nocivité des maladies et des infirmités, les souillures
et les épidémies des âmes, il assurait que personne plus
que lui [3], ne les tenait en parfaite lumière, bien
reconnues et étudiées. 5. Les souffrances et les douleurs

---

1. Epictète au début du chapitre cité s'en prend à ces raisonne-
ments formels auxquels Chrysippe attachait une si grande
importance. Et il cite précisément le raisonnement du triomphateur. Ce raisonnement consiste dans la juxtaposition de trois
propositions qui paraissent évidentes et qui se contredisent
cependant.
    Tout le passé est nécessairement vrai.
    L'impossible ne peut pas être conséquence du possible, ils
sont incompatibles.
    Ce qui n'est pas vrai et ne le sera pas, est cependant possible.
    Les divers philosophes stoïciens choisissaient deux de ces
propositions et rejetaient la troisième. Tout dépend si l'on parle
de possibilité interne ou de possibilité externe.
    Le sorite ou argument du tas est plus simple. On place un grain,
puis un deuxième contre lui, un troisième, etc. ; à quel moment
peut-on dire qu'il y a un tas de grains ? La réponse, seule réponse
capable de dissoudre l'aporie, était précisément le refus de réponse,
l'ἡσυχάζων que pratiquait Chrysippe (Cicéron, *Acad.*, 2, 29).
2. On sait quelle place la théorie des devoirs (καθήκοντα ou
officia) tient dans le moyen stoïcisme depuis Panétius. Les
indifférents, ἀδιάφορα, ont alors cessé d'être tels et le philosophe,
renonçant au mépris total de tout ce qui ne fait pas partie de la
sagesse absolue, se penche sur les devoirs de la vie et sur la
casuistique.
3. *Nulli esse ulli*, cf. 6, 6, 2.

stoicae, sed loquacior inpendio et promptior. 4.
Is plerumque in conuiuio sermonibus, qui post
epulas haberi solent, multa atque inmodica *de*
philosophiae doctrinis intempestiue atque insubide disserebat praeque se uno ceteros omnes
linguae Atticae principes gentemque omnem toga-
tam, quodcumque nomen Latinum rudes esse et
agrestes praedicabat atque interea uocabulis
haut facile cognitis, syllogismorum captionumque
dialecticarum laqueis strepebat, κυριεύοντας et
ἡσυχάζοντας et σωρείτας aliosque id genus griphos
neminem posse dicens nisi se dissoluere. Rem
uero ethicam naturamque humani ingenii uirtu-
tumque origines officiaque earum et confinia,
aut contra morborum uitiorumque fraudes animorumque labes, pestilentias, asseuerabat nulli esse
ulli magis ea omnia explorata, comperta meditataque. 5. Cruciatibus autem doloribusque corporis
et periculis mortem minitantibus habitum sta-
tumque uitae beatae, quem se esse adeptum puta-
bat, neque laedi neque inminui existimabat, ac ne
oris quoque et uultus serenitatem stoici hominis
umquam ulla posse aegritudine obnubilari.

3 loquacior *recc.* : loquentior *RV*.
4 de *om. RV*, *recc.* ‖ insubide *RV* : insubite *recc.* insolite
recc. ‖ quodcumque *recc.* : quotcumque *RV* totumque *recc.* ‖
et *ante* confinia *om. recc. p.* ‖ contra *RV*, *recc.* : contraria *I.
Gron.* ‖ ac *ante* pestilentias *add. recc. p. edd.* ‖ ulli *V*, *recc.* :
ulla *R* alii *recc.* ‖ quam sibi *post* meditataque *add.* β. ‖ **5** quem
RV, *recc.* : quam *recc.* ‖ et uultus *RV*, *recc.* : neque uultus β.

du corps, les dangers qui menacent de mort, il estimait qu'ils n'atteignent et ne diminuent pas l'état et assiette de la vie bienheureuse, qu'il pensait avoir atteints ; il était même impossible que la sérénité des traits et du visage du stoïcien fussent jamais ternis par aucune contrariété.

6. Comme il clamait ces vantardises illusoires, que tous en désiraient la fin, et, fatigués de ses paroles, en étaient pris de dégoût, Herodes, en grec selon son habitude la plus constante : « Permets-nous, lui dit-il, toi, le plus considérable des philosophes, puisque nous ne pouvons te répondre, nous que tu appelles des profanes, de te lire ce qu'Epictète, le plus grand des Stoïciens, a pensé et dit de cette jactance des gens de ton espèce.» Il fit apporter le premier livre des *Entretiens* d'Epictète édités par Arrien, dans lesquels ce vieillard à qui il faut rendre un culte, poursuivit d'une juste réprimande des jeunes gens qui s'intitulaient stoïciens, et qui, sans retenue ni conduite vertueuse, émettaient un glapissement de fadaises paradoxales et d'exercices pris à des manuels d'écoliers.

7. On lut donc dans le livre qui avait été apporté, les paroles que je donne en appendice. Par ces mots Epictète, avec autant de sévérité que d'esprit, a séparé et distingué du vrai et pur Stoïcien [1] qui était indubitablement au-dessus de toute contrainte, de toute nécessité, de toute entrave, libre, riche, heureux, le vulgaire des charlatans qui se disaient stoïciens, et, jetant aux yeux de qui les écoute une noire fumée de mots et d'arguties, prenaient mensongèrement le nom de la plus pure des doctrines :

8. « Parle moi du bien et du mal. Ecoute : « De Troie

---

1. « La plupart d'entre vous, vous découvrirez que vous êtes épicuriens, un petit nombre péripatéticiens et péripatéticiens bien mous. Où donc avez-vous montré en fait que vous considériez la vertu comme égale ou même supérieure à tout le reste ! Montrez-moi un stoïcien si vous en avez un » (Epictète, 2, 19, 20). Le passage qui suit est pris au même entretien d'Epictète, 2, 19, cf. 1, 17 ; 3, 3 ; il est donc tiré du livre II et non du livre I, comme Aulu-Gelle le dit par erreur.

6. Has ille inanes glorias cum flaret iamque omnes finem cuperent uerbisque eius defetigati pertaeduissent, tum Herodes Graeca, uti plurimus ei mos fuit, oratione utens : « Permitte, inquit, philosophorum amplissime, quoniam respondere nos tibi, quos uocas idiotas, non quimus, recitari ex libro quid de huiuscemodi magniloquentia uestra senserit dixeritque Epictetus, Stoicorum maximus », iussitque proferri dissertationum Epicteti digestarum ab Arriano primum librum, in quo ille uenerandus senex iuuenes qui se stoicos appellabant, neque frugis neque operae probae, sed theorematis tantum nugalibus et puerilium isagogarum commentationibus deblaterantes, obiurgatione iusta incessuit.

7. Lecta igitur sunt ex libro qui prolatus est ea quae addidi ; quibus uerbis Epictetus seuere simul et festiuiter seiunxit atque diuisit a uero atque sincero stoico, qui esset procul dubio ἀκώλυτος, ἀνανάγκαστος, ἀπαραπόδιστος, ἐλεύθερος, εὐπορῶν, εὐδαιμονῶν, uulgus aliud nebulonum hominum qui se stoicos nuncuparent, atraque uerborum et argutiarum fuligine ob oculos audientium iacta sanctissimae disciplinae nomen ementirentur :

8. Εἰπέ μοι περὶ ἀγαθῶν καὶ κακῶν. Ἄκουε.

Ἰλιόθεν με φέρων ἄνεμος Κικόνεσσι πέλασσεν.

---

6 defetigati *V*, *recc.* : defatigati *R*, *recc.* ‖ greca uti *R* : grecorum *V* greca cuius *V²*, *recc.* ‖ uocas idiotas *RV* : idiotas uocas *recc.* idiotas et rudes uocas β ‖ uel *ante* maximus *add.* β ‖ primum *RV*, *recc.* : secundum *Carrio* (*quod ita res se habet*) ‖ sed... deblaterantes *R* : sed... deblatantes *V* sed... dilatrantes *recc.* se... oblectantes β. ‖ **7** addidi *edd.* : -didit *RV*, *recc.* ‖ atraque β : atroque *RV* utroque *recc.* ‖ iacta *edd.* : iacto *RV*, *recc.* ‖ nomen : nomine *RV*, *recc.* ‖ ementirentur *edd.* : mentirentur *RV*, *recc.* ‖8 *Post* mentirentur *Graeca et Latina desunt in R usque ad* chilo praestabilis (1, 3, 8), *his uerbis in margine adscriptis* multum hic deest quod rasum fuit inde.

un vent m'a poussé vers le pays des Cicones[1]». **9**. Il y a ce qui est bon, ce qui est mauvais, ce qui est indifférent. Bonnes sont les vertus et ce qui en procède ; mauvais les vices et ce qui en procède ; indifférent ce qui tient le milieu entre eux, richesse, santé, vie, mort, plaisir, peine[2]. — **10**. D'où tiens-tu cela? — Hellanicos le dit dans les *Egyptiaques*[3]. Mais qu'est-ce d'autre que rapporter ce que dit Diogène dans l'*Ethique*, ou Chrysippe ou Cléanthe ? — Tu as donc examiné leur doctrine et tu en as tiré une règle qui est tienne. **11**. Montre comment tu supportes la tempête sur un bateau ; tu te souviens de cette distinction quand la voile claque et que tu hurles. Si quelque mauvais plaisant s'approche et dit : « Répète-moi au nom des dieux, ce que tu disais hier, que le naufrage n'est pas un mal et ne participe pas du mal », ne le frapperas-tu pas à coups de bâtons ? Qu'avons nous à faire de toi, homme, nous périssons et, toi, tu viens plaisanter. **12**. Mais si César te fait comparaître en accusé devant lui... ».

13. Ayant entendu cette lecture, le jeune homme si effronté se tut, pensant que tout cela était dit, non pas à d'autres par Epictète, mais à lui-même par Herodes.

---

1. Homère, *Od.*, 9, 39.
2. Entre le bien absolu et le mal absolu se placent toutes les valeurs de la vie ordinaire, qui elles, peuvent être mises en discussion et donner lieu à des conflits. C'est la casuistique sur les καθήκοντα, dont Aulu-Gelle donne lui-même plusieurs exemples (1, 3 et 2, 7). Cf. Diog. Laert., 7, 102 ss. ; Cicéron, *de Officiis*.
3. Hellanicos n'était pas un philosophe stoïcien mais l'auteur d'ouvrages historiques et chronologiques. Il avait vécu au Ve siècle. Epictète le cite peut-être par dérision. Diogène de Séleucie, philosophe stoïcien, était venu à Rome avec Carnéade et Critolaos en 155.

9. Τῶν ὄντων τὰ μέν ἐστιν ἀγαθά, τὰ δὲ κακά, τὰ δὲ ἀδιάφορα. Ἀγαθὰ μὲν οὖν ἀρεταὶ καὶ τὰ μετέχοντα αὐτῶν, κακὰ δὲ κακία καὶ τὰ μετέχοντα κακίας, ἀδιάφορα δὲ τὰ μεταξὺ τούτων, πλοῦτος, ὑγεία, ζωή, θάνατος, ἡδονή, πόνος. 10. Πόθεν οἶδας; — Ἑλλάνικος λέγει ἐν τοῖς Αἰγυπτιακοῖς. Τί δὲ διαφέρει τοῦτο εἰπεῖν, ἢ ὅτι Διογένης ἐν τῇ ἠθικῇ ἢ Χρύσιππος ἢ Κλεάνθης; — Βεβασάνικας οὖν <τι> αὐτῶν καὶ δόγμα σαυτοῦ πεποίησαι. 11. Δείκνυε πῶς εἴωθας ἐν πλοίῳ χειμάζεσθαι · μέμνησαι ταύτης τῆς διαιρέσεως, ὅταν ψοφήσῃ τὸ ἱστίον καὶ ἀνακραυγάσῃς. Ἄν σοί τις κακόσχολός πως παραστὰς εἴπῃ : « Λέγε μοι, τοὺς θεούς σοι, ἃ πρῴην ἔλεγες, μή τι κακία ἐστὶν τὸ ναυαγῆσαι; μή τι κακίας μετέχον; » οὐκ ἄρα ξύλον ἐνσείσεις αὐτῷ; τί ἡμῖν καὶ σοί, ἄνθρωπε; ἀπολλύμεθα, καὶ σὺ ἐλθὼν παίζεις. 12. Ἐὰν δέ σε ὁ Καῖσαρ μεταπέμψηται κατηγορούμενον***

13. His ille auditis insolentissimus adulescens obticuit, tamquam si ea omnia non ab Epicteto in quosdam alios, sed ab Herode in eum ipsum dicta essent.

---

9 ἐστιν recc. : ειτεν V ποθεν u || αἱ ante ἀρεταί add. recc. || κακία : κακίαι Arr. edd. || ὑγεία Hertz : υγια V συζυγια u ὑγίεια Arr. edd. || 10 τί δὲ : τί γὰρ Arr. || τι om. V u, recc., add. Arr. || σαυτοῦ : σεαυτοῦ Arr. || 11 cum uerbis δείκνυε πῶς, iterum incipit P || χειμάζεσθαι PV u : γυμνάζεσθαι codd. Arr. || ἀνακραυγάσῃς ἄν : ἀνακραυγάσαντί Arr. edd. || τις om. Arr. edd. || πως u : ΓΟΣ PV om. Arr. codd. || σοι ἃ PV u : οἷα Arr. codd. || ἄρα : ἄρας Arr. || 12 ἐὰν : ἄν Arr. || ὁ om. Arr. || 13 Ab his ille auditis (13) usque ad Chilo (hic autem chilo P) 1, 3, 8, desunt in PRV, recc. Haec uerba in β et A (qui tamen a uerbis molestiam quod desinit, 1, 3, 7) tantum inueniuntur. || ipsum Hertz : ipsium A om. β ipsimum Nettleship.

III

Que le Lacédémonien Chilon prit un parti contradictoire pour le salut d'un ami ; et qu'il faut examiner avec circonspection et scrupule s'il y a lieu parfois de commettre une faute dans l'intérêt de ses amis ; il est noté et rapporté au même chapitre ce qu'ont écrit sur le sujet, et Théophraste et Cicéron.

1. Le Lacédémonien Chilon[1], qui était de cette fameuse pléiade des sages [2], comme il est écrit dans les livres de ceux qui transmirent à la mémoire humaine la vie et les actes des hommes illustres, ce Chilon, à la fin de sa vie, comme la mort s'emparait déjà de lui, parla ainsi à ses amis qui l'entouraient : « **2.** Mes paroles, dit-il, et mes actes, au cours de ma longue vie, ont été presque tous sans reproche, peut-être le savez-vous aussi. **3.** Moi, du moins pour le moment, c'est sans arrière-pensée que j'affirme n'avoir rien commis dont le souvenir me donne contrariété, excepté ceci seulement dans lequel je ne suis pas encore vraiment sûr d'avoir eu raison ou tort[3].

4. J'étais, avec deux autres, juge d'un ami au cours d'un procès capital. La loi était telle que cet homme devait être condamné inévitablement. Il fallait ou faire perdre la vie à un ami ou violer la loi. **5.** Je réfléchis beaucoup en moi-même au remède à apporter à un cas si contradictoire. Ce que j'ai fait me parut, au

---

1. Chilon avait été éphore au cours de la cinquante-cinquième ou cinquante-sixième Olympiade. Sur sa vie cf. Diog. Laert., 1, 68 ss. ; Aristot., *Rhet.*, 2, 12, 14 ; Herod., 7, 235. L'anecdote en question ici est racontée par Diogène Laërce.

2. Les sept sages étaient Thalès de Milet, Solon d'Athènes, Bias de Priène, Pittacus de Mitylène, Cléobule de Lindos, Chilon de Sparte et Périandre de Corinthe, mais Platon (*Protag.* 343 A) mentionne Myson au lieu de Périandre, et Diogène Laërce fait état de diverses autres variantes.

3. La discussion qui suit est typique de la casuistique stoïcienne et diatribique sur les indifférents ou καθήκοντα. C'est un conflit entre la justice et l'amitié. Cf. 1, 2, 8 et la n.

III

Quod Chilo Lacedaemonius consilium anceps pro salute amici cepit ; quodque est circumspecte et anxie considerandum an pro utilitatibus amicorum delinquendum aliquando sit ; notataque inibi et relata quae et Theophrastus et M. Cicero super ea re scripserunt.

1. Lacedaemonium Chilonem, uirum ex illo incluto numero sapientium, scriptum est in libris eorum qui uitas resque gestas clarorum hominum memoriae mandauerunt, eum Chilonem in uitae suae postremo, cum iam inibi mors occuparet, ad circumstantis amicos sic locutum : **2.** « Dicta, inquit, mea factaque in aetate longa pleraque omnia fuisse non paenitenda, fors sit ut uos etiam sciatis. **3.** Ego quidem in hoc certe tempore non fallo me, nihil esse quicquam commissum a me cuius memo*ria mihi ae*gritudini sit, ni illud profecto unum sit, quod rectene an perperam fecerim non mihi dum plane liquet.

4. Super amici capite iudex cum duobus aliis fui. Ita lex fuit uti eum hominem condemnari necessum esset. Aut amicus igitur capitis perdendus aut adhibenda fraus legi fuit. **5.** Multa cum animo meo ad casum tam ancipitem medendum consultaui. Visum est esse id quod feci,

prix d'autres solutions, le plus facile à supporter. 6. Sans rien dire, je déposai, quant à moi, un vote de condamnation : et je persuadai ceux qui jugeaient à mes côtés d'absoudre. 7. Ainsi, dans une affaire si importante, j'avais sauvegardé mon devoir, et de juge et d'ami. Mais ce qui me tourmente dans cette action, c'est la crainte qu'il ne soit pas exempt de perfidie et de faute, d'avoir persuadé à d'autres, sur le même sujet et au même moment, dans une affaire commune, le contraire de ce que je considérais comme le meilleur parti pour moi. »

8. Ce Chilon, homme remarquable par sa sagesse, se demanda jusqu'où il aurait dû aller contre la loi et contre le droit, pour un ami ; et cela tourmenta son âme jusqu'à la fin de sa vie. 9. Beaucoup d'autres, par la suite, de ceux qui ont étudié la philosophie, recherchèrent, comme cela est écrit dans leurs livres, avec beaucoup de soin et de minutie, « s'il faut aider un ami contrairement à la justice, jusqu'à quel point et en quoi », pour me servir des mots mêmes de leur texte. Cela veut dire qu'ils ont recherché s'il faut parfois agir pour un ami contre le droit et la coutume, dans quels cas et dans quelles limites.

10. Bien des philosophes, comme je l'ai dit, discutent sur cette question, mais celui qui le fait le plus soigneusement, c'est Théophraste, philosophe péripatéticien, remarquable par sa maîtrise de soi et sa science ; cette discussion se trouve, si je me souviens bien, dans le premier livre de son *Traité de l'amitié.* 11. Cicéron paraît avoir lu ce livre[1] quand il composa à son tour un livre *sur l'Amitié.* Tout ce qu'il a jugé bon d'em-

---

1. Sur Théophraste source de Cicéron, cf. Plutarque, *de fraterno amore*, 8, qui donne une phrase de Théophraste dont le précepte cicéronien n'est que la traduction : *Cum iudicaueris diligere oportet, non cum dilexeris iudicare.*

praequam erant alia, toleratu facilius : **6.** ipse
tacitus ad condemnandum sententiam tuli, is
qui simul iudicabant ut absoluerent persuasi.
7. Sic mihi et iudicis et amici officium in re tanta
saluum fuit. Hanc capio ex eo facto molestiam,
quod metuo ne a perfidia et culpa non abhorreat,
in eadem re eodemque tempore inque communi
negotio, quod mihi optimum factu duxerim,
diuersum eius aliis suasisse ».

8. Et hic autem Chilo, praestabilis homo
sapientiae, quonam usque debuerit contra legem
contraque ius pro amico progredi dubitauit,
eaque res in fine quoque uitae ipso animum eius
anxit, **9.** et alii deinceps multi philosophiae
sectatores, ut in libris eorum scriptum est, satis
inquisite satisque sollicite quaesiuerunt, ut uerbis
quae scripta sunt ipsis utar, εἰ δεῖ βοηθεῖν τῷ
φίλῳ παρὰ τὸ δίκαιον καὶ μέχρι πόσου καὶ ποῖα.
Ea uerba significant, quaesisse eos an nonnumquam contra ius contraue morem faciendum pro
amico sit et in qualibus causis et quemnam usque
ad modum.

10. Super hac quaestione cum ab aliis, sicuti
dixi, multis, tum uel diligentissime a Theophrasto
disputatur, uiro in philosophia peripatetica modes-
tissimo doctissimoque, eaque disputatio scripta
est, si recte meminimus, in libro eius ' de Amicitia ' primo. **11.** Eum librum M. Cicero uidetur
legisse, cum ipse quoque librum ' de Amicitia '
componeret. Et cetera quidem quae sumenda a

---

5 praequam *A* : prae hoc quod β || 8 sapientiae *PRV*,
recc. : sapientia β || 9 inquisite *edd.* : inquit si te *RV* inquit
scite *P*, *recc.* || in quibus *post* qualibus *add. recc. p.*

prunter à Théophraste, il l'a pris et adapté avec beaucoup de bonheur et d'habileté, étant donné son génie et son éloquence. **12.** Mais le passage qui, je l'ai dit, a donné lieu à bien des recherches, la plus grande de toutes les difficultés, il a passé par dessus brièvement et rapidement, sans suivre Théophraste qui a écrit là dessus avec minutie et clarté : laissant de côté la tension et, pour ainsi dire l'aridité de la discussion, il a indiqué seulement en quelques mots la question dans la généralité. **13.** J'ai reproduit le texte de Cicéron [1] pour qu'on puisse l'examiner : « Voici les limites qu'il faut observer à mon avis : quand la conduite des amis est sans reproche, qu'il y ait entre eux une communauté totale de biens, de projets, de désirs sans aucune exception, à tel point que, s'il est arrivé, par quelque hasard, que ces désirs de nos amis que nous avons à seconder, fussent peu justes, lorsqu'il y va de leur tête ou de leur réputation, il faut s'écarter de la route, pourvu qu'on n'en arrive pas au déshonneur suprême : il y a un point jusqu'où on peut pardonner à l'amitié ».

« Quand il s'agit, dit-il de la vie d'un ami ou de son honneur, il faut s'écarter de la route pour l'aider dans ce qu'il veut, même si c'est injuste. » **14.** Mais de quelle mesure doit être cet écart, dans quelles conditions on peut s'éloigner pour aider, et quelle peut être l'injustice dans les désirs de notre ami, il ne le dit pas. **15.** Or que m'importe de savoir que, lorsqu'un ami court un danger de cette sorte, j'ai à m'écarter de la

1. 17, 61. Les anciens avaient le culte de l'amitié, sentiment qui au contraire de l'amour échappe au désordre passionnel. De là l'indulgence de Cicéron et de Théophraste à l'égard d'une complaisance coupable, de là l'importance des problèmes de casuistique posés par l'amitié.

Theophrasto existimauit, ut ingenium facundiaque
eius fuit, sumpsit et transposuit commodissime
aptissimeque ; **12.** hunc autem locum de quo satis
quaesitum esse dixi, omnium rerum aliarum
difficillimum, strictim atque cursim transgressus
est, neque ea quae a Theophrasto pensiculate atque
enucleate scripta sunt exsecutus est, sed anxietate
illa et quasi morositate disputationis praeter-
missa, genus ipsum rei tantum paucis uerbis
notauit. **13.** Ea uerba Ciceronis, si recensere quis
uellet, apposui : « His igitur finibus utendum
esse arbitror, ut, cum emendati mores amicorum
sunt, tum sit inter eos omnium rerum, consi-
liorum, uoluntatum sine ulla exceptione commu-
nitas, ut etiam, si qua fortuna acciderit, ut minus
iustae uoluntates amicorum adiuuandae sint, in
quibus eorum aut caput agatur aut fama, declinandum de uia sit, modo ne summa turpitudo
sequatur ; est enim quatenus amicitiae uenia
dari possit ».

« Cum agetur, inquit, aut caput amici aut
fama, declinandum est de uia, ut etiam iniquam
uoluntatem illius adiutemus ». **14.** Sed cuiusmodi
declinatio esse ista debeat qualisque ad adiuuandum
digressio et in quanta uoluntatis amici iniquitate,
non dicit. **15.** Quid autem refert scire me in
eiusmodi periculis amicorum, si non magna me

---

11 eius *R, recc.* : eis *PV* || **12** ipsum *om. R* || **13** esse *post*
utendum *om. codd.* Cɪc. || uoluntates *post* mores amicorum
add. codd. Cɪc. || amicorum sunt *PV* : —rum sint *codd.* Cɪc.
|| adiuuandae sint *codd.* Cɪc. : —dae sunt *PV*[1] || caput *PV* : de
capite *codd.* Cɪc. capitis causa β || agetur : igitur β || caput
amici aut fama : capitis amici causa agatur et famae β ||
iniquam *PRV* β : nunquam *recc.* || uoluntatem illius : eius uol —
R || **14** esse ista *PR, recc.* : ista esse *V, recc.* || ad *ante* adiuuan-
dum *om. P, recc. p.* || **15** eius modi *PV* : huiusmodi *R, recc.*

droite route, si un grand déshonneur ne doit pas s'ensuivre : il faut m'instruire en même temps de ce qu'on entend par grand déshonneur, et quand je quitterai la route, jusqu'où je dois m'écarter. « Il y a un point jusqu'où on peut pardonner à l'amitié, dit-il[1] ». **16.** C'est précisément cela qu'il faut nous enseigner le plus, qui est le moins indiqué par ceux qui veulent nous instruire, jusqu'à quel point et quelle limite l'amitié doit être une excuse. **17.** Le sage Chilon dont je viens de parler, s'écarta de la route pour sauver son ami ; mais je vois jusqu'où il est allé : en donnant un conseil, il a menti pour le salut de son ami. **18.** Cependant à la fin de sa vie il s'est demandé si cela même ne pouvait pas lui être reproché et n'était pas coupable.

« Contre la patrie, dit Cicéron, il ne faut pas prendre les armes ». **19.** Personne assurément n'a ignoré cela, même avant la naissance de Théognis, comme dit Lucilius [2]. Mais je demande, je désire savoir, au cas où, sans porter atteinte à la liberté ou à la paix, il faut agir pour un ami contre le droit et contrairement à ce qui est permis, et quand, comme Cicéron le dit lui-même, il faut s'écarter de la route, que doit-on faire, dans quelles limites, dans quel cas et jusqu'à quel point. **20.** L'Athénien Périclès, homme de génie, orné de toutes les connaissances libérales, a exposé sa pensée dans un cas spécial, mais plus clairement

---

1. C'est du moins ce qui résulte des § 36, 40 et 36, 43.

2. La phrase de Lucilius n'est pas connue d'ailleurs : cf. Marx, 952 ; mais Plutarque cite le proverbe d'après un auteur comique (*de Pyth. Orac.*, 3). Cf. A. Otto, *Die Sprichwörter...*, p. 367. Du grand poète Théognis, né à Mégare au VIe siècle, 1389 vers nous sont parvenus. Cf. E. Diehl, *Ant. Lyr. Graec.*, I, 2. Sa réputation de sagesse n'empêche pas Lucilius de plaisanter.

turpitudo insecutura est, de uia esse recta declinandum, nisi id quoque me docuerit, quam putet
magnam turpitudinem, et cum decessero de uia,
quousque degredi debeam ? « Est enim, inquit,
quatenus dari amicitiae uenia possit ». **16.** Hoc
immo ipsum est quod maxime discendum est
quodque ab his qui doceant minime dicitur,
quatenus quaque fini dari amicitiae uenia debeat.
17. Chilo ille sapiens, de quo paulo ante dixi,
conseruandi amici causa de uia declinauit. Sed
uideo quousque progressus sit : falsum enim pro
amici salute consilium dedit. **18.** Id ipsum tamen
in fine quoque uitae an iure posset reprehendi
culparique dubitauit.

« Contra patriam, inquit Cicero, arma pro
amico sumenda non sunt ». **19.** Hoc profecto
nemo ignorauit, et priusquam Theognis, quod
Lucilius ait, nasceretur. Sed id quaero, id
desidero : cum pro amico contra ius, et contra
quam licet, salua tamen libertate atque pace,
faciendum est et cum de uia, sicut ipse ait, declinandum est, quid et quantum et in quali causa
et quonam usque id fieri debeat. **20.** Pericles ille
Atheniensis, uir egregio ingenio bonisque omnibus
disciplinis ornatus, in una quidem specie, sed
planius tamen quid existimaret professus est.

---

16 discendum : dicendum β || his *PRV, recc.* : iis *recc.* || doceant
PRV, recc. : docent β || *a* minime *iterum incipit A* || **17** sit *A* :
est *PRV, recc.* || salute *PRV*[2] : salutem *A* || **18** id *om. A* ||
tamen *PRV, recc.* : tamne *A* || uitae *PRV, recc.* : uita *A* || **19**
ignorauit *A, edd.* : ignouit id *V* ignouit it *PR* ignouit *recc.*
|| quod *A* : quam *PRV, recc.* ut *recc.* || et *ante* contra *om. A*
|| **20** uir egregio *A* : egregius uir *PRV, recc.*

cependant. Comme un ami lui demandait de faire un faux serment pour son intérêt et sa défense, il répondit en ces termes : « Il faut aider nos amis, mais sans toucher aux dieux » [1].

21. Théophraste, dans le livre dont j'ai parlé,[2] disserte sur la question avec plus de curiosité, plus à fond et de façon plus serrée que Cicéron. **22.** Mais lui non plus, il ne juge pas dans son exposé de chaque cas en particulier, il ne s'appuie pas sur des exemples précis, mais il considère les choses dans leur généralité en bloc et universellement, à peu près ainsi : **23.** « Il faut encourir une honte ou un déshonneur petits et faibles si cela peut être d'un grand intérêt pour un ami. Le dommage léger fait à une honorabilité un peu entamée, est racheté et compensé par l'honneur plus grand et plus fort qu'il y a à aider un ami, et cette petite tache, cet accroc dans une réputation est réparé par la défense qu'on trouve dans les avantages acquis pour l'ami. **24.** Il ne faut pas nous laisser entraîner par les mots, parce qu'il n'y a pas d'égalité, à ne considérer que les notions, entre l'honorabilité de notre réputation et l'intérêt d'un ami. On doit trancher en considération du poids et de la valeur des éléments en présence et non suivant les dénominations verbales et le prestige

1. Cette phrase de Périclès est citée par Plutarque au nombre des *Apophtegmes de Periclès* (3) et *de uita Pud.*, 531 D (Bernadakis, 2, 375, 10). Il est assez vain de vouloir fixer exactement la frontière indiquée par Periclès. Bien évidemment il ne faut pas faire de faux serment et tromper les dieux. Mais de façon plus générale, Périclès met au-dessus de la complaisance due à l'amitié le respect des valeurs morales supérieures.

2. L'attraction du relatif au cas de l'antécédent est constamment pratiquée par Aulu-Gelle dans les expressions où figure le verbe dire (cf. l'apparat critique). Le tour est cicéronien.

Nam cum amicus eum rogaret ut pro re causaque
eius falsum deiuraret, his ad eum uerbis usus
est : « Δεῖ μὲν συμπράττειν τοῖς φίλοις, ἀλλὰ μέχρι
τῶν θεῶν. ».

21. Theophrastus autem in eo quo dixi libro
inquisitius quidem super hac ipsa re et exactius
pressiusque quam Cicero disserit. **22.** Sed is
quoque in docendo non de unoquoque facto
singillatim existimat neque certis exemplorum
documentis, sed generibus rerum summatim uniuer-
simque utitur ad hunc ferme modum : **23.** « Parua,
inquit, et tenuis uel turpitudo uel infamia subeunda
est, si ea re magna utilitas amico quaeri potest.
Rependitur quippe et compensatur leue damnum
delibatae honestatis maiore alia grauioreque in
adiuuando amico honestate, minimaque illa labes
et quasi lacuna famae munimentis partarum
amico utilitatium solidatur. **24.** Neque nominibus,
inquit, moueri nos oportet, quod paria genere
ipso non sunt honestas meae famae et rei amici
utilitas. Ponderibus haec enim potestatibusque
praesentibus, non uocabulorum appellationibus
neque dignitatibus generum diiudicanda sunt.

---

20 deiuraret *PRV* : deiraret *A* ǁ μὲν *PV*, *recc.* : με *recc.* ǁ
21 in eo quo *APR*, *recc.* : in eo quod *V* in eo quam *recc.*
quo β *cf.* 1, 4, 2 ; 25, 16 ; 2, 26, 7 ; 19, 1, 3 ; 19, 1, 21 ǁ **22**
singillatim existimat *PRV* : singillatimat *A* singulatim existimat
recc. ǁ exemplorum documentis : documentorum doc—*A* ǁ **23-25**
Exstant in T ǁ **23** subeunda *ATV*³, *recc.* : sua eunda *PRV* ǁ
delibatae *A*, *recc.* : deliuatae *RV* delinatae *PT* declinatae β
recc. ǁ illa : alia *A* ǁ lacuna : lasciuia *recc.* ǁ utilitatium
APRV : — tum *T*, *recc.* ǁ ratione *ante* solidatur *add. recc.* ǁ
24 nominibus *AVT*, *recc.* : in omnibus *PR* ǁ genere *T*, *et
ut uidetur A* : generi *PRV*, *recc.* β ǁ non sunt *APVT* : non sint
recc. p. ǁ honestas *AP*², *recc.* : honesta *P*¹*RVT* ǁ a *ante* generum *add. PRV.*

des notions. **25.** Quand l'intérêt de l'ami et notre honorabilité mettent en jeu des éléments égaux ou à peu près, l'honorabilité l'emporte sans aucun doute ; mais quand l'intérêt de l'ami est excessivement important et que la perte d'honorabilité est pour nous légère, relative à un sujet sans gravité, alors l'intérêt de l'ami se fait plus lourd que notre honorabilité, comme un grand poids de bronze est plus précieux qu'une petite lamelle d'or.

26. J'ai noté les mots mêmes de Théophraste sur le sujet[1] : « Il n'est pas vrai que si une matière est plus précieuse qu'une autre par nature, une partie quelconque de la première, comparée à telle quantité de la seconde, sera préférable. Par exemple, si l'or est plus précieux que le bronze, tel poids d'or, comparé à tel poids de bronze, ne l'emportera pas forcément, mais la quantité et la grandeur seront à considérer ».

27. Le philosophe Favorinus, lui aussi, a défini en ces termes la complaisance gracieuse, la balance précise de la justice étant relâchée et détendue à la faveur des circonstances : « Ce qu'on appelle la grâce chez les hommes, c'est le relâchement de la rigueur en temps voulu »[2].

28. Ensuite le même Théophraste disserte à peu près dans le sens que voici : « Cette question de petite et grande quantité, et tous ces jugements sur les devoirs, d'autres éléments venus du dehors parfois, des considérations supplémentaires de personnes et

---

1. Fragm. 81 Wimmer.
2. On ne sait de quel ouvrage de Favorinus la phrase est extraite. La présence de Favorinus ici a amené Hosius à penser qu'il est la source de tout le chapitre, avec Plutarque Περὶ ψυχῆς dont la citation finale constituerait une sorte de signature. Tout ceia se fonde plutôt sur ce qu'on pense être les habitudes d'Aulu-Gelle que sur aucune preuve réelle.

Favorinus (cf. *Introduction*, p. 30) est un des maîtres d'Aulu-Gelle les plus prestigieux. Né à Arles, entre 70 et 80 vraisemblablement, il résida à Rome sous Trajan, Hadrien et Antonin. Disciple de Dion Chrysostome, il connut peut-être Epictète, fut l'ami de Plutarque et l'ami et le maître d'Hérodes Atticus. Philosophe sceptique, auteur de ποppωνείοι τρόποι (11, 5, 5,

25. Nam cum in rebus aut paribus aut non longe secus utilitas amici aut honestas nostra consistit, honestas procul dubio praeponderat ; cum uero amici utilitas nimio est amplior, honestatis autem nostrae in re non graui leuis iactura est, tunc quod utile amico est, id prae illo quod honestum nobis est fit plenius, sicuti est magnum pondus aeris parua lamna auri pretiosius ».

Verba adeo ipsa Theophrasti super ea re adscripsi :**26.** Οὐκ, εἰ δή που τοῦτο τῷ γένει τιμιώτερον, ἤδη καὶ ὁτιοῦν ἂν ᾖ μέρος τούτου πρὸς τὸ τηλίκον θατέρου συγκρινόμενον αἱρετὸν ἔσται. Λέγω δὲ οἷον, οὐκ, εἰ χρυσίον τιμιώτερον χαλκοῦ, καὶ τηλίκον τοῦ χρυσίου πρὸς τὸ τηλίκον χαλκοῦ μέγεθος ἀντιπαραβαλλόμενον πλέον δόξει · ἀλλὰ ποιήσει τινὰ ῥοπὴν καὶ τὸ πλῆθος καὶ τὸ μέγεθος.

27. Fauorinus quoque philosophus huiuscemodi indulgentiam gratiae, tempestiue laxato paulum remissoque subtili iustitiae examine, his uerbis definiuit : Ἡ καλουμένη χάρις παρὰ τοῖς ἀνθρώποις, τοῦτο ἔστιν ὕφεσις ἀκριβείας ἐν δέοντι.

28. Post deinde idem Theophrastus ad hanc ferme sententiam disseruit : « Has tamen, inquit, paruitates rerum et magnitudines atque has

25 aut *ante* non *om. A* || aut honestas : aut honestitas *A* || honestatis : honestitatis *R* || iactura *AP²VT, recc.* : iactatura *P¹R* || tunc : tum *T* || est *post* sicuti *om. T, recc. p.* || auri *A* : auri fit *RTV, recc.* auri sit *P* || ea re adscr. — *A* : ea re scr. — *PV* e re ascr. — *R* || **26** τοῦτο *Hertz* : τουτου *PV* || οὐκ εἰ — *Bücheler* : ουκαι — *PV* || χρυσίον *edd.* : χρυσον *PV* || χρυσίου *edd.* : χρισου *PV* || τηλίκον *edd.* : πηλικον *PV* || **27** tempestiue *PRV* : tempestiuae *A* tempestiuius *recc.* || remissoque *A* : permissoque *PRV recc.* praemissoque *recc.* || **28** ferme *AV³, recc.* : per me *PRV* || paruitates *A* : prauitates *PV*.

ce qu'imposent l'occasion, le moment et les circonstances elles-mêmes, toutes choses qu'il est impossible
d'enfermer dans les préceptes, les règlent, les dirigent
et, pour ainsi dire les gouvernent, tantôt leur donnant
valeur, tantôt les rendant vains ». **29.** Théophraste
a écrit ce texte et d'autres de même sorte avec beaucoup
de précaution, de scrupule et une attention religieuse,
s'appliquant à distinguer et discuter plus qu'il ne
prenait l'autorité de trancher et de juger : c'est assurément que la variété des cas et des circonstances, la
subtilité des distinctions et des différenciations exclut
une règle rigide et générale qui s'applique aux cas
particuliers, ce qui manque, disions-nous au début de
cet essai.

30. Quant à Chilon qui a été à l'origine de cette
petite discussion[1], il a composé entre autres maximes
utiles et sages, celle-ci surtout, qui est d'une utilité
reconnue, enfermant les deux passions les plus sauvages,
l'amour et la haine, dans une modération prudente :
« Aime, dit-il, avec pour limite, l'idée que le hasard
fera peut-être que tu haïsses un jour : dans la haine ne
va pas plus loin, pensant que tu peux aimer par la
suite ! »

31. Sur le même Chilon, le philosophe Plutarque a écrit en ces termes dans le premier livre de

cf. 20, 1, 9), il apparaît surtout dans les *Nuits Attiques*, comme un
amateur d'antiquités romaines et de mots rares. Aulu-Gelle ne
fait aucune allusion à son hermaphrodisme (Phil., *Vit. Soph.*, 1, 8).
On lui attribue le discours 37 de Dion Chrysostome et un περὶ
φυγῆς découvert sur un papyrus.

1. Aulu-Gelle se sert du diminutif *disputatiuncula*. Il aime
désigner par un diminutif tout ce qui touche à sa propre personne
et à son œuvre. Cf. sur la question R. Marache, *Mots archaïques*,
p. 251, avec la liste des diminutifs en-*tiuncula* créés pour ce genre
d'occasions.

omnes officiorum aestimationes alia nonnumquam momenta extrinsecus atque aliae quasi appendices personarum et causarum et temporum et circumstantiae ipsius necessitates, quas includere in praecepta difficilest, moderantur et regunt et quasi gubernant et nunc ratas efficiunt, nunc inritas ». **29.** Haec taliaque Theophrastus satis caute et sollicite et religiose, cum discernendi magis disceptandique diligentia quam cum decernendi sententia atque fiducia, scribsit, quoniam profecto causarum ac temporum uarietates discriminumque ac differentiarum tenuitates derectum atque perpetuum distinctumque in rebus singulis praeceptum, quod ego nos in prima tractatus istius parte desiderare dixeram, non capiunt.

30. Eius autem Chilonis, a quo disputatiunculae huius initium fecimus, cum alia quaedam sunt monita utilia atque prudentia, tum id maxime exploratae utilitatis est, quod duas ferocissimas adfectiones amoris atque odii intra modum cautum coercuit. « Hac, inquit, fini ames, tamquam forte fortuna et osurus ; hac itidem tenus oderis, tamquam fortasse post amaturus ».

31. Super hoc eodem Chilone Plutarchus philo-

---

28 aestimationes *APRV* : exist — *recc.* ‖ aliae *A* : alia *PRV*, *recc.* ‖ **29** discernendi *APRV* : disserendi *recc.* ‖ disceptandi *APRV* : disputandi *recc.* ‖ scribsit *A* : seruitute *PRV* disseruit *recc.* ‖ causarum ac temporum *A* : causa scientiae corporum *PRV* causas sc— corp— *recc.* ‖ discriminumque *A* : disermonumque *PRV*, *recc.* ‖ tenuitates *A* : ignorantes *PRV*, *recc.* ‖ derectum *PRV* : directum *recc.* decretum *A* ‖ **30** monita *A* : mota *PRV*, *recc.* nota *recc.* ‖ cautum *PRV*, *recc.* : cauturum *A* ‖ fini ames *A* : finiam et *PRV*, *recc.* ‖ et osurus *A* : osurus *PRV*, *recc.*

son περὶ ψυχῆς : « Chilon jadis, entendant quelqu'un dire qu'il n'avait pas d'ennemi, lui demanda s'il avait un ami, croyant qu'amitié et hostilité se suivent et s'impliquent nécessairement[1] ».

IV

Avec quelle finesse pénétrante Antonius Julianus a découvert dans un discours de Cicéron un sophisme par substitution de mots.

1. Le rhéteur Antonius Julianus avait vraiment un talent distingué et agréable. Il avait aussi cette science si utile et charmante, la très grande curiosité et connaissance des raffinements de la littérature ancienne ; en outre il étudiait avec tant de pénétration tous les écrits un peu antiques et en pesait les vertus ou en décelait les défauts, qu'on eût dit son jugement fait comme une épure.

2. Voici l'avis donné par ce Julianus sur un raisonnement qui se trouve dans le discours de Cicéron que celui-ci prononça en faveur de Plancius. **3.** Mais je vais reproduire d'abord les mots mêmes qui ont fait l'objet de ce jugement[2] : « Cependant la dette d'argent et la dette de reconnaissance diffèrent : celui qui s'est acquitté d'une dette d'argent, perd aussitôt ce qu'il a rendu ; celui qui doit, garde pour soi le bien d'autrui. La reconnaissance, celui qui la rend, la garde, et celui qui la garde, par le fait même qu'il la garde, la rend. Quant à moi à présent, je ne cesserai pas de devoir à Plancius si je m'acquitte maintenant ; et je ne lui rendrais pas moins par mon intention même, si cet ennui ne lui était pas arrivé ».

---

1. Plutarque raconte la même anecdote dans le *De capienda ex inimicis utilitate* (Bern., I, p. 208-9) et dans le *De amicorum multitudine* (Bern., I, p. 232). Aristote attribue cette maxime à Bias de Priène (*Rhet.*, 2, 3) ; cf. Diog. Laert., 1, 87 et Cicéron, *Amic.*, 16, 59.

2. *Pro Plancio*, 28, 68. Plancius avait secouru Cicéron pendant son exil et était accusé de *sodalicium*.

sophus, in libro Περὶ Ψυχῆς primo, uerbis his ita
scripsit : Χείλων ὁ παλαιός, ἀκούσας τινὸς λέγοντος,
μηδένα ἔχειν ἐχθρόν, ἠρώτησεν, εἰ μηδένα φίλον ἔχει,
νομίζων ἐξ ἀνάγκης ἐπακολουθεῖν καὶ συνεμπλέκεσθαι
φιλίαις ἀπεχθείας.

IV

**Quam tenuiter curioseque explorauerit Antonius Iulianus
in oratione M. Tullii uerbi ab eo mutati argutiam.**

1. Antonius Iulianus rhetor perquam fuit honesti atque amoeni ingeni. Doctrina quoque ista
utiliore ac delectabili ueterumque elegantiarum
cura et memoria multa fuit ; ad hoc scripta omnia
antiquiora tam curiose spectabat et aut uirtutes
pensitabat aut uitia rimabatur, ut iudicium esse
factum ad amussim diceres. **2.** Is Iulianus super eo enthymemate, quod est
in oratione M. Tullii, quam ' pro Cn. Plancio '
dixit, ita existimauit. **3.** Sed uerba prius, de
quibus iudicium ab eo factum est, ipsa ponam :
« Quamquam dissimilis est pecuniae debitio et
gratiae. Nam qui pecuniam dissoluit, statim non
habet id quod reddidit, qui autem debet, is retinet
alienum ; gratiam autem et qui refert habet, et
qui habet, in eo ipso quod habet, refert. Neque
ego nunc Plancio desinam debere, si hoc soluero, nec
minus ei redderem uoluntate ipsa, si hoc molestiae
non accidisset ».

---

31 his *A* : *om. PRV, recc.* ‖ ita *om. P* ‖ περι ψυχης *post scripsit
collocauerunt P et R qui, ut solet, uerba omisit* Gr *tantum scripto* ‖
συνεμπλέκεσθαι *I.* Gron : συνενπλεκεσθαις *PV* συνεμπλέκεσθαι ταῖς
Hertz ‖ φιλίαις ἀπεχθείας *Hertz* : φιλιας απεχθιας *PV* φιλίᾳ
ἀπεχθείας *recc.* φιλίας καὶ ἀπεχθείας *edd.*
IV. 1 ista : iste *Falster* ‖ spectabat *APRV, recc.* : exspectabat
recc., gloss. Vatic. ‖ et *ante* aut *om. recc.* ‖ **2** quam *A, recc.* : qua
PRV, recc. ‖ ita *A, recc.* : et ita *PRV, recc.* ‖ **3** pecuniae *A,
recc.* Cic. : a pecunia *PRV* ‖ id quod... autem *om. PRV*
‖ debet is Cic. : is *PRV* debitus *A* debet aes *recc.* ‖ ei : ea *A.*

4. « L'allure du style est onduleuse, arrondie et sé-
duisante[1] par la mesure même du rythme, disait-il, mais
il faut lire la phrase en fermant les yeux sur un léger
changement de mot pour qu'elle emporte l'assentiment. **5.** Car la comparaison entre la dette de reconnaissance et la dette d'argent réclame que l'on conserve
le même mot de part et d'autre. **6.** La dette d'argent
et la dette de reconnaissance paraîtront correctement
opposées entre elles si on emploie devoir pour l'argent
comme pour la reconnaissance, et si on explique ce
qui se passe quand on doit de l'argent ou qu'on s'en
acquitte, et quand on doit de la reconnaissance ou qu'on
s'en acquitte, en conservant dans les deux cas le même
mot de dette. Or Cicéron après avoir dit que la dette
de reconnaissance et la dette d'argent sont différentes
et avoir rendu compte de cette affirmation, se sert du
mot *debet*, il doit, dans le cas de l'argent, mais pour la
reconnaissance il substitue *habet*, il garde, à *debet* :
il parle ainsi : « La reconnaissance celui qui la rend, la
garde, *habet* ; et celui qui la garde, par le fait même
qu'il la garde, la rend ». **7.** Mais ce mot *habet* ne
convient pas à la comparaison proposée. C'est la dette
de reconnaissance et non le fait de garder la reconnaissance qui est comparée avec l'argent. Et ainsi il
eût été conséquent de dire : « Et celui qui la doit, par
le fait même qu'il la doit, la rend ». Mais il serait
choquant et trop forcé de dire que la reconnaissance
qui n'a pas encore été rendue, est rendue par ce fait
même. **8.** Il a donc changé et substitué un mot voisin
au mot qu'il avait laissé de côté, pour paraître ne pas

---

1. On comparera avec 11, 13, 4 : *sonus rotundae uolubilisque
sententiae*. Le mouvement du chapitre est d'ailleurs analogue.
Le maître de rhétorique décèle une faute de logique dans une
phrase au premier abord admirable. C'est l'inverse en 17, 20 sur
Platon ; mais les termes du jugement sont comparables.

4. « Crispum sane, inquit, agmen orationis rotundumque ac modulo ipso numerorum uenustum, sed quod cum uenia legendum sit uerbi paulum ideo inmutati, ut sententiae fides salua esset. **5.** Namque debitio gratiae et pecuniae conlata uerbum utrubique seruari postulat. **6.** Ita enim recte opposita inter sese gratiae pecuniaeque debitio uidebitur, si et pecunia quidem deberi dicatur et gratia, sed quid eueniat in pecunia debita solutaue, quid contra in gratia debita redditaue, debitionis uerbo utrimque seruato disseratur. Cicero autem, inquit, cum gratiae pecuniaeque debitionem dissimilem esse dixisset eiusque sententiae rationem redderet, uerbum ' debet ' in pecunia ponit, in gratia ' habet ' subicit pro ' debet ' ; ita enim dicit : « Gratiam autem et qui refert habet, et qui habet in eo ipso quod habet refert ». **7.** Sed id uerbum ' habet ' cum proposita comparatione non satis conuenit. Debitio enim gratiae, non habitio, cum pecunia confertur, atque ideo consequens quidem fuerat sic dicere : « Et qui debet in eo ipso quod debet refert » ; sed absurdum et nimis coactum foret, si nondum redditam gratiam eo ipso redditam diceret, quia debetur. **8.** Inmutauit ergo,

---

abandonner la comparaison entre les dettes et conserver la symétrie de la phrase ». C'est de cette manière que Julianus expliquait[1] et examinait les phrases des auteurs anciens que les jeunes gens lisaient chez lui.

V

Que l'orateur Démosthène, s'exposant aux insultes par le soin qu'il prenait de sa toilette et de son vêtement, était d'une élégance décriée ; et que de même l'orateur Hortensius à cause d'élégances de même sorte et de ses gestes d'histrion, se fit apostropher du nom de la danseuse Dionysia.

1. La tradition rapporte que Démosthène était trop brillant, trop charmant, et trop soigné dans sa mise et le reste de sa toilette. De là ces *manteaux élégants* et ces *tuniques moelleuses* [2] que ses rivaux et ses adversaires lui reprochaient avec sarcasme. De là encore les paroles infâmantes et déshonorantes qu'on ne lui épargna pas, le traitant d'efféminé et aussi de bouche souillée.

2. De la même manière, Hortensius, plus illustre que presque tous les orateurs de son temps à l'exception de Cicéron, fut harcelé d'injures et de sarcasmes outrageants parce qu'il était vêtu et drapé avec beaucoup d'élégance, de soin et d'harmonie, que ses mains dans l'action étaient très expressives et actives, et bien

---

1. Le raisonnement d'Antonius Julianus est juste mais trop formel. Cicéron a raison d'opposer la dette matérielle (si l'argent est chez le débiteur, il n'est pas chez le prêteur), et la dette de reconnaissance (l'existence seule du sentiment de reconnaissance chez l'obligé donne satisfaction à celui qui l'a obligé).

2. Ces mots, en grec dans le texte, sont pris dans le *Contre Timarque* d'Eschine, § 131.

inquit, et subdidit uerbum ei uerbo, quod omiserat, finitimum, ut uideretur et sensum debitionis conlatae non reliquisse et concinnitatem
sententiae retinuisse ». Ad hunc modum Iulianus
enodabat diiudicabatque ueterum scriptorum sententias, quas apud eum adulescentes lectitabant.

V

**Quod Demosthenes rhetor cultu corporis atque uestitu
probris obnoxio infamique munditia fuit ; quodque item
Hortensius orator, ob eiusmodi munditias gestumque in
agendo histrioni*c*um, Dionysiae saltatriculae cognomento
compellatus est.**

1. Demosthenen traditum est uestitu ceteroque
cultu corporis nitido uenustoque nimisque accurato
fuisse. Et hinc ei τὰ κομψὰ illa χλανίσκια et μαλακοὶ
χιτωνίσκοι ab aemulis aduersariisque probro data,
hinc etiam turpibus indignisque in eum uerbis
non temperatum, quin parum uir et ore quoque
polluto diceretur.

2. Ad eundem modum Q. Hortensius omnibus
ferme oratoribus aetatis suae, nisi M. Tullio,
clarior, quod multa munditia et circumspecte
compositeque indutus et amictus esset manusque
eius inter agendum forent argutae admodum et

---

8 et *ante* subdidit *om. A* ‖ omiserat : nimis erat β ‖ enodabat
diiudicabatque *recc.* : enudabat deiudicabatque *PRV* enuclea-
bat diiudicabat, *recc.* enutabatque *A* ‖ quas : quae *A* ‖ lectitabant
PRV, recc. : delectitabant *A* delecti lectitabant *Mommsen*.

V. *Lem.* histrionicum *edd.* : — onum *PV, recc.* ‖ **1** traditum
est *A* : traditum et *PRV, recc.* tradunt et *recc.* ‖ cetero :
sincero β ‖ fuisse et hinc ei *Mommsen* : fuisset hinc *ante
lacunam A* fuise hinc ei *R* fuisse hincerta *V* fuisse incerta *P* fuisse
hinc etiam *recc.* ‖ χλανίσκια : — ισκα *PV* ‖ μαλακοι *V* : — και
P ‖ ab aemulis *V, recc.* : baemulis *PR* ab aemilius *A* ‖ et
ante ore *om. recc.* ‖ **2** q. *A* : *om. PV recc., R signum quodd.
suppl.* ‖ oratoribus : orationibus *A* ‖ quod : qui *recc.* ‖ accuratior
post amictus *add.* β.

souvent on l'a traité d'histrion jusque dans les plai-
doiries et les procès. **3.** Mais quand Lucius Torquatus,
homme quelque peu rustre et fruste, lors du procès de
Sylla[1], l'appela devant le tribunal avec plus de violence
et de méchanceté, non pas histrion, mais pantomime
Dionysia, du nom d'une danseuse très connue, Hortensius lui répondit d'une voix douce et faible : « Dionysia, je préfère pour ma part être Dionysia plutôt
que ce que tu es, toi, Torquatus, étranger aux Muses,
à Aphrodite. à Dionysos ».

VI

**Passage d'un discours de Metellus Numidicus qu'il
prononça devant le peuple pendant sa censure pour exhorter
les Romains au mariage : pour quelle raison ce discours
fut critiqué, et de quelle manière il fut défendu.**

1. On lisait, devant un grand nombre de gens très
savants, un discours[2] que Metellus Numidicus, homme
de grande autorité et de grande éloquence, prononça
devant le peuple sur le mariage, pour exhorter les
Romains à prendre femme. **2.** Il était écrit dans ce
discours : « Si nous pouvions vivre sans épouse,
Quirites, nous nous passerions de tout cet ennui. Mais
puisque la nature a imposé aux générations de ne
pouvoir ni vivre avec elles sans trop de désagrément,
ni vivre du tout sans elles, il faut regarder le salut et
l'avenir plutôt qu'un plaisir sans durée ».

---

1. P. Cornelius Sulla, neveu du dictateur, fut accusé par L.
Torquatus et C. Cornelius de complicité avec Catilina. Il fut
défendu par Hortensius et Cicéron. Sur l'élégance d'Hortensius
et le soin qu'il apportait à ses gestes, cf. Macrobe, 3, 13, 4, et
Valère Maxime, 8, 10, 2.

2. Metellus Numidicus, le prédécesseur de Marius dans la guerre
contre Jugurtha, est très souvent cité par Aulu-Gelle. Metellus
Macedonicus avait prononcé un discours sur un sujet analogue
en 131 av. J.-C. d'après la *periocha* de Tite-Live. Auguste lut ce
dernier discours au sénat (Suet., *Aug.*, 89). On admet en général
qu'Aulu-Gelle s'est trompé et qu'il s'agit ici du Macedonicus,
cf. H. Malcovati, *Or. Rom. Fragm.*, p. 107.

gestuosae, maledictis compellationibusque probris
iactatus est multaque in eum, quasi in histrionem,
in ipsis causis atque iudiciis dicta sunt. **3.** Sed cum
L. Torquatus, subagresti homo ingenio et infes-
tiuo, grauius acerbiusque apud consilium iudicum,
cum de causa Sullae quaereretur, non iam histrionem eum esse diceret, sed gesticulariam
Dionysiamque eum notissimae saltatriculae nomine
appellaret, tum uoce molli atque demissa Hortensius : « Dionysia, inquit, Dionysia malo equidem
esse quam quod tu, Torquate, ἄμουσος, ἀναφρόδιτος,
ἀπροσδιόνυσος.»

VI

Verba ex oratione Metelli Numidici quam dixit in censura ad populum, cum eum ad uxores ducendas adhortaretur ; eaque oratio quam ob causam reprehensa et quo
contra modo defensa sit.

1. Multis et eruditis uiris audientibus legebatur
oratio Metelli Numidici, grauis ac diserti uiri,
quam in censura dixit ad populum de ducendis
uxoribus, cum eum ad matrimonia capessenda
hortaretur. **2.** In ea oratione ita scriptum fuit :
« Si sine uxore *esse* possemus, Quirites, omnes ea
molestia careremus ; sed quoniam ita natura
tradidit, ut nec cum illis satis commode, nec sine
illis ullo modo uiui possit, saluti perpetuae potius
quam breui uoluptati consulendum est ».

2 probris *A* (*cf.* 9, 2, 9) : probrosis *PRV*, *recc.* ‖ *cum uerbo*
iactatus *desinit A* ‖ 3 dionysia *ante* inquit *recc.* : — isias *PRV*.

VI. *Lem.* quo contra modo *edd.* : quod contra modum *PV*,
recc. ‖ 1 quam : qua *recc.* ‖ *a uoce* eum *denuo incipit A* ‖ 2 in
ea oratione *A*, *recc.* : in eo ratione *PR* in oratione *V* ‖ esse
add. recc. : uiuere *add. Hertz* ‖ omnes : omni *A ut uidetur* ‖ est
A : om. *PRV*, *recc.*

3. Certains pensaient que le censeur Metellus, puisqu'il avait dessein d'exhorter le peuple au mariage n'aurait pas dû reconnaître les ennuis et les inconvénients perpétuels de la vie conjugale ; ce n'était pas y exhorter, mais plutôt en dissuader et détourner ; il aurait dû au contraire conduire son discours de façon à affirmer que la plupart du temps il n'y avait pas d'ennuis au mariage, et à dire que, s'il semblait parfois qu'il en arrivât, ils étaient faibles, légers et faciles à supporter, que des avantages et des plaisirs plus grands les faisaient oublier, qu'ils ne se présentaient pas dans tous les cas et ne provenaient pas d'un vice de nature, mais de la faute et de l'injustice de certains maris. **4.** Titus Castricius[1] jugeait que Metellus avait parlé comme il fallait et dignement : « Un censeur ne doit pas parler comme un rhéteur. Il est permis au rhéteur de se servir d'affirmations fausses, téméraires, rusées, captieuses, perfides, pourvu qu'elles soient vraisemblables[2] et puissent par quelque stratagème pénétrer dans l'esprit des hommes et les ébranler ». Il ajoutait qu'il est honteux pour un rhéteur de laisser dans une mauvaise cause un point abandonné sans combat. **5.** « Il n'eût pas été décent que Metellus, homme irréprochable, doté d'une telle autorité et honoré d'une telle confiance, paré par ses charges et sa vie d'une si grande dignité, s'adressant au peuple romain, dît autre

---

1. Le rhéteur Titus Castricius n'est mentionné, en dehors des *Nuits Attiques*, que par Fronton (p. 179, 31). Outre ses jugements littéraires, Aulu-Gelle admire en lui l'amour du *decorum* (cf. 13, 22).
2. L'argumentation rhétorique doit en effet être tournée dans un seul sens et ne faire aucune concession réelle à l'adversaire. Il ne s'agit pas d'être véridique, mais de triompher. Comparer la discussion des arguments de Caton dans le *Pro Rhodiensibus* (6, 3).

3. Videbatur quibusdam, Q. Metellum cen-
sorem, cui consilium esset ad uxores ducendas
populum hortari, non oportuisse de molestia
incommodisque perpetuis rei uxoriae confiteri,
neque id hortari magis esse quam dissuadere
absterrereque ; sed contra in id potius orationem
debuisse sumi dicebant, ut et nullas plerumque
esse in matrimoniis molestias adseueraret et,
si quae tamen accidere nonnumquam uiderentur,
paruas et leues facilesque esse toleratu diceret
maioribusque eas emolumentis et uoluptatibus
oblitterari easdemque ipsas neque omnibus neque
naturae uitio, sed quorundam maritorum culpa et
iniustitia euenire. **4.** Titus autem Castricius recte
atque condigne Metellum esse locutum existimabat. « Aliter, inquit, censor loqui debet, aliter
rhetor. Rhetori concessum est, sententiis uti
falsis, audacibus, uersutis, subdolis, captiosis, si
ueri modo similes sint et possint mouendos
hominum animos qualicumque astu inrepere ».
Praeterea turpe esse ait rhetori, si quid in mala
causa destitutum atque inpropugnatum relin-
quat. **5.** « Sed enim Metellum, inquit, sanctum
uirum, illa grauitate et fide praeditum cum tanta
honorum atque uitae dignitate apud populum

---

3 q. *A* : *om. PRV, recc.* || neque *ante* de molestia *add. recc.* ||
incommodisque *AV², recc.* : incommodeque *PRV¹* || id hortari
Hertz : i. hortari *A* adhortari *PRV, recc.* || sed : est *A* || accidere :
accedere β || uiderentur *PV, recc.* : — retur *AR* || maioribusque
A, recc. : — rique *PRV* || **4** aliter... aliter : alter... alter *A* ||
uersutis *A* : uel *PRV, recc.* β || mouendos *A* : ad mouendos
PRV, recc. || hominum animos *A, recc.* : animos hominum *PRV*
|| astu : statu *recc. p.* || praeterea : propterea *recc.* |*p.* || inpropu-
gnatum *A* : impugnatum *PRV, recc.* || **5** tanta honorum : tanto
honore *recc.*

chose que ce qui lui paraissait vrai, à lui et à tous, surtout qu'il parlait d'un sujet qui relevait de l'expérience de tous les jours et d'une connaissance commune et ordinaire de la vie[1]. 6. Ayant donc fait un aveu sur un ennui bien connu de tous, et ayant mérité par cet aveu la confiance dans sa loyauté et sa sincérité, il fit triompher très facilement et très naturellement la vérité la plus évidente et la plus incontestable, que la nation ne pouvait être sauvée sans une pratique nombreuse du mariage. »

7. Il y a cet autre point du même discours de Metellus que nous avons jugé digne d'une lecture constante, non moins, ma foi, que les écrits des philosophes de la plus haute autorité. 8. Voici les paroles[2] de Metellus : « Les dieux immortels peuvent beaucoup ; mais ils ne doivent pas vouloir plus pour nous que nos parents. Or si les enfants persistent dans la mauvaise conduite, leurs parents les déshéritent. Qu'attendre donc plus longtemps des dieux immortels, si nous ne mettons pas fin à notre mauvaise manière de vivre ? Il est juste que les dieux ne soient propices qu'à ceux qui ne sont pas à eux-mêmes leur propre ennemi. Les dieux immortels doivent récompenser la vertu et non pas la fournir ».

---

1. A l'humour de Metellus se refusant à reconnaître des agréments au mariage répond l'humour de Titus Castricius affectant de prendre la chose pour une vérité incontestable, et la candeur d'Aulu-Gelle met le tout en valeur.

2. 18, frag., 7, Malcovati. La comparaison au droit familial et à l'héritage est un raisonnement d'esprit typiquement romain. Elle s'inscrit cependant aussi dans la tradition diatribique de la casuistique sur les καθήκοντα avec argumentation reposant sur des données de bon sens et de la vie courante.

Romanum loquentem, nihil decuit aliud dicere quam quod uerum esse sibi atque omnibus uidebatur, praesertim cum super ea re diceret quae cotidiana intellegentia et communi peruolgatoque uitae usu comprenderetur. **6.** De molestia igitur cunctis hominibus notissima confessus, eaque confessione fidem sedulitatis ueritatisque commeritus, tum denique facile et procliuiter, quod fuit rerum omnium ualidissimum atque uerissimum, persuasit ciuitatem saluam esse sine matrimoniorum frequentia non posse ».

7. Hoc quoque aliud ex eadem oratione Q. Metelli dignum esse existimauimus adsidua lectione, non hercle minus quam quae a grauissimis philosophis scripta sunt. **8.** Verba Metelli haec sunt : « Di immortales plurimum possunt ; sed non plus uelle nobis debent quam parentes. At parentes, si pergunt liberi errare, bonis exheredant. Quid ergo nos a diis immortalibus diutius expectemus, nisi malis rationibus finem facimus ? Is dem*um* deos propitios esse aequum est, qui sibi aduersarii non sunt. Dii immortales uirtutem adprobare, non adhibere debent ».

---

6 ciuitatem : ciuitatem autem *A* ‖ **7** q. *A* : *om. PRV, recc.* ‖ **8** at parentes : at parcentes *A* ‖ a diis immortalibus diutius *PRV, recc.* : immortalibus dissimilius di... us *A* ‖ facimus *APRV recc.* : faciamus *Hertz* ‖ is demum *edd.* : isdem *APRV, recc.*

VII

Que dans ces mots de Cicéron tirés du cinquième discours contre Verrès : « *Hanc sibi rem praesidio sperant futurum*, que cela leur servira de défense », il n'y a ni faute, ni corruption ; que se trompent ceux qui font violence à des manuscrits de bonne qualité et écrivent *futuram* ; dans le même chapitre il est traité d'un autre mot de Cicéron qui est écrit correctement, et qu'on a tort de transformer ; et quelques remarques sur les mesures et les rythmes de phrase que Cicéron a recherchés avec prédilection.

1. Dans le cinquième discours de Cicéron contre Verrès [1], un manuscrit d'une fidélité remarquable, établi avec le soin et la méthode d'un Tiron, porte ces mots : 2. « Des hommes de petite condition et d'obscure naissance naviguent ; ils arrivent en des lieux qu'ils n'avaient encore jamais abordés ; et ils ne peuvent être connus des gens du pays où ils sont venus ni trouver partout qui réponde pour eux. Cependant, se fiant seulement à leur titre de citoyen romain, ils estiment qu'ils seront en sûreté, non seulement auprès de nos magistrats, qui sont tenus par la crainte des lois et de l'opinion, non seulement auprès des citoyens romains, qui leur sont liés par la communauté de la langue, du droit, et de bien des choses, mais partout où ils iront, ils ont confiance que ce titre leur servira de défense, *hanc sibi rem praesidio sperant futurum* ».

3. Beaucoup estimaient qu'il y avait une faute au dernier mot ; ils pensaient qu'il eût fallu écrire non pas *futurum* mais *futuram* [2] ; et ils ne doutaient pas que le

---

1. 65, 167. Tiron, célèbre affranchi de Cicéron, secrétaire et ami de son maître, édita une partie des œuvres du grand orateur. Il occupe une place spéciale dans l'histoire de la sténographie.

2. Aulu-Gelle affirme donc là que l'infinitif futur était primitivement invariable. On a voulu voir dans les formes en *turum* des formes composées sur lesquelles le participe aurait été fait à une époque tardive. Il semble tout aussi satisfaisant d'admettre avec A. Ernout (*Morphologie...*, 3e éd., p. 230) que la forme invariable est une invention analogique : « l'infinitif devait être invariable au futur comme au présent, en latin comme en grec ». Cf. aussi G. Calboli, *Studi grammaticali*, Bologna, Zanichelli, 1962, p. 129-138.

VII

In hisce uerbis Ciceronis ex oratione quinta in Verrem
« hanc sibi rem praesidio sperant futurum », neque mendum esse neque uitıum, errareque istos qui bonos libros
uiolant et ' futuram ' scribunt ; atque ibi de quodam alio
Ciceronis uerbo dictum, quod probe scriptum perperam
mutatur ; et aspersa pauca de modulis numerisque orationis, quos Cicero auide sectatus est.

1. In oratione Ciceronis quinta in Verrem,
libro spectatae fidei, Tironiana cura atque disciplina facto, ita scriptum fuit : **2.** « Homines tenues,
obscuro loco nati, nauigant ; adeunt ad ea loca
quae numquam antea adierant. Neque noti esse
iis quo uenerunt neque semper cum cognitoribus
esse possunt. Hac una tamen fiducia ciuitatis,
non modo apud nostros magistratus, qui et legum
et existimationis periculo continentur, neque apud
ciues solum Romanos, qui et sermonis et iuris et
multarum rerum societate iuncti sunt, fore se
tutos arbitrantur, sed quocumque uenerint, hanc
sibi rem praesidio sperant futurum ».

3. Videbatur compluribus in extremo uerbo
menda esse. Debuisse enim scribi putabant non
' futurum ', sed ' futuram ', neque dubitabant quin

VII. *Lem.* futuram *recc.* : futura *PV, recc.* || **1** in *ante* libro
add. β || spectatae *A, recc.* : specte *PRV* || facto ita *recc.* :
facto *A* ita facto ita *PRV, recc.* || **2** antea *A, recc.* : ante *PRV* ||
adierant *APRV, recc.* : uiderunt ubi Cıc. || esse iis *A* Cıc. :
essetis *PRV* essent *recc.* || *a uocabulo* cognitoribus *usque ad
uocabulum* lectione (§ 4) *deficit A* || hac *recc.* Cıc. : ac *PRV* ||
periculo *recc.* Cıc. : periculum *PV* —lan *R* —la β || futurum
PRV, recc. : —ram Cıc.

texte eût besoin d'une correction afin d'éviter dans un discours de Cicéron un solécisme aussi nettement pris sur le fait que l'adultère dans la comédie de Plaute [1] (c'est ainsi qu'ils plaisantaient sur leur propre erreur).

4. Il se trouvait là justement un de nos amis, homme qui s'était employé à d'abondantes lectures, qui avait fait recherches, études et veilles sur presque tout ce qui concerne la littérature ancienne. **5.** Après avoir examiné le livre, il dit qu'il n'y avait dans ce mot ni faute, ni corruption, que la phrase de Cicéron était correcte et conforme à l'usage ancien. **6.** « Car *futurum*, dit-il, n'est pas rapporté à *rem* comme le croient des lecteurs rapides et peu attentifs, et il n'a pas valeur de participe : c'est un forme verbale indéfinie que les Grecs appellent ἀπαρέμφατον, ne se soumettant ni au genre ni au nombre, indépendante totalement et sans rapport avec rien. **7.** Caius Gracchus s'est servi d'un verbe de cette sorte dans un discours intitulé *Sur Popilius à travers les assemblées* [2] ; il y est écrit : « *Credo ego inimicos meos hoc dicturum,* je crois que mes ennemis diront ceci ». *Inimicos dicturum*, dit-il, et non *dicturos* ». Ne voit-on pas que *dicturum* est employé chez Gracchus selon la même règle que *futurum* chez Cicéron ? **8.** De même en grec, sans qu'on puisse soupçonner aucune faute, on emploie, pour tous les nombres et tous les genres sans distinction, les formes verbales de cette

---

1. Il s'agit du vers 918 des *Bacchides* où le vieillard dupé croit que son fils a failli être tué comme séducteur (*moechus*) *manifestarius* de la pseudo épouse du soldat. L'expression constitue elle-même une parodie de l'expression courante *fur manifestus* (voleur pris sur le fait).

2. H. Malcovati, *Or. Rom. Frag.*, p. 184. C. Gracchus prononça ce discours en 123 contre Publius Popilius Laenas qui avait mis à mort plusieurs de ses partisans. Il demandait que tout magistrat qui avait fait tuer un citoyen Romain, dût en rendre compte au peuple. Popilius s'exila sans attendre l'application de la loi. Caius prononça deux discours sur le sujet, l'un à Rome *pro rostris*, et l'autre à travers l'Italie dans les *conciliabula*, c'est-à-dire des sortes de marché qui servaient de lieux de réunions et d'assemblée aux paysans des environs.

liber emendandus esset, ne, ut in Plauti comoedia moechus, sic enim mendae suae inludiabant, ita in Ciceronis oratione soloecismus esset manifestarius.

4. Aderat forte ibi amicus noster, homo lectione multa exercitus, cui pleraque omnia ueterum litterarum quaesita, meditata, euigilataque erant. **5.** Is, libro inspecto, ait nullum esse in eo uerbo neque mendum neque uitium et Ciceronem probe ac uetuste locutum. **6.** « Nam futurum, inquit, non refertur ad rem, sicut legentibus temere et incuriose uidetur, neque pro participio positum est, sed uerbum est indefinitum, quod Graeci appellant ἀπαρέμφατον, neque numeris neque generibus praeseruiens, sed liberum undique et impromiscum, **7.** quali C. Gracchus uerbo usus est in oratione cuius titulus est ' de P. Popilio circum Conciliabula ', in qua ita scriptum est : « Credo ego inimicos meos hoc dicturum ». « Inimicos dicturum », inquit, non ' dicturos ' ; videturne ea ratione positum esse apud Gracchum ' dicturum ', qua est apud Ciceronem ' futurum ' ? **8.** Sicut in Graeca oratione sine ulla uitii suspicione omnibus numeris generibusque sine discrimine tribuuntur

---

3 emendandus *edd.* : emendatus *PRV*, *recc.* inemendatus *Thysius* ‖ esset manifestarius, *edd.* : est et man— *PRV* ‖ 4 meditata euigilataque : meditatae uigilataeque *A* ‖ 5 in eo *om.* β ‖ et *A* : *om. PRV*, *recc.* ‖ 6 impromiscum *A* : — miscuum *PRV*, *recc.* ‖ 7 p. *A* : q. *recc.* quo *PRV* ‖ 8 tribuuntur *A* : attribuuntur *PRV*, *recc.*

sorte : ἐρεῖν, ποιήσειν, ἔσεσθαι et autres semblables.»
9. Il ajoutait que dans le troisième livre des *Annales*
de Claudius Quadrigarius[1] il y avait ces mots: «Tandis
qu'ils seraient taillés en pièces, les forces de l'ennemi
seraient occupées là-bas (*copias ibi occupatas futurum*).»
Dans le livre XXII des *Annales* du même Quadrigarius[2]
le début est rédigé ainsi : « Si la santé t'est accordée
selon ton mérite et notre désir, nous avons lieu d'espérer
que les dieux favorisent les gens de bien (*deos bonis bene
facturum*)». **10.** De même dans le livre XXIV de
Valerius Antias[3] il est écrit de façon analogue: «Les
haruspices dirent que si les sacrifices étaient faits et
obtenaient l'agrément des dieux suivant les règles, tout
marcherait comme on le désirait (*omnia ex sententia
processurum* ». **11.** Plaute aussi a dit dans la *Casina*[4],
en parlant d'une jeune femme, *occisurum* et non
occisuram ; voici le passage : « Casina a-t-elle une
épée ? — Elle en a deux. — Comment deux ? — De
l'une elle te tuera (*occisurum*), dit-elle, de l'autre elle
tuera le fermier ». **12.** Laberius de même [5] dans les
Jumeaux : « Je n'ai pas pensé qu'elle ferait cela (*hoc
eam facturum*) ».

13. Il ne faut donc pas dire que tous ces auteurs ont
ignoré ce qui est un solécisme. Mais Gracchus a employé
dicturum, Quadrigarius *futurum* et *facturum*, Antias
processurum, Plaute *occisurum*, Laberius *facturum*

---

1. Frag. 43 Peter, cf. 1, 16, 1 et la n.
2. Frag. 79 Peter.
3. Frag. 59 Peter. Valerius Antias est un historien contemporain de Claudius Quadrigarius. Plus traditionaliste, il s'est efforcé d'entasser les détails. Aristocrate et nationaliste, il n'a pas le sens critique de Claudius Quadrigarius.
4. 691 ss.
5. 51 Ribbeck. Laberius, le grand auteur de mimes, contemporain de César, qu'il attaqua et qui lui infligea la honte de le forcer à jouer un de ses mimes, s'est attiré l'affection d'Aulu-Gelle par son langage rare et archaïque.

huiuscemodi uerba : ἐρεῖν, ποιήσειν, ἔσεσθαι et
similia '.» **9.** In Claudi quoque Quadrigarii tertio
' Annali ' uerba haec esse dixit : « Dum hii
conciderentur, hostium copias ibi occupatas futurum » ; in duodeuicesimo ' Annali ' eiusdem
Quadrigarii principium libri sic scriptum : « Si
pro tua bonitate et nostra uoluntate tibi ualitudo
subpetit, est quod speremus deos bonis benefac-
turum » ; **10.** item in Valerii Antiatis libro quarto
uicesimo simili modo scriptum esse : « Si eae res
diuinae factae recteque perlitatae essent, haruspices
dixerunt omnia ex sententia processurum esse ».
11. Plautus etiam in ' Casina ', cum de puella
loqueretur, ' occisurum ' dixit, non ' occisuram ',
his uerbis :

Etiamne habet Casina gladium ?
Habet, sed duos. — Qui*d duo*s ? — Altero te
Occisurum ait, altero uilicum.

12. Item Laberius in ' Gemellis ' :

Non putaui, inquit, hoc eam facturum.

13. Non ergo isti omnes soloecismus quid esset
ignorarunt, sed et Gracchus ' dicturum ' et
Quadrigarius ' futurum ' et ' facturum ' et
Antias ' processurum ' et Plautus ' occisurum ' et
Laberius ' facturum ' indefinito modo dixerunt ;

---

8 ερειν *V* : peni *P* λέξειν *recc.* || ποιήσειν, ἔσεσθαι : ἔσεσθαι
ποιήσειν *et uaria recc.* || **9** claudi *A* : cl. *PRV, recc.* centesimo
quinquagesimo β || annali *A* : annali libro *PRV, recc.* β || dum
hii *PRV, recc.* : dum ii *recc.* idumi *A* || *cum uoc.* ibi oc... *desinit
A* || duodeuicesimo : duo decimo *recc.* || **10** recteque *PRV, recc.* :
riteque *Carrio* || **11** etiamne habet : sed etiamne habet nunc
PLAVT. || quid duos PLAVT. : quibus *PRV, recc.* || occisurum :
occisuram PLAVT. *Ambros.* || **12** eam : eum *P*.

au mode infinitif [1]. **14.** Mode qui ne se plie pas aux distinctions de nombre, de personnes, de temps, ni de genre, mais embrasse tout cela dans une seule et même forme [2]. **15.** C'est ainsi que Cicéron ne s'est pas servi de *futurum*, au masculin ou au neutre, ce serait évidemment un solécisme, mais il a usé d'une forme verbale libérée de toute affinité de genre.

16. Ce même ami disait que, dans le discours de Cicéron qui traite du commandement de Pompée [3], l'orateur avait écrit, et c'est ainsi qu'il lisait quant à lui : « Quand vous savez que vos ports, les ports dont vous tirez la vie et la respiration sont tombés au pouvoir des pirates (*in praedonum fuisse potestatem*) ». **17.** Et il affirmait que *in potestatem fuisse* n'est pas un solécisme comme le croit la foule des demi-savants, il prétendait qu'il s'agissait d'une règle assurée et justifiée dont les Grecs usaient déjà ; et Plaute, l'écrivain le plus raffiné en langue latine, a écrit dans l'*Amphitryon* [4]. « Est-ce qu'il m'est venu à l'esprit (*in mentem fuit*) ? » et non, comme il est usuel *in mente*.

18. En dehors de Plaute, à qui fut pris l'exemple en la circonstance, nous avons trouvé, nous aussi, une grande abondance de locutions de cette sorte chez les écrivains anciens, et nous les avons placées çà et là dans les notes que voici. **19.** Mais pour laisser de côté la règle rationnelle et les témoignages d'autorité, la sonorité et la disposition des mots, à eux seuls, suffisent

---

1. *Indefinito modo* à un mode invariable, c'est-à-dire à l'infinitif : l'expression est beaucoup moins précise et beaucoup plus proche de son sens étymologique que notre infinitif.
2. *Declinatio* désigne la suffixation et par conséquent la forme obtenue par suffixation.
3. 12, 33.
4. 180. Dans la langue ancienne l'accusatif trouvait en lui-même sa raison d'être : il n'avait pas besoin de compléter un verbe de mouvement, il suffisait par lui-même à indiquer un mouvement.

14. qui modus neque in numeros neque in personas
neque in tempora neque in genera distrahitur, sed
omnia istaec una eademque declinatione complec-
titur, **15.** sicuti M. Cicero ' futurum ' dixit non
uirili genere neque neutro, soloecismus enim
plane foret, sed uerbo usus est ab omni necessitate
generum absoluto.

16. Idem autem ille amicus noster in eiusdem
M. Tullii oratione, quae est ' de imperio Cn.
Pompei ', ita scriptum esse a Cicerone dicebat
atque ipse ita lectitabat : « Cum uestros portus,
atque eos portus quibus uitam ac spiritum
ducitis, in praedonum fuisse potestatem sciatis ».
17. Neque soloecismum esse aiebat ' in potestatem
fuisse ', ut uulgus semidoctum putat, sed ratione
dictum certa et proba contendebat, qua et
Graeci ita uterentur ; et Plautus, uerborum Lati-
norum elegantissimus, in ' Amphitruone ' dixit :

> Num uero mihi in mentem fuit,

non, ut dici solitum est, ' in mente '.

18. Sed enim praeter Plautum, cuius ille in
praesens exemplo usus est, multam nos quoque
apud ueteres scriptores locutionum talium copiam
offendimus atque his uulgo adnotamentis insper-
simus. **19.** Vt et rationem autem istam missam
facias et auctoritates, sonus tamen et positura
ipsa uerborum satis declarat id potius ἐπιμελείᾳ

---

15 m. *recc.* : mauro *PRV*. ‖ **16** cn. *edd.* : cn *recc.* c.n. *P*, *recc.*
g.n. *RV* ‖ uestros : nostros *recc.* ‖ **17** ratione dictum *recc.* :
rationem dictu *PRV* ratione dicta *recc.* ‖ num uero *PRV*, *recc.* :
nunc uero Plavt. numero β Non. ‖ **19** et *ante* rationem *om.* β
recc. ‖ autem *om. recc.* ‖ positura: depositura β.

à montrer qu'il convenait à la recherche du style et au rythme du discours cicéronien de préférer dire *potestatem* et non *potestate*, puisque l'un et l'autre étaient latins. **20.** La première forme, ainsi placée, est plus agréable à l'oreille et plus pleine, la seconde sans douceur, laisse à désirer, au moins pour qui a l'oreille exercée et non pas dure, sans finesse ; il en va de même, ma foi, pour le choix qu'il a fait d'*explicauit* au lieu d'*explicuit*, qui avait déjà commencé à être plus usité.

21 Voici le texte de Cicéron tiré du discours *Sur le commandement de Pompée* [1] : « La Sicile en est témoin, qu'il a libérée des nombreux dangers qui l'entouraient, non par la terreur et la guerre, mais par la rapidité dans la décision (*consilii celeritate explicauit*). » S'il avait dit *explicuit* la sonorité serait boiteuse, le rythme restant imparfait et faible.

VIII

Histoire trouvée dans les livres du philosophe Sotion sur la courtisane Laïs et l'orateur Démosthène.

1. Sotion, de l'école péripatéticienne [2], n'était pas sans notoriété. Il composa un livre plein d'histoires nombreuses et diverses, et il l'intitula la *Corne d'Amalthée*. **2.** Ce mot a à peu près la même valeur que l'on exprimerait par *la Corne d'abondance*. **3.** Voici l'histoire

---

1. 11, 30. *Explicauit* fournit un double trochée final, clausule recherchée de Cicéron. Pour *in potestatem*, il est bien difficile de savoir si Aulu-Gelle n'est pas victime d'une illusion.

2. Sotion, était l'auteur de Διαδοχαί, une suite de biographies de philosophes. C'est une des sources de Diogène Laërce. L'ouvrage nommé Κέρας ᾿Αμαλθείας était peut-être de lui, qui pouvait bien appartenir à la secte péripatéticienne. Les recherches historiques ont toujours intéressé cette école. On sait de reste que les Διαδοχαί contaient au moins une anecdote sur Laïs (Diog. Laert., II, 74). Un autre Sotion était le maître pythagoricien de Sénèque (*Ep.*, 48, 2 ; 108, 17). Le titre de corne d'Amalthée indique des mélanges érudits (cf. *Praef.* 6).

τῶν λέξεων modulamentisque orationis M. Tullii
conuenisse, ut, quoniam utrumuis dici Latine
posset, ' potestatem ' dicere mallet, ' non potestate '.
20. Illud enim sic compositum iucundius ad
aurem completiusque, insuauius hoc imperfec-
tiusque est, si modo ita explorata aure homo sit,
non surda nec iacenti ; sicuti est hercle quod
' explicauit ' dicere maluit quam ' explicuit ',
quod esse iam usitatius coeperat.

21. Verba sunt haec ipsius ex oratione, quam
de imperio Cn. Pompei habuit : « Testis est
Sicilia, quam, multis undique cinctam periculis,
non terrore belli, sed consilii celeritate explicauit. »
At si ' explicuit ' diceret, imperfecto et debili numero uerborum sonus clauderet.

VIII

**Historia in libris Sotionis philosophi reperta super
Laide meretrice et Demosthene rhetore.**

1. Sotion ex peripatetica disciplina haud sane
ignobilis uir fuit. Is librum multae uariaeque
historiae refertum composuit eumque inscripsit
Κέρας Ἀμαλθείας. **2.** Ea uox hoc ferme ualet,
tamquam si dicas ' Cornum Copiae '.

---

20 sic *recc.* : si *PRV* ‖ completiusque *edd.* : complectiusque
PRV conspectiusque *recc.* ‖ insuauius *recc.* : insuauis *PV, et R ut
uidetur* ‖ imperfectius *recc.* : imperpectius *RV* imperpetius *P*
imperspectius *et* inspectius *recc.* ‖ ita : illa *recc.* ‖ **21** ex oratione
β *recc.* : exhortatione *PV* exornatione *R* ‖ cn *recc.* : c.n. *PRV* ‖
explicuit *V*[2], *recc.* : explicauit *PRV*[1] ‖ élauderet : clauderetur *recc.*
VIII. *Exstat in T et in Y qui partim euanidus est* ‖ *Lem.*
sotionis *P* : socionis *V*, *recc.* phocionis *recc.* ‖ **1** sotion
T : socion *PRV* phocion *recc.* ‖ **2** cornum *PRTY* : cornu *V*.

qui figure dans ce livre, sur l'orateur Démosthène et la courtisane Laïs [1] : « Laïs, dit-il, gagnait beaucoup d'argent à cause de la distinction et du charme de sa beauté ; c'était vers elle un concours et une affluence de tout ce qu'il y avait d'hommes riches en Grèce, et personne n'était admis s'il ne donnait ce qu'elle avait demandé. Or elle demandait des sommes excessives. 4. De là prit naissance, dit Sotion, ce proverbe si répandu chez les Grecs : « Tout homme ne peut aborder à Corinthe », parce qu'il était vain d'aller à Corinthe chez Laïs, si on ne pouvait donner ce qu'on vous demandait. 5. Démosthène alla voir la courtisane en secret et lui demanda de se livrer à lui. Mais Laïs réclama dix mille drachmes. Cela fait dix mille deniers de notre monnaie [2]. L'insolence de la femme et l'énormité de la somme atterrent Démosthène et le mettent en fuite ; il y renonce et en s'en allant : « Je n'achète pas, dit-il, le repentir à un tel prix ». Mais les mots grecs qu'on lui attribue sont plus jolis : « Οὐκ ὠνοῦμαι, dit-il, μυρίων δραχμῶν μεταμέλειαν. Je n'achète pas un repentir dix mille drachmes. »

IX

Quelle était la méthode, quels étaient les degrés de l'enseignement pythagoricien ; et combien de temps la règle prescrivait de parler et de se taire.

1. Voici quelle fut, d'après la tradition, la méthode progressive de Pythagore, puis de son école et de ses successeurs, pour admettre et former les disciples.

---

1. Laïs était née à Hyccara en Sicile. Elle fut faite captive par Nicias et amenée en Grèce. Elle fut quelque temps l'esclave du peintre Apelle et compta Aristippe et Diogène parmi ses admirateurs.
2. Le denier pesait approximativement 4,5 gr. d'argent ; la drachme 4,37 gr. ; mais l'égalité des deux monnaies fut admise de très bonne heure. Le mot de Démosthène est rapporté par Macrobe (2, 2, 11) qui ne se souvient pas là des termes d'Aulu-Gelle.

3. In eo libro super Demosthene rhetore et
Laide meretrice historia haec scripta est : « Lais,
inquit, Corinthia ob elegantiam uenustatemque
formae grandem pecuniam demerebat conuentus-
que ad eam ditiorum hominum ex omni Graecia
celebres erant, neque admittebatur nisi qui dabat
quod poposcerat ; poscebat autem illa nimium
quantum. **4.** Hinc ait natum esse illud frequens
apud Graecos adagium :

Οὐ παντὸς ἀνδρὸς ἐς Κόρινθον ἔσθ' ὁ πλοῦς,

quod frustra iret Corinthum ad Laidem qui non
quiret dare quod posceretur. **5.** Ad hanc ille
Demosthenes clanculum adit et ut sibi copiam
sui faceret petit. At Lais μυρίας δραχμὰς poposcit,
hoc facit nummi nostratis denarium decem milia.
6. Tali petulantia mulieris atque pecuniae magnitudine ictus expavidusque Demosthenes auertitur
et discedens : « Ego, inquit, paenitere tanti non
emo ». Sed Graeca ipsa, quae fertur dixisse,
lepidiora sunt : « Οὐκ ὠνοῦμαι, inquit, μυρίων δραχμῶν
μεταμέλειαν. »

IX

**Quis modus fuerit, quis ordo disciplinae Pythagoricae,
quantumque temporis imperatum obseruatumque sit
discendi simul ac tacendi.**

1. Ordo atque ratio Pythagorae, ac deinceps
familiae, successionis eius, recipiendi instituendi-

3 laide *PVT²Y* : laude *RT¹* ǁ uix dari poterat *post* nimium
quantum *add.* β ǁ 4 esse *om. TY* ǁ 6 huc usque *post* emo
add., P, *cf.* 1, 26, 9.
    IX. *Exstat in T et in Y qui partim euanidus est* ǁ *Lem.* quis
modus *PV, recc.* : qui m- *recc.* ǁ discendi : dicendi *recc.* ǁ 1 ratio
TY, recc. : oratio *PRV* ǁ et *ante* successionis *add. Bongars.*

2. Tout d'abord il étudiait par la « physiognomonie » [1] les jeunes gens qui s'étaient présentés à lui pour suivre son enseignement. Ce mot indique que l'on s'informe sur la nature et le caractère des personnes par des déductions tirées de l'aspect de leur face et visage, et de toute la contexture de leur corps ainsi que de son allure. **3.** Alors celui qui avait été examiné par lui et reconnu apte, il le faisait admettre aussitôt dans la secte et lui imposait le silence un temps déterminé, pas le même à tous [2], mais à chacun selon le jugement porté sur sa capacité à progresser. **4.** Celui qui était au silence écoutait ce que disaient les autres, et il ne lui était permis, ni de poser des questions, s'il n'avait pas bien compris, ni de noter ce qu'il avait entendu. Personne ne garda le silence moins de deux ans. On les appelait pendant la période où ils se taisaient et écoutaient ἀκουστικοί, auditeurs. **5.** Mais lorsqu'ils avaient appris les deux choses les plus difficiles de toutes, se taire et écouter, et qu'ils avaient commencé leur instruction par le silence, ce qu'on appelait ἐχεμυθία, alors ils avaient le droit de parler et d'interroger, d'écrire ce qu'ils avaient entendu et d'exposer ce qu'ils pensaient eux-mêmes. **6.** On les appelait pendant cette période μαθηματικοί, mathématiciens, du nom des sciences qu'ils avaient commencé d'apprendre et de travailler : car les anciens Grecs appelaient μαθήματα, la géométrie, la gnomonique, la musique et les autres disciplines un peu abstraites ; le vulgaire au contraire appelle *mathematici* ceux qu'on

---

1. Sur la physiognomonie, inventée selon les uns par Pythagore, suivant les autres par Hippocrates, cf. R. Foerster, *Scriptores Physiognomonici*, Leipzig, 1893.

2. Le délai était de trois à cinq ans d'après Hippol., *Refut.*, 1, 2 ; Clement., *Strom.*, 5, 11, 1 ; Iambl., 71, 94 ; Apul., *Flor.*, 15 qui commente ainsi l'indication : « *...nec omnes pari tempore elingues magistrum sectabantur sed grauioribus uiris breui spatio satis uidebatur tacurnitas modificata, loquaciores enimuero ferme in quinquiennium uelut exilio uocis puniebantur.*

que discipulos huiuscemodi fuisse traditur. **2.** Iam
a principio adulescentes qui sese ad discendum
obtulerant ἐφυσιογνωμόνει. Id uerbum significat,
mores naturasque hominum coniectatione quadam
de oris et uultus ingenio deque totius corporis
filo atque habitu sciscitari. **3.** Tum qui ex-
ploratus ab eo idoneusque fuerat recipi in disciplinam statim iubebat et tempus certum
tacere ; non omnes idem, sed alios aliud tempus
pro aestimato captu sollertiae. **4.** Is autem qui
tacebat quae dicebantur ab aliis audiebat, neque
percontari, si parum intellexerat, neque commen-
tari quae audierat fas erat ; sed non minus quisquam tacuit quam biennium : hi prorsus appella-
bantur intra tempus tacendi audiendique ἀκουστικοί. **5.** Ast ubi res didicerant rerum omnium
difficillimas, tacere audireque, atque esse iam
coeperant silentio eruditi cui erat nomen ἐχεμυθία,
tum uerba facere et quaerere, quaeque audissent
scribere, et quae ipsi opinarentur expromere
potestas erat ; **6.** hi dicebantur in eo tempore
μαθηματικοί, ab his scilicet artibus quas iam discere
atque meditari inceptauerant : quoniam geome-
triam, gnomonicam, musicam ceterasque item
disciplinas altiores μαθήματα ueteres Graeci appellabant ; uulgus autem, quos gentilicio uocabulo
Chaldaeos dicere oportet, mathematicos dicit.

---

3 tum : eum *recc.* || idoneusque : idoneus *Vossius* || alios
aliud *Gron.* : alius aliud *PRV²TY* aliud aliud *V¹* aliis aliud β ||
aestimato *PRVTY* : existimato β, *recc.* || **4** parum : paruum *P*
| **6** astrologiam *post* gnomonicam *add.* β.

doit appeler Chaldéens [1], d'un nom de peuple. **7.** Ensuite, armés par l'étude de ces sciences, ils passaient à l'examen des œuvres de l'univers et des principes de la nature, et on les appelait alors enfin φυσικοί, physiciens.

8. Après nous avoir donné ces indications sur Pythagore, notre cher Taurus [2] disait : « Maintenant les gens s'établissent tout de suite chez le philosophe, les pieds mal lavés, et ce n'est pas assez qu'ils soient totalement ignorants, réfractaires aux arts et à la géométrie, ils édictent eux-mêmes quel sera l'ordre dans lequel ils apprendront la philosophie. **9.** L'un dit : « Enseigne-moi n'abord ceci », l'autre : « Je veux apprendre ceci et pas cela ». Celui-ci brûle de commencer par le *Banquet* de Platon à cause de l'orgie d'Alcibiade, celui-là par le *Phèdre* à cause du discours de Lysias. **10.** Il y en a même, oh ! Jupiter ! dit-il, qui demandent à lire Platon, non pour embellir leur conduite, mais pour orner leur langue et leur style, non pour se gouverner plus strictement, mais pour acquérir plus de charme ». **11.** Tels étaient les propos habituels de **Taurus** quand il comparait la mode nouvelle des élèves de philosophie avec les anciens pythagoriciens.

12. Mais il ne faut pas non plus oublier de dire que, dès qu'ils étaient reçus par Pythagore dans la cohorte des disciples, ils mettaient tous en commun ce qu'ils avaient de patrimoine et d'argent, et il se formait une communauté indivise semblable à l'antique société qu'on appelait dans le droit et le langage romains *ercto non cito* [3].

---

1. Il s'agit des astrologues, très florissants à Rome où malgré les réserves de tout ce qui était officiel, tout le monde ou presque croyait à l'astrologie (cf. plus bas, 14, 1).

2. Sur Calvisius Taurus, cf. 1, 26, 1 et la n.

3. L'expression *ercto non cito* paraît venir d'*erctum ciere* dans laquelle le premier terme serait un supin d'*ercisco* dont le gérondif est attesté également. Ce verbe signifiait partager un héritage, et *erctum ciere*, c'était convoquer au partage d'un héritage.

7. Exinde, his scientiae studiis ornati, ad pers-
picienda mundi opera et principia naturae proce-
debant ac tunc denique nominabantur φυσικοί.

8. Haec eadem super Pythagora noster Taurus
cum dixisset : « Nunc autem, inquit, isti qui
repente pedibus inlotis ad philosophos deuertunt,
non est hoc satis quod sunt omnino ἀθεώρητοι,
ἄμουσοι, ἀγεωμέτρητοι, sed legem etiam dant qua
philosophari discant. **9.** Alius ait : « Hoc me primum
doce », item alius : « Hoc uolo, inquit, discere,
istud nolo » ; hic a ' Symposio ' Platonis incipere
gestit propter Alcibiadae comisationem, ille a
' Phaedro ' propter Lysiae orationem. **10.** Est
etiam, inquit, pro Iuppiter ! qui Platonem legere
postulet non uitae ornandae, sed linguae orationis-
que comendae gratia, nec ut modestior fiat, sed ut
lepidior ». **11.** Haec Taurus dicere solitus, nouicios
philosophorum sectatores cum ueteribus Pythagoricis pensitans.

12. Sed id quoque non praetereundum est,
quod omnes, simul atque a Pythagora in cohortem
illam disciplinarum recepti erant, quod quisque
familiae pecuniaeque habebat in medium dabat et
coibatur societas inseparabilis, tanquam illud fuit
anticum consortium, quod iure atque uerbo
Romano appellabatur ' ercto non cito '.

---

7 ornati : adornati Y^1 || denique : deinde T || 8 deuertunt
PRV^2TY, *recc.* : diuertunt V^1, *recc.* || etiam *om.* T. || 11
haec PV, *recc.* : nec RTY. || 12 atque a *I. Gron.* : at quia P
qui a $RVTY$, *recc.* || *a uocibus* quod quisque *denuo incipit* A ||
que *post* pecuniae *om.* A || habebat : habebant *recc.* || dabat :
dabant *recc.* || coibatur : coibebatur T || iure : in re *recc. p.* ||
appellabatur : appellabantur A || ercto non cito *om.* A κοινιβίος
(-ν) *recc. p.*

X

En quels termes le philosophe Favorinus s'en prit à un jeune homme qui parlait de façon trop archaïque et antique.

1. Le philosophe Favorinus dit à un jeune homme très curieux de mots anciens et émaillant les conversations quotidiennes et ordinaires de vocables trop antiques et inconnus : « Curius, Fabricius et Coruncianus[1], hommes de la plus haute antiquité, et, plus anciens qu'eux, les Horaces, les trois jumeaux, s'entretenaient simplement et clairement avec les leurs, et, sans emprunter leur vocabulaire aux Aurunques[2], aux Sicanes ou aux Pélages qui, dit-on, furent les premiers habitants de l'Italie, ils parlèrent la langue de leur temps. **2.** Toi, comme si tu t'entretenais avec la mère d'Evandre, tu te sers d'un langage désuet depuis bien des années, car tu ne veux pas que personne comprenne et entende ce que tu peux dire. Pourquoi, homme incongru, afin d'y réussir largement, ne gardes-tu pas le silence ? **3.** Mais tu prétends que l'antiquité te plaît pour être belle, morale, frugale et sage. **4.** Vis donc suivant les mœurs du passé, parle avec les mots d'à présent, et garde toujours en ta mémoire et en ton cœur, ce que César, homme d'un génie et d'une sagesse remarquables, a écrit au livre I de son *de Analogia* « fuir comme un écueil le mot étrange et rare »[3].

1. Sur Manius Curius Dentatus, cf. 10, 16, 16 ; sur Fabricius Luscinus 1, 14 et la n. Tib. Coruncianus triompha des Etrusques et lutta contre Pyrrhus. Cf. 4, 6, 10 et la n.
2. Pline, *N. H.*, 3, 9, 4 distingue les *Aurunci* des Ausones qui aux temps historiques formaient deux unités politiques distinctes. Les premiers habitaient le Sud du Latium le long du Liris et avaient Aurunca, Suessa Aurunca (Liv., 8, 15 s.), les seconds Cales, Ausonea Minturnae et Vescia (Liv. 9, 25).
3. On a là, au nom de la doctrine de limitation, de la recherche de ce qu'on a appelé en d'autres temps l'honnêteté, l'exposé d'une théorie qui est exactement l'inverse de la théorie de Fronton sur le mot rare. Aulu-Gelle n'a pas conscience de la contradiction. Cf. sur cette question R. Marache, *Critique littéraire*, p. 218 ss., sur la question de l'analogie et de l'anomalie, cf. *infra*, 2, 25 et la n.

X

Quibus uerbis compellauerit Fauorinus philosophus adulescentem casce nimis et prisce loquentem.

1. Fauorinus philosophus adulescenti ueterum uerborum cupidissimo et plerasque uoces nimis priscas et ignotas in cotidianis communibusque sermonibus expromenti : « Curius, inquit, et Fabricius et Coruncianus, antiquissimi uiri, et his antiquiores Horatii illi trigemini, plane ac dilucide cum suis fabulati sunt neque Auruncorum aut Sicanorum aut Pelasgorum, qui primi coluisse Italiam dicuntur, sed aetatis suae uerbis locuti sunt. **2.** Tu autem, proinde quasi cum matre Euandri nunc loquare, sermone abhinc multis annis iam desito uteris, quod scire atque intellegere neminem uis quae dicas. Nonne, homo inepte, ut quod uis abunde consequaris, taces ? **3.** Sed antiquitatem tibi placere ais, quod honesta et bona et sobria et modesta sit. **4.** Viue ergo moribus praeteritis, loquere uerbis praesentibus atque id, quod a C. Caesare, excellentis ingenii ac prudentiae uiro, in primo ' de Analogia ' libro scriptum est, habe semper in memoria atque in pectore, « ut tamquam scopulum, sic fugias inauditum atque insolens uerbum ».

X. A *uerbo* Curius *descripsit Macrobius.* || *Lem.* casce : caste *V* || **1** ignotas *A* : ignotissimas *PRV, recc.* || *cum uerbo* expromen- ⟨ ti ⟩ *desinit A* || uiri *PRV,* Macr. : nostri *recc.* uiri nostri *recc.* || et his: uel etiam his Macr. *qui nonnulla mutauit* || italiam : in italia Macr. || **2** dicas : dicitas *R* || taces *PRV* : taceres *recc.* || **3** modesta : molesta *R* || **4** l. *ante* primo *add. PRV* || nauis *ante* scopulum *add. recc. p.* || inauditum : infrequens Macr.

XI

Que selon Thucydide, historien illustre, les Lacédémoniens ne se servaient pas au combat de la trompette, mais de la flûte ; citation de cet écrivain sur la question ; que d'après Hérodote, le roi Halyatte avait à l'armée des joueuses de lyre ; et dans le même chapitre certaines indications sur la flûte dont Gracchus s'accompagnait dans ses harangues.

1. L'historien grec qui a la plus grande autorité, Thucydide [1], rapporte que les Lacédémoniens, guerriers par excellence, se servaient dans les batailles, non pas de signaux de cors et de trompettes, mais des mélodies de la flûte, et ce n'était pas l'effet de quelque prescription religieuse, ni le désir d'accomplir un rite, ni pour exciter et enflammer les cœurs comme le font les cors et les trompettes, mais au contraire pour les rendre plus modérés et plus mesurés, retenue que procurent les rythmes de la flûte. **2.** Ils étaient persuadés qu'à la rencontre avec l'ennemi et au début du combat, rien ne convenait mieux pour procurer salut et courage, que d'éviter de se déchaîner sans mesure, apaisé par une musique assez douce. **3.** Quand les unités étaient prêtes et la ligne de bataille établie, qu'on s'était mis à marcher contre l'ennemi, les flûtistes, disposés entre les rangs, se mettaient à jouer. **4.** Ce prélude calme et auguste retenait en quelque sorte, selon la discipline de rythmes militaires, la violence et l'élan des soldats et les empêchait de se disperser dans le désordre en se ruant en avant. **5.** Mais il nous plaît de nous servir des termes mêmes de cet écrivain remarquable qui ont plus d'autorité par leur dignité et la confiance qu'ils

---

1. 5, 70 ; cf. Pausanias, 3, 17, 5 ; Plut., *Mus.*, 26 (VI, p. 511 Bern.) ; Athen. 626 a ; Polyb., 4, 20, 12 et Luc., *Salt.* 10.

XI

Quod Thucydides, scriptor inclutus, Lacedaemonios in acie non tuba, sed tibiis esse usos dicit uerbaque eius super ea re posita ; quodque Herodotus Alyattem regem fidicinas in procinctu habuisse tradit ; atque inibi quaedam notata de Gracchi fistula contionaria.

1. Auctor historiae Graecae grauissimus Thucydides, Lacedaemonios, summos bellatores, non cornuum tubarumue signis, sed tibiarum modulis in proeliis esse usos refert, non prorsus ex aliquo ritu religionum neque rei diuinae gratia neque autem ut excitarentur atque euibrarentur animi, quod cornua et litui moliuntur ; sed contra, ut moderatiores modulatioresque fierent, quod tibicinis numeris temperatur. **2.** Nihil adeo in congrediendis hostibus atque in principiis proeliorum ad salutem uirtutemque aptius rati, quam si permulti sonis mitioribus non inmodice ferocirent. **3.** Cum procinctae igitur classes erant et instructa acies coeptumque in hostem progredi, tibicines inter exercitum positi canere inceptabant. **4.** Ea ibi praecentione tranquilla et uenerabili ad quandam quasi militaris musicae disciplinam uis et impetus militum, ne sparsi dispalatique proruerent, cohibebatur. **5.** Sed ipsius illius egregii scriptoris uti uerbis libet, quae et dignitate et fide grauiora sunt : « Καὶ μετὰ ταῦτα ἡ ξύνοδος ἦν ·

XI. *Lem.* contionaria : concionatoria *et* concinatoria *edd.* ‖ **1** excitarentur *recc.* : exercitarentur *PRV*, *recc.* ‖ **2** si : sibi *P* ‖ permulti *PV* : permultis *R* permulsi *recc.* ‖ **4** delectabili atque adeo *ante* uenerabili *add.* β ‖ **5** uti uerbis *recc.* : utibis *PRV* uti his *recc.*

méritent : « Après cela ce fut la rencontre. Les Argiens et leurs alliés marchaient avec ardeur et élan, les Lacédémoniens lentement, au rythme de nombreux joueurs de flûte, placés dans les rangs, suivant leur coutume, non en raison de prescriptions religieuses, mais pour qu'ils avancent bien également, marchant en mesure, et qu'ils ne se dispersent pas comme il arrive à de grandes armées de le faire dans les débuts des combats ».

6. Les Crétois également [1] avaient coutume, dit la tradition, d'engager le combat avec une cithare pour présider à leur marche et la régler. **7.** Mais Halyattes, roi du pays lydien, doté de mœurs et d'un luxe barbares, quand il faisait la guerre aux Milésiens, avait, à ce qu'Hérodote rapporte dans ses *Histoires* [2], des joueurs de syrinx et de flûte ; il avait, même à l'armée et en campagne, des joueuses de flûte, qui servaient aux plaisirs de ses banquets orgiaques. **8.** Homère [3] dit que les Achéens abordaient le combat, non dans un concert de lyres et de flûtes, mais tendus par l'harmonie et l'accord tacites de leurs esprits et de leurs cœurs : « Les Achéens allaient en silence, respirant la colère, le cœur brûlant de se défendre les uns les autres ». **9.** Que signifient ces cris si ardents que les soldats romains poussaient [4] au moment d'engager le combat, comme les auteurs d'annales l'ont attesté ? Allaient-ils en contradiction avec la tradition si louable de l'antique discipline ? Ou bien faut-il un pas serein et du silence quand on va vers un ennemi éloigné qu'on aperçoit à une longue distance, et lorsqu'on en est venu presque aux mains,

---

1. Les Crétois se servaient de la flûte et de la lyre suivant Strabon (10, 4, 20), de la lyre seulement suivant Plutarque (*ibid.*).
2. 1, 17. Il y a là un contresens d'Aulu-Gelle. Hérodote parle de flûtes aux sons aigus par opposition aux sons graves et non de joueuses par opposition aux joueurs. Cf. Athen., 634 f, qui distingue cinq catégories de flûtes des παρθένιοι aux τέλειοι et ὑπερτέλειοι.
3. *Il.*, 3, 8.
4. Caes., *B.C.*, 3, 92, 5 : *neque frustra antiquitus institutum est ut signa undique concinerent clamoremque uniuersi tollerent, quibus rebus et hostes terreri et suos incitari existimauerunt.*

Ἀργεῖοι μὲν καὶ οἱ σύμμαχοι ἐντόνως καὶ ὀργῇ
χωροῦντες, Λακεδαιμόνιοι δὲ βραδέως καὶ ὑπὸ αὐλητῶν
πολλῶν, νόμου ἐγκαθεστώτων, οὐ τοῦ θείου χάριν,
ἀλλ' ἵνα ὁμαλῶς μετὰ ῥυθμοῦ βαίνοντες προσέλθοιεν
καὶ μὴ διασπασθείη αὐτοῖς ἡ τάξις, ὅπερ φιλεῖ τὰ
μεγάλα στρατόπεδα ἐν ταῖς προσόδοις ποιεῖν.

6. Cretenses quoque proelia ingredi solitos
memoriae datum est praecinente ac praemoderante
cithara gressibus ; **7.** Alyattes autem, rex terrae
Lydiae, more atque luxu barbarico praeditus, cum
bellum Milesiis faceret, ut Herodotus in ' Historiis ' tradit, concinentes habuit fistulatores et
fidicines ; atque feminas etiam tibicinas in
exercitu atque in procinctu habuit, lasciuientium
delicias conuiuiorum. **8.** Sed enim Achaeos Homerus pugnam indipisci ait non fidicularum tibia-
rumque, *sed mentium animorumque* concentu
conspiratuque tacito nitibundos :

Οἱ δ' ἄρ' ἴσαν σιγῇ μένεα πνείοντες Ἀχαιοί,
ἐν θυμῷ μεμαῶτες ἀλεξέμεν ἀλλήλοισιν.

9. Quid ille uult ardentissimus clamor militum
Romanorum, quem in congressibus proeliorum
fieri solitum scriptores annalium memorauere ?
Contrane institutum fiebat antiquae disciplinae
tam probabile ? An tum et gradu clementi et
silentio est opus, cum ad hostem itur in conspectu
longinquo procul distantem, cum uero prope
ad manus uentum est, tum iam e propinquo

---

5 νόμου *V, codd. Thuc.* : νομοι *P* ομοῦ *et* νόμας *codd. Thuc.* ||
7 alyattes *P* : aliates *R* alyates *V* || 8 homerus *recc.* : home-
rum *PRV, recc.* || sed mentium animorumque β : *om. PRV,
recc.* || conspiratu *PRV, recc.* : conspiratum *recc.*

alors, de tout près, faut-il bousculer l'ennemi avec élan et le terrifier en criant ?

10. Mais voici que les flûtes spartiates me font penser à cette flûte de harangue qui indiquait et donnait le rythme à Caius Gracchus lorsqu'il parlait au peuple, dit-on. **11.** Il n'est pas vrai, au contraire de ce qu'on dit généralement, qu'un joueur de flûte se tenait près de lui quand il parlait et, par ses rythmes variés, tantôt adoucissait son ardeur et son action oratoire, tantôt en augmentait l'intensité. **12.** Qu'y aurait-il de plus stupide qu'un joueur de flûte donnant à Gracchus en train de parler, comme à un acteur de pantomime en train de danser, des rythmes, des mesures[1] et des cadences variées ? **13.** Ceux qui nous ont transmis la chose de façon plus sûre, disent que se tenait caché parmi les assistants, un homme qui, sur une syrinx courte, émettait discrètement un son assez grave pour contenir et apaiser les élans de sa voix quand ils se déchaînaient. **14.** Car je ne pense pas qu'il faille supposer que la véhémence naturelle de Gracchus ait eu besoin d'une impulsion et d'une instigation extérieures. **15.** Cicéron cependant estime que ce joueur de syrinx était employé par Gracchus aux deux fins pour, à l'aide d'une musique tantôt calme, tantôt vive, donner à son discours plus de vigueur quand il se traînait sur un ton trop abattu, ou retenir son éloquence

---

1. On ne voit pas très bien en quoi cette supposition, qualifiée d'absurde, diffère de l'indication de Cicéron mentionnée plus bas (15).

hostis et impetu propulsandus et clamore terren-
dus est ?

10. Ecce autem per tibicinia Laconica tibiae
quoque illius contionariae in mentem uenit,
quam C. Graccho cum populo agente praeisse ac
praeministrasse modulos ferunt. **11.** Sed nequaquam sic est, ut a uulgo dicitur, canere tibia
solitum qui pone eum loquentem staret, et uariis
modis tum demulcere animum actionemque eius,
tum intendere. **12.** Quid enim foret ista re
ineptius, si, ut planipedi saltanti, ita Graccho
contionanti numeros et modos et frequentamenta
quaedam uaria tibicen incineret ? **13.** Sed qui
hoc compertius memoriae tradiderunt, stetisse in
circumstantibus dicunt occultius, qui fistula
breui sensim grauiusculum sonum inspiraret ad
reprimendum sedandumque impetus uocis eius
efferuescentes. **14.** Namque inpulsu et instinctu
extraneo naturalis illa Gracchi uehementia indi-
guisse non, opinor, existimanda est. **15.** M.
tamen Cicero fistulatorem istum utrique rei
adhibitum esse a Graccho putat, ut, sonis tum
placidis, tum citatis, aut demissam iacentemque
orationem eius erigeret, aut ferocientem saeuien-

---

10 contionariae *edd.* : concionarie *PRV* contionatoriae *et* conci-
natoriae *recc.* ‖ agente *PRV*, *recc.* : agenti *recc.* ‖ praeministrasse
PRV, *recc.* : praemonstrasse *recc.* ‖ **11** staret et *Hertz* :
stare et *PRV*, *recc.* ‖ intendere *PRV*, *recc.* : incendere *recc.*
‖ **12** ista re β : stare *PRV*, *recc.* ea re *recc.* ‖ uaria *om.* β ‖ **13**
stetisse *PRV*, *recc.* : fecisse *recc.* fuisse β ‖ efferuescentes
Mommsen : efferuescente *PRV*, *recc.* ‖ **15** sonis : somnis *P*[1] ‖
citatis : creatis *P*.

quand elle avait trop de fougue ou de violence. **16.** J'ai transcrit les termes mêmes de Cicéron [1] : « Ainsi comme tu peux l'entendre, Catulus, de Licinius, ton client, fin lettré, qui fut l'esclave secrétaire de Gracchus, celui-ci avait d'habitude un homme avec une syrinx [2] d'ivoire chargé de se tenir auprès de lui en secret quand il prononçait un discours, homme habile, capable de donner rapidement un son qui l'enflammât quand il baissait le ton, ou le fît renoncer à une animation excessive ».

17. Cette habitude d'aborder le combat au rythme des joueurs de flûte a été établie par les Lacédémoniens, — Aristote l'a écrit dans les *Problemata* [3] — pour que l'assurance et l'allégresse des soldats soient plus affirmées et plus évidentes : **18.** « Une telle façon d'attaquer. dit-il, exclut absolument le manque de confiance et la crainte; des hommes abattus et craintifs ne peuvent se plier à un rythme de marche si assuré et si digne. » **19.** Voici quelques mots d'Aristote sur la question : « Pourquoi lorsqu'ils vont être exposés au danger, s'avancent-ils au rythme de la flûte ? Afin de reconnaître les lâches à leur mauvaise tenue... »

---

1. *De Or.*, 3, 60, 225. Notons qu'Aulu-Gelle transcrit *eburnea* au lieu d'*eburneola* et *qui illum* au lieu de *quo illum*, cette dernière leçon pouvant ne pas être autre chose qu'une erreur de l'archétype de nos manuscrits.

2. *Fistula.* C'est une flûte sans appareil vibratoire dans l'embouchoir ; elle était proche de notre flûte ; la *tibia* étant plus proche de notre hautbois.

3. Frag. 244 V. Rose.

temque cohiberet. **16.** Verba ipsius Ciceronis apposui : « Itaque idem Gracchus, quod potes audire, Catule, ex Licinio, cliente tuo, litterato homine, quem seruum sibi habuit ad manum, cum eburnea solitus est habere fistula, qui staret occulte post ipsum cum contionaretur, peritum hominem, qui inflaret celeriter eum sonum, qui illum aut remissum excitaret aut a contentione reuocaret ».

17. Morem autem illum ingrediendi ad tibi-cinum modulos proelii institutum esse a Lace-daemonis, Aristoteles in libris ' Problematon ' scripsit, quo manifestior fieret exploratiorque militum securitas et alacritas : **18.** « Nam diffi-dentiae, inquit, et timori cum ingressione huiusce-modi minime conuenit et maesti atque formidantes ab hac tam intrepida ac tam decora incendendi modulatione alieni sunt ». **19.** Verba pauca Aristotelis super ea re apposui : Διὰ τί, ἐπειδὰν κινδυνεύειν μέλλωσιν, πρὸς αὐλὸν ἐμβαίνουσιν; ἵνα τοὺς δειλοὺς ἀσχημονοῦντας γινώσκωσιν. ***

---

16 apposui : apposuit *P* || potes : potest *P* || eburnea *recc.* : ebornea *R* hebornea *V* eburneam *P* eburneola Cɪᴄ. || fistula : fistulam *P* || qui illum : quo illum Cɪᴄ. || **17** morem : mortem *P*[1] || problematon *Gron.* : problemato *PRV* problematum *recc.* || **18** timori : timore *P* || **19** *Lacunam ostendit Hertz.*

XII

A quel âge, dans quelles familles, selon quel rite, quelles cérémonies et prescriptions religieuses, et sous quel nom une vierge vestale est « prise » par le grand pontife ; dans quelle condition juridique elle tombe aussitôt qu'elle est « prise » ; et que, au dire de Labéon, elle ne peut hériter de personne sans testament et personne ne peut hériter d'elle sans testament.

1. Ceux qui ont écrit sur la prise des Vestales [1], et parmi eux le plus scrupuleux est Antistius Labéon [2], ont affirmé qu'il est sacrilège de prendre une fille à moins de six ans ou plus de dix, **2.** de même une fille qui n'ait plus son père ou sa mère, **3.** de même une infirme de langue, débile d'oreille ou marquée par quelque tare corporelle, **4.** de même une fille qui ait été émancipée ou dont le père l'ait été, se trouvât-elle du vivant de son père sous la puissance de son aïeul ; **5.** de même celle dont les parents, l'un ou l'autre, ou les deux, ont été esclaves ou exercent des professions infamantes. [3] **6.** Mais celle dont la sœur a été choisie pour cette prêtrise a le droit d'être excusée, disent-ils ; de même celle dont le père est flamine, augure, quindécemvir préposé aux cérémonies sacrées, septemvir épulon, ou salien. **7.** On a aussi l'habitude d'accorder la dispense de ce sacerdoce à la fiancée d'un pontife et à la fille du dignitaire préposé aux trompettes des

1. Le mot *capere* prendre, saisir, exclut la nécessité d'un consentement quelconque de la famille de la fillette.
2. Antistius Labeo était un juriste célèbre de l'époque d'Auguste, rival d'Ateius Capito. Il était le fondateur de l'école des *Proculiani*, alors que Capito se trouvait à l'origine de celle des *Sabiniani*, plus traditionaliste. Tacite (*An.*, III, 75, cf. 70) loue en Labeo un esprit d'indépendance et de résistance au despotisme qui contrastait avec la tendance à l'*adulatio* de son rival. Il avait beaucoup écrit et notamment un *de Iure Pontificio* (Festus *s.u. proculiunt, prox*, p. 253 M), d'où peuvent être extraits les présents renseignements.
3. Sur l'honorabilité des professions, cf. Cicéron, *de Off.*, 1, 150 et la *lex Iulia Municipalis* qui exclut du sénat municipal les gladiateurs, les tenanciers d'écoles de gladiateurs, *lanistae*, les marchands de femmes, *lenones*, les entrepreneurs de pompes funèbres et les *praecones*, commissaires priseurs (l. 94, 113, 123).

XII

Virgo Vestae quid aetatis et ex quali familia et quo ritu quibusque caerimoniis et religionibus, ac *quo* nomine a pontifice maximo capiatur, et quo statim iure esse incipiat simul atque capta est ; quodque, ut Labeo dicit, nec intestato cuiquam nec eius intestatae quisquam iure heres est.

1. Qui de uirgine capienda scripserunt, quorum diligentissime scripsit Labeo Antistius, minorem quam annos sex, maiorem quam annos decem natam negauerunt capi fas esse ; **2.** item quae non sit patrima et matrima ; **3.** item quae lingua debili sensuue aurium deminuta aliaue qua corporis labe insignita sit ; **4.** item quae ipsa aut cuius pater emancipatus sit, etiamsi uiuo patre in aui potestate sit ; **5.** item cuius parentes alter amboue seruitutem seruierunt aut in negotiis sordidis uersantur. **6.** Sed eam cuius soror ad id sacerdotium lecta est excusationem mereri aiunt ; item cuius pater flamen aut augur aut quin-decemuirum sacris faciundis aut septemuirum epulonum aut Salius est. **7.** Sponsae quoque pontificis et tubicinis sacrorum filiae uacatio a sacerdotio isto tribui solet. **8.** Praeterea Capito

---

XII. *Lem.* et religionibus *recc.* : ac religionibus *PV*, *recc.* ‖ quo nomine *Carrio* : cognomine *PV*, *recc.* ‖ **1** qui : quid *P* ‖ antistius : antiquissimus *R* ‖ **4** ipsa *om. R* ‖ aui *recc.* : auo *PRV*[1] matris *recc.* ‖ **5** *a* ius parentes *denuo incipit A* ‖ serui-tutem *A* : seruitute *PRV*, *recc.* ‖ uersantur *A* : deuersantur *PRV* diuersantur *recc.* deseruierunt β ‖ **6** et *post* sed *add.* Cramer ‖ aut (*tertium*) Cramer : autem *A* aut qui *PRV*, *recc.* aut per *recc.* ‖ **7** *cum* sacerdotio *desinit A*.

cérémonies sacrées [1]. **8.** Ateius Capiton [2] atteste en outre dans ses écrits qu'on ne doit pas choisir la fille d'un homme qui n'ait pas son domicile en Italie, et qu'il faut excuser celle dont le père a trois enfants.

9. Une vierge vestale, dès qu'elle a été prise, amenée dans l'atrium de Vesta et livrée aux pontifes, aussitôt sans émancipation et sans perte de personnalité juridique, sort de la puissance paternelle et acquiert le droit de rédiger un testament. **10.** Sur la coutume et le rite selon lequel se fait la prise, il n'y a pas de documents de quelque antiquité, sinon que celle qui a été prise la première, a été prise par le roi Numa. **11.** Mais nous avons trouvé la loi *Papia* qui prescrit que vingt jeunes filles soient choisies au gré du grand pontife et qu'on fasse un tirage au sort parmi elles en assemblée [3]. **12.** Le tirage au sort prévu par la loi Papia ne paraît plus nécessaire maintenant : si un homme de bonne naissance aborde le grand pontife et offre sa fille pour le sacerdoce, pourvu qu'on puisse tenir compte de cette candidature sans violer les règles religieuses, le Sénat accorde dispense de la loi *Papia*.

13. On dit, semble-t-il, que la jeune fille est prise parce que le grand pontife met la main sur elle pour la retirer à son père sous la puissance de qui elle se trouve, de la manière dont on enlève une prisonnière de guerre. **14.** On lit dans le premier livre de Fabius Pictor [4] les mots que le grand pontife doit dire quand

---

1. Il s'agit en réalité seulement d'un prêtre chargé de célébrer le *tubilustrium* du 23 mars et du 23 mai : cf. Festus, p. 352 M : « *Tubicines etiam hi appellantur qui sacerdotes uiri speciosi publice sacra faciunt tubarum lustrandarum causa* ».

2. Capito écrivit aussi un *de Iure Pontificio*.

3. On ignore la date de la *lex Papia*. Elle a constitué un recours contre l'arbitraire sacerdotal, probablement à une époque très haute.

4. Trois ouvrages sont attribués à Fabius Pictor, les *Annales* en grec si souvent citées par Tite-Live, des *Annales* ou *Res Gestae* en latin et le *liber de Iure Pontificali* cité par Servius, Nonius, Festus et Macrobe. Fabius vivait dans la deuxième moitié du IIIe siècle et l'on doute qu'il ait pu être l'auteur des trois ouvrages à la fois.

Ateius scriptum reliquit, neque eius legendam filiam qui domicilium in Italia non haberet, et excusandam eius qui liberos tres haberet.

9. Virgo autem Vestalis simul est capta atque in atrium Vestae deducta et pontificibus tradita est, eo statim tempore sine emancipatione ac sine capitis minutione e patris potestate exit et ius testamenti faciundi adipiscitur. 10. De more autem rituque capiundae uirginis litterae quidem antiquiores non extant, nisi quae capta prima est a Numa rege esse captam. 11. Sed Papiam legem inuenimus, qua cauetur ut pontificis maximi arbitratu uirgines e populo uiginti legantur sortitioque in contione ex eo numero fiat. 12. Sed ea sortitio ex lege Papia non necessaria nunc uideri solet. Nam si quis honesto loco natus adeat pontificem maximum atque offerat ad sacerdotium filiam suam, cuius dumtaxat saluis religionum obseruationibus ratio haberi possit, gratia Papiae legis per senatum fit.

13. Capi autem uirgo propterea dici uidetur, quia pontificis maximi manu prensa ab eo parente in cuius potestate est, ueluti bello capta abducitur. 14. In libro primo Fabii Pictoris, quae uerba pontificem maximum dicere oporteat, cum

---

8 ateius *recc.* : at eius *RV* aut eius *P* ‖ reliquit *V*, *recc.* : relinquit *PR* ‖ **9** pontificibus : pontifici *V*[1] ‖ **11** sortitioque : sortitione *V*[1] ‖ et cuius uirginis ducta erit ut eam pontifex maximus capiat eaque uestae fiat *post* fiat *add.* β ‖ **12** papiae *Carrio* : popiliae *PRV*, *recc.* ‖ per senatum *PRV*, *recc.* : perseueratum *recc.* per se ratum *edd.* ‖ **13** abducitur : adducitur *R*.

il prend une jeune fille. Voici ces mots : « Afin de pratiquer les rites sacrés que la règle prescrit à une vestale de pratiquer, dans l'intérêt du peuple romain et des Quirites, en tant que candidate choisie selon la plus pure des lois, c'est toi qu'à ce titre je prends, Amata, comme prêtresse vestale ».

15. Beaucoup pensent qu'on ne doit dire « être pris » que des Vestales. Mais on disait aussi des flamines de Jupiter, des pontifes et des augures qu'ils « étaient pris ». **16.** Sylla au deuxième livre de ses *Mémoires* [1] a écrit ceci : « Publius Cornelius à qui fut donné pour la première fois le surnom de Sylla, fut pris flamine de Jupiter ». **17.** Caton a dit au sujet des Lusitaniens, quand il accusa Servius Galba [2] : « Cependant on dit qu'ils ont eu l'intention de faire défection. J'ai quant à moi l'intention à présent d'apprendre parfaitement le droit pontifical ; pour cette raison vais-je être pris pontife ? Si je veux apprendre parfaitement le droit augural, me prendra-t-on pour cela augure ? »

18. En outre il est écrit dans les *Commentaires* [3] que Labéon composa aux Douze Tables : « Une vestale n'hérite de personne sans qu'il y ait de testament, et personne d'elle sans testament, ses biens reviennent à l'Etat, dit-on. Quelle en est l'explication juridique, on se le demande ».

19. Elle est appelée Amata [4] par le grand pontife quand il la prend, parce que celle qui fut prise la première, portait ce nom, d'après la tradition.

---

1. Sylla écrivit ses mémoires après son abdication. Il en était au livre XXII quand il mourut. L'ouvrage fut terminé par son affranchi Cornelius Epicadius.
2. Servius Galba avait massacré par trahison les Lusitaniens. Il fut accusé par Caton : le discours est connu sous le nom de *Contra Seruium Galbam* ou de *Pro direptis Lusitanis*, cf. Fronto, *ad M. Caes.*, III, 21 (p. 52, 10).
3. Frag. 24 Huschke, qui se réfère à la Table V, I.
4. On a donné bien des interprétations de ce nom. Ainsi A. von Blumenthal (*Rhein. Mus.*, 1938, p. 267 ss.) y voit un mot sabin qui signifie *uirgo*. A.C. Moorhouse (*Latin* amata amita, *Class. Rev.* 1, 1951, p. 1 ss.) le rattache à *amita* et à *amare* qu'il traduit par « traiter comme quelqu'un de la maison ».

uirginem capiat, scriptum est. Ea uerba haec
sunt : « Sacerdotem Vestalem, quae sacra faciat
quae ius siet sacerdotem Vestalem facere pro
populo Romano Quiritibus, uti quae optima lege
fuit, ita te, Amata, capio ».

15. Plerique autem capi uirginem solam debere
dici putant. Sed flamines quoque Diales, item
pontifices et augures capi dicebantur. **16.** L.
Sulla ' Rerum Gestarum ' libro secundo ita
scripsit : « P. Cornelius, cui primum cognomen
Sullae impositum est, flamen Dialis captus ».
17. M. Cato de Lusitanis, cum Seruium Galbam
accusauit : « Tamen dicunt deficere voluisse. Ego
me nunc uolo ius pontificium optime scire ;
iamne ea causa pontifex capiar ? Si uolo augurium
optime tenere, ecquis me ob rem eam augurem
capiat ? ».

18. Praeterea in Commentariis Labeonis, quae
ad Duodecim Tabulas composuit, ita scriptum
est : « Virgo Vestalis neque heres est cuiquam
intestato, neque intestatae quisquam, sed bona
eius in publicum redigi aiunt. Id quo iure fiat,
quaeritur ».

19. ' Amata ' inter capiendum a pontifice
maximo appellatur, quoniam quae prima capta
est hoc fuisse nomen traditum est.

---

14 sicut *ante* scriptum *add. P* ‖ ius siet *Gryph.* : iussi et
PRV, *recc.* ‖ quiritibus *PRV*, *recc.* : quiritibusque β quiritium
recc. ‖ uti quae *Carrio* : utique *PRV*, *recc.* ‖ fuit : fuat *Scaliger.* ‖
16 p. : t. *R* ‖ 17 de lusitanis *edd.* : delusitans *P* ‖ seruium :
sergium *PRV*, *recc.* ‖ tamen *PRV*, *recc.* : cum *recc.* eum *recc.* (*cf.*
Gron.) ‖ ecquis *Gron.* : et quis *RV*, *recc.* et quos *P* ‖ rem eam
Hosius : meam *PRV* eam *recc.* meam augurii scientiam *Hertz.* ‖
18 etiam *post* praeterea *recc. p.* ‖ in *ante* publicum *om. PRV¹*,
recc. p. ‖ 19 nomen *PRV* : nomine *recc.* ‖ traditum : tradita *V¹*.

XIII

Que les philosophes se demandent s'il vaut mieux dans le cas d'une mission reçue, faire tout ce qui nous a été mandé, ou parfois aussi agir à l'encontre, si on espère que ce sera plus profitable à celui qui a donné la mission ; et les avis sur la question exposés contradictoirement.

1. En cherchant à concevoir, recenser et estimer les devoirs, que les philosophes appellent καθήκοντα, on a coutume de se demander si, une affaire vous étant confiée, et ce qu'il y a à faire bien délimité, vous avez le devoir d'agir à l'encontre, au cas où, de ce fait, le succès doit être meilleur et plus conforme à l'intérêt de celui qui vous a confié la mission. **2.** La question est embarrassante et des hommes sages l'ont tranchée dans les deux sens. **3.** Il y en a beaucoup qui ont fixé leur opinion sans rémission et, une fois la chose tranchée et décidée par celui dont c'était l'affaire et la charge [1], ils ont pensé qu'il ne faut en aucun cas agir contrairement à l'ordre donné, même si un hasard imprévu présentait une occasion de mieux réussir, cela afin d'éviter que si l'espoir était déçu, il fallût répondre de son inconstance et en subir inexorablement la peine ; **4.** si l'affaire tournait bien, il faudrait certes en remercier les dieux, mais on n'en verrait pas moins introduit un exemple qui, en abolissant le respect religieux du mandat, corromprait les décisions les mieux mûries. **5.** D'autres ont pensé qu'il fallait d'abord mettre en balance les ennuis à craindre, si l'affaire est menée contrairement aux ordres donnés, avec les bénéfices qu'on en escompte, et si les uns sont

---

1. *Pontificium* a subi là une extension de sens que l'on ne retrouve nulle part avant Symmaque (*Ep.*, 3, 17 et 10, 44).

XIII

Quaesitum esse in philosophia, quidnam foret in recepto mandato rectius, idne omnino facere quod mandatum est, an nonnumquam etiam contra, si id speres ei qui mandauit utilius fore ; superque ea quaestione expositae diuersae sententiae.

1. In officiis capiendis, censendis iudicandisque, quae καθήκοντα philosophi appellant, quaeri solet an negotio tibi dato et quid omnino faceres definito, contra quid facere debeas, si eo facto uideri possit res euentura prosperius exque utilitate eius qui id tibi negotium mandauit. **2.** Anceps quaestio et in utramque partem a prudentibus uiris arbitrata est. **3.** Sunt enim non pauci qui sententiam suam una in parte defixerint et, re semel statuta deliberataque ab eo cuius id negotium pontificiumque esset, nequaquam putauerint contra dictum eius esse faciendum, etiamsi repentinus aliqui casus rem commodius agi posse polliceretur, ne, si spes fefellisset, culpa impatientiae et poena indeprecabilis subeunda esset ; **4.** si res forte melius uertisset, dis quidem gratia habenda, sed exemplum tamen intromissum uideretur, quo bene consulta consilia religione mandati soluta corrumperentur. **5.** Alii existimauerunt incommoda prius quae metuenda essent, si res gesta aliter foret quam imperatum est,

---

XIII. *Exstat in T et in Y qui partim euanidus est* || *Lem.* esse : est *recc.* || **1** et quid : et quidquid *recc. p.* || tibi negotium *PRV* : negotium tibi *TY* || **2** in *om. R* || arbitrata : abstracta *V*[1] || **3** pontificiumque : opificiumque *Skutsch* || aliqui : aliquis *recc.* || impatientiae : imparentiae *Ascentius* || **5** imperatum : imparatum *P*[1].

assez légers et de poids bien faible, qu'au contraire on peut attendre un avantage assez substantiel et consi-dérable[1] aussi raisonnablement que possible, alors, pensèrent-ils, on peut agir contrairement à ce qui a été commandé afin de ne pas perdre une occasion provi-dentielle de réussir. **6.** Il n'y a pas à craindre de donner l'exemple de la désobéissance pourvu que les raisons d'agir ainsi ne manquent pas. **7.** Mais ils ont pensé qu'il faut considérer en premier lieu la nature et le caractère de celui dont les intérêts sont en jeu et qui a donné les ordres ; qu'il ne soit pas farouche, dur, inflexible, inexorable comme le furent dans leur commandement Postumius et Manlius[2]. **8.** S'il faut rendre compte à quelqu'un de cette sorte, on ne doit selon eux, rien faire autrement que cela a été prescrit.

9. Nous pensons que cette théorie sur l'obéissance sera mieux expliquée et plus décisive si nous joignons l'exemple de Publius Crassus Mucianus, homme d'illus-tre renommée. **10.** Ce Crassus, selon Sempronius Asellio[3] et beaucoup d'autres historiens romains, avait les cinq bonheurs les plus grands et essentiels : d'être très riche, d'être très noble, d'être très éloquent, d'être grand juris-

---

1. Cf. une pondération semblable au ch. 1, 3 où est menée comme ici une étude de casuistique entre deux *officia*, amitié et justice. Sur ces problèmes, cf. 1, 2, 4 n. 2 et 1, 2, 9 n. 2.

2. Postumius Tubertus était dictateur en 431 contre les Volsques. Il est célèbre pour avoir mis son fils à mort (Liu., 4, 29, 6) comme le fit plus tard Manlius Torquatus (Liu., 8, 7).

3. Sempronius Asellio avait écrit des *Res Gestae* qui allaient de la deuxième guerre Punique jusqu'à l'époque des Gracches. Il avait été tribun militaire et avait servi sous les ordres de Scipion Emilien devant Numance. Publius Crassus Mucianus était le fils adoptif de P. Licinius Crassus Dives et le fils du juriste Publius Mucius Scaevola. Il fut le premier grand pontife à sortir des limites de l'Italie. Il mena la guerre contre Aristo-nicus qui prétendait au trône de Pergame. Il fut battu et tué au cours de cette campagne en — 130. Cf. Cic., *Brutus*, 26, 98 et *de Or.*, 1, 37, 170 ; 1, 56, 239.

cum emolumento spei pensitanda esse et, si ea
leuiora minoraque, utilitas autem contra grauior
et amplior spe quantum potest firma ostenderetur,
tum posse aduersum mandata fieri censuerunt, ne
oblata diuinitus rei bene gerendae occasio amitteretur ; **6.** neque timendum exemplum non parendi
crediderunt, si rationes dumtaxat huiuscemodi
non abessent. **7.** Cumprimis autem respiciendum
putauerunt ingenium naturamque illius cuia res
praeceptumque esset : ne ferox, durus, indomitus
inexorabilisque sit, qualia fuerunt Postumiana
imperia et Manliana. **8.** Nam si tali praeceptori
ratio reddenda sit, nihil faciendum esse monuerunt
aliter quam praeceptum est.

9. Instructius deliberatiusque fore arbitramur
theorematium hoc de mandatis huiuscemodi
obsequendis, si exemplum quoque P. Crassi
Muciani, clari ac incluti uiri, apposuerimus. **10.**
Is Crassus a Sempronio Asellione et plerisque
aliis historiae Romanae scriptoribus traditur
habuisse quinque rerum bonarum maxima et
praecipua : quod esset ditissimus, quod no-
bilissimus, quod eloquentissimus, quod iurisconsultissimus, quod pontifex maximus. **11.** Is

---

5 spei : rei β ǁ autem : aut *recc. p.* ǁ mandata : manda *P* ǁ
amitteretur : admitteretur *R* ǁ **6** abessent *recc.* : adessent *PVTY*,
recc. deessent *R* ǁ **7** respiciendum *VTY* : recipiendum *P* respicien-
da *R, om.* β ǁcuia *Carrio* : cui ea *PRV* cuius *TY, recc.* ǁ postumiana *RTY* : postumia *PV, recc.* ǁ manliana *TY, recc.* : maniliana
PRV ǁ **8** aliter *om. recc. p.* ǁ **9** huiuscemodi *R* : cuiuscemodi
PVTY ǁ obsequendis *Y, recc.* : obsequendi *PRVT* ǁ ac : atque
R ǁ **10** asellione *recc.* : asellone *PRVTY* ǁ iurisconsultissimus :
iurecons — *recc.*

consulte, d'être grand pontife.**11.**Comme, lors de son consulat, il avait la province d'Asie et se préparait à investir et attaquer Leucae, ayant besoin d'une poutre solide et grande pour faire un bélier dont il ébranlât les murs de la place, il écrivit à un maître ingénieur de Mylassa[1], ville alliée et amie du peuple romain, de lui faire envoyer le plus grand de deux madriers qu'il avait vus dans cette ville. **12.** Le maître ingénieur, ayant appris pourquoi il désirait le madrier, n'envoya pas le plus grand, comme on le lui avait dit, mais le plus petit, qu'il jugeait plus propre et plus convenable à faire un bélier, et plus facile à porter. **13.** Crassus le fit appeler, et, lui ayant demandé pourquoi il ne lui avait pas envoyé celui qui lui avait été commandé, rejetant ses excuses et ses explications, ordonna qu'on le dépouillât de ses vêtements, et lui fit appliquer force coups de verges, persuadé que toute la fonction du commandement était dissoute et perdue si quelqu'un répondait aux ordres, non par l'obéissance requise, mais par des initiatives qu'on ne lui demandait pas.

XIV

Ce qu'a dit et fait Caius Fabricius, homme couvert de gloire par ses hauts faits, mais pauvre en biens et en argent, quand les Samnites lui offrirent de l'or en lingots, dans l'idée qu'il en avait besoin.

1. Julius Hyginus au livre sixième de son ouvrage

---

1. Leucae est précisément la ville d'Asie Mineure devant laquelle Crassus a échoué. Mylassa, ville de Carie, se trouve être la conjecture la plus vraisemblable paléographiquement. Elle est située assez loin du théâtre d'opérations de Crassus. On a songé à Mytilène (Lesbos), et à Myrina (Lemnos), qui est encore plus éloignée.

cum in consulatu obtineret Asiam prouinciam et
circumsedere oppugnareque Leucas pararet opusque
esset firma atque procera trabe, qui arietem
faceret quo muros eius oppidi quateret, scripsit
ad magistrum ἀρχιτέκτονα Mylattensium, sociorum
amicorumque populi Romani, ut ex malis duobus,
quos apud eos uidisset, uter maior esset eum
mittendum curaret. **12.** Tum magister ἀρχιτέκτων,
comperto quamobrem malum desideraret, non,
uti iussus erat, maiorem, sed quem esse magis
idoneum aptioremque faciendo arieti facilioremque
portatu existimabat, minorem misit. **13.** Crassus
eum uocari iussit et, cum interrogasset cur
non quem iusserat misisset, causis rationibusque
quas dictitabat spretis, uestimenta detrahi imperauit uirgisque multum cecidit, corrumpi atque
dissolui officium omne imperantis ratus, si quis
ad id quod facere iussus est non obsequio debito,
sed consilio non desiderato respondeat.

XIV

**Quid dixerit feceritque C. Fabricius, magna uir gloria
magnisque rebus gestis, sed familiae pecuniaeque inops,
cum ei Samnites tamquam indigenti graue aurum
donarent.**

1. Iulius Hyginus, in libro ' de Vita Rebusque

11 in consulatu *R* : inconsultatu *PVTY* ‖ leucas *PRVTY*,
recc. : leucas oppidum *recc.* oppidum *recc.* ‖ qui *RVTY*, *recc.* :
qua *P* quae *recc.* ‖ ad magistrum ἀρχιτέκτονα, *recc.* : ad mag. g.
PRVTY, *recc.*‖ mylattensium *Hertz* : mole atheniensium *R* more
atheniensium *P* mole attenisium *V* atheniensium *TY* moleaten-
sium β ‖ oppidi *ante* populi Romani *add. T* ‖ curaret : — rent
recc. ‖ **12** magister αρχιτέκτων *recc.* : mag. g. *PRVTY*, *recc.*
mag. graecus *recc.*‖ existimabat *PRTY*, *recc.*: — bant *V*, *recc.* ‖ **13**
iusserat : iussisset *R* ‖ dictitabat : dictabat *R* ‖ spretis
PVTY : speras *R* praeteritis β ‖ uestimenta *om. V*[1].

XIV. *Lem.* magna uir : uir magna *V* ‖ donarent : donarent
plenumque odii *recc. ultimis uocabulis ex sequentis capituli
lemmate translatis.*

Sur la vie et les actes des hommes illustres [1], dit que des ambassadeurs des Samnites vinrent à Caius Fabricius [2], chef de l'armée du peuple romain, et, après avoir rappelé les nombreux et importants services qu'il avait rendus avec tant de bienveillance aux Samnites après le retour de la paix, lui offrirent en don une importante somme d'argent, le priant de l'accepter et de s'en servir ; les Samnites faisaient cela, dirent-ils, parce qu'ils voyaient que la splendeur de sa maison et de son train de vie laissaient beaucoup à désirer et que son luxe et son confort ne correspondaient pas à sa grandeur et à sa dignité. 2. Alors Fabricius porta ses mains ouvertes de ses oreilles à ses yeux, et ensuite en descendant à son nez, à sa bouche et à son gosier, puis au bas de son ventre, et il répondit aux ambassadeurs que tant qu'il pourrait résister et s'imposer à tous les membres qu'il venait de toucher, il ne manquerait jamais de rien ; aussi refusait-il d'accepter une somme d'argent dont il n'aurait que faire, de gens qui en avaient besoin, il le savait.

XV

Combien c'est un défaut désagréable et odieux qu'un bavardage futile et vain, et combien de fois les hommes les plus éminents en l'une et l'autre langues l'ont dénoncé en de justes vitupérations.

1. Les bavards légers, futiles et importuns et ceux qui, sans s'appuyer sur le poids de la réalité, se répan-

---

1. Hyginus, un affranchi d'Auguste, fut placé à la tête de la bibliothèque du Palatin dès sa fondation ; il écrivit plusieurs ouvrages d'érudition sur des questions très diverses. Les *fabulae*, recueil d'histoires mythologiques, ne sont pas de lui.
2. Caius Fabricius Luscinus commanda contre Pyrrhus, contre les Lucaniens les Bruttiens, les Samnites et les Tarentins. Il fut censeur en 275. Il est avec Curius Dentatus une des figures typiques de l'antique austérité (cf. 1, 10, 1 ; 3, 8 et 4, 8), et les anecdotes sur les deux héros sont souvent l'objet de confusions. On admet en général que c'est Curius Dentatus qui reçut l'ambassade des Samnites.

inlustrium uirorum sexto, legatos dicit a Samnitibus ad   C. Fabricium, imperatorem populi
Romani, uenisse et memoratis multis magnisque
rebus quae bene ac beniuole post redditam pacem
Samnitibus fecisset, obtulisse dono grandem
pecuniam orasseque uti acciperet utereturque,
atque id facere Samnites dixisse, quod uiderent
multa ad splendorem domus atque uictus defieri
neque pro amplitudine dignitateque lautum
paratum esse. 2. Tum Fabricium planas manus
ab auribus ad oculos et infra deinceps ad nares
et ad os et ad gulam atque inde porro ad uentrem
imum deduxisse et legatis ita respondisse : dum
illis omnibus membris quae attigisset obsistere
atque imperare posset, numquam quicquam defu-
turum ; propterea se pecuniam, qua nihil sibi esset
usus, ab his quibus eam sciret usui esse, non
accipere.

XV

**Quam importunum uitium plenumque odii sit futilis
inanisque loquacitas, et quam multis in locis a principibus
utriusque linguae uiris detestatione iusta culpata sit.**

1. Qui sunt leues et futiles et importuni locu-
tores, quique nullo rerum pondere innixi uerbis
humidis et lapsantibus diffluunt, eorum orationem

1 inlustrium : industrium *P* || amplitudine : magnitudine *recc.*
p. || paratum *R*, *recc.* : 'paratumque *PV*, *recc.* || 2 et *ante* infra
om. R || attigisset : attigisse *V¹* || se *om. recc. p.* || his *PRV*,
recc. : hiis *et* iis *et* aliis *recc.*

XV. *Lem.* importunum *PV²*, *recc.* : inoportunum *V¹*, *recc. p.* ||
a num uitium *incipit A qui hoc et sequens lemma affert* || futilis :
subtilis *V¹* || detestatione : — nem *A* || culpata : culpa *A* ||
1 futiles : subtiles *recc. p.* || locutores : locuturos *P* || humidis
V : umidis *R* ubi dis *P* uuidis *Saumaise* tumidis *Falster* insubidis
Avery || diffluunt *PV* : difluunt *R* defluunt *recc.*

dent en torrents de mots inconsistants, passent à juste titre pour tirer leur éloquence de leur bouche et non de leur cœur[1] ; or la langue, dit-on, ne doit pas être libre et errante, mais mue et pour ainsi dire gouvernée par des liens fixés au fond de la poitrine et du cœur. 2. On peut voir certaines gens déverser un pullulement de mots sans aucun souci de réfléchir, avec une assurance immense et profonde, si bien qu'ils semblent souvent parler sans savoir qu'ils parlent. 3. Homère dit qu'Ulysse au contraire, homme doté d'une éloquence pleine de sagesse, émettait les mots, non de la bouche, mais de la poitrine, ce qui évidemment ne concernait pas la sonorité et le timbre de la voix autant que la profondeur des pensées formées au dedans de lui-même ; et il dit très brillamment que, pour retenir la pétulance des mots, il lui a été opposé le rempart des dents, si bien que la légèreté du bavardage n'est pas freinée seulement par la garde et la vigilance du cœur, mais contenue aussi par des sortes de sentinelles placées dans la bouche. 4. Voici les citations d'Homère[2] dont je viens de parler : « Mais quand sa forte voix sortait de sa poitrine » et: «Quelle parole a fui le rempart de tes dents». 5. J'ai noté également un passage de Cicéron[3] dans lequel il flétrit avec force et vérité une folle et vaine abondance de paroles : 6. « Pourvu qu'il soit établi, dit-il,

---

1. Le cœur, dans tout le chapitre, comme souvent chez les Latins est l'organe de l'intelligence et non pas du sentiment. Cf. Ennius disant qu'il avait trois cœurs parce qu'il savait trois langues (17, 17, 1).
2. *Il.*, 3, 221 et 4, 350.
3. *De Orat.*, 3, 35, 142 et 1, 12, 51.

bene existimatum est in ore nasci, non in pectore,
linguam autem debere aiunt non esse liberam nec
uagam, sed uinclis de pectore imo ac de corde
aptis moueri et quasi gubernari. 2. Sed enim
uideas quosdam scatere uerbis sine ullo iudicii
negotio cum securitate multa et profunda, ut
loquentes plerumque uideantur loqui sese nescire.
3. Vlixen contra Homerus, uirum sapienti facundia
praeditum, uocem mittere ait non ex ore, sed ex
pectore, quod scilicet non ad sonum magis
habitumque uocis quam ad sententiarum penitus
conceptarum altitudinem pertineret, petulan-
tiaeque uerborum coercendae uallum esse oppo-
situm dentium luculente dixit, ut loquendi teme-
ritas non cordis tantum custodia atque uigilia
cohibeatur, sed et quibusdam quasi excubiis in ore
positis saepiatur.

4. Homerica, de quibus supra dixi, haec
sunt :

    Ἀλλ' ὅτε δὴ ὅπα τε μεγάλην ἐκ στήθεος εἴη,

et :

    Ποῖόν σε ἔπος φύγεν ἔρκος ὀδόντων;

5. M. Tullii quoque uerba posui, quibus stultam
et inanem dicendi copiam grauiter et uere
detestatus est : 6. « Dummodo, inquit, hoc

---

1 aptis : apertis *recc.* || **2** sed : si *recc. p* || **3** quod scilicet *Gron.* :
quos scilicet *V* quo scilicet *P* quos licet *R* || pertineret : pertinet
Gron. || luculente : luculente que *V¹* || saepiatur *R*, *recc.* : sapiatur
PV. || **4** τέκνον ἐμὸν *ante* ποῖον σε *add. recc.* || **5** m. *edd.* : mar *PV*
marci *recc.* || quoque *om. R.*

qu'il ne faut louer, ni l'aphasie de celui qui a la connaissance, mais ne peut la développer par la parole, ni l'ignorance de celui à qui son sujet est étranger sans que les mots lui manquent ; s'il fallait choisir l'un des deux maux, je préférerais pour ma part une sagesse sans éloquence à une abondance sans raison ». 7. De même il a écrit dans le premier livre du *de Oratore*[1] ces mots : « Qu'y a-t-il de plus insensé que le vain retentissement de mots, mêmes très beaux et très ornés, sans qu'il y ait dessous aucune pensée ni aucune connaissance ? ». 8. Mais en premier lieu, Caton est celui qui a attaqué ce vice avec le plus de férocité. 9. Dans le discours intitulé *Si Caelius, tribun du peuple, l'avait attaqué*[2] : « Il ne se tait jamais, dit-il, celui que tient la maladie de parler, comme l'hydropique la maladie de boire et de dormir[3]. Si vous ne veniez pas quand il vous fait convoquer, il est si avide de faire un discours qu'il louerait un auditeur ; aussi l'entendez-vous sans l'écouter, comme un charlatan dont on entend le discours, mais auquel personne ne se confie s'il est malade ». 10. Le même Caton dans le même discours contre le même Marcus Caelius, tribun de la plèbe, lui reprochant de vendre à vil prix non seulement ses paroles[4], mais aussi son silence : « Pour un morceau de pain, dit-il, on peut acheter ou son silence ou son discours ».

---

1. 3, 35, 142. Cicéron voit les choses tout autrement qu'Alu-Gelle : il veut une union entre rhétorique et philosophie, entre l'art de la parole et le savoir. Aulu-Gelle prend de la théorie la seule apparence et la plie à son propos, très superficiel.

2. On ne sait ni exactement le nom de l'adversaire (qui est peut être celui que Festus (344 M) et Macrobe (2, 10) appellent *Caecilium senatorem*, ni les circonstances du procès, ni même le sens du titre, qui a été compris de diverses manières ; sur cette question, cf. H. Malcovati, *Frag. Or. Rom.*, p. 46.

3. Cf. Paul. Fest., 369 M : *Veternosus dicitur qui graui premitur somno. Cato ueternosum hydropicum intelligi uoluit cum ait : Veternosus quam plurimum bibit, tam maxime sitit.*

4. Là encore, il s'agit de tout autre chose que d'un vain bavardage.

constet, neque infantiam eius, qui rem norit,
sed eam explicare dicendo non queat, neque
inscientiam illius, cui res non suppetat, uerba non
desint, esse laudandam ; quorum si alterum sit
optandum, malim equidem indisertam pru-
dentiam quam stultam loquacitatem ». **7.** Item
in libro de Oratore primo uerba haec posuit :
« Quid enim est tam furiosum quam uerborum uel
optimorum atque ornatissimorum sonitus inanis,
nulla subiecta sententia nec scientia ? ». **8.** Cumprimis autem M. Cato atrocissimus huiusce uitii
insectator est. **9.** Namque in oratione, quae
inscripta est ' Si se Caelius tribunus plebis
appellasset ' : « Numquam, inquit, tacet, quem
morbus tenet loquendi tamquam ueternosum
bibendi atque dormiendi. Quod si non conueniatis,
cum conuocari iubet, ita cupidus orationis conducat,
qui auscultet. Itaque auditis, non auscultatis,
tamquam pharmacopolam. Nam eius uerba au-
diuntur, uerum se nemo committit, si aeger
est ». **10.** Idem Cato in eadem oratione eidem
M. Caelio tribuno plebi uilitatem opprobrans non
loquendi tantum, uerum etiam tacendi : « Frusto,
inquit, panis conduci potest, uel uti taceat uel uti
loquatur ».

---

6 eam *V, recc.* : etiam *P, om. R* ‖ inscientiam *PR* : inscitiam
V iustitiam *recc.* ‖ illius *PV* : eius *R* ullius Cɪᴄ. ‖ suppetat : —
tit Cɪᴄ. ‖ stultam loquacitatem : stultitiam loquacem Cɪᴄ. ‖
7 enim est : est enim Cɪᴄ. ‖ nec scientia *recc.* Cɪᴄ. : nescientia
PRV uel scientia β ‖ **8** huiusce uitii : huiuscemodi uitii *recc.* ‖
9 si se caelius *RV²*, *recc.* : si se caelus *V¹* si selius *P* ‖ tribunus
recc. : tribunum *PRV, recc.* ‖ bibendi *recc.* : uiuendi *PRV,
recc.* ‖ cum *PRV* : tum *recc.* tamen *recc.* ‖ est ut *ante* conducat
add. recc. ‖ auscultet : auscultent *Lambecius* ‖ pharmacopolam
recc. : armacopolam *RV* armacopulam *P* ‖ se nemo : se ei nemo
edd. ‖ **10** plebi *PV, recc.* : plebis *R, recc.* ‖ opprobrans *recc.* : —
bans *PRV, recc.*

11. Et ce n'est pas sans raison qu'Homère appelle Thersite, seul entre tous, homme aux paroles sans mesure, au langage sans discernement, et compare ses paroles abondantes et désordonnées au ramage des geais qui ignore toute limite. N'est-ce pas le sens du mot ἐκολῴα[1]? **12.** Il y a aussi sur ce genre de gens un vers d'Eupolis[2] très expressif : « Très fort pour bavarder, de parler incapable ». **13.** Ce que Salluste[3] voulut imiter en notre langue quand il écrit : « Bavard plutôt qu'éloquent ». **14.** Aussi Hésiode[4], le plus sage des poètes, dit-il que la langue n'est pas à présenter à tout venant, mais à cacher comme un trésor et qu'elle offre plus d'agrément à se montrer, si elle est modérée, avare et mélodieuse[5]: « Une langue concise est le plus beau trésor, son charme le plus grand parler avec mesure ». **15.** Ce trait d'Epicharme[6] n'est pas mal tourné non plus : « Tu n'es pas habile à parler, tu ne sais pas te taire ». **16.** D'où assurément est venu celui-ci : « Incapable de parler, il ne put se taire ». **17.** J'ai

1. Aux paroles sans mesure, ἀμετροεπῆ, *Il.*, 2, 212 ; au langage sans discernement ἀκριτόμυθον *Il.*, 2, 246, désordonné, ἄκοσμα Il., 2, 213. Ἐκολῴα *Il.*, 2, 212.
2. Frag. 95 Koch, cité également par Plutarque, *Alcib.*, 13. Eupolis qui fleurit entre — 430 et — 410 est avec Aristophane et Cratinos un des grands poètes de l'Ancienne Comédie attique.
3. *Hist.*, IV, 43 Maurenbr.
4. *Trav.*, 719.
5. *Modulata*, signifiant qui suit la mesure, indique par conséquent une suite mélodieuse, ou la modération. Aulu-Gelle joue sur le double sens du mot.
6. Frag. 272 Kaib. L'œuvre du poète comique sicilien abonde en maximes. Cf. Otto, *Sprichwörter* s.u. *tacere* qui cite Démocrite d'Abdère *Fr. Phil. Gr.*, 178 : Οὗτος οὐ λέγειν μοι δοκεῖ δυνατὸς ἀλλὰ σιωπᾶν ἀδύνατος et Hieron., *Ep.*, 130, 17 : *iuxta uetus elogium. cum loqui nesciant, tacere non possunt*, cf. *Ep.*, 69, 2.

11. Neque non merito Homerus unum ex omnibus Thersitam ἀμετροεπῆ et ἀκριτόμυθον appellat uerbaque illius multa et ἄκοσμα strepentium sine modo graculorum similia esse dicit. Quid enim est aliud ἐκολῴα ? **12.** Eupolidis quoque uersus de id genus hominibus consignatissime factus est :

Λαλεῖν ἄριστος, ἀδυνατώτατος λέγειν,

13. Quod Sallustius noster imitari uolens ascribit : « Loquax, inquit, magis quam facundus ». **14.** Quapropter Hesiodus, poetarum prudentissimus, linguam non uulgandam, sed recondendam esse dicit proinde ut thesaurum, eiusque esse in promendo gratiam plurimam, si modesta et parca et modulata sit :

Γλώσσης τοι θησαυρὸς ἐν ἀνθρώποισιν ἄριστος,
φειδωλῆς πλείστη δὲ χάρις κατὰ μέτρον ἰούσης,

15. Epicharmium quoque illud non inscite se habet :

Οὐ λέγειν τύγ᾽ ἐσσὶ δεινός, ἀλλὰ σιγᾶν ἀδύνατος,

ex quo hoc profecto sumptum est : **16.** « Qui cum loqui non posset, tacere non potuit ».

---

11 et **12** *om. R* || ἀμετροεπῆ *recc.* : — πη *PV* || appellat : appellabat *recc.* || uerbaque : uerba *recc.* || ἀμετροεπὴς *ante* ἐκολῴα *add. recc.* || **12** λέγειν *recc.* : λεγε *PV* || **13** quoque *post* sallustius *add. R* || ascribit *P recc.* : asscribit *V* sic scribit *Hertz*, *om. R, edd.* || **15** τυγ᾽ ἐσσι *Gron.* : στυγεεσσι *PV* στυγεσσι *u* στιγεεσσι *et* στήθεεσσι *recc.* || ἀδύνατος *recc.* : — το *PV*.

entendu Favorinus dire que ces vers d'Euripide [1] :
« Aux bouches débridées, à folle démesure, pour finir,
le malheur, » ne devaient pas s'entendre seulement des
propos impies et interdits, mais bien plus de gens qui
aboient ces sottises sans mesure et dont la langue est
si prodigue et si effrénée qu'elle coule et bouillonne
constamment d'une fange hideuse de paroles, genre de
gens que les Grecs appellent d'un mot très expressif,
κατάγλωσσοι, à la langue corrompue.

18. L'illustre grammairien Valerius Probus [2], comme
je l'ai appris d'un de ses amis, homme plein de science,
s'est mis à lire peu avant la fin de sa vie ce mot de
Salluste « *satis eloquentiae, sapientiae parum* [3], assez
d'éloquence, trop peu de raison », de la façon suivante
« *satis loquentiae, sapientiae parum*, assez de faconde,
trop peu de raison », et il affirmait que Salluste l'avait
laissé ainsi ; car *loquentia* était tout à fait dans le goût
de Salluste, novateur en fait de mots, et *eloquentia*,
éloquence, était incompatible avec *insipientia*[4], déraison.

19. Le poète Aristophane, si comique, a dénoncé
cette sorte de faconde et un entassement de mots,
immense de vaine grandeur, dans les vers suivants [5]

---

1. *Bacchae*, 386. Le mot κατάγλωσσοι se trouve chez Épictète,
Entretiens, 11, 16, 20 et Lucien, *Lexiph.*, 25.
2. Sur Valerius Probus de Béryte, grammairien qui a consacré
ses leçons et ses recherches à l'étude des auteurs anciens ou
archaïques, et qui, à la manière des maîtres d'Aulu-Gelle,
n'enseignait pas les enfants mais s'entretenait avec des disciples.
(*Reliquit autem non mediocrem siluam obseruationum sermonis
antiqui*), cf. notre *Critique littéraire*, p. 63 ss.
3. *Cat.*, 5, 4. La leçon *loquentiae* donnée seulement par certains manuscrits récents se trouve dans quelques manuscrits de
Salluste.
4. Parce qu'*eloquentia* comprend non seulement la technique
verbale mais tous les savoirs et toute la sagesse, comme Cicéron
le voulait. Noter qu'Aulu-Gelle, ici comme ailleurs, voit les choses
dans l'absolu, sans se soucier de la conception de Salluste.
5. *Ranae*, 837.

17. Fauorinum ego audiui dicere uersus istos
Euripidi :

> 'Αχαλίνων στομάτων
> ἀνόμου τ' ἀφροσύνας
> τὸ τέλος δυστυχία,

non de iis tantum factos accipi debere, qui impia
aut inlicita dicerent, sed uel maxime de hominibus
quoque posse dici stulta et inmodica blaterantibus,
quorum lingua tam prodiga infrenisque sit, ut
fluat semper et aestuet conluuione uerborum
taeterrima, quod genus homines a Graecis significantissimo uocabulo κατάγλωσσοι appellantur.

18. Valerium Probum, grammaticum inlustrem,
ex familiari eius, docto uiro, comperi, Sallustianum
illud : « Satis eloquentiae, sapientiae parum »,
breui antequam uita decederet, sic legere coepisse
et sic a Sallustio relictum affirmauisse : « Satis
loquentiae, sapientiae parum », quod loquentia
nouatori uerborum Sallustio maxime congrueret,
eloquentia cum insipientia minime conueniret.

19. Huiuscemodi autem loquacitatem uerborumque turbam magnitudine inani uastam face-
tissimus poeta Aristophanes insignibus uocabulis
denotauit in his uersibus :

---

17 *om. R* ‖ euripidi :— dis *recc. p.* ‖ ἀχαλίνων *edd.*: αχαλεινων
V ἀχαλεινως *P* ‖ iis *recc.* : his *PV* hiis *recc.* ‖ significantissimo
V, recc. : significatissimo *P, recc.* ‖ **18** affirmauisse *PRV* : affir-
masse *recc.* ‖ loquentiae *recc.* : eloquentiae *PRV, recc.* ‖ loquentia *PRV, recc.* : eloquentia ʾrecc. ‖ eloquentia: eloquentiam *P.*

émaillés de mots remarquables: « Ce créateur d'êtres farouches, bouche présomptueuse, effrénée, déchaînée et sans barrières, bavard sans mesure, inventeur de mots pompeux, tonitruants ».

De façon tout aussi remarquable les anciens auteurs de chez nous appelèrent ce genre de gens, débordant de paroles, *locutuleios*, babillards, *blaterones*, aboyeurs et *linguaces*, langues bien pendues [1].

XVI

Que l'expression suivante du livre III des *Annales* de Quadrigarius « *Ibi mille hominum occiditur*, là un millier d'hommes sont tués», n'est pas dite par licence ni par figure poétique, mais est justifiée par un raisonnement précis et assuré de la science grammaticale.

1. Quadrigarius a écrit dans le troisième livre de ses *Annales* [2] : « Ibi *occiditur mille hominum*, là un millier d'hommes sont tués ». Il dit *occiditur* et non *occiduntur*. **2.** De même Lucilius au livre III de ses *Satires* [3] : « *Ad portam mille a porta est : ex inde Salernum.* Il y a mille ⟨ pas ⟩ de porte à porte de là à Salerne. Il dit *mille est* et non *mille sunt*. **3.** Varron au dix-septième livre des *Antiquités humaines* [4] : « *Ad Romuli initium plus mille et centum annorum est.* Jusqu'au début de Romulus il s'est écoulé plus de mille cent ans ». **4.** Caton dans le premier livre des *Origines* [5] : « *Inde est ferme mille passuum.* De là il y a

---

1. *Locutuleiae* reparaît chez Non., 50 M, *blatero* ne se retrouve que dans les scholies d'Horace, *Sat.*, 1, 2, 2 et 2, 7, 35. Le verbe *blaterare* est moins rare.

2. Frag. 44 Peter. Quintus Claudius Quadrigarius est un contemporain de Sisenna et de Sylla. Il écrivit un ouvrage d'au moins trente-trois livres commençant à la prise de Rome par les Gaulois et menant jusqu'à son époque. C'est une des sources de Tite-Live et un des auteurs préférés d'Aulu-Gelle (cf. notre *Critique littéraire*, p. 236).

3. Frag. 124 Marx. Le texte de Macrobe *sex inde* paraît représenter une *lectio facilior*.

4. XVIII, *frag.* 2 Mirsch. Les *Antiquitatum libri* étaient divisés en *Antiquitatum rerum humanarum* (vingt-cinq livres) et *Antiquitatum rerum diuinarum* (seize livres) d'après August., *Ciu.*, 6, 3.

5. Frag. 26 Peter.

Ἄνθρωπον ἀγριοποιόν, αὐθαδόστομον,
ἔχοντ' ἀχάλινον, ἀκρατές, ἀπύλωτον στόμα,
ἀπεριλάλητον, κομποφακελορρήμονα,

neque minus insigniter ueteres quoque nostri hoc
genus homines in uerba proiectos ' locutuleios ' et
' blaterones ' et ' linguaces ' dixerunt.

XVI

**Quod uerba istaec Quadrigari ex ' Annali ' tertio, « ibi
mille hominum occiditur », non licenter neque de poetarum
figura, sed ratione certa et proba grammaticae disciplinae
dicta sunt.**

1. Quadrigarius in tertio 'Annalium' ita scripsit :
« Ibi occiditur mille hominum ». « Occiditur »,
inquit, non « occiduntur ». **2.** Item Lucilius in
tertio ' Satirarum ' :

Ad portam mille a porta est exinde Salernum,

' mille, inquit, est ', non ' mille sunt '. **3.** Varro in
XVII. ' Humanarum ' : « Ad Romuli initium plus
mille et centum annorum est ». **4.** M. Cato in
primo ' Originum ' : « Inde est ferme mille passum ».
5. M. Cicero in sexta in Antonium : « Itane Ianus
medius in L. Antonii clientela est ? Quis unquam

19 ἀπύλωτον *recc.* : απυαλωτον *P* σαπυαλωτον *V* ‖ κομποφακελορρήμονα *V* : καλποφακελορημονα *P* ‖ linguaces : lingulacas
Carrionis codd.

XVI. *Hoc capitulum* MACROBIVS *descripsit* : **sed ordinem
exemplorum transposuit** ‖ *Lem.* istaec *A* : ista hec *PRV, recc.*
‖ licenter : licentia *recc.* ‖ **2** satirarum *R, recc.* : satyrarum
PV, recc. ‖ ad portam : ad portum *edd.* ‖ exinde *PRV,
recc.* : sex inde MACR., *Sat.*, 1, 5, 6 ‖ salernum *recc.* : salternum
PRV ‖ **3** XVII *PRV*, MACR. : XVIII *recc. Carrionis codd.* ‖
romuli *PRV, recc.* : regulum romuli *et* regium romuli *Carrionis
codd.* ‖ **4** m. *om. recc.* ‖ **5** est *post* clientela *PRV, recc.* : sit
CIC.

environ mille pas ». **5.** Cicéron dans la sixième Philippique [1] : « Ainsi les banquiers du *Janus medius* sont
dans la clientèle de Lucius Antonius ? A-t-on jamais
trouvé dans ce *Janus* quelqu'un pour prêter mille
sesterces [2] au compte de Lucius Antonius (*mille
nummum*) ? ».

6. Dans ces citations et dans beaucoup d'autres
mille est employé au singulier. **7.** Ce n'est pas là une
concession faite à l'antiquité comme certains le croient,
ni un tour autorisé pour l'harmonie de la phrase, le
raisonnement semble l'exiger. **8.** *Mille* n'est pas l'équivalent de ce que les Grecs disent χίλιοι, mille, mais de
χιλιάς, millier ; et de même qu'on dit *una* χιλιάς (un
millier) et *duae* χιλιάδες, de même on dit *unum mille*
et *duo milia* selon une logique assurée et simple. **9.**
Aussi l'expression courante : « *mille denarium est in
arca*, il y a un millier de deniers dans la caisse », est
correcte et irréprochable, ainsi que « *mille equitum in
exercitu est*, il y a un millier de cavaliers dans l'armée. »
10. Lucilius, outre l'exemple cité plus haut, le montre
plus clairement dans un autre passage. **11.** Dans le
livre XV [3] il dit : « Celui qui le vaincra après mille deux
pas (*milli passuum*), nul coursier de Campanie, frappant
le sol de son sabot sonore, ne le suivra plus longtemps ;
on croira qu'il recule ». **12.** De même dans un autre
livre [4] : « D'un millier de sesterces (*milli nummum*)
tu ne peux pas en tirer cent ». **13.** Il a dit *milli passuum*
pour *mille passibus* et *uno milli nummum* pour *unis
mille nummis*, et il montre ouvertement que *mille*

---

1. 5, 15. Le *Janus Medius* se trouvait au forum près du temple
de Castor et Pollux ; c'était l'endroit où les banquiers avaient
leurs tables de change. Cf. Horace, *Sat.*, 2, 3, 18 : *Post quam omnis
res mea Janum ad medium fracta est.*

2. Mot à mot, porter comme payé (au débiteur), *ferre expensum*.
Les livres journaliers des banquiers comportaient deux colonnes,
celle des entrées, *nomen*, celle des sorties, *expensum*. L. Antonius
est le frère de M. Antonius, le triumvir. Il capitula dans Pérouse
en 40.

3. 506 Marx.

4. 327 Marx.

in illo Iano inuentus est, qui L. Antonio mille
nummum ferret expensum ? ».

6. In his atque in multis aliis ' mille ' numero
singulari dictum est ; **7.** neque hoc, ut quidam
putant, uetustati concessum est aut per figurarum
concinnitatem admissum est, sed sic uidetur ratio
poscere. **8.** ' Mille ' enim non pro eo ponitur, quod
Graece χίλιοι dicitur, sed quod χιλιάς et sicuti una
χιλιάς et duae χιλιάδες, ita ' unum mille ' et ' duo
milia ' certa atque directa ratione dicitur. **9.**
Quamobrem id quoque recte et probabiliter dici
solitum : « Mille denarium in arca est », et : « Mille
equitum in exercitu est ». **10.** Lucilius autem,
praeter quem supra posui, alio quoque in loco id
manifestius demonstrat. **11.** Nam in libro XV. ita
dicit :

Hunc, milli passum qui uicerit atque duobus,
Campanus sonipes succussor nullus sequetur
Maiore in spatio ac diuersus uidebitur ire ;

12. item in alio libro :

Non milli nummum potes uno quaerere centum ;

13. ' milli ' passum dixit pro ' mille passibus ' et
' uno milli nummum ' pro ' unis mille nummis '

---

6 in *ante* multis *om. recc.* ‖ **7** neque *om. V¹.* ‖ **8** χίλιοι *edd.* :
χειλοι *et sic infra* χειλίας et χειλίαδες *PV, recc.* χίλια *recc.*
MACR. ‖ **10** praeter quem *Veen* : praeterquam *PRV, recc.* praeterquam quod *Lion* praeter quod *Carrio* ‖ **11** milli β : mille
PRV, recc. ‖ succussor *V², recc.* NON. : succustior *PRV¹*
successor *recc.* subcursor MACR. ‖ in *om.* MACR. ‖ ire MACR. *recc.* :
om. PRV, recc. ‖ **12** in alio libro non *edd.* : alio libro VIIII
PRV, recc. alio in libro unum β in libro nono. tu MACR. ‖ milli
MACR. : mille *PRV* mille duo *recc.* ‖ **13** milli MACR. *Carrio* :
mille *PRV, recc.* ‖ uno milli *Carrio* : uno mille duo *PRV, recc.*
milli MACR.

est un substantif, qu'il est au singulier, que son pluriel est *milia* et qu'il possède un ablatif. **14.** Et il n'est pas nécessaire de rechercher les autres cas, puisqu'il y a beaucoup d'autres substantifs qui se fléchissent seulement pour un cas, et certains même pas du tout. **15.** Aussi n'y a-t-il plus de doute que Cicéron n'ait écrit et transmis dans le discours qu'il rédigea *pour Milon* [1] : « Devant le domaine de Clodius dans lequel, à cause de ses folles constructions, s'occupait facilement un millier d'hommes robustes (*mille hominum uersabatur ualentium*) », et non pas *uersabantur*, s'occupaient, qui se trouve dans les manuscrits établis sans trop de soin : la logique grammaticale[2] n'est pas la même pour *mille hominum*, un millier d'hommes, et *mille homines*, mille hommes.

XVII

Avec quelle égalité d'âme Socrate supporta le caractère intraitable de sa femme ; et au même chapitre ce que Varron écrit dans une satire sur le devoir du mari.

1. Xanthippe, femme du philosophe Socrate, était, dit-on, tout à fait acariâtre et querelleuse; elle retentissait jour et nuit de colères et mauvaises humeurs féminines. **2.** Alcibiade, s'étonnant de ses accès contre son mari, demanda à Socrate quelle était la raison pour laquelle il ne chassait pas de chez lui une femme si désagréable. **3.** « Parce que, dit Socrate, en endurant chez moi cette femme comme elle est, je m'habitue et

1. 20, 53. Certains manuscrits de Cicéron portent *uersabantur*.
2. La *ratio* qui permet de définir rationnellement la forme à choisir et qui, en général, s'appuie sur l'analogie. Ici il s'agit tout simplement de la règle d'accord qui prescrit le singulier pour un substantif *mille*, le pluriel pour un adjectif numéral *mille*.

aperteque ostendit ' mille ' et uocabulum esse et
singulari numero dici eiusque pluratiuum esse
' milia ' et casum etiam capere ablatiuum. 14.
Neque ceteros casus requiri oportet, cum sint alia
pleraque uocabula, quae in singulos tantum casus,
quaedam etiam, quae in nullum inclinentur. 15.
Quapropter nihil iam dubium est, quin M. Cicero
in oratione, quam scripsit pro Milone, ita scriptum
reliquerit : « Ante fundum Clodi, quo in fundo
propter insanas illas substructiones facile mille
hominum uersabatur ualentium », non ' uersabantur ', quod in libris minus accuratis scriptum
est ; alia enim ratione ' *mille homines* ', *alia*
' mille hominum ' dicendum est.

XVII

**Quanta cum animi aequitate tolerauerit Socrates uxoris
ingenium intractabile ; atque inibi, quid M. Varro in
quadam satura de officio mariti scripserit.**

1. Xanthippe, Socratis philosophi uxor, morosa
admodum fuisse fertur et iurgiosa, irarumque et
molestiarum muliebrium per diem perque noctem
scatebat. 2. Has eius intemperies in maritum
Alcibiades demiratus, interrogauit Socraten quaenam ratio esset cur mulierem tam acerbam domo

---

14 oportet : oportere *recc.* || 15 minus accuratis scriptum
PRV, recc. : minus accurate scriptis Macr. *Carrio* || est :
reperiri solet Macr. || mille homines alia *suppl.* Klotz : *om.*
PRV, recc. alia mille homines *post* hominum *add. edd.*

XVII. *Exstat in TY* || *Lem.* tolerauerit : — uit *V* || 1
morosa : morocratissa *T* || irarumque *recc.* : rarumque *RV*
rerumque *PTY* || perque noctem *PRV, recc.* : per noctemque
TY || scatebat : satagebat β || 2 demiratus *PTY, recc.* : dein iratus
recc. miratus *recc.* iratus *RV, recc.* || socraten *V* : — tem *PRTY*.

m'exerce à supporter plus facilement dehors[1] l'insolence et l'injustice des autres ».

4. Exprimant la même idée, Varron écrit dans la
satire Ménippée, intitulée *Sur le devoir du mari*[2] :
« Le défaut d'une femme, il faut, ou le supprimer ou le
supporter. Qui le supprime rend sa femme plus
agréable, qui le supporte s'améliore ». **5.** Ces mots de
Varron, supprimer, *tollere* et supporter, *ferre*, forment
une jolie antithèse ; mais il est évident que *tollere*
supprimer, est mis pour *corrigere*, corriger. **6.** Il est
évident en outre que Varron a pensé que si un défaut
de cette sorte dans une femme ne pouvait être corrigé,
il fallait le supporter, si du moins c'est un défaut qu'un
mari peut supporter sans déshonneur : les défauts sont
moins graves que les fautes scandaleuses.

XVIII

Que Varron dans le quatorzième livre de ses *Antiquités
humaines* reproche à son maître, L. Aelius, des fautes
d'étymologie, et que le même Varron dans le même livre
donne une fausse étymologie du mot *fur*, voleur.

1. Dans le quatorzième livre de ses *Antiquités
divines*[3], Marcus Varron, montre que Lucius Aelius,
l'homme le plus savant de la cité en son temps, s'est
trompé sur un ancien mot grec passé en latin, qu'il a

---

1. Voilà encore un exemple de casuistique, discussion sur un
cas de morale concrète. Cf. 1, 2, 9 et la n.
2. Frag., 83 Bücheler.
3. Cf. 1, 16, 3 et la n. 4. Il y a une erreur dans l'archétype
de nos manuscrits, soit dans le *lemma*, soit ici.

non exigeret. **3.** « Quoniam, inquit Socrates, cum illam domi talem perpetior, insuesco et exerceor, ut ceterorum quoque foris petulantiam et iniuriam facilius feram ».

4. Secundum hanc sententiam quoque Varro in satura Menippea, quam ' de Officio Mariti ' scripsit : « Vitium, inquit, uxoris aut tollendum aut ferendum est. Qui tollit uitium, uxorem commodiorem praestat, qui fert, sese meliorem facit ». **5.** Haec uerba Varronis ' tollere ' et ' ferre ' lepide quidem composita sunt, sed ' tollere ' apparet dictum pro ' corrigere '. **6.** Id etiam apparet, eiusmodi uitium uxoris, si corrigi non possit, ferendum esse Varronem censuisse, quod ferri scilicet a uiro honeste potest ; uitia enim flagitiis leuiora sunt.

XVIII

Quod M. Varro in quarto decimo ' Humanarum ' L. Aelium magistrum suum in ἐτυμολογίᾳ falsa reprehendit ; quodque idem Varro in eodem libro falsum furis ἔτυμον dicit.

1. In XIV. 'Rerum Diuinarum' libro M. Varro doctissimum tunc ciuitatis hominem L. Aelium errasse ostendit, quod uocabulum Graecum uetus

---

6 eiusmodi : huius modi R^1 ‖ uxoris *PTY, recc.* : uxori *RV* ‖ potest : possunt *recc.*

XVIII. *Lem.* humanarum *PV, recc.* : *sed uide infra* 1 ‖ l. aelium *PV* : lelium *recc.* ‖ in ἐτυμ — *Hertz* : et in ἐτυμ — *PV* ‖ falsum furis ἔτυμον *PV, recc.* : furis Graecum dicit falsum *recc.* ‖ **1** rerum diuinarum *RV, recc.* Non. 50, 15 : rerum diuinarum rerum *P* rerum humanarum *lem.* ‖ l. aelium *Carrio* : l. lelium *PRV, recc.* lelium *recc.*

décomposé en éléments latins, comme s'il avait été originellement formé en latin, donnant une explication étymologique fausse. **2.** Nous avons transcrit les mots de Varron sur la question : « Sur ce point, mon cher Lucius Aelius [1], l'homme le plus orné de connaissances littéraires que j'aie connu, se trompa quelques fois. Il a donné des explications fausses de quelques anciens mots grecs, croyant qu'ils nous appartenaient en propre. Nous ne disons pas *leporem*, lièvre, parce que cet animal est *leuipes*, pied léger, comme il l'affirme, mais c'est un ancien mot grec[2]. On ignore beaucoup d'anciens mots grecs, parce qu'ils ont été remplacés maintenant par d'autres ; et bon nombre de Grecs peuvent bien ignorer *Graecum* qui se dit maintenant Ἕλληνα; *puteum*, le puits, qu'ils appellent[3] φρέαρ; *leporem*, le lièvre, nommé λαγωὸν. En cela je ne me fais pas le détracteur du talent d'Aelius et je loue son zèle à la recherche. La chance apporte le succès, c'est essayer qui est méritoire ».

3. Voilà ce que Varron a écrit au début du livre, avec beaucoup d'ingéniosité dans l'explication des mots, beaucoup d'expérience dans l'usage des deux langues, beaucoup de gentillesse pour la personne de Lucius Aelius. **4.** Mais dans la dernière partie du livre, il déclare que *fur*, le voleur, vient de ce que les anciens Romains appelaient le noir *furuum* ; et que les voleurs, *fures*, opèrent plus facilement dans la nuit, qui est noire. **5.** N'en est-il pas de Varron sur *fur* comme de Lucius Aelius sur *lepus* ? Ce que les

---

1. Lucius Aelius Stilo était un philologue et *antiquarius* ; il fut le maître et le prédécesseur de Varron, cf. Suétone, *Gramm.*, 2, 3. Sur ses plaidoyers, cf. Cic., *Brut.*, 46, 69 : *scriptitauit orationes multis, orator ipse nunquam fuit.* Il étudia les *Carmina Saliorum*, édita Ennius et Lucilius, commenta les Douze Tables. Sur sa liste des comédies de Plaute, cf. 3, 3.

2. En réalité un mot méditerranéen. Le nom du lièvre n'existe pas en indo-européen. Cf. Ernout-Meillet, *s.u.*

3. Cf. au contraire, dans le *de Lingua Lat.* 5, 25, une citation de l'opinion de L. Aelius permettant de rattacher *puteum* à *putescere* : *Extra oppida a puteis Puticuli quod ibi in puteis obruebantur homines, nisi potius ut Aelius scribit, Puticulae quod putescebant ibi cadauera proiecta, qui locus publicus extra Esquilias.*

traductum in linguam Romanam, proinde atque
si primitus Latine fictum esset, resoluerit in uoces
Latinas ratione etymologica falsa. **2.** Verba ipsa
super ea re Varronis posuimus : « In quo L.
Aelius noster, litteris ornatissimus memoria nostra,
errauit aliquotiens. Nam aliquot uerborum Graecorum antiquiorum, proinde atque essent propria
nostra, reddidit causas falsas. Non ' leporem '
dicimus, ut ait, quod est leuipes, sed quod est
uocabulum anticum Graecum. Multa uetera illorum
ignorantur, quod pro his aliis nunc uocabulis
utuntur ; et illorum esse plerique ignorent ' Graecum ', quod nunc nominant Ἕλληνα, ' puteum ',
quod uocant φρέαρ, ' leporem ', quod λαγωὸν
dicunt. In quo non modo L. Aelii ingenium non
reprehendo, sed industriam laudo ; successum
enim fortuna, experientiam laus sequitur ».

3. Haec Varro in primore libro scripsit, de
ratione uocabulorum scitissime, de usu utriusque
linguae peritissime, de ipso L. Aelio clementissime.
4. Sed in posteriore eiusdem libri parte furem
dicit ex eo dictum, quod ueteres Romani ' furuum '
atrum appellauerint et fures per noctem, quae
atra sit, facilius furentur. **5.** Nonne sic uidetur
Varro de fure, tamquam L. Aelius de lepore ?

---

1 proinde atque si *PRV* : perinde atque si *Sciopp.*
promeratque se *recc.* || resoluerit : resoluit *recc. p.* || 2
l. aelius *edd.* : lelius *PRV*, *recc. et sic infra* || antiquiorum
PV : antiquatorum *R* antiquorum *recc.* || reddidit *PV* : reddit *R* ||
multa *PRV*, *recc.* : multa enim *recc.* || et... ignorent *PRV*,
recc. : ut ...ignorant *Gron.* ut ...ignorent *Otho* || Ἕλληνα *recc.* :
hellena *PRV*, *recc.* || industriam *V*, *recc.* : inlustriam *R* illustriam
P || successum... fortuna *PRV*, *recc.* : successum... fert for-
tuna *Hosius* succ — fundat fort — Amm., 17, 5, 8 successus
fortunae *Hertz* || 3 primore *PV*, *recc.* : primo *R*, *recc.* || 4 furem
dicit : dicit furem *recc.*

Grecs appellent maintenant κλέπτης, la langue grecque
un peu ancienne le disait φώρ. De là, vue la parenté des
voyelles, ce qui était φώρ en grec est devenu *fur* en
latin. **6.** Mais cela a-t-il échappé à la mémoire de Varron ? ou a-t-il une théorie conséquente et cohérente
selon laquelle *fur* vient de *furuum*, qui veut dire noir ?
Je ne saurais en décider[1] alors qu'il s'agit d'un homme
d'un si éminent savoir.

XIX

Histoire sur les livres sibyllins et le roi Tarquin le Superbe.

1. Voici le souvenir qui nous est conservé sur les
livres sibyllins[2] dans les anciennes annales. **2.** Une
vieille femme étrangère et inconnue vint au roi Tarquin
le Superbe, apportant neuf livres qu'elle disait être des
oracles divins : elle voulait les vendre. **3.** Tarquin
demanda le prix. **4.** La femme réclama une somme
excessive, démesurée. Le roi, pensant que l'âge
avait troublé la raison de la vieille, se mit à rire. **5.**
Alors elle installe devant lui un petit foyer allumé et
brûle trois livres des neuf ; et elle interrogea le roi pour
savoir s'il voulait acheter les six livres qui restaient au
même prix. **6.** Le roi Tarquin en rit encore beaucoup
plus, et dit que la vieille femme délirait alors sans aucun

---

1. On peut constater là la modestie d'Aulu-Gelle et son respect
de l'autorité, mais aussi la faiblesse de son raisonnement. Le doute
introduit dans le dernier paragraphe, en note pour ainsi dire
(cf. *Introduction*, p. 17), infirme tout le chapitre.

2. Sur l'histoire contée ici cf. J. Gagé, *Apollon romain*, p. 26
ss., et les témoignages de Denys d'Halicarnasse, 4, 62, Varron
cité par Lactance (*Diu. Inst.*, 1, 6, 10 s.), Servius (*Aen.* 6, 72),
Dion Cassius (*ap.* Zonaras 7, 11), Jean Lydus (*De mens.* 4, 47).
Denys a la même discrétion qu'Aulu-Gelle, les autres nomment la
femme Amalthea ; pour Lactance celle-ci est expressément la
Sibylle de Cumes.

Nam quod a Graecis nunc κλέπτης dicitur, anti-
quiore Graeca lingua φὼρ dictus est. Hinc per
adfinitatem litterarum, qui φὼρ Graece, est Latine
fur. **6.** Sed ea res fugeritne tunc Varronis memoriam,
an contra aptius et cohaerentius putarit, furem a
furuo, id est nigro, appellari, in hac re de uiro tam
excellentis doctrinae non meum iudicium est.

XIX

**Historia super libris Sibyllinis ac de Tarquinio Superbo
rege.**

1. In antiquis annalibus memoria super libris
Sibyllinis haec prodita est : **2.** Anus hospita atque
incognita ad Tarquinium Superbum regem adiit,
nouem libros ferens, quos esse dicebat diuina
oracula ; eos uelle uenundare. **3.** Tarquinius
pretium percontatus est. **4.** Mulier nimium atque
inmensum poposcit ; rex, quasi anus aetate
desiperet, derisit. **5.** Tum illa foculum coram cum
igni ⸀apponit, tris libros ex nouem deurit et ecquid
reliquos sex eodem pretio emere uellet regem
interrogauit. **6.** Sed enim Tarquinius id multo
risit magis dixitque anum iam procul dubio

---

5 φὼρ : φως *R bis* || dictus est *PRV* : dictum est *Lion* est
dictum *recc.* || 6 putarit *recc.* : putari *PRV*, *recc.*

XIX. *Exstat in TY* || **1** sibyllinis *P*, *recc.* : sybillinis *RTY*
sibillinis *V* || **2** quos esse *TY*, *recc.* : quo sese *RV* quod sese *P*
|| uelle *P* : uelle dixit *RVTY*, *recc.* dixit uelle *recc.* || **4** derisit
PRVTY : risit *recc. p.* deriserit β || **5** coram : coram eo *recc. p.*
|| apponit *PVTY* : aponit *R* apposuit *recc.* posuit *recc.* || tris
RV : tres *PTY* || ecquid *R*, *recc.* : hec quid *VTY* si *P* ||
regem : rex *T*.

doute. **7.** La femme brûla aussitôt sur place trois autres livres, et de nouveau lui demande tranquillement d'acheter les trois livres qui restaient au même prix. **8.** Tarquin prend alors un visage plus sérieux et un esprit plus inquiet, il comprend qu'il ne faut pas traiter à la légère une telle fermeté et une telle confiance en soi, il achète les trois livres qui restaient, exactement au prix qui lui était demandé pour l'ensemble. **9.** La femme quitta alors Tarquin et personne ne la vit plus, cela est établi. **10.** Les trois livres furent placés dans un endroit consacré et appelés livres sibyllins. **11.** Les quindécemvirs [1] s'y adressent comme à un oracle quand il faut consulter les dieux immortels au nom de l'Etat.

XX

Ce que les géomètres appellent plan, ce qu'ils appellent volume, cube, ligne et de quels noms latins on désigne tout cela.

1. Il y a deux genres de figures, ce que les géomètres appellent σχήματα, le plan et le volume. **2.** Ils les nomment quant à eux ἐπίπεδον et στερεόν. Est plan ce qui a des lignes seulement en deux directions, la largeur et la longueur : tels sont le triangle et le carré

---

1. Ce furent d'abord des *duouiri* chargés par Tarquin de consulter les livres sibyllins. Ils y trouvaient des prescriptions propres à conjurer les prodiges annonciateurs de catastrophes. Ces *procurationes* eurent en général un caractère étranger et surtout grec. Ainsi fut introduit le dieu Apollon et la pratique des *lectisternia*, banquets offerts aux images des dieux. Le nombre des prêtres fut porté à dix en — 367 lors des lois *Liciniae* qui les organisèrent en collège, et à quinze par Sylla. (J. Gagé, *Apollon Romain*, p. 442).

delirare. **7.** Mulier ibidem statim tris alios libros exussit atque id ipsum denuo placide rogat, ut tris reliquos eodem illo pretio emat. **8.** Tarquinius ore iam serio atque attentiore animo fit, eam constantiam confidentiamque non insuper haben-dam intellegit, libros tris reliquos mercatur nihilo minore pretio quam quod erat petitum pro omnibus. **9.** Sed eam mulierem tunc a Tarquinio digressam postea nusquam loci uisam constitit. **10.** Libri tres, in sacrarium conditi, ' Sibyllini ' appellati ; **11.** ad eos quasi ad oraculum quinde-cimuiri adeunt, cum di immortales publice consu-lendi sunt.

XX

Quid geometrae dicant ἐπίπεδον, quid στερεόν, quid κύβον, quid γραμμήν ; quibusque ista omnia Latinis uocabulis appellentur.

1. Figurarum quae σχήματα geometrae appellant, genera sunt duo, planum et solidum. **2.** Haec ipsi uocant ἐπίπεδον καὶ στερεόν. ' Planum ' est quod in duas partis solum lineas habet, qua latum est et qua longum ; qualia sunt triquetra et

---

7 tris *RV* : tres *PTY* ‖ exussit : combusit *R* ‖ rogat ut *P* : rogatus *R²V¹TY* rogatam *R¹V²* *recc.* rogauit *V³* *recc.* rogat *recc.* ‖ tris *PRV* : tres *TY* ‖ libros *post* reliquos *add.* *V* ‖ illo *om.* *RTY* ‖ **8** et *ante* libros *add.* *recc.* ‖ tris *PRV* : tres *TY* ‖ **9** digressam : egressam *R* ‖ sibyllini *recc.* : sybillini *PVTY* sibillini *R*.

XX. *Exstat in TY* ‖ *Lemmata c.* 20-26 *om.* *P* ‖ *Lem.* γραμμήν *V* : γραμμήν Graeci *recc.* Graeci *recc.* ‖ ista omnia : omnia ista *recc.* ‖ **1** σχήματα *edd.* : schemata *PRVTY* *recc.* σκηματα *recc.* ‖ **2** καὶ *recc.* : κ *PVTY* ‖ στερεόν *PV* : στεον *TY*.

qui s'inscrivent sur une surface sans hauteur. **3.** Il y a un volume quand les éléments linéaires ne forment pas seulement des longueurs et des largeurs planes, mais s'élèvent aussi en hauteur : telles sont, on peut le dire, les bornes triangulaires que les Grecs appellent pyramides, ou les figures carrées de tous côtés qu'ils nomment κύβους, et nous *quadrantalia*. **4.** Le cube est en effet une figure carrée de tous côtés : « Comme sont, dit Varron [1], les dés avec lesquels on joue sur une table à jeux, aussi ont-ils été nommés eux-mêmes cubes ». **5.** En arithmétique aussi on parle de cubes quand un nombre peut former une figure dont tout côté est un produit de deux facteurs égaux, ce qui se passe quand on compte trois fois trois et que ce nombre lui-même est multiplié par trois.

6. Le cube du nombre trois contient la puissance du circuit lunaire, d'après Pythagore, parce que la lune parcourt son orbite en vingt-sept jours, et que le nombre trois qui se dit τριάς en grec, produit le même nombre s'il est porté au cube.

7. Les Latins appellent *linea*, ce que les Grecs nomment γραμμή, ligne. **8.** Varron la définit [2] ainsi : « Une ligne, dit-il, est une longueur sans largeur ni hauteur». **9.** Euclide est plus bref [3], et laisse de côté la hauteur : « Γραμμή, c'est, dit-il, μῆκος ἀπλατές, une longueur sans largeur », ce qu'on ne pourrait exprimer en latin en un seul mot, à moins d'oser dire *inlatabile*.

1. Frag., p. 350 Bipont.
2. Frag., p. 337 Bipont.
3. Euclide, *Defin.*, 1, 2.

quadrata, quae in area fiunt, sine altitudine.
3. Solidum est quando non longitudines modo et
latitudines planas numeri linearum efficiunt, sed
etiam extollunt altitudines, quales sunt ferme
metae triangulae quas pyramidas appellant, uel
qualia sunt quadrata undique, quae κύβους illi,
nos quadrantalia dicimus. 4. Κύβος enim est
figura ex omni latere quadrata : « Quales sunt,
inquit M. Varro, tesserae quibus in alueolo luditur,
ex quo ipsae quoque appellatae κύβοι. » 5. In
numeris etiam similiter κύβος dicitur, cum omne
latus eiusdem numeri aequabiliter in se soluitur,
sicuti fit cum ter terna ducuntur atque ipse
numerus terplicatur.

6. Huius numeri cubum Pythagoras uim
habere lunaris circuli dixit, quod et luna orbem
suum lustret septem et uiginti diebus et numerus
ternio, qui τριὰς Graece dicitur, tantundem efficiat
in cubo.

7. Linea autem a nostris dicitur, quam γραμμὴν
Graeci nominant. 8. Eam M. Varro ita definit :
« Linea est, inquit, longitudo quaedam sine latitu-
dine et altitudine ». 9 Εὐκλείδης autem breuius, prae-
termissa altitudine : « Γραμμή, inquit, est μῆκος
ἀπλατές, » quod exprimere uno Latine uerbo non
queas, nisi audeas dicere ʽ inlatabile ʼ.

---

2 fiunt *PRV* *recc.* : sunt *TY* || 3 metae triangulae *PR* : metre-
tri ang — *V* metreti ang — *T* metreti anguli *et* metae trianguli
recc. || κύβους *edd.* : cybos *RVTY* cibos *P* || illi : illi uocant *R* || 4
κύβοι *PRV*: κυβου *Y* κυβοι sunt *T* || 5 aequabiliter *PV* : aequaliter
RTY, *recc.* || in se soluitur *VTY*: in sese soluitur *P*, *recc.* in se
resoluitur *R* || idem *ante* ipse *add. recc.* || terplicatur: triplicatur
recc. || 6 cubum *recc.* : cybum *RTY* cibum *PV* || et numerus : qui
numerus *recc. p.* || ternio *recc.* : triennio *PRVTY*, *recc.* || τριὰς
recc. edd. : trias *PRVTY* || 7 γραμμὴν *recc.* : grammen *PRVTY* |
8 eam *recc.* : ea *PRVTY* || 9 latine *PVTY*, *recc.*: latino *R*, *recc.*

XXI

Que Julius Hyginus affirme de la façon la plus formelle avoir lu un manuscrit provenant de la famille de Virgile où il était écrit : « *Et ora tristia temptantum sensu torquebit amaror*, l'amertume tordra les visages tendus de qui la goûtera », et non ce qu'on lit d'ordinaire : « *Sensu torquebit amaro*, les tordra d'une sensation amère ».

1. Presque tout le monde lit ainsi ces vers des *Géorgiques* de Virgile :

> « *At sapor indicium faciet manifestus, et ora*
> *Tristia temptantum sensu torquebit amaro.*

Sa saveur servira de témoignage incontestable, tordra les visages tendus de qui la goûtera, d'une sensation amère ». **2.** Mais Hygin [1], grammairien de vaste renom, ma foi, affirme et assure dans les notes qu'il a composées sur Virgile que le poète n'a pas laissé cela, mais ce qu'il a trouvé lui-même dans un livre qui provenait de la maison et de la famille de Virgile :

> « *Et ora*
> *tristia temptantum sensus torquebit amaror,*

l'amertume tordra les visages tendus de qui la goûtera ». **3.** Et cette leçon n'a pas été approuvée seulement par Hygin, mais aussi par certains autres érudits, car il semble choquant de dire « *sapor sensu amaro torquet*, la saveur tord d'une sensation amère » puisque la saveur, disent-ils, est en elle-même une sensation, qu'elle ne porte pas en soi une autre sensation, et que c'est comme si l'on disait : *sensus sensu amaro torquet*. **4.** Comme j'avais lu à Favorinus la note d'Hygin et

---

1. Sur Hygin, cf. plus haut, 14, 1 et la n. Il s'agit des *Géorgiques*, 2, 246 s. *Amaro* est mieux attesté par nos manuscrits de Virgile, mais *amaror* a été préféré par Servius, et les éditeurs modernes se sont partagés.

XXI

Quod Iulius Hyginus affirmatissime contendit, legisse se librum P. Vergilii domesticum, *ubi* scriptum esset : « Et ora tristia temptantum sensus torquebit amaror », non quod uulgus legeret « sensu torquebit amaro ».

1. Versus istos ex ' Georgicis ' Vergilii plerique omnes sic legunt :

> At sapor indicium faciet manifestus et ora
> Tristia temptantum sensu torquebit amaro.

2. Hyginus autem, non hercle ignobilis grammaticus, in commentariis quae in Vergilium fecit, confirmat et perseuerat, non hoc a Vergilio relictum, sed quod ipse inuenerit in libro qui fuerit ex domo atque familia Vergilii :

> et ora
> Tristia temptantum sensus torquebit amaror,

3. neque id soli Hygino, sed doctis quibusdam etiam uiris complacitum, quoniam uidetur absurde dici : «Sapor sensu amaro torquet ». «Cum ipse, inquiunt, sapor sensus sit, non alium in semet ipso sensum habeat ac proinde sit quasi dicatur : « sensus sensu amaro torquet ». **4.** Sed enim cum Fauorino Hygini commentarium legissem atque

XXI. *Lem.* ubi *Hertz* : *om. V, recc.* || esset *V* : esse *recc.* || sensus : sensu *recc.* || amaror *recc.* : amaro *V* || **1** uersus : uersiculos *R* || temptantum *VR, recc.* : temptatum *P* tentatum *recc.* || **2** quod *R recc.* : quid *PV, recc.* || atque *PR, recc.* : atque ex *V, recc.* et *recc.* || sensus *PV* : sensu *R, recc., cf.* Verg., Macr. 6, 1, 47 || amaror : amaro *recc. p.* || **3** uidetur : uidebatur *R* || proinde sit *RV, recc.* : proinde si *P* proinde sic *recc.* || **4** Fauorino... legissem : Fauorinus... legisset β.

que lui avait déplu tout aussitôt cette expression inhabituelle et sans charme, *sensu torquebit amaro,* il rit et : « Par Jupiter Lapis, dit-il, ce qui passa pour le plus sacré des serments [1], je suis prêt à jurer que Virgile n'a jamais écrit cela ; mon avis c'est qu'Hygin a raison ». 5. Virgile n'a pas formé ce mot le premier et sans précédent, il l'a trouvé dans les poèmes de Lucrèce, attachant un grand prix à l'autorité d'un poète dont le génie et l'éloquence sont hors de pair. » 6. Voici la citation tirée du livre quatre de Lucrèce [2] :

« *Dilutaque contra*
Cum tuimur misceri absinthia, tangit amaror.

Quand nous regardons mélanger l'infusion d'absinthe, l'amertume vient nous toucher ». Or Virgile a emprunté, non seulement des mots isolés, mais des vers presque entiers et aussi de nombreuses passages de Lucrèce, nous le constatons.

XXII

Si celui qui plaide une cause peut employer le verbe *superesse* **pour dire qu'il assiste ceux qu'il défend, et ce qu'est proprement** *superesse.*

1. Il s'est incrusté et invétéré un sens faux et étranger à ce mot quand on dit : « *Hic illi superest*», pour indiquer que quelqu'un est l'avocat d'un autre et défend sa

---

1. Cf. Polyb., 3, 25, qui, à propos de la conclusion du traité entre Rome et Carthage, déclare que les Romains invoquèrent Δία λίθον (*Iouem lapidem*), Arès et Enyalius (Mars et Quirinus). Celui qui prêta le serment tenait une pierre en mains et appelait sur lui des malédictions au cas où il ne tiendrait pas son serment, priant pour qu'en ce cas son pays ne subît aucun dommage. Festus donne le même témoignage : « *Lapidem silicem tenebant iuraturi per Iouem, haec uerba dicentes* : «*Si sciens fallo, tum me Diespiter, salua urbe arceque, bonis eiciat uti ego hunc lapidem* » (p. 115 M). Cf. Plutarque, *Sulla,* 10.

Ce n'est donc pas sans raison que l'on a voulu voir dans l'expression *iurare Iouem lapidem* un verbe muni de deux compléments distincts : jurer par Jupiter le serment de la pierre. Mais on préfère généralement penser que les pierres de foudre ont pu passer pour contenir le *numen* de Jupiter.

2. 223 s.

ei statim displicita esset insolentia et insuauitas
illius « *sensu torquebit* amaro », ris*it et* : « Iouem
lapidem, inquit, quod sanctissimum iusiurandum
habitum est, paratus sum ego iurare Vergilium
hoc numquam scripsisse, sed Hyginum ego uerum
dicere arbitror. **5.** Non enim primus finxit hoc
uerbum Vergilius insolenter, sed in carminibus
Lucreti inuentus est, non aspernatus auctoritatem poetae ingenio et facundia praecellentis ».

6. Verba ex IV. Lucreti haec sunt :

> dilutaque contra
> Cum tuimur misceri absinthia, tangit amaror.

7. Non uerba autem sola, sed uersus prope totos et
locos quoque Lucreti plurimos sectatum esse
Vergilium uidemus.

XXII

An qui causas defendit recte Latineque dicat « superesse
se » is quos defendit ; et « superesse » proprie quid sit.

1. Inroborauit inueterauitque falsa atque aliena
uerbi significatio, quod dicitur : « Hic illi superest »,
cum dicendum est aduocatum esse quem cuipiam
causamque eius defendere. **2.** Atque id dicitur
non in compitis tantum neque in plebe uulgaria,
sed in foro, in comitio, apud tribunalia. **3.** Qui

---

4 illius sensu torquebit amaro risit et β : amaroris *PRV,recc.* || lapi-
dem β : lapideum *PRV,recc.* || habitum est *PV* : est hab − *R, recc.*
|| 5 inuentus est non *PRV* : inuento usus est non *Ehrenthal*
inuentum est non *recc.* inuentum est nec β || 6 cum tuimur *PV*
Lucr. : contuimur *R* β *recc.* connitimur *et* committimur *recc.*

XXII. *Lem.* se *add. Carrio* || is quos *Hertz* : id quod *V, recc.*
ei quod *Carrio* iis quos *Gron.* || **1** quem cuipiam : quempiam *P.*

cause. 2. Et cela se dit non seulement dans les carrefours et dans le bas peuple, mais au forum, au comitium, auprès des tribunaux. 3. Or ceux qui ont parlé purement ont en général employé *superesse* pour dire par ce mot, être superflu, être surabondant et au delà de la mesure nécessaire. 4. Ainsi Varron dans la satire intitulée *Tu ignores ce que le soir amène* [1], emploie *superfuisse* pour « être sans mesure et à contretemps ». 5. Voici ce qu'il dit dans ce livre : « Dans un banquet on ne doit pas tout lire, on doit choisir de préférence des textes utiles à la conduite de la vie et agréables en même temps, de façon qu'ils paraissent plutôt ne pas manquer, qu'être en surabondance, *superfuisse* ». 6. Je me souviens, quant à moi, avoir assisté à l'audience d'un préteur, homme cultivé : un avocat non sans réputation, plaidait pour le demandeur, sans entrer dans la cause et sans toucher l'objet du litige. Alors le préteur dit à celui dont l'intérêt était en jeu, qu'il n'avait pas d'avocat, et comme l'orateur protestait : « C'est moi illustre seigneur, qui l'assiste », le préteur répondit avec esprit : « *Tu plane superes, non ades.* Tu es à côté et non à ses côtés ».

7. Cicéron dans un livre intitulé *Comment faire un traité de droit civil* [2], a écrit ces mots : « Quintus Aelius Tubero [3] ne fut certes pas inférieur à ses ancêtres en science juridique, il les surpassa même par sa culture, *doctrina etiam superfuit* ». En ce lieu *superfuit* paraît signifier; « Il fut au dessus de ses ancêtres, il l'emporta

---

1. Frag., 340 Bücheler. Le chapitre 13, 11 des *Nuits* est consacré à cette *Satire Menippée* de Varron.
2. Cet ouvrage perdu de Cicéron est mentionné par Charisius (Keil, I, p. 138, 13) et Quintilien (12, 13, 10) fait allusion à une œuvre didactique juridique de Cicéron.
3. Tubero fut à la fois un juriste (cf. 14, 2, 20 ; 14, 7, 13, etc.) et un historien (7, 3, 1 ; 7, 4, 2, etc.) dont Tite-Live cite le nom parmi ses sources. Son père avait été légat de Cicéron en Asie. Cf. Cicéron, *Lig.* 21 et H. Bardon, *La Littérature latine inconnue*, I, 261.

integre autem locuti sunt magnam partem
' superesse ' ita dixerunt, ut eo uerbo significarent
superfluere et superuacare atque esse supra
necessarium modum. 4. Itaque M. Varro, in
satura quae inscripta est « Nescis quid uesper
uehat », ' superfuisse ' dicit «immodice et intempestiue fuisse». 5. Verba ex eo libro haec sunt:
« In conuiuio legi nec omnia debent et ea potissimum, quae simul sint βιωφελῆ et delectent, potius
ut id quoque uideatur non defuisse *quam super-*
fuisse ». 6. Memini ego praetoris, docti hominis,
tribunali me forte assistere atque ibi aduocatum
non incelebrem sic postulare, ut extra causam
diceret remque quae agebatur non attingeret.
Tunc praetorem ei cuia res erat dixisse aduocatum eum non habere, et cum is qui uerba faciebat
reclamasset : « Ego illi V. C. supersum », respondisse praetorem festiuiter : « Tu plane superes,
non ades ».

7. M. autem Cicero, in libro qui inscriptus est
de Iure Civili in artem redigendo, uerba haec
posuit : « Nec uero scientia iuris maioribus suis
Q. Aelius Tubero defuit, doctrina etiam superfuit ». In quo loco ' superfuit ' significare uidetur
« supra fuit et praestitit superauitque maiores
suos doctrina sua, superfluenti tamen et nimis

---

3 significarent *recc.* : significare *PRV*, *recc.* ‖ **4** uesper :
uesper serus GELL. 13, 11, 1 ‖ **5** nec : non GELL. 13, 11,
5 ‖ et ea : sed ea GELL. 13, 11, 5 ‖ sint : sunt *recc. p.*
‖ potius : et pocius *V* ‖ quam superfuisse *Carrio* : quam ut
superfuisse *Hertz* quod superfuisse β, *om. PRV, recc.* ‖ **6** extra
causam *PRV* : extra quam causam *recc.* quam causam *recc.* ‖
praetorem *om. recc. p.* ‖ ei *om. recc. p.* ‖ cuia : cui *P* ‖ **7** inscriptus : scriptus *recc. p.* ‖ posuit : composuit *V* ‖ q. aelius : q.
laelius *recc. p.*

sur eux et les dépassa par sa culture qui était cependant superflue et excessive : Tubero était rompu aux doctrines stoïciennes et dialectiques. **8.** Dans le deuxième livre du *de Republica* [1] Cicéron fait du mot lui-même, un emploi sur lequel il faut s'attarder. Voici ses paroles dans ce livre : « Je ne serais pas mécontent, Lælius, si je ne pensais que les personnes présentes désirent, et si je ne souhaitais quant à moi que tu traites, toi aussi, quelque partie du sujet dont nous parlons, surtout alors que tu as dit toi-même hier avoir de quoi nous lasser, *nobis superfuturum*. Mais il est impossible que tu nous lasses ; ne nous fais pas défaut, nous t'en prions tous ».

9. Julius Paulus [2], une des personnes les plus érudites que j'aie connues, disait avec finesse et science que la valeur de *superesse* n'était pas unique, ni en latin ni en grec : les Grecs employaient περισσόν dans les deux sens, ou superflu et sans nécessité, ou trop abondant, débordant et qui regorge. **10.** De même les anciens Latins ont dit *superesse*, tantôt pour superflu, sans emploi, sans réelle nécessité, comme dans la citation de Varron donnée plus haut, tantôt, comme Cicéron, pour ce qui dépassait le reste en abondance et en ressources, et se répandait cependant démesurément, largement et à grands flots, au delà du suffisant. **11.** Celui donc qui

---

1. En réalité au IIIe livre, a justement pensé Mai, les deux premiers livres se passant le 1er jour : 3, 21, 32. Il s'agit de l'invitation à la suite de laquelle Laelius démontre la nécessité de la justice dans la politique.
2. Sur Julius Paulus, cf. 5, 4, 1 ; 16, 10, 9 ; 19, 7, 1.

abundanti », disciplinas enim Tubero stoicas et
dialecticas percalluerat. **8.** In libro quoque ' de
Republica ' secundo id ipsum uerbum Cicero ponit
non temere transeundum. Verba ex eo libro haec
sunt : « Non grauarer, Laeli, nisi et hos uelle
putarem et ipse cuperem te quoque aliquam
partem huius nostri sermonis attingere, praesertim
cum heri ipse dixeris te nobis etiam superfuturum.
Verum id quidem fieri non potest ; ne desis omnes
te rogamus ».

9. Exquisite igitur et comperte Iulius Paulus
dicebat, homo in nostra memoria doctissimus,
' superesse ' non simplici ratione dici tam Latine
quam Graece ; Graecos enim περισσὸν in utramque
partem ponere, uel quod superuacaneum esset ac
non necessarium, uel quod abundans nimis et
affluens et exuberans. **10.** Sic nostros quoque
ueteres ' superesse ' alias dixisse pro superfluenti
et uaciuo neque admodum necessario, ita ut
supra posuimus Varronem dicere, alias ita ut
Cicero dixit, pro eo quod copia quidem et facultate
ceteris anteiret, super modum tamen et largius
prolixiusque flueret quam esset satis. **11.** Qui

---

7 *a* ⟨ stoi ⟩ cas *incipit A* ‖ et *ante* dialecticas *om. A* ‖
8 in... secundo *om. A* ‖ de republica *edd.* : de re p. *recc. p.*
PRV, recc., om. recc. ‖ Cicero ponit *A* : Ciceronis *PRV, recc.* ‖
laeli : labei *R* ‖ et *ante* hos *om. A* ‖ et ipse cuperem *om. A* ‖
attingere : attingeret *P* ‖ etiam superfuturum *A* : etiam futurum
PRV, recc. ‖ id : si id *edd.* ‖ **9** Graecos *om. recc.* ‖ περισσὸν
PV : πηρυσσον *R* περιεῖναι *recc.* ‖ non *ante* necessarium *om.*
A ‖ quod *ante* abundans *om. A recc. p.* ‖ affluens *PV, recc.* :
afluens *AR* ‖ exuberans *Hertz* : exuperans *PRV, recc.* exsuperans
edd. ‖ **10** nostros quoque ueteres *APRV* : quoque nostros ueteres
recc. quoque uet- nost- *recc.* ‖ uaciuo *A* : uacibo *PV* uacuo *R,*
recc. ‖ ita *primum om. R* ‖ ceteris ante *om. A* ‖ **11** qui *om. A.*

dit *superesse se*, qu'il assiste celui qu'il défend, ne veut rien dire de cela, mais donne au mot je ne sais quel sens inconnu et absurde. **12.** Et il ne pourra pas même s'autoriser de Virgile qui a dit dans les *Géorgiques* : « Le premier, j'amènerai avec moi, dans ma patrie, pourvu qu'il me reste assez de vie (*modo uita supersit*)... ». Car dans ce passage Virgile s'est servi du mot sans beaucoup de soin puisqu'il a dit *supersit* pour « rester présent plus longuement, plus de temps »[1], **13.** et le passage suivant du même Virgile [2] est notablement préférable : « Ils lui coupent des herbes florissantes, lui servent des eaux courantes, afin qu'il ne soit pas inférieur à sa tâche caressante (*ne blando nequeat superesse labori*) ». Le mot signifie être supérieur à sa tâche et ne pas être accablé par elle.

14. Nous nous demandions si les anciens ont dit *superesse*, pour rester et manquer à l'achèvement de l'ouvrage. **15.** Salluste ne se sert pas dans ce sens de *superesse*, mais de *superare*. Voici un exemple du *Jugurtha*[3] : « Il conduisait l'armée très souvent sans le roi et accomplissait tout ce qui était de trop (*superauerant*) pour Jugurtha fatigué ou retenu par des besognes plus importantes ». **16.** Mais nous trouvons au troisième livre des *Annales* d'Ennius dans ce vers [4] : « Alors il se rappelle un travail qu'il lui reste (*unum superesse laborem.*) » Le sens est ici « être de reste et subsister », et, puisqu'il en est ainsi, il faut diviser dans

---

1. *Georg.*, 3, 10. Il s'agit en réalité du sens très normal, être de reste, et il n'y a pas de distinction à faire avec *unum superesse laborem*, cité § 16.
2. *Georg.*, 3, 126.
3. 70, 2.
4. 159 Vahlen.

dicit ergo superesse se ei quem defendit, nihil istorum uult dicere sed nescio quid aliud indictum inscitumque dicit. **12.** Ac ne Vergilii quidem poterit auctoritate uti, qui in 'Georgicis' ita scripsit :

> Primus ego in patriam mecum, modo nita supersit...

Hoc enim in loco Vergilius ἀκυρότερον eo uerbo usus uidetur, quod 'supersit' dixit pro « longinquius diutiusque adsit », **13.** illudque contra eiusdem Vergilii aliquanto est probabilius :

> Florentisque secant herbas fluuiosque ministrant
> Farraque, ne blando nequeat superesse labori ;

significat enim supra laborem esse neque opprimi a labore.

14. An autem 'superesse' dixerint ueteres pro « restare et perficiendae rei deesse », quaerebamus. **15.** Nam Sallustius in significatione ista non 'superesse', sed 'superare' dicit. Verba eius in Iugurtha haec sunt : « Is plerumque seorsum a rege exercitum ductare et omnis res exsequi solitus erat, quae Iugurthae fesso aut maioribus astricto superauerant ». **16.** Sed inuenimus in tertio Ennii 'Annalium' in hoc uersu :

> Inde sibi memorat unum super esse laborem,

id est reliquum esse et restare, quod, quia id est,

---

11 superesse se ei *PRV* : superesse ei *A, recc.* superesse et *recc.* superesset ei *recc.* ‖ indictum: indoctum *Falster* ‖ inscitum : insuetum *Cornelissen* ‖ **12** ac : at *recc.* ‖ adsit *A, recc.* : assit *PR²V, recc.* sit *R¹, recc.* ‖ **13** illudque *edd.* : illutque *A* illud *PRV recc.* ‖ *cum uerbo* blando *desinit A* ‖ **15** is *recc.* : his *PRV* qui *Sall.* ‖ seorsum *om. recc.* ‖ **16** quia id est *PRV, recc.* : quidem *Ald.*

la prononciation de façon à faire non un seul mot mais deux. **17.** Cependant Cicéron, dans la deuxième *Philippique*[1], dit non pas *superesse* mais *restare* pour être de reste.

18. En outre nous trouvons *superesse* au sens d'être survivant. **19.** Il y en a un exemple dans le livre des lettres de Cicéron à Plancus[2] et dans une lettre de Marcus Asinius Pollion à Cicéron[3], en voici les termes : « Car je ne veux ni manquer à la République ni lui survivre (*neque deesse... neque superesse*). » Par quoi il indique que si la République meurt et périt il ne veut plus vivre. **20.** Dans l'*Asinaire* de Plaute[4] ce sens apparaît plus clairement aux premiers vers de la comédie : « Oui, vraiment si tu veux que ton fils, ton seul fils, survive à ton trépas, te restant sain et sauf » (*superesse sospitem et superstitem*). **21.** Il faut donc prendre garde non seulement à l'impropriété du terme mais aussi au mauvais présage, quand un avocat un peu âgé déclare *superesse se* (assister ou survivre) à un client jeune.

XXIII

Qui fut Papirius Praetextatus, quelle est la cause de ce surnom ; et toute l'histoire, agréable à connaître, de ce même Papirius.

1. L'histoire de Papirius Praetextatus est racontée

---

1. 29, 71 : *cum praesertim belli pars tanta restaret*. Nous appelons *Philippiques* les discours d'invective contre Antoine désignés par Aulu-Gelle du nom de leur véritable destinataire *Antonianae*.

2. Lucius Munatius Plancus, qui fonda Lyon en 44, trahit Cicéron et se rallia à Antoine et Lépide qu'il était chargé de combattre. Sa correspondance avec Cicéron occupe la plus grande partie du livre X des *Ep. ad Familiares*.

3. *ad Fam.*, 10, 33, 5. Le prénom d'Asinius Pollion était en réalité Caius. Sur Asinius Pollion, cf. J. André, *La vie et l'œuvre de C. Asinius Pollion*, Paris, Klincksieck, 1950.

4. 16.

diuise pronuntiandum est, ut non una pars
orationis esse uideatur, sed duae. **17.** Cicero autem
in secunda ' Antonianarum ', quod est reliquum,
non ' superesse ', sed ' restare ' dicit.

18. Praeter haec ' superesse ' inuenimus dictum
pro ' superstitem esse '. **19.** Ita enim scriptum est
in libro epistularum M. Ciceronis ad L. Plancum,
et in epistula M. Asini Pollionis ad Ciceronem,
uerbis his : « Nam neque deesse reipublicae uolo
neque superesse », per quod significat, si respu-
blica emoriatur et pereat, nolle se uiuere. **20.** In
Plauti autem ' Asinaria ' manifestius id ipsum
scriptum est in his uersibus, qui sunt eius
comoediae primi :

> Sicut tuum uis unicum gnatum tuae
> Superesse uitae sospitem et superstitem.

21. Cauenda igitur est non improprietas sola
uerbi, sed etiam prauitas ominis, si quis senior
aduocatus adulescenti ' superesse se ' dicat.

XXIII

**Quis fuerit Papirius Praetextatus ; quae istius causa
cognomenti sit ; historiaque ista omnis super eodem Papirio
cognitu iucunda.**

1. Historia de Papirio Praetextato dicta scripta-

---

16 est *post* pronuntiandum *om. R* || **17** antonianarum *recc.* :
antoniarum *PRV, recc.* || **19** et *del. Carrio* || m. *ante* asinii *del.
Gron.* || **20** uersibus qui *PVR*[2] β *recc.* : uerbis qui *R*[1] uerbis
quae *recc.* || primi : prima *edd.* || sospitem : hospitem *recc. p.* ||
21 ominis *recc.* : omnis *PRV, recc.* hominis *recc.* || se *om. recc. p.*

XXIII. *Exstat in TY.*

et consignée par Caton, dans le discours qu'il tint *Aux soldats contre Galba* [1] avec beaucoup de charme, d'éclat et de pureté dans le style. **2.** J'aurais cité les termes de Caton dans cet essai, si j'avais eu le livre à portée de la main, quand j'ai dicté ces lignes. **3.** Si, renonçant à la valeur et à la beauté du style, vous vous contentez de connaître le fait en lui-même, voici à peu près ce qu'il en est : **4.** « Jadis les sénateurs à Rome avaient coutume d'entrer à la Curie avec leurs fils encore vêtus de la prétexte. **5.** Un jour qu'on avait délibéré sur une affaire assez importante et qu'on l'avait renvoyée au lendemain, il fut décidé que personne ne parlât du sujet traité avant qu'une décision fût prise. La mère du jeune Papirius qui avait été à la Curie avec son père, demanda à son fils ce que les sénateurs avaient fait. **6.** L'enfant répondit qu'il fallait le taire et qu'il était interdit de le dire. **7.** Le désir de savoir croît chez la femme ; le secret de l'affaire et le silence de l'enfant fouettent son ardeur à interroger. Elle demande avec plus d'insistance et de violence. **8.** Alors l'enfant, sa mère le pressant, se décide à un joli et spirituel mensonge. « On a discuté au Sénat, dit-il, s'il paraissait plus utile et plus conforme à l'intérêt de la République qu'un homme eût deux femmes, ou qu'une femme fût mariée à deux hommes. » **9.** Quand la mère entend cela, elle prend peur ; tremblante elle sort de

---

1. Frag., 39 Jordan. Sur Galba et les attaques de Caton contre lui, cf. plus haut 1, 12, 17 n. 2.

que est a M. Catone in oratione qua usus est
' ad milites contra Galbam ', cum multa quidem
uenustate atque luce atque munditia uerborum.
2. Ea Catonis uerba huic prorsus commentario
indidissem, si libri copia fuisset id temporis, cum
haec dictaui. **3.** Quod si non uirtutes dignitatesque
uerborum, sed rem ipsam scire quaeris, res ferme
ad hunc modum est : **4.** Mos antea senatoribus
Romae fuit in curiam cum praetextatis filiis
introire. **5.** Tum, cum in senatu res maior quaepiam
consultata eaque in diem posterum prolata est,
placuit ut eam rem super qua tractauissent ne
quis enuntiaret priusquam decreta esset. Mater
Papirii pueri, qui cum parente suo in curia fuerat,
percontata est filium quidnam in senatu patres
egissent. **6.** Puer respondit tacendum esse neque
id dici licere. **7.** Mulier fit audiendi cupidior ;
secretum rei et silentium pueri animum eius ad
inquirendum euerberat ; quaerit igitur compressius
uiolentiusque. **8.** Tum puer, matre urgente, lepidi
atque festiui mendacii consilium capit. Actum in
senatu dixit, utrum uideretur utilius exque republica esse unusne ut duas uxores haberet, an ut
una apud duos nupta esset. **9.** Hoc illa ubi

---

1 uenustate : uetustate *P* || luce atque : luce ae *recc. p.* ||
2 uerba *om. TY* || temporis : tempore *R.* || **4** *a* mos *usque ad*
decreta esset *om. R* || *Inde a* mos antea *usque ad* prudentiam
(13) Macrobivs *descripsit* (1, 6, 19-25) || curiam Macr. : curia
PVTY recc., || **5** tum cum *PVTY, recc.* : tamen cum *recc. p.*
tumque *Gron., om.* Macr.||quaepiam *PV, recc.* : quempiam *T,
recc.* || placuit Macr. : placuitque *PVTY, recc.* || parente : patre
R || **7** pueri : deberi puer affirmans β || animum : animumque
recc. || **8** dixit : dicit *recc. p.* || exque republica *recc.* : exequere
p. *PRV* exquirere p. *T* magisque e republica Macr. || **9** ubi :
ut *recc.*

chez elle et va trouver les autres matrones. **10.** Le
lendemain arrivent au Sénat les mères de famille en
troupe : elles pleurent, prient et supplient qu'une femme
soit mariée à deux hommes, plutôt que deux femmes à
un homme. **11.** Les sénateurs qui entraient à la Curie
se demandaient avec étonnement ce qui prenait les
femmes et le sens de leur pétition. **12.** Le petit Papirius
s'avance au milieu de la Curie et raconte l'affaire comme
elle s'était passée, les instances de sa mère pour être
informée, ce qu'il lui avait dit. **13.** Le Sénat fait fête à
l'enfant pour sa fidélité à la parole donnée et pour son
esprit, il prend un senatus consulte interdisant aux
enfants d'entrer désormais à la Curie avec leur père[1], à
l'exception du seul Papirius, et on lui donna ensuite le
surnom honorifique de Praetextatus pour sa sagesse à
se taire et à parler, à l'âge de la robe prétexte.

XXIV

**Trois épitaphes de trois poètes anciens, Naevius, Plaute et
Pacuvius, qu'ils firent eux-mêmes et qu'on grava sur leur
tombe.**

1. En raison de leur renommée et de leur charme,
j'ai pensé que je devais transcrire dans ces notes les
épitaphes de trois poètes illustres, Gnaeus Naevius,
Marcus Plautus, Marcus Pacuvius qu'ils firent eux-

---

1. L'usage ancien de faire entrer les enfants à la Curie avec
leur père est mentionné par Polybe (3, 20, 3) qui cite en les
critiquant les écrits de Caereas et de Sosylos. D'autre part
Auguste autorisa les fils de sénateurs qui avaient pris la toge
virile, à suivre les débats du Sénat (Suétone, *Aug.* 38). Mais
Pline (*Ep.* 18, 4) parle d'un usage ancien. Il est vraisemblable que
l'usage ancien maintenait les fils de sénateurs aux portes de la
Curie, mais que les conditions d'âge ont varié à travers les siècles
et qu'à certaines époques ces jeunes gens ont pu être admis à
l'intérieur de la Curie.

audiuit, animus compauescit, domo trepidans egre-
ditur ad ceteras matronas ; **10.** peruenit ad
senatum postridie matrum familias caterua.
Lacrimantes atque obsecrantes orant una potius
ut duobus nupta fieret quam ut uni duae. **11.**
Senatores, ingredientes in curiam, quae illa
mulierum intemperies et quid sibi postulatio
istaec uellet, mirabantur. **12.** Puer Papirius in
medium curiae progressus, quid mater audire
institisset, quid ipse matri dixisset, rem, sicut
fuerat, denarrat. **13.** Senatus fidem atque ingenium
pueri exosculatur, consultum facit uti posthac
pueri cum patribus in curiam ne introeant, praeter
ille unus Papirius, atque puero postea cognomentum honoris gratia inditum Praetextatus ob
tacendi loquendique in aetate praetextae pru-
dentiam.

XXIV

Tria epigrammata trium ueterum poetarum, Naeuii,
Piauti, Pacuuii, quae facta ab ipsis sepulcris eorum incisa
sunt.

1. Trium poetarum inlustrium epigrammata,
Cn. Naeuii, Plauti, M. Pacuuii, quae ipsi fecerunt

---

9 animus : animo Macr. || compauescit: com expavescit *T* ||
10 peruenit *PRVTY*, *recc.* : perfert uenit *Klotz* defert quod
audierat perueniunt β adfert Macr. || caterua : — uae confluunt
Macr. || **11** in *ant.* curiam *om.* Macr. || istaec *PR²Y* : ista hec
TV ista *R¹*, *recc.* illa *recc.* || **12** progressus *PR²VT* : introgres-
sus *R¹* digressus β || **13** exosculatur *PVT*, *recc.* : exosculatus
RY, *recc. p.* deosculatus β || ne : non *recc. p.* || praeter : nisi
recc. || atque *PVTY* : hocque *R* eique Macr. || inditum *VTY* : in-
dictum *PR* || praetextae *PRVTY* : praetexta Macr. praetextata
recc.

XXIV. *Exstat in TY* || *Lem.* eorum *V* : ipsorum *recc.*

mêmes et laissèrent pour être gravées sur leur tombe. 2. L'épitaphe de Naevius est pleine de l'orgueil campanien [1] et pourrait être un témoignage juste, si elle n'avait été écrite par le poète lui-même : « S'il n'était interdit aux dieux immortels de pleurer les mortels, Naevius le poète aurait été pleuré des divines Camènes. Depuis qu'il fut remis aux prisons de l'Orchus, à Rome on ne sait plus le langage latin [2] ». 3. L'épitaphe de Plaute dont nous aurions douté qu'elle fût de Plaute si elle n'avait été mise par Varron dans le premier livre de son ouvrage *Sur les Poètes* [3] : « Depuis que Plaute a rencontré la mort, la scène est délaissée ; les Ris, les Jeux et la Plaisanterie, la comédie est désolée et les rythmes sans nombre [4], en pleurs tous éclatèrent ». 4. L'épigramme de Pacuvius [5] est très réservée et très pure, digne de son sérieux si distingué : « Même pressé, jeune homme, elle t'en prie, regarde et lis l'inscription sur cette pierre : Ici gisent les os du poète Marcus Pacuvius. Adieu, je voulais t'en informer ».

---

1. Nous n'avons pas d'autre témoignage sur l'orgueil campanien, mais celui de Naevius est assez connu qui avait osé s'en prendre à la puissante famille des Metelli elle même. Le morceau paraît écrit en saturniens.

2. Il s'agit d'une formule hyperbolique bien plutôt que d'une protestation contre l'hellénisation de la poésie latine à l'époque d'Ennius.

3. Le *de poetis* de Varron est mentionné plusieurs fois par Aulu-Gelle (17, 21, 43). Mais il n'est attesté par aucun autre témoignage. Pour scander l'épigramme il faut lire *desertā* avec *a* long, et, ce qui est plus banal, supprimer l'*s* final de *ludus*.

4. Figure étymologique, *numeri innumeri*, comme les aimaient Plaute et les anciens poètes latins, les deux homonymes étant pris dans des sens différents. Il peut s'agir de la variété des rythmes employés ou tout simplement du grand nombre de vers que Plaute avait composés.

5. Bücheler a rapproché de ce texte deux épigrammes trouvées sur des inscriptions funéraires *Carm. Epigr.* 848 et 853. (C.I.L. I², 1209 et 1210). La première coïncide curieusement avec notre texte : « Adulescens tametsi properas hic te saxolus rogat ut se aspicias deinde ut quod scriptust legas. Hic sunt ossa Maeci Luci sita, Philotimi uasculari. Hoc ego uolebo nescius ni esses. Vale ». La seconde s'en inspire dans la formule finale.

et incidenda sepulcro suo reliquerunt, nobilitatis eorum gratia et uenustatis scribenda in his commentariis esse duxi.

2. Epigramma Naeuii plenum superbiae Campanae, quod testimonium iustum esse potuisset, nisi ab ipso dictum esset :

Inmortales mortales si foret fas flere,
Flerent diuae Camenae Naeuium poetam.
Itaque postquam est Orcho traditus thesauro,
Obliti sunt Romae loquier lingua Latina.

3. Epigramma Plauti, quod dubitassemus an Plauti foret, nisi a M. Varrone positum esset in libro ' de Poetis ' primo :

Postquam est mortem aptus Plautus, Comoedia luget,
Scaena est deserta, dein Risus, Ludus Iocusque
Et Numeri innumeri simul omnes collacri-
marunt.

4. Epigramma Pacuuii uerecundissimum et purissimum dignumque eius elegantissima grauitate :

Adulescens, tametsi properas, te hoc saxum
rogat,
Vt sese aspicias, deinde quod scriptum est legas.
Hic sunt poetae Pacuui Marci sita
Ossa. Hoc uolebam nescius ne esses. Vale.

---

1 sepulcro suo : suo sepulcro *recc.* || duxi : dixit *T* || 2 fuisse *ante* campanae *add. recc. p.* || iustum esse *PVTY*, *recc.* : esse iustum *R, recc.* || orcho *PRTY* : horcho *V* orchio *recc.* orchi β *Hertz* || thesauro *PRVT* : — ri β, *om. Y* || 3 est *om. TY* || mortem aptus *PRV* : mortem adeptus *TY* morte captus *recc.* || dein : deinde *recc.* || collacrimarunt : — uerunt *recc. p.* || 4 uerecundissimum : — mi *TY* || tametsi *TY Inscr. Buecheler* 848 : tamen etsi *PRV* || te hoc saxum *PVTY, recc. Scaliger* : hoc te saxolum *Buecheler* hic te saxsolus *Inscr.* hoc saxum te *recc.* hoc thesaurum *R* || scriptum : dictum *recc.* || legas *om. TY*.

XXV

En quels termes Varron définit *indutiae,* **trêve ; il est recherché avec grand soin au même chapitre quelle est l'explication du mot** *indutiarum.*

1. Varron définit de deux manières, dans le livre des *Antiquités humaines,* intitulé *sur la Paix et la Guerre*[1], ce que c'est qu'*indutiae,* trêve : « La trêve, dit-il, c'est une paix conclue au camp pour quelques jours ». **2.** De même en un autre passage : « La trêve, dit-il, ce sont des vacances de la guerre ». **3.** Mais ces deux définitions paraissent plutôt d'une jolie et agréable brièveté que claires et justes. **4.** La trêve n'est pas une paix (la guerre continue si la bataille s'interrompt), il n'y a pas de trêve que dans les camps et que de quelques jours. **5.** Que dirons-nous si, une trêve de quelques mois étant conclue, on se retire des camps dans des places fortes ? N'est-ce pas là encore une trêve ? **6.** Ou au contraire comment appellerons-nous ce qui se trouve au livre premier des *Annales* de Quadrigarius[2], « que le Samnite Caius Pontius avait demandé au dictateur romain une trêve de six heures », s'il n'y a de trêve que de quelques jours ? **7.** Quant aux vacances de la guerre, c'est une expression plus brillante que claire et exacte.

8. Les Grecs de façon plus expressive et plus significative, ont appelé cette interruption du combat résultant d'un pacte ἐκεχειρίαν, en supprimant[3] une lettre d'un son trop brutal et en lui en substituant une

---

1. Cf. p. 57 n. 4.
2. Frag. 21 Peter. Le Samnite Caius Pontius est celui qui contraignit les Romains à passer sous le joug aux fourches Caudines et dont l'armée subit ensuite le même sort du fait de Papirius Cursor.
3. Il s'agit de la dissimilation qui a entraîné la suppression de la première aspiration et le passage de χ à κ, suivant une loi constante de la phonétique grecque.

XXV

Quibus uerbis M. Varro indutias definierit ; quaesitumque inibi curiosius, quaenam ratio sit uocabuli indutiarum.

1. Duobus modis M. Varro in libro 'Humanarum', qui est 'de Bello et Pace', indutiae quid sint, definit. « Indutiae sunt, inquit, pax castrensis paucorum dierum » ; **2.** item alio in loco : « Indutiae sunt, inquit, belli feriae ». **3.** Sed lepidae magis atque iucundae breuitatis utraque definitio quam plana aut proba esse uidetur. **4.** Nam neque pax est indutiae — bellum enim manet, pugna cessat — neque in solis castris neque paucorum tantum dierum indutiae sunt. **5.** Quid enim dicemus, si indutiis mensum aliquot factis in oppida castris concedatur ? Nonne tum quoque indutiae sunt ? **6.** Aut rursus quid esse id dicemus quod in primo 'Annalium' Quadrigarii scriptum est, C. Pontium Samnitem a dictatore Romano sex horarum indu- tias postulasse, si indutiae paucorum tantum dierum appellandae sunt ? **7.** Belli autem ferias festiue magis dixit quam aperte atque definite.

8. Graeci autem significantius consignatiusque cessationem istam pugnae pacticiam ἐκεχειρίαν dixerunt, exempta littera una sonitus uastioris et

---

XXV. *Exstat in TY* ‖ **1** *et* **2** sunt inquit : inquit sunt *recc. bis* ‖ **3** plana aut *PRVTY, recc.* : planatauit *V* planata aut *recc.* plena aut *recc. edd.* ‖ proba : probata *recc. p.* ‖ **4** est indu- tiae : neque feriae sunt indutiae belli β ‖ **5** mensum *P* : in mensum *RV, recc.* in immensum *TY* ‖ aliquot *recc.* : aliquod *PRVTY* ‖ oppida *Lambecius* : — di *PRVTY, om. recc.* ‖ **6** id *om.* *Y* ‖ **8** consignatius : consignantius *recc.*

d'une sonorité plus douce. **9.** Ils l'ont nommée ἐκεχειρίαν parce que, pendant ce temps, on ne combat pas, et on retient son bras. **10.** Mais Varron n'eut pas pour dessein de définir la trêve avec un soin superstitieux, ni de se soumettre à toutes les règles rationnelles de la définition. **11.** Il lui a paru suffisant de donner une esquisse du genre, de ce que les Grecs appellent τύπους (croquis) et ὑπογραφὰς (ébauches) plutôt qu'ὁρισμοὺς (définitions).

12. De quelle manière est fait le mot *indutiae*, il y a longtemps que nous le cherchons. **13.** De bien des explications que nous avons entendues ou lues, celle que je vais dire paraît le plus acceptable. **14.** Nous pensons qu'on dit *indutias* comme on dirait *inde uti iam* (à partir de ce moment). **15.** Le pacte de trêve est de telle sorte que, jusqu'à un jour déterminé, on ne combat pas et on ne se cause aucun ennui, mais, ce jour passé, à partir de ce moment (*inde uti iam*), tout se fait selon les lois de la guerre. **16.** Parce que donc un jour déterminé est défini à l'avance, et qu'il est convenu qu'on ne combattra pas jusque là, mais, ce jour une fois arrivé, qu'à partir de ce moment (*inde uti iam*) les hostilités reprendront, le nom d'*indutiae* a été composé de ces mots par une sorte d'union et de jonction[1].

17. Mais Aurelius Opilius, dans le premier des livres qu'il a intitulés *des Muses*[2], écrit : « On dit qu'il y a

1. L'étymologie par *inde uti iam* n'a pas grande chance d'être juste, mais l'explication du mot reste à trouver.
2. Sur les *Muses* d'Aurelius Opilius, cf. *Praef.* 6 et la n.

subdita lenioris. 9. Nam quod eo tempore non pugnetur et manus cohibeantur, ἐκεχειρίαν appella-runt. 10. Sed profecto non id fuit Varroni nego-tium, ut indutias superstitiose definiret et legibus rationibusque omnibus definitionum inseruiret. 11. Satis enim uisum est, eiusmodi facere demonstra-tionem, quod genus Graeci τύπους magis et ὑπογραφὰς quam ὁρισμοὺς uocant.

12. ' Indutiarum ' autem uocabulum qua sit ratione factum, iam diu est, cum quaerimus. 13. Sed ex multis, quae uel audimus uel legimus, probabilius id, quod dicam, uidetur. 14. ' Indutias ' sic dictas arbitramur, quasi tu dicas : « Inde uti iam ». 15. Pactum indutiarum eiusmodi est, ut in diem certum non pugnetur nihilque incommodetur, sed ex eo die postea uti iam omnia belli iure agantur. 16. Quod igitur dies certus praefinitur pactumque fit, ut ante eum diem ne pugnetur atque is dies ubi uenit 'inde uti iam' pugnetur, idcirco ex his quibus dixi uocibus, quasi per quendam coitum et copulam nomen ' indutiarum ' conexum est.

17. Aurelius autem Opilius in primo librorum, quos Musarum ınscripsit : « Indutiae, inquit,

---

8 subdita *Gron.* : sub uita *PVTY* subuitae *R* subiuncta *recc.* || lenioris *PRV, recc.* : lemoris *TY* leuioris *recc.* || 11 ὁρισμοὺς *recc.* : horismus *PVTY, recc., om. R* || 12 qua sit *recc.* : quasi *PRVTY* || ratione *TY, recc.* : rationem *PRV* || cum : quod *recc., om. recc.* || 13 quae uel : quae iam *recc.* || au-dimus : audiuimus *recc.* || 14 inde uti iam *recc.* : inde ut iam iam *RVT* inde uti... *(lacuna) P* inde... *(lacuna) Y* || 15 eius modi : huiusmodi *recc. p.* || incommodetur : incommodi detur *recc. p.* || 16 igitur *Gron.* : dicitur *PRVTY, recc.* || coitum: cetum *P* || 17 in *om. recc. p.*

trêve, *indutiae*, quand les ennemis vont les uns vers les autres, d'un côté à l'autre, sans danger et sans combat. C'est donc de là, dit-il, que le nom paraît venir, étant équivalent d'*initiae* [1], c'est-à-dire *initus* et *introitus* (action d'aller vers... et d'entrer dans...).» **18.** Je n'ai pas omis cette explication d'Aurelius de peur qu'un jaloux de mes *Nuits* ne la trouve plus jolie, uniquement dans l'idée qu'elle nous ait échappé, lors de notre recherche sur l'origine du mot.

XXVI

De quelle manière le philosophe Taurus m'a répondu alors que je lui demandais si le sage se mettait en colère.

1. J'ai demandé à Taurus au cours d'une diatribe [2] si le sage se mettait en colère. **2.** Après la lecture quotidienne il donnait en effet à chacun la faculté de l'interroger sur un sujet de son choix. **3.** Après avoir expliqué avec autorité et abondance sur la colère, maladie ou passion, ce qui est exposé dans les livres des anciens et dans ses propres essais, il se tourna vers moi qui l'avais interrogé et : « Voilà, dit-il, ce que je pense sur la colère. **4.** Mais il n'est pas hors de propos d'entendre aussi quel fut l'avis de notre cher Plutarque, homme rempli de science et de sagesse. **5.** Plutarque, continua-t-il, avait un esclave, un vaurien de mauvais esprit, mais aux oreilles imprégnées de livres et de discussions philosophiques ; pour je ne sais quelle faute il le fit dépouiller de sa tunique et fouetter avec une lanière. **6.** On avait commencé de le frapper ; il protestait qu'il n'avait pas mérité d'être battu, qu'il

1. Le mot a été déformé dans les manuscrits qui écrivent *inuiae* et on peut tout aussi bien lire avec Fleckeisen *induitiae*.
2. Sur Calvisius Taurus et son influence, cf. *Introduction*, p. xxx. Nous ne connaissons que par Aulu-Gelle ce philosophe plus diatribiste que platonicien, en réalité. Le mot diatribe est pris là dans son sens propre, et désigne ce dialogue inégal fait des courtes questions ou approbations du disciple et des développements du maître. Mais on voit que les méthodes de démonstration sont celles de la tradition scolaire et populaire, puisque Taurus ne fait que donner une chrie de Plutarque.

dicuntur, cum hostes inter sese utrimque utroque
alteri ad alteros impune et sine pugna ineunt ;
inde adeo, inquit, nomen factum uidetur, quasi
initiae, hoc est initus atque introitus ». **18.** Hoc
ab Aurelio scriptum propterea non praeterii, ne
cui harum ' Noctium ' aemulo eo tantum nomine
elegantius id uideretur, tamquam id nos originem
uerbi requirentes fugisset.

XX I

**Quem in modum mihi Taurus philosophus responderit
percontanti an sapiens irasceretur.**

1. Interrogaui in diatriba Taurum, an sapiens
irasceretur. **2.** Dabat enim saepe post cotidianas
lectiones quaerendi quod quis uellet potestatem.
3. Is cum grauiter, copiose de morbo affectuue
irae disseruisset, quae et in ueterum libris et in
ipsius commentariis exposita sunt, conuertit ad
me, qui interrogaueram, et : « Haec ego, inquit,
super irascendo sentio ; **4.** sed, quid et Plutarchus
noster, uir doctissimus ac prudentissimus, senserit,
non ab re est ut id quoque audias. **5.** Plutarchus,
inquit, seruo suo, nequam homini et contumaci,
sed libris disputationibusque philosophiae aures
inbutas habenti, tunicam detrahi ob nescio
quod delictum caedique eum loro iussit. **6.** Coeperat

---

17 alteri *recc.* : alter *PRVTY* || impune *PRVV* : in pugne
T impugne *recc.* || adeo : ab eo *recc.* || nomen *PRVTY* : nomen
esse *recc.* non esse *recc.* || initiae *Lambecius* : inuie *PRVTY, recc.*
induitiae *Fleckeisen* || **18** ne cui *PTY* : nec ui *V* nec cui *R*.

XXVI. *Exstat in TY* || *Lem.* mihi *om. TY, recc. p.* || **1** diatriba
PV, recc. : diatribi a *T, recc. p.* diat tibia *Y* || **3** copiose
PRVY, recc. : et copiose *T* copioseque *recc.* || ipsius : ipsis *recc.*
|| **5** seruo suo *PRV, recc.* : suo seruo *TY* || **6** coeperat *recc.* :
ceperat *PVTY* cepera *R*.

n'avait rien fait de mal, commis aucun méfait. **7.** Finalement il se mit à crier au milieu des coups, et à émettre non plus des plaintes, ou des gémissements et des lamentations, mais des propos sérieux et des reproches : « Plutarque n'était pas comme devait être un philosophe ; c'était une honte de se mettre en colère ; il avait souvent disserté sur le mal qu'était la colère ; il avait aussi écrit un très beau livre *sur l'Impassibilité* [1] ; il ne s'accordait guère à tout ce qui est écrit dans ce livre, de se précipiter dans la colère et de s'y abandonner en le punissant d'une multitude de coups ». **8.** Alors Plutarque d'une voix lente et douce : « Et en quoi, dit-il, pendard, vois-tu que je sois en colère maintenant ? Mon visage, ma voix, mon teint ou encore mes paroles te font-ils penser que je sois pris de colère ? Je n'ai pas le regard féroce, je pense, le visage bouleversé, je ne pousse pas des cris terribles, je n'ai pas de crise, je n'écume ni ne rougis, je ne dis rien qui doive me causer honte ou repentir, et je ne suis ni tremblant, ni gesticulant de colère. Car c'est tout cela, si tu l'ignores, qui est signe de colère ». **9.** En même temps se tournant vers celui qui donnait le fouet, il ajouta : « En attendant, pendant que nous discutons, lui et moi, fais ton office».

10. Au total l'idée d'ensemble de Taurus était celle-ci : il estimait que l'impassibilité et l'insensibilité devaient être distinguées, c'était une chose d'avoir une âme étrangère à la colère, autre chose de l'avoir ἀνάλγητος (incapable de douleur) et ἀναίσθητος (insen-

---

1. Bernadakis, III, p. 178 ss. Le chapitre XI traite du châtiment des esclaves et recommande la patience, plus efficace souvent que les coups. Il admet la nécessité de la correction, mais elle ne doit pas être infligée dans la colère ni offrir matière à plaisir comme chez les Etrusques chez qui elle s'accompagnait de la musique des flûtes.

Mais le raisonnement de l'esclave n'est pas absurde car les Anciens attribuaient facilement la cruauté à la colère. Le *de Ira* de Sénèque est dirigé contre la cruauté, plus encore que contre la colère.

uerberari et obloquebatur non meruisse ut uapulet,
nihil mali, nihil sceleris admisisse. **7.** Postremo
uociferari inter uapulandum incipit, neque iam
querimonias aut gemitus eiulatusque facere, sed
uerba seria et obiurgatoria : non ita esse Plutar-
chum, ut philosophum deceret ; irasci turpe esse ;
saepe eum de malo irae dissertauisse, librum
quoque περὶ Ἀοργησίας pulcherrimum conscripsisse ;
his omnibus quae in eo libro scripta sint nequaquam
conuenire, quod prouolutus effususque in iram
plurimis se plagis multaret. **8.** Tum Plutarchus
lente et leniter : « Quid autem, inquit, uerbero,
nunc ego tibi irasci uideor ? Ex uultune meo an
ex uoce, an ex colore, an etiam ex uerbis correptum
esse me ira intellegis ? Mihi quidem neque oculi,
opinor, truces sunt neque os turbidum neque
inmaniter clamo neque in spumam ruboremue
efferuesco neque pudenda dico aut paenitenda
neque omnino trepido ira et gestio. **9.** Haec
enim omnia, si ignoras, signa esse irarum solent ».
Et simul ad eum qui caedebat conuersus : « Interim, inquit, dum ego atque hic disputamus, tu
hoc age ».

10. Summa autem totius sententiae Tauri haec
fuit : Non idem esse existimauit ἀοργησίαν et
ἀναλγησίαν aliudque esse non iracundum animum,
aliud ἀνάλγητον et ἀναίσθητον, id ₴st hebetem et

---

6 uapulet : uapularet *Veen.* || 7 facere : iacere *Falster* || phi-
losophum deceret : deceret philosophum *recc.* || dissertauisse :
disseruisse *T* || his omnibus : iis omn — *recc. p.* || sint *PRVT* :
sunt *Y, recc.* || 9 huc usque *post* age *add.* P, cf. 1, 8, 6. || **10**
tauri *om.* T || et stup — *PT* : ac stup — *PRVY, recc.*

sible), c'est-à-dire émoussée et engourdie. 11. Car comme pour tout ce que les philosophes latins appellent *affectus* ou *affectiones*, et les Grecs πάθη, ainsi pour ce mouvement de l'âme qui, lorsqu'il se déchaîne vers la vengeance, s'appelle colère, il jugea que ce n'est pas la suppression qui en est utile, que les Grecs appellent στέρησις, mais la modération, qu'ils nomment μετριότης.

stupentem. **11.** Nam sicut aliorum omnium, quos
Latini philosophi affectus uel affectiones, Graeci
πάθη appellant, ita huius quoque motus animi,
qui, cum est ulciscendi causa saeuior, ira dicitur,
non priuationem esse utilem censuit, quam
Graeci στέρησιν dicunt, sed mediocritatem, quam
μετριότητα illi appellant.

11 sicut *om. recc.* || πάθη *recc.* : πάθη *PRVTY* (*fere*) || saeuior
VTY : scaeuior *recc.* senior *PR.*

LIVRE II

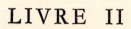

LIVRE II

LIVRE II

I

De quelle manière le philosophe Socrate avait coutume d'exercer l'endurance de son corps ; endurance [1] de cet homme.

1. Parmi les épreuves volontaires et les exercices destinés à fortifier le corps et accroître son endurance contre les alternatives du hasard, nous avons appris que Socrate avait coutume de faire ceci. **2.** Souvent Socrate restait debout, dit-on, dans une station prolongée, toute la journée et toute la nuit, du point du jour au lever du soleil suivant, sans un clin d'œil, immobile, les pieds rivés au sol, le visage et les yeux fixés au même point, pensif, comme s'il s'était produit quelque séparation de l'âme et du corps. **3.** Favorinus ayant abordé le sujet en dissertant, comme souvent, sur la force d'âme de cet homme [2] : « Souvent, dit-il, il restait debout d'un lever du soleil à l'autre, plus immobile que les troncs d'arbre ».

4. Il était aussi d'une telle sobriété qu'il a passé presque tous les instants de sa vie avec une santé intacte. **5.** Même au cours de l'épidémie dévastatrice qui, au début de la guerre du Péloponnèse, désola la cité d'Athènes sous les coups d'une maladie meurtrière,

---

1. La répétition de *patientia* peut s'expliquer, la première partie du chapitre traitant de la manière de l'acquérir, la deuxième de ce que fut cette endurance. Telle est en tous cas la leçon de l'archétype. La correction *temperantia* tirée du § 4 reste entièrement arbitraire, et d'autant plus qu'il n'est pas question de la *temperantia* dans le chapitre, mais de la résistance aux maladies.

2. Frag., 66 Maires. On a dans ce chapitre une explication cynico-stoïcienne et de morale de philosophie courante et scolaire à un phénomène qui avait été interprété par Platon (*Symp.* 3 et 36) comme mystique. Socrate devient l'athlète stoïcien, comme le fut d'autre part Caton.

LIBER SECVNDVS

I

Quo genere solitus sit philosophus Socrates exercere patientiam corporis ; deque eiusdem uiri patientia.

1. Inter labores uoluntarios et exercitia corporis ad fortuitas patientiae uices firmandi id quoque accepimus Socraten facere insueuisse. **2.** Stare solitus Socrates dicitur pertinaci statu perdius atque pernox a summo lucis ortu ad solem alterum orientem inconiuens, immobilis, isdem in uestigiis, et ore atque oculis eundem in locum directis, cogitabundus, tamquam quodam secessu mentis atque animi facto a corpore. **3.** Quam rem cum Fauorinus de fortitudine eius uiri ut pleraque disserens attigisset: Πολλάκις, inquit, ἐξ ἡλίου εἰς ἥλιον εἱστήκει ἀστραβέστερος τῶν πρέμνων.

4. Temperantia quoque fuisse eum tanta traditum est, ut omnia fere uitae suae tempora ualitudine inoffensa uixerit. **5.** In illius etiam pestilentiae uastitate quae in belli Peloponnensiaci principis Atheniensium ciuitatem interneciuo genere morbi depopulata est, is parcendi moderan-

---

I. *Exstat in TY* ‖ *Lem.* patientia *PV* : temperantia *recc. p.* parsimonia *Gron.* parcentia *I. Gron.* ‖‖1 firmandi : firmamentum *recc. p.* ‖ socraten *PT* : — tem *RVY*. ‖ 3 ἡλίου *recc.* : ηλειου *PV* ‖ εἱστήκει *recc.* : ιστηκι *PV* ‖ πρέμνων *recc.* : πρεμνον *V* ρελλνον *P* ‖ 4 est *om. T* ‖ 5 peloponnensiaci *edd.* : peloponnessi aci *RY* peloponnensi acri *TV* peloponensi acri *P*.

par des méthodes d'abstinence et de vie réglée, il
évita, dit-on, la souillure des voluptés et garda la santé
du corps, si bien qu'il ne fut nullement exposé au
désastre commun.

II

**Quels doivent être le principe et la règle des préséances
entre père et fils, quand il s'agit de se mettre à table,
de s'asseoir ou de circonstances semblables, à la maison
ou en public, quand le fils est magistrat et le père simple
particulier ; exposé du philosophe Taurus sur la question
et exemple pris à l'histoire romaine.**

1. Le gouverneur de la province de Crète [1], homme
de rang sénatorial, était venu chez le philosophe Taurus
pour lui rendre visite et faire sa connaissance ; il y
avait avec lui le père de ce gouverneur. **2.** Taurus
venait de renvoyer ses élèves, et était assis devant la
porte de sa chambre, conversant avec nous qui nous
trouvions à ses côtés. **3.** Le gouverneur de la province
entra, et son père en même temps. **4.** Taurus se leva
tranquillement [2] et, après un échange de saluts, se
rassit. **5.** On apporta alors une chaise qui était à
portée, et on l'avança tandis qu'on allait en chercher
d'autres. Taurus invita le père du gouverneur à
s'asseoir. **6.** Celui-ci répondit : « Que s'asseye plutôt
mon fils, qui est magistrat du peuple romain. — **7.** Sans
préjuger de notre conclusion, dit Taurus, assieds-toi
en attendant, tandis que nous examinerons et recher-
cherons s'il est plus convenable que tu t'asseyes, toi
le père, ou ton fils qui est magistrat. » **8.** Le père s'était

1. C'était un proconsul d'après Tacite (*Ann.*, 3, 38 ; 12, 30 ;
15, 20). Mais il a aussi porté le titre de *pro praetore* à certaines
époques.
2. Le philosophe n'est pas troublé par les grandeurs d'établissement. Toute la scène n'est que l'illustration d'un problème
de casuistique mondaine : les droits du père opposés à ceux de
l'homme public. C'est une fois de plus l'illustration d'un enseignement de philosophie diatribique. Cf. 1, 2, 9 ; 1, 7, 5, etc.

dique rationibus dicitur et a uoluptatum labe
cauisse et salubritates corporis retinuisse, ut
nequaquam fuerit communi omnium cladi obnoxius.

II

**Quae ratio obseruatioque officiorum esse debeat inter
patres filiosque in discumbendo sedendoque atque id
genus rebus domi forisque, si filii magistratus sunt et
patres priuati ; superque ea re Tauri philosophi dissertatio
et exemplum ex historia Romana petitum.**

1. Ad philosophum Taurum Athenas uisendi
cognoscendique eius gratia uenerat V. C., praeses
Cretae prouinciae, et cum eo simul eiusdem
praesidis pater. **2.** Taurus, sectatoribus commodum dimissis, sedebat pro cubiculi sui foribus et
cum assistentibus nobis sermocinabatur. **3.** In-
troiuit prouinciae praeses et cum eo pater. **4.**
Assurrexit placide Taurus et post mutuam salutationem resedit. **5.** Allata mox una sella est,
quae in promptu erat, atque dum aliae prome-
bantur, apposita est. Inuitauit Taurus patrem
praesidis uti sederet. **6.** Atque ille ait : « Sedeat hic
potius qui populi Romani magistratus est. —
7. Absque praeiudicio, inquit Taurus, tu interea
sede, dum inspicimus quaerimusque utrum con-
ueniat, tene potius sedere, qui pater es, an filium,
qui magistratus est ». **8.** Et cum pater assedisset
appositumque esset aliud filio quoque eius sedile,

---

5 uoluptatum : uoluntatum *P*.

II. *Lem.* sedendoque : scribendoque *P* || id genus *recc.* : in genus
PV in id genus *recc.* || *a* si *tertium lemma distinxerunt PV, recc.*
p. || sunt : sint *P* || **3** prouinciae praeses : praeses prouinciae
V || **5** est *ante* mox una *posuit P* || **6** atque *RV, recc.* : adque
P ad quae *Cramer* || **7** dum *edd.* : dum cum *P* cum *RV, recc.*

assis, on avait amené un siège aussi pour le fils, et Taurus parla sur la question avec la plus extrême précision, grands dieux, dans l'appréciation des honneurs et des préséances.

9. Voici le sens de ses paroles : « Dans des lieux publics, dans les charges et les actes officiels, les droits du père en face du pouvoir du fils, revêtu d'une magistrature, se relâchent un peu et s'endorment; mais quand, hors de la vie politique, à la maison et dans la vie privée, on s'assied, on se promène, on se met à table pour un repas intime, alors, entre le fils magistrat et le père simple citoyen, les préséances officielles cessent d'avoir cours, celles de la nature et de la parenté reprennent leur valeur. **10.** Vous êtes venus vers moi, nous conversons à présent, nous discutons sur les devoirs, tout cela reste en privé. Aussi prends le pas chez moi, comme il convient que tu le prennes dans votre maison. »

11. Taurus fit ces développements et d'autres dans le même sens avec autant d'autorité que de charme. **12.** Mais il ne m'a pas paru hors de propos d'y joindre ce que j'ai lu chez Claudius Quadrigarius sur les devoirs du fils et du père. **13.** Je donne donc les mots mêmes de Claudius Quadrigarius, transcrits du sixième livre des *Annales* [1] : « Ensuite furent faits consuls Sempronius Gracchus pour la deuxième fois, et Quintus Fabius Maximus [2], fils de celui qui était consul l'année précédente. Le père de ce consul vint au-devant de son fils à cheval, et n'avait pas l'intention de descendre, parce qu'il était le père ; comme ils

---

1. Frag., 57 Peter.
2. Il s'agit des consuls de l'année — 213. L'anecdote a été reprise par Tite-Live (24, 44, 10) dont le récit est seulement plus dramatique. Le père passe à cheval devant les licteurs. Tous les spectateurs se demandent s'il arrivera ainsi jusqu'au bout. Seul le dernier licteur, sur l'indication du consul, ose intervenir.

uerba super ea re Taurus facit cum summa, dii
boni, honorum atque officiorum perpensatione.

9. Eorum uerborum sententia haec fuit : In
publicis locis atque muneribus atque actionibus
patrum iura, cum filiorum qui in magistratu sunt
potestatibus collata, interquiescere paululum et
coniuere ; sed cum extra rempublicam in domestica re atque uita sedeatur, ambuletur, in conuiuio quoque familiari discumbatur, tum inter
filium magistratum et patrem priuatum publicos
honores cessare, naturales et genuinos exoriri.
10. « Hoc igitur, inquit, quod ad me uenistis,
quod colloquimur nunc, quod de officiis discepta-
mus, priuata actio est. Itaque utere apud me his
honoribus prius, quibus domi quoque uestrae te
uti priorem decet ».

11. Haec atque alia in eandem sententiam
Taurus grauiter simul et comiter disseruit. **12.**
Quid autem super huiuscemodi patris atque filii
officio apud Claudium legerimus, non esse ab re
uisum est ut adscriberemus. **13.** Posuimus igitur
uerba ipsa Quadrigarii ex ' Annali ' eius sexto
transscripta : « Deinde facti consules Ti. Sempronius Gracchus iterum, Q. Fabius Maximus,
filius eius qui priore anno erat consul. Ei consuli
pater proconsul obuiam in equo uehens uenit
neque descendere uoluit ; quod pater erat, et quod

9 familiari *recc.* : — ris *PRV* ‖ discumbatur *P*, *recc.* : — betur
RV, *recc.* ‖ **10** his : iis *recc. p.* ‖ huc usque *post* prius *add. P*, *cf.*
1, 26, 9 ‖ uestrae : nostrae *recc. p.* ‖ **12** *Inde a* quid autem
nouum capitulum incipiunt recc. ‖ **13** iterum, q. *edd.* : iterumque
PRV, *recc.* ‖ ei consuli pater : ei conspat *RV*.

savaient que régnait entre eux l'accord le plus complet, les licteurs n'osèrent pas lui dire de descendre. Lorsqu'il fut tout près, le consul dit : « Et alors ? ». Le licteur qui était de service comprit tout de suite, il fit descendre le proconsul Fabius Maximus. Celui-ci obéit et loua son fils de faire respecter l'autorité suprême que le peuple romain lui avait donnée.

III

Suivant quel principe les anciens ont introduit dans certains verbes et dans certains noms l'aspiration de la lettre *h*.

1. La lettre *h* ou l'aspiration, s'il vaut mieux dire ainsi, les anciens, chez nous, l'inséraient pour soutenir et renforcer la sonorité de beaucoup de mots afin qu'ils s'entendissent de façon plus vigoureuse et puissante ; et ils paraissent avoir fait cela par goût et imitation de la langue attique. **2.** Il est assez connu que les Attiques ont dit ἰχθύν, poisson et ἵππον, cheval en aspirant la première lettre, contrairement à l'habitude de tous les autres peuples grecs. **3.** C'est ainsi qu'on a dit *lachrumas*, larmes, *sepulchrum*, sépulcre, *ahenum*, de bronze, *uehemens*, violent, *incohare*, commencer, *helluari*, engloutir, *halucinari*, divaguer, *honera*, des poids, *honustum*, chargé. **4.** Dans tous ces mots il n'existe aucune justification rationnelle de cette lettre ou de cette aspiration, si ce n'est d'augmenter la force et la vigueur du son en y ajoutant pour ainsi dire un peu de nerf [1].

---

1. L'aspirée avait disparu en latin. On sait que Varron voulait faire disparaître l'*h* de l'alphabet latin. Cf. J. Collart, *Varron*, p. 116 s. et p. 96 s. Sous l'influence du grec, par souci d'exactitude les gens cultivés rétablirent l'aspiration dans les mots grecs d'abord, et aussi partout où elle avait existé, comme l'attestait la présence d'un *h*. Puis comme cette prononciation passait pour distinguée, on mit des aspirations dans une foule de mots qui n'en avaient jamais comporté : cf. Niedermann, *Phonétique historique du latin*, 3e éd., Paris, 1953, p. 99 et 84, Catulle 84, Cicéron, *Or.*, 160. Dans le cas d'*ahenus* et de *incohare* l'h n'est qu'une graphie destinée à séparer les deux voyelles.

inter eos sciebant maxima concordia conuenire,
lictores non ausi sunt descendere iubere. Vbi
iuxta uenit, tum consul ait : « Quid postea ? ».
Lictor ille qui apparebat cito intellexit, Maximum
proconsulem descendere iussit. Fabius imperio
paret et filium collaudauit, cum imperium, quod
populi esset, retineret.

III

**Qua ratione uerbis quibusdam uocabulisque ueteres
immiserint ' h ' litterae spiritum.**

1. H litteram, siue illam spiritum magis quam
litteram dici oportet, inserebant eam ueteres nostri
plerisque uocibus uerborum firmandis roboran-
disque, ut sonus earum esset uiridior uegetiorque ;
atque id uidentur fecisse studio et exemplo
linguae Atticae. **2.** Satis notum est Atticos
ἰχθὺν et ἵππον et multa itidem alia contra morem
gentium Graeciae ceterarum inspirantis primae
litterae dixisse. **3.** Sic ' lac*h*rumas ', sic ' sepul-
c*h*rum ', sic ' ahenum ', sic ' uehemens ', sic
' inco*h*are ', sic ' helluari ', sic ' halucinari ', sic
' honera ', sic ' honustum ' dixerunt. **4.** In his
enim uerbis omnibus litterae seu spiritus istius
nulla ratio uisa est, nisi ut firmitas et uigor uocis
quasi quibusdam neruis additis intenderetur.

III. 2 et ἵπ- *PRV* : καὶ ἵπ- *recc.*, *om. recc.* || ἵππον *Skutsch* :
ιρρον *PRV* ἵρον *recc.* ἵ pronomen *Hertz* || 3 lachrumas *edd.* :
lacrumas *PV* lacrimas *R* || sepulchrum *edd.* : sepulcrum *PRV*||
incohare *Hertz* : incoare *R* inchoare *PV*, *recc.*

5. Mais puisque nous avons pris parmi nos exemples *ahenus*, il nous vient en mémoire que Fidus Optatus, grammairien romain du plus grand renom [1], m'a montré un exemplaire du deuxième livre de l'*Enéide* remarquablement ancien, acheté au marché des *Sigillaria* [2] vingt pièces d'or [3], qui passait pour avoir appartenu à Virgile lui-même ; les deux vers suivants y étaient inscrits ainsi [4] : « A l'entrée du palais et sur le seuil, Pyrrhus bondit, resplendissant de l'éclat de ses armes d'airain (*aena*). » Nous avons vu qu'un *h* avait été ajouté au-dessus et qu'on avait formé *ahena*. **6.** Nous trouvons de même dans ce vers [5] de Virgile le mot écrit ainsi dans les meilleurs manuscrits : « Elle écume avec des feuilles, l'eau du chaudron d'airain (*aheni*) qui tremble ».

IV

Pour quelle raison, suivant les écrits de Gavius Bassus, on appelle *diuinatio* certains procès, et quelle est l'explication de ce mot selon d'autres.

1. Quand on débat sur la constitution d'un accusateur et qu'un jugement est rendu entre deux personnes ou plus pour décider à qui sera confié l'accusation en premier ou en second, ce procès et l'enquête des juges s'appellent *diuinatio*. **2.** On se demande traditionnellement pour quelle raison on a formé ce mot ainsi.

---

1. Le nom de Fidus Optatus n'apparaît nulle part ailleurs.
2. Les *Sigillaria* sont les quatre derniers parmi les sept jours de Saturnales. On avait coutume d'offrir alors de petites figurines de terre cuite qui donnèrent leur nom à la fête (Macr., *Sat.*, 1, 10, 24). Le mot a désigné le marché où l'on vendait ces objets : cf. Auson., *Cent. Nupt.*, 206, 7 Peiper et Sueton., *Claud.*, 16. En 5, 4, 1, il désigne le lieu et le quartier où le marché se tenait.
3. L'*aureus* valait primitivement 25 deniers d'argent.
4. *Aen.*, 2, 469.
5. *Georg.*, 1, 296.

5. Sed quoniam ' aheni ' quoque exemplo usi
sumus, uenit nobis in memoriam Fidum Optatum,
multi nominis Romae grammaticum, ostendisse
mihi librum ' Aeneidos ' secundum mirandae uetus-
tatis, emptum in Sigillariis uiginti aureis, quem
ipsius Vergili fuisse credebatur, in quo duo isti
uersus cum ita scripti forent :

> Vestibulum ante ipsum primoque in limine
> Pyrrus
> Exultat, telis et luce coruscus aena,

additam supra uidimus ' h ' litteram et ' ahena '
factum. **6.** Sic in illo quoque Vergili uersu in
optimis libris scriptum inuenimus :

> Aut foliis undam trepidi despumat aheni.

IV

**Quam ob causam Gauius Bassus genus quoddam iudicii
diuinationem appellari scripserit ; et quam alii causam
esse eiusdem uocabuli dixerint.**

1. Cum de constituendo accusatore quaeritur
iudiciumque super ea re redditur cuinam potissimum ex duobus pluribusue accusatio subscriptioue
in reum permittatur, ea res atque iudicum cognitio
diuinatio appellatur. **2.** Id uocabulum quam ob
causam ita factum sit, quaeri solet.

---

5 sumus : fuimus *recc.* ‖ credebatur : credebat *recc.* ‖ exultat
recc. VERG. : exaltat *P* exastat *R* exatha *V* ‖ aena *edd.* : ahena
PRV, *recc.* ‖ ahena *recc.* : ahenam *P²RV*, *recc.* hahenam *P* ‖
6 aut *PRV*, *recc.* : et VERG. ‖ trepidi : tepidi *recc. p.*

IV. *Lem.* gauius *edd.* : gabius *PV*, *recc.* gaius *recc.* ‖ scripserit :
scripsit *recc. p.* ‖ dixerint *Carrio* : dixerunt *PV*, *recc.*

3. Gavius Bassus[1], dans le troisième des livres qu'il a composés *sur l'Origine des mots*, a dit : «On appelle *diuinatio* ce jugement, parce qu'il faut que le juge devine en quelque sorte, quelle sentence il est convenable qu'il rende ». **4.** Les paroles de Gavius Bassus constituent une explication insuffisante à l'excès, ou plutôt sans force et sans matière. **5.** Elle semble cependant vouloir indiquer que, si, dans les autres procès, le juge suit en règle générale ce qu'il a appris et ce qui a été montré par des preuves ou des témoins, dans ces affaires, quand il s'agit de choisir l'accusateur, les éléments qui peuvent déterminer le juge sont minces et peu importants ; et par conséquent il faut pour ainsi dire, deviner qui est le plus qualifié pour accuser[2].

6. Voilà ce que dit Bassus. Mais d'autres pensent que l'on a donné le nom de *diuinatio* parce que, accusateur et accusé étant en quelque sorte nés ensemble et solidaires, ne pouvant exister l'un sans l'autre, il y a néanmoins dans ce genre de cause un accusé déjà, mais pas encore d'accusateur, et ainsi il faut suppléer par la divination ce qui manque encore et reste obscur, quel sera l'accusateur.

---

1. Gavius Bassus vécut à la fin de la République. Macrobe cite de lui un *de Significatione uerborum* qui semble différent de l'ouvrage cité par Aulu-Gelle puisqu'il n'avait qu'un livre (*Sat.*, 3, 18, 1). En 3, 9, 1 et 3, 18, 3, sont mentionnés des *commentarii* qui, si c'est bien là le titre du livre, doivent constituer un troisième ouvrage de Bassus.

2. Le procès de ce genre le plus connu est celui que Cicéron plaida *in Caecilium* pour obtenir d'être l'accusateur de Verrès. L'absence de ministère public rendait ce genre de procès très fréquent et très important. L'accusé avait tout intérêt à trouver un accusateur complaisant, même si celui-ci risquait de tomber sous une accusation de *praevaricatio*.

3. Gauius Bassus in tertio librorum, quos ' de origine uocabulorum' composuit: « Diuinatio, inquit, iudicium appellatur, quoniam diuine*t* quodammodo iudex oportet quam sententiam sese ferre par sit ». **4.** Nimis quidem est in uerbis Gaui Bassi ratio inperfecta uel magis inops et ieiuna. **5.** Sed uidetur tamen significare uelle idcirco dici diuina- tionem, quod in aliis quidem causis iudex ea *quae* didicit quaeque argumentis uel testibus demonstrata sunt sequi solet, in hac autem re, cum eligendus accusator est, parua admodum et exilia sunt quibus moueri iudex possit, et propterea quinam magis ad accusandum idoneus sit, quasi diuinandum est.

6. Haec Bassus. Sed alii quidam diuinationem esse appellatam putant quoniam, cum accusator et reus duae res quasi cognatae coniunctaeque sint neque utra sine altera constare possit, in hoc tamen genere causae reus quidem iam est, sed accusator nondum est, et idcirco quod adhuc usque deest et latet diuinatione supplendum est, quisnam sit accusator futurus.

V

Avec combien de grâce et de précision le philosophe Favorinus a défini la différence qu'il y a entre le style de Platon et celui de Lysias.

1. Favorinus avait coutume de parler ainsi de Lysias et de Platon : « Si dans une phrase de Platon, disait-il, vous ôtez ou changez un mot, même en le faisant le mieux possible, vous enlèverez à l'élégance, dans une phrase de Lysias au sens ».

VI

Quels sont les mots de Virgile qu'on dit sans énergie, sans force, et ce qu'on répond à ces accusations impudentes.

1. Certains grammairiens de la génération précédente parmi lesquels Annaeus Cornutus [1], gens non sans savoir ni réputation, qui ont composé des notes sur Virgile, reprochent au poète d'avoir employé un mot sans art et sans force dans les vers suivants [2] : « L'aîne entourée de monstres qui hurlaient, elle avait malmené (*uexasse*) les vaisseaux d'Odysseus, et dans le gouffre immense, hélas ! elle a fait déchirer par ses chiens de mer les marins épouvantés ». **2.** Ils pensent que le mot *uexasse* est léger, faible et n'indique pas un bien mauvais traitement ; qu'il ne convient pas à une telle atrocité, des êtres humains étant soudain enlevés et déchirés par une bête si cruelle.

---

1. Annaeus Cornutus, philosophe stoïcien et le maître de Perse, s'était intéressé aussi à la grammaire. Aulu-Gelle cite son ouvrage intitulé *de Figuris sententiarum* (9, 10, 5). Il est à noter que, les deux fois, Aulu-Gelle reproche à Cornutus d'avoir critiqué Virgile.

2. *Buc.*, 6, 75.

V

Quam lepide signateque dixerit Fauorinus philosophus quid intersit inter Platonis et Lysiae orationem.

1. Fauorinus de Lysia et Platone solitus dicere est : « Si ex Platonis, inquit, oratione uerbum aliquod demas mutesue atque id commodatissime facias, de elegantia tamen detraxeris ; si ex Lysiae, de sententia ».

VI

Quibus uerbis ignauiter et abiecte Vergilius usus esse dicatur ; et quid his qui improbe *id* dicunt respondeatur.

1. Nonnulli grammatici aetatis superioris, in quibus est Cornutus Annaeus, haut sane indocti neque ignobiles, qui commentaria in Vergilium composuerunt, reprehendunt quasi incuriose et abiecte uerbum positum in his uersibus :

Candida succinctam latrantibus inguina monstris
Dulichias uexasse rates et gurgite in alto
A ! timidos nautas canibus lacerasse marinis ;

2. ' uexasse ' enim putant uerbum esse leue et tenuis ac parui incommodi, nec tantae atrocitati congruere, cum homines repente a belua immanissima rapti laniatique sint.

V. *Lem.* signateque *Falster* : designateque *PV, recc.* ‖ **1** commodatissime : commodissime *recc. p.*

VI. *Exstat in TY, descripsit Macrobius,* 6, 7, 4-19. ‖ *Lem.* his : iis *recc. p.* ‖ id *add. edd.* : om. *PV, recc.* ‖ **1** gram[m]atici *P²RV, recc.* : grammaticis *P¹* ex gram[m]aticis *TY* ‖ a *PRY,* Verg. : at *TV* aut *et* haud *recc.* ‖ lacerasse : latrasse *P* ‖ **2** esse *om. TY* ‖ parui incommodi *RV recc.* : parui commodi *TY* parum commodi *P* ‖ rapti : rupti *V.*

3. Ils critiquent encore un autre mot de ce genre :
« Qui ne connaît le cruel Eurysthée ou les autels de
Busiris, homme sans gloire (*illaudati*) [1] ». Ils disent
qu'*illaudati* est un mot peu approprié et qui ne suffit
pas à flétrir un être criminel qui, ayant pris l'habitude
d'immoler les étrangers de toute race, n'était pas
indigne de louange, mais méritait l'exécration et la
malédiction du genre humain.

4. Ils ont aussi trouvé fautif un troisième mot :
« A travers sa tunique écailleuse d'or (*auro squalentem*)
le fer ouvre son flanc et l'épuise [2] ». Ils disent qu'il
n'est pas logique de dire *auro squalentem* puisque la
saleté de la crasse est incompatible avec l'éclat et la
splendeur de l'or.

5. Mais sur le verbe *uexasse* je crois qu'on peut
répondre ainsi. *Vexasse* est un mot fort, dérivé
semble-t-il de *uehere* (transporter), qui implique déjà
en quelque sorte la force du pouvoir d'autrui. Celui qui
est transporté, n'est plus maître de soi. Or *uexare* qui
est formé sur lui[3], comporte sans aucun doute une
violence et un mouvement plus amples : on dit proprement *uexari*, être ballotté, de celui qui est porté
et entraîné, et tiraillé d'un côté et de l'autre, comme

---

1. *Georg.*, 3, 4. Eurysthée était le roi de Tirynthe qui imposa
à Hercule ses douze travaux, Busiris un roi d'Egypte très cruel
qui sacrifiait chaque année à Zeus un étranger, et qui tenta de
sacrifier Hercule.

2. *Aen.*, 10, 314.

3. Il n'est pas certain que *uexare* soit formé sur *uehere* (cf.
Ernout-Meillet, *s.u.*), qui implique l'idée d'un char. Le témoignage est intéressant surtout parce qu'il atteste un tel affaiblis-
sement du mot au 2e siècle qu'on ne pouvait même plus en
concevoir le sens classique.

3. Item aliud huiuscemodi reprehendunt :

Quis aut Eurysthea durum
Aut inlaudati nescit Busiridis aras ?

' Inlaudati ' parum idoneum esse uerbum dicunt, neque id satis esse ad faciendam scelerati hominis detestationem, qui, quod hospites omnium gentium immolare solitus fuit, non laude indignus, sed detractatione execrationeque totius generis humani dignus esset.

4. Item aliud uerbum culpauerunt :

Per tunicam squalentem auro latus haurit apertum,

tamquam si non conuenerit dicere « auro squalentem », quoniam nitoribus splendoribusque auri squaloris inluuies sit contraria.

5. Sed de uerbo ' uexasse ' ita responderi posse credo. ' Vexasse ' graue uerbum est factumque ab eo uidetur, quod est ' uehere ', in quo inest uis iam quaedam alieni arbitrii ; non enim sui potens est, qui uehitur. ' Vexare ' autem, quod ex eo inclinatum est, ui atque motu procul dubio uastiore est. Nam qui fertur et rapsatur atque

---

3 esse uerbum : uerbum esse *V* ‖ indignus : dignus *P* ‖ detractatione *T, recc.* : detractione *Y* de retractatione *RV* de retractione *P* detestatione MACR. ‖ *a* totius *denuo incipit A* ‖ **4** conuenerit *A, recc.* : conuenerint *PRVT²* conueniret *Y* uenerint *T¹* ‖ splendoribusque *ATY, recc.* : splendidioribusque *PRV* ‖ **5** factumque : tractumque MACR. ‖ uis iam *A* : iam uis *PRVTY recc.* ‖ uastiore est MACR. : uastiorest *A* inclinatum est *PRV recc.* ‖ qui *ATP²* MACR. : *om. P¹RVY recc.* ‖ rapsatur *A* : raptatur *PRVTY, recc.* MACR. rapitur *recc.*

taxare (toucher et retoucher) indique plus d'intensité et de fréquence que *tangere* (toucher), dont il est formé sans aucun doute, *iactare* (agiter) a plus de largeur et d'ampleur que *iacere* (jeter) d'où il a été tiré, et *quassare* (secouer), est plus fort et plus violent que *quatere* (frapper). **6.** Il ne faut donc pas, parce qu'on dit ordinairement dans la langue courante qu'on est *uexatum*, malmené par la fumée, le vent et la poussière, laisser disparaître la valeur et la nature véritables du mot, sauvegardées, comme il convenait, par les anciens qui ont parlé avec propriété et expression. **7.** Il y a un passage de Caton tiré du discours qu'il écrivit *sur les Achéens* [1] : « Comme Hannibal déchirait et malmenait (*uexaret*) la terre d'Italie ». Caton a dit la terre d'Italie malmenée (*uexatam*) par Hannibal alors qu'il est impossible de trouver un genre de malheur, de sévices ou de cruauté que l'Italie n'ait souffert à ce moment-là. **8.** Cicéron dans le quatrième livre des *Verrines* [2] : « Elle a été dépouillée et pillée par lui au point de paraître malmenée (*uexata*), non par un ennemi qui en pleine guerre conserve des scrupules et observe des droits en usage, mais par des pirates barbares ».

9. Quant à *illaudatus*, on peut faire, semble-t-il, deux réponses. Voici à peu près la première : personne n'a une conduite si désespérante qu'il ne dise ou ne fasse parfois quelque chose de louable. D'où ce vers si

---

1. Frag., 35 Jordan. Des ambassadeurs vinrent à plusieurs reprises supplier le Sénat de rendre à la liberté environ mille Grecs, qui depuis la défaite de Persée étaient retenus comme otages dans les villes d'Italie. Cette libération n'intervint qu'en 151, grâce à l'action de Caton qui avait tenu un discours en ce sens au Sénat.
2. 55, 122.

huc atque illuc distrahitur, is ' uexari ' proprie
dicitur, sicuti ' taxare ' pressius crebriusque est
quam ' tangere ' unde id procul dubio inclinatum
est, et ' iactare ' multo fusius largiusque est
quam ' iacere ', unde id uerbum traductum est,
et ' quassare ' quam ' quatere ' grauius uiolentiusque est. **6.** Non igitur, quia uulgo dici solet
' uexatum esse ' quem fumo aut uento aut puluere,
propterea debet uis uera atque natura uerbi
deperire, quae a ueteribus, qui proprie atque
signate locuti sunt, ita ut decuit, conseruata est.

7. M. Catonis uerba sunt ex oratione quam ' de
Achaeis ' scripsit : « Cumque Hannibal terram
Italiam laceraret atque uexaret » ; ' uexatam '
Italiam dixit Cato ab Hannibale, quando nullum
calamitatis aut saeuitiae aut immanitatis genus
reperiri queat quod in eo tempore Italia non
perpessa sit ; **8.** M. Tullius IV. in Verrem : « Quae
ab isto sic spoliata atque direpta est, non ut ab
hoste aliquo, qui tamen in bello religionem et
consuetudinis iura retineret, sed ut a barbaris
praedonibus uexata esse uideatur ».

9. De ' inlaudato ' autem duo uidentur responderi posse. Vnum est huiusmodi : nemo quisquam
tam efflictis est moribus quin faciat aut dicat
nonnumquam aliquid quod laudari queat. Vnde

---

5 taxare *PVTY* : tare *A*, om. *R* || *cum uerbo* tange... *desinit A* ||
quatere *PTY, recc.* : quatetere *V* catere *R* || est *post* uiolentiusque
om. *V* || **6** natura : natiua *Gron.* || **8** tullius *TY, recc.* Macr. :
tullium *PRV, recc.* || religionem : religionum Cic. *codd. plerique* ||
retineret : contineret Cic. *codd.* || **9** huiusmodi *RTY* : eius
modi *PV* eiuscemodi *recc.* || efflictis Macr. : effictis *PVTY*
effitis *R* effectis *recc.* efferis *edd.* || aliquid *P²TY, recc.* : — is *P¹V*.

ancien qui a pris valeur de proverbe : « Et souvent
un fou même a parlé sagement ». 10. Mais celui qui ne
mérite de louange en aucune occasion, à aucun moment,
est *illaudatus* (sans gloire, ignoble), et c'est le plus
mauvais et le plus détestable de tous, de même que
toute absence de faute rend *inculpatus* (sans reproche).
Or *inculpatus* est le degré de la vertu absolue ; *illaudatus* est donc aussi la dernière extrêmité du mal. 11.
Aussi Homère a-t-il l'habitude, quand il veut louer
avec ampleur, d'indiquer les défauts absents au lieu
d'énumérer les vertus. Ainsi : « Et eux ils s'élancèrent
sans hésitations [1] ». Et de même : « Alors on n'eût
pu voir Agamemnon, l'homme divin, se livrer au
sommeil, ni se blottir de peur, ni refuser le combat [2] ».
12. Epicure [3] aussi a défini de façon semblable la
volupté suprême comme l'absence et la suppression de
toute douleur en ces mots : « La limite suprême du
plaisir, c'est la suppression de toute douleur. » 13. En
suivant la même analogie Virgile a dit *inamabilis*
(non aimable) le marais du Styx[4]. 14. Car comme avec
illaudatus par privation de louange, il a exprimé l'horreur avec *inamabilis*, par privation d'amour[5].

15. Voici la deuxième manière de défendre *illaudatus*.
Laudare signifie, dans l'ancienne langue, nommer et

1. *Il.* 5, 366, etc.
2. *Il.* 4, 223.
3. *Sent.*, 3, p. 72 Ussing. C'est par un jeu de l'esprit que la
doctrine épicurienne peut être rapprochée de cette série d'exemples de négations positives. Epicure recherche l'ataraxie de l'âme
(*Lettre à Ménée*, 128). L'absence de trouble suffit à la procurer.
Le sage goûte alors le plaisir suprême : « Nous entendons le
plaisir comme l'absence de douleur pour le corps, l'absence de
trouble pour l'âme ».
4. *Georg.*, 4, 479 ; *Aen.*, 6, 438.
5. Il est certain qu'en grec comme en latin, la négation avait
une valeur très forte, et, non contente d'annuler l'affirmation,
apportait l'affirmation contradictoire. Cf. *negare*, dire que ne
pas, *inuictus* invincible. *Inculpatus* est presque l'équivalent de
sanctus.

hic antiquissimus uersus uice prouerbii celebratus est :

Πολλάκι τοι καὶ μωρὸς ἀνὴρ μάλα καίριον εἶπεν.

10. Sed enim qui omni in re atque omni tempore laude omni uacat, is ' inlaudatus ' est isque omnium pessimus deterrimusque est, sicuti omnis culpae priuatio ' inculpatum ' facit. ' Inculpatus ' autem instar est absolutae uirtutis ; ' inlaudatus ' quoque igitur finis est extremae malitiae. **11.** Itaque Homerus non uirtutibus appellandis, sed uitiis detrahendis laudare ampliter solet. Hoc enim est : τὼ δ' οὐκ ἄκοντε πετέσθην, et item illud :

῎Ενθ' οὐκ ἂν βρίζοντα ἴδοις ᾿Αγαμέμνονα δῖον
οὐδὲ καταπτώσσοντ', οὐδ' οὐκ ἐθέλοντα μάχεσθαι.

12. Epicurus quoque simili modo maximam uoluptatem priuationem detractionemque omnis doloris definiuit his uerbis : ῎Ορος ‹τοῦ μεγέθους τῶν ἡδονῶν ἡ παντὸς› τοῦ ἀλγοῦντος ὑπεξαίρεσις.

13. Eadem ratione idem Vergilius ' inamabilem ' dixit Stygiam paludem. **14.** Nam sicut ' inlaudatum ' κατὰ στέρησιν laudis, ita ' inamabilem ' κατὰ amoris στέρησιν detestatus est.

15. Altero modo ' inlaudatus ' ita defenditur. ' Laudare ' significat prisca lingua nominare

---

9 τοι καὶ μωρὸς *Stob. Diog. Apostol. etc...* : καὶ κηπουρος *PV*, *recc.* γὰρ καὶ μωρὸς *Macr.* ‖ μάλα καιρίον *PR V*, *recc.* : κατὰ καιρίον *testes Graeci* ‖ **10** ue *post* determinus *om. TV* ‖ malitiae *P³ recc.* : militiae *PTY*, *recc.* milicie *RV* ‖ **11** hoc... μάχεσθαι: *om. TY* ‖ ηὔδα μάντις ἀμύμων et *post* hoc enim est *add. recc.* ‖ δ' οὐκ *recc.* : δουικ *PV* ‖ illud : aliud *P* ‖ **12** priuationem detractionemque *VTY*, *P qui* detractionem *iterauit* : detractionem priuationemque *recc.* ‖ τοῦ μεγέθους... παντὸς *Macr. Gell.* 2, 9, 2 : *om. PRVTY*, *recc.* ‖ **14** κατὰ στέρησιν laudis : priuatio laudis *R*.

appeler. **16.** Ainsi dans les actions civiles, on dit d'un auteur *laudari*[1] (qu'il est cité), lorsqu'on a donné son nom. **17.** Or *illaudatus,* pensé comme équivalent de *illaudabilis,* se dit de qui n'est digne d'aucune mention, ni d'aucun souvenir[2], et qu'il ne faut jamais nommer, **18.** comme le conseil commun de l'Asie décréta jadis que personne ne prononçât, à aucun moment, le nom de celui qui avait incendié le temple de Diane à Ephèse [3].

19. Il reste en troisième lieu, parmi ce qui a été critiqué, qu'il a dit *tunicam squalentem auro.* **20.** Cela indique dans le tissu une abondance et une quantité d'or qui évoque des écailles. *Squalere* (être écailleux) a été dit de l'abondance et de la rugosité des écailles que l'on voit sur la peau des serpents ou des poissons. **21.** Cela, notre poète entre autres, l'indique dans plusieurs passages [4] : « Il était couvert comme de plumes d'une peau d'écailles de bronze réhaussée d'or ». **22.** Et ailleurs [5] : « Et voici que, revêtu d'une cuirasse éclatante, il se hérissait d'écailles de bronze ». **23.** Accius écrit dans les *Pélopides* [6] : « La peau du

1. *Auctorem laudari*, c'était lorsque l'on avait besoin de faire la preuve de son droit de propriété, citer le vendeur, auteur de ce droit. Il s'agit d'une expression technique juridique.

2. En réalité quel que soit le sens de *laudare, illaudatus* ne s'explique que par la force spéciale de la négation, il signifie innommable et non innommé.

3. Cf. Val. Max., 8, 14 ; Strabon, 14, 122 et Solin., 40, 3. Le temple a été brûlé par un certain Herostratus. Il a été naturellement reconstruit plus grand et plus beau.

4. *Aen.*, 11, 770.

5. *Aen.*, 11, 487.

6. 517 Ribbeck.

appellareque. **16.** Sic in actionibus ciuilibus
auctor ' laudari ' dicitur, quod est nominatus.
17. ' Inlaudatus ' autem est, quasi inlaudabilis,
qui neque mentione aut memoria ulla dignus
neque unquam nominandus est, **18.** sicuti quon-
dam a communi consilio Asiae decretum est uti
nomen eius qui templum Dianae Ephesi incenderat
ne quis ullo in tempore nominaret.

19. Tertium restat ex is quae reprehensa sunt,
quod « tunicam squalentem auro » dixit. **20.** Id
autem significat copiam densitatemque auri in
squamarum speciem intexti. ' Squalere ' enim
dictum a squamarum crebritate asperitateque,
quae in serpentium pisciumue coriis uisuntur.
21. Quam rem et alii et hic quidem poeta locis
aliquot demonstrat :

> Quem pellis, inquit, ahenis
> In plumam squamis auro conserta tegebat,

22. et alio loco :

> Iamque adeo rutilum thoraca indutus ahenis
> Horrebat squamis.

23. Accius in ' Pelopidis ' ita scribit :

> Eius serpentis squamae squalido auro et purpura
> pertextae.

---

16 auctor Macr. : autem *PRVTY recc.* || nominatus :
nominari *Ald.* || **17** autem *PRVTY* : enim *recc.* ergo Macr. || **18**
consilio : concilio *recc. p.* || ephesi : —siae Macr. || **19** is *V* :
iis *R* his *PTY, recc.* || **20** intexti *TP², recc.* : intextis *P¹VY*
intexis *R* || est *post* dictum *add. T* || pisciumue *PVT* : piscium-
que *R, recc.* || **21** quidem : idem Macr. || **23** pelopidis *recc.* :
pelopodis *PVTY* polopidis *R* pelopidibus Macr. || pertextae
PRVY : praetextae *T, recc.* Macr. textae Non.

serpent tissé d'or écailleux et de pourpre ». **24.** Donc
tout ce qui était imprégné ou chargé d'une matière
quelconque, au point de faire frissonner de son aspect
étrange ceux qui le regardaient, était dit *squalere*
(être écailleux). **25.** Ainsi dans des corps mal tenus et
écailleux on appelle *squalor* une épaisse couche de
saleté ; tout le mot a été souillé par l'emploi fréquent,
continuel, qui est fait de ce sens, si bien que *squalor*
s'est mis à ne plus se dire de rien d'autre que de la
crasse[1].

VII

**Du devoir des enfants à l'égard de leur père ; et de cette
question d'après les livres de philosophie dans lesquels
il est traité et recherché, s'il faut obéir à tous les ordres
d'un père.**

1. On a l'habitude de se demander dans les discussions philosophiques s'il faut obéir toujours et en tous
cas aux ordres d'un père. **2.** Les Grecs et les Latins
qui ont traité des devoirs nous rapportent qu'il y a
trois opinions sur cette question à envisager et à
examiner ; et ils les ont distinguées avec beaucoup de
subtilité. **3.** L'une d'elles est : il faut obéir à tout ce
qu'un père ordonne ; **4.** la deuxième : il faut obéir
dans certains cas, s'y refuser dans certains autres ;
5. la troisième : il n'est pas du tout nécessaire d'obéir
à son père et de se soumettre à ses ordres.

6. Cette dernière opinion étant au premier abord

---

1. Il faut noter que le cas des trois mots considérés n'est pas
tout à fait le même. Dès l'époque classique le sens primitif de
squalere était submergé par l'emploi très fréquent qui en était
fait pour la crasse. *Illaudatus* était un terme rare, peut être
formé par Virgile lui-même ; *uexare* au contraire avait très
couramment le sens que Virgile lui donne.

24. Quicquid igitur nimis inculcatum obsitumque
aliqua re erat, *ut* incuteret uisentibus facie noua
horrorem, id squalere dicebatur. **25.** Sic in corporibus incultis squamosisque alta congeries sordium
squalor appellatur. Cuius significationis multo
assiduoque usu totum id uerbum ita contaminatum
est, ut iam squalor de re alia nulla quam de solis
inquinamentis dici coeperit.

VII

**De officio erga patres liberorum ; deque ea re ex philoso-
phiae libris, in quibus scriptum quaesitumque est an
omnibus patris iussis obsequendum sit.**

1. Quaeri solitum est in philosophorum discepta-
tionibus, an semper inque omnibus iussis patri
parendum sit. **2.** Super ea re Graeci nostrique, qui
de officiis scripserunt, tres sententias esse quae
spectandae considerandaeque sint, tradiderunt,
easque subtilissime diiudicauerunt. **3.** Earum una
est : omnia quae pater imperat parendum ; **4.**
altera est : in quibusdam parendum, quibusdam non
obsequendum ; **5.** tertia est : nihil necessum esse
patri obsequi et parere.

6. Haec sententia quoniam primore aspectu

---

24 obsitum *PR* : opsitum *V* op[p]ositum *TY* ‖ ut Macr. :
et *PRVTY*, *recc.* ‖ 25 congeries *edd.* : —rie *PRVTY*, *recc.* ‖
appellatur : — abatur *recc.*

VII. *Exstat in TY* ‖ *Lem.* patres : parentes *recc. p.* ‖ omnibus :
omnibusque *recc.* ‖ 1 solitum est : solet *T*[1] ‖ philosophorum :
—phicis *R* ‖ patri *RV*, *recc.* : patris *PTY*, *recc.* ‖ 2 diiudicauerunt *V*, *recc.* : — carunt *PRT* ‖ 3 omnia : omnibus *recc.* ‖ 4
in *T* : *om ceteri* ‖ 5 necessum *PTY* : necesse *RV*, *recc.* ‖ 6
primore aspectu *PTY*, *recc.* : primo respectu *RV*, *recc.*

trop immorale, nous parlerons en premier lieu de ce qu'on a dit sur elle. **7.** Ou ce que le père commande est juste, disent-ils, ou c'est mal. Si ce qu'il commande est juste, il faut obéir, mais non parce qu'il le commande, il faut faire ce qu'il est juste de faire ; si c'est mal, il ne faut faire en aucun cas ce qui ne doit pas être fait. **8.** Ensuite ils concluent : il n'est donc jamais nécessaire d'obéir aux ordres d'un père. **9.** Mais cette opinion n'est pas admise, à ce que nous avons lu (c'est, comme nous allons le montrer, un petit sophisme, vain et sans portée). **10.** Et ce que nous avons dit en premier lieu ne peut pas non plus passer pour vrai et juste : qu'il faut obéir à tout ce qu'ordonne un père. **11.** Qu'en sera-t-il en effet s'il demande de trahir la patrie, d'assassiner une mère, ou d'autres crimes honteux et impies ? **12.** L'opinion moyenne a donc paru la meilleure et la plus sûre : qu'il faut obéir dans certains cas, s'y refuser dans d'autres. **13.** Ce qu'il faut se refuser à faire, c'est avec douceur et respect, sans imprécations excessives, sans protestations et reproches cruels, qu'on s'en écartera insensiblement et qu'on le laissera de côté, disent nos auteurs, plus qu'on ne le rejettera avec mépris.

14. Mais comme je l'ai dit plus haut, le raisonnement par lequel on conclut qu'il ne faut en rien obéir à son père, est incomplet et peut se réfuter et dissoudre ainsi. **15.** Tout ce qui se fait dans le monde des hommes est, suivant l'opinion des doctes, honorable ou honteux[1]. **16.** Ce qui de sa propre nature est droit ou

---

1. Tel est ce que dit l'archétype de nos manuscrits, mais il est bien évident que la phrase affirme le contraire de ce qu'Aulu-Gelle veut faire entendre : tout son raisonnement se fonde sur une distinction tripartite et non bipartite et il a voulu écrire quant à lui : «est honorable, honteux ou ni honorable ni honteux.» L'énoncé de la troisième catégorie est tombé peut-être parce qu'il reprenait les mêmes mots (*aut honesta sunt aut turpia aut neque honesta neque turpia*).

nimis infamis est, super ea prius quae dicta sunt dicemus. **7.** « Aut recte, inquiunt, imperat pater aut perperam. Si recte imperat, non quia imperat parendum, sed quoniam id fieri ius est; si perperam, nequaquam scilicet faciendum quod fieri non oportet ». **8.** Deinde ita concludunt : « Numquam est igitur patri parendum quae imperat ». **9.** Sed neque istam sententiam probari accepimus — argutiola quippe haec, sicuti mox ostendemus, friuola et inanis est — **10.** neque autem illa quam primo in loco diximus, uera et proba uideri potest, omnia esse quae pater iusserit parendum. **11.** Quid enim ? si proditionem patriae, si matris necem, si alia quaedam imperauit turpia aut impia ? **12.** Media igitur sententia optima atque tutissima uisa est, quaedam esse parendum, quaedam non obsequendum. **13.** Sed ea tamen, quae obsequi non oportet, leniter et uerecunde ac sine detestatione nimia sineque obprobratione acerba reprehensionis declinanda sensim et relinquenda esse dicunt quam respuenda.

14. Conclusio uero illa qua colligitur, sicuti supra dictum est, nihil patri parendum, inperfecta est refutarique ac dilui sic potest. **15.** Omnia, quae in rebus humanis fiunt, ita ut docti censuerunt, aut honesta sunt aut turpia. **16.** Quae sua

---

    8 *ab* est patri *incipit A* igitur *omisso* ‖   **9** argutiola : argutiora *A* ‖ **10** diximus : induximus *R* ‖ **11** matris : matri *Y* ‖ imperauit *PRV, recc.* : imperabi *A* imperauerit *TY* ‖ aut : autem *A* ‖ **13** reprehensionis : depr — *A* ‖ declinanda *A P²RTY recc.* : — dam *P¹V* ‖ relinquenda *P²TY, recc.* : relinquendam *RV* reliquendam *AP¹*. ‖ *cum uerbis* esse *dic... desinit A* ‖ **15** ita ut : sicut *recc.*

honorable comme rester fidèle à sa parole, défendre la patrie, comme aimer ses amis, il faut le faire, que le père commande ou non ; **17.** et ce qui y est opposé, qui est honteux ou totalement injuste, il ne faut pas le faire même s'il l'ordonne. **18.** Mais ce qui est intermédiaire, que les Grecs appellent tantôt μέσα, moyen, tantôt ἀδιάφορα, indifférent, comme prendre du service à l'armée, cultiver sa terre, entreprendre une carrière politique, plaider en justice, prendre femme, partir sur un ordre, revenir sur un appel, puisque ces actes et d'autres semblables, ne sont en soi ni honorables ni honteux, mais deviennent louables ou répréhensibles, suivant la manière dont on les fait, par la seule pratique, les auteurs pensent que dans tous les cas de ce genre[1], il faut obéir au père : par exemple s'il commande de prendre femme ou de plaider pour des accusés. **19.** Puisque ni l'un ni l'autre n'est en soi par nature ni honorable ni honteux, il faut obéir aux ordres de son père. **20.** Mais s'il commandait de prendre une femme perdue de réputation, impudique, criminelle, ou de plaider la cause d'un Catilina, d'un Tubulus [2] ou d'un Clodius, il ne faudrait pas obéir, bien sûr, puisqu'un élément honteux s'y ajoutant, ces actes cessent d'être en soi moyens et indifférents. **21.** L'affirmation disant : « Ce que commande un père est ou honorable ou honteux », ne subsiste donc pas dans son intégralité. La disjonction ne peut pas paraître saine et

---

1. La théorie des indifférents est exposée là avec plus de clarté et plus complaisamment qu'en 1, 2, 9 (cf. la note). C'est sur ces indifférents que la discussion est possible et que s'exerce la réflexion morale.

2. Lucius Hostilius Tubulus est cité par Cicéron comme un modèle d'iniquité. Il était préteur en 142, et, présidant un procès de brigue, il s'était laissé corrompre (*Nat. Deor.*, 1, 63).

ui recta aut honesta sunt, ut fidem colere, patriam defendere, ut amicos diligere, ea fieri oportet, siue imperet pater, siue non imperet ; **17.** sed quae his contraria quaeque turpia, omnino iniqua sunt, ea ne si imperet quidem. **18.** Quae uero in medio sunt et a Graecis tum μέσα, tum ἀδιάφορα appellantur, ut in militiam ire, rus colere, honores capessere, causas defendere, uxorem ducere, ut iussum proficisci, ut accersitum uenire, quoniam et haec et his similia per sese ipsa neque honesta sunt neque turpia, sed proinde ut a nobis aguntur, ita ipsis actionibus aut probanda fiunt aut repre-hendenda : propterea in eiusmodi omnium rerum generibus patri parendum esse censent, ueluti si uxorem ducere imperet aut causas pro reis dicere. **19.** Quod enim utrumque in genere ipso per sese neque honestum neque turpe est, idcirco, si pater iubeat, obsequendum est. **20.** Sed enim si imperet uxorem ducere infamem, propudiosam, crimi-nosam, aut pro reo Catilina aliquo aut Tubulo aut P. Clodio causam dicere, non scilicet parendum, quoniam accedente aliquo turpitudinis numero desinunt esse per sese haec media atque indiffe-rentia. **21.** Non ergo integra est propositio dicentium « aut honesta sunt, quae imperat pater, aut turpia », neque ὑγιὲς et νόμιμον διεζευγ-

---

18 μέσα tum *om. recc.* — tum ἀδιάφορα : ταδιαφορα *PV om. TY* || honesta *edd.* : inhonesta *PRVTY, recc.* || si *post* ueluti *om. R* || **20** tubulo *PRVTY* : cubulo *recc.* l. tubulo *Lipsius* || p. clodio *recc.* : p.c. lodio *PRVTY, recc.* || **21** dicentium *recc.* : dicendum *PRVY, recc.* dicendo *T* || νόμιμον *V, recc.* : γνωμιμον *recc.* νομιαλον *P*

régulière. 22. Il lui manque un troisième terme : « ou ce n'est ni honnête ni honteux ». Si on l'ajoute, il devient impossible de conclure ainsi : « Il ne faut donc jamais obéir à son père ».

VIII

Que Plutarque a fait des reproches injustes à Epicure sur sa manière de conclure un syllogisme.

1. Plutarque dit dans le deuxième livre de son traité sur Homère [1] qu'Epicure s'est servi d'un syllogisme imparfait, mal construit, sans habileté, et il donne le texte même d'Epicure [2] : « La mort ne nous concerne en rien : ce qui est dissous ne sent rien, et l'insensible ne nous concerne pas ». « 2. Il a omis, dit-il, ce qu'il aurait dû affirmer en premier lieu, que la mort est dissolution de l'âme et du corps. 3. Et il se sert ensuite de la proposition même qu'il a omise pour démontrer autre chose, comme si elle était établie et démontrée. 4. Or ce syllogisme, ne peut avancer, si cette proposition n'est pas admise d'abord. »

5. Ce que Plutarque a dit de la forme et de l'ordonnance du syllogisme est vrai, il faut le reconnaître. Si l'on veut conclure et raisonner suivant les traditions de l'école, il faut dire ceci : « La mort est dissolution de l'âme et du corps ; or ce qui est dissous ne sent rien ;

---

1. VII, p. 100 Bernadakis.
2. *Sent.*, II, p. 71 Ussing. L'idée exprimée ici est essentielle à la philosophie d'Epicure : on la retrouve dans la *Lettre à Ménécée* (124). Grâce à elle devait se dissiper la crainte de la mort, source principale de trouble pour l'âme et l'empêchant d'atteindre à l'ataraxie. Plutarque qui est naturellement hostile à Epicure, veut lui imposer la lourde marche du syllogisme.

μένον uideri potest. **22.** Deest enim diiunctioni isti tertium : « Aut neque honesta sunt neque turpia ». Quod si additur, non potest ita concludi : « Numquam est igitur patri parendum ».

VIII

Quod parum aequa reprehensio Epicuri a Plutarcho facta sit in syllogismi disciplina.

1. Plutarchus, secundo librorum quos de Homero composuit, imperfecte atque praepostere atque inscite syllogismo esse usum Epicurum dicit uerbaque ipsa Epicuri ponit : Ὁ θάνατος οὐδὲν πρὸς ἡμᾶς· τὸ γὰρ διαλυθὲν ἀναισθητεῖ· τὸ δὲ ἀναισθητοῦν οὐδὲν πρὸς ἡμᾶς. **2.** « Nam praetermisit, inquit, quod in prima parte sumere debuit, τὸν θάνατον εἶναι ψυχῆς καὶ σώματος διάλυσιν. **3.** Tunc deinde eodem ipso, quod omiserat, quasi posito concessoque ad confirmandum aliud utitur. **4.** Progredi autem hic, inquit, syllogismus, nisi illo prius posito, non potest ».

5. Vere hoc quidem Plutarchus de forma atque ordine syllogismi scripsit. Nam si, ut in disciplinis traditur, ita colligere et ratiocinari uelis, sic dici oportet : Ὁ θάνατος ψυχῆς καὶ σώματος διάλυσις· τὸ δὲ διαλυθὲν ἀναισθητεῖ · τὸ δὲ ἀναισθητοῦν οὐδὲν

22 deest : nec est *P* || diiunctioni : diiunctio *P* || aut *om. V* || si additur *RTY* : *om. V, recc.* si turpia additur *P* || non *P* : *om. VRTY* || nunquam : nonnunquam *edd.*

VIII. *Lem.* facta *Gron.* : pacta *PV* peracta *recc.* || 3 tunc *PRV* : tum *recc.* || aliud : illud *recc. p.* || 5 si ut *edd.* : sicut *PRV, recc.* || τὸ *alterum om. PV.*

et ce qui est insensible ne nous concerne pas». **6.** Mais
Epicure, tel qu'il est, ne me paraît pas avoir laissé
de côté cette partie du syllogisme par maladresse, **7.**
et il ne s'est pas soucié de faire un syllogisme comme
à l'école de philosophie avec toutes ses parties bien
définies, mais assurément, puisque la séparation de
l'âme et du corps est évidente dans la mort, il n'a pas
jugé nécessaire de rappeler ce que tout le monde savait.
8. De même encore il a placé la conclusion du syllogisme, non à la fin, mais au début : ce n'est pas là
incompétence, qui ne s'en rend compte ?

9. Chez Platon aussi on trouverait en bien des
endroits des syllogismes qui, renonçant à l'ordre traditionnel de l'école et le bouleversant, ont été formés
non sans un élégant mépris des critiques.

IX

**Que le même Plutarque s'est acharné avec une évidente
mauvaise foi sur une phrase d'Epicure.**

1. Dans le même livre, Plutarque [1] adresse encore à
Epicure le reproche d'avoir usé d'un mot impropre-
ment et dans un sens qui n'était pas le sien. **2.** Voici
ce qu'Epicure a écrit [2] : « La limite suprême du plaisir,
c'est la suppression de tout ce qui souffre». «Il n'aurait

1. VII, p. 101 Bernadakis.
2. *Sent.*, III, p. 72   Ussing.

πρὸς ἡμᾶς. **6.** Sed Epicurus, cuiusmodi homost, non inscitia uidetur partem istam syllogismi praetermisisse, **7**, neque id ei negotium fuit, syllogismum tamquam in scholis philosophorum cum suis numeris omnibus et cum suis finibus dicere, sed profecto, quia separatio animi et corporis in morte euidens est, non est ratus necessariam esse eius admonitionem, quod omnibus prorsus erat obuium. **8.** Sicuti etiam, quod coniunctionem syllogismi non in fine posuit, sed in principio ; nam id quoque non imperite factum, quis non uidet ?

9. Apud Platonem quoque multis in locis reperias syllogismos, repudiato conuersoque ordine isto qui in docendo traditur, cum eleganti quadam reprehensionis contemptione positos esse.

IX

Quod idem Plutarchus euidenti calumnia uerbum ab Epicuro dictum insectatus sit.

1. In eodem libro idem Plutarchus eundem Epicurum reprehendit, quod uerbo usus sit parum proprio et alienae significationis. **2.** Ita enim scripsit Epicurus : ῟Ορος τοῦ μεγέθους τῶν ἡδονῶν ἡ παντὸς τοῦ ἀλγοῦντος ὑπεξαίρεσις. « Non, inquit,

---

6 cuiusmodi *A* (*qui a uerbis* iusmodi *incipit*) *P, recc.*: cuimodi *RV* ‖ **7** id ei *PV, recc.* : dei *A* et dei *R* ‖ suis num *A* : *om.* *PRV, recc.* ‖ sed *A* : est *PRV, recc.* ‖ est *post* euidens *om.* *A* ‖ necessariam : — ium *A* ‖ quod : qui *A* ‖ **8** coniunctionem *A* : conclusionem *PRV, recc.* ‖ **9** repudiato *edd.* : — tos *PRV, recc.* ‖ in docendo *A* : in dicendo *RV, recc.* incidendo *P* ‖ quadam : quadem *V*^{2} quidem *V*^{1}.

IX. 1 idem : item *A* ‖ **2** ὑπεξαίρεσις *recc.* : υπαιξερεσις *PV*.

pas fallu dire, affirme Plutarque, de tout ce qui souffre, mais de tout ce qui fait souffrir, 3. il s'agit en effet d'exprimer la suppression de la douleur et non du sujet souffrant. »

4. Plutarque s'attarde là, en accusant Epicure, à des vétilles trop subtiles et presque même dépourvues d'intérêt[1]. 5. Car ce souci des mots, ces recherches verbales, non seulement Epicure ne s'y attaque pas, mais il les attaque. »

X

Ce que sont les *fauisae Capitolinae* et ce que Varron a répondu sur ce mot à une question de Servius Sulpicius.

1. Servius Sulpicius[2], qui fait autorité en droit civil, homme d'un très grand savoir, écrivit à Varron et lui demanda de lui indiquer dans sa réponse le sens d'un mot qui figurait dans les livres[3] des censeurs. Ce mot était *fauisae Capitolinae*. 2. Varron répondit avoir en mémoire que Catulus[4], chargé de restaurer le Capitole, disait avoir voulu abaisser la place du Capitole afin d'augmenter le nombre des marches qui montaient au temple, et la hauteur du soubassement par rapport à la grandeur du faîte, mais il n'avait pu le faire parce que les *fauisae* l'en avaient empêché. 3. C'étaient des sortes de caves et de puits qui se trouvaient en terre sous la place ; on y rangeait les vieilles statues qui étaient

---

1. L'adverbe *subfrigide* ne reparaît que chez Ammien, c'est une création occasionnelle d'Aulu-Gelle, facilement formée grâce au préfixe *sub* d'atténuation.
Λεξιθηρεῖ est hapax : il signifie *faire la chasse aux mots*. Il ne s'agit pas ici de la chasse aux mots telle que la pratiquait Fronton, mais de la recherche trop subtile de nuances de sens.

2. Servius Sulpicius Rufus correspondant et ami de Cicéron, fut son adversaire dans le procès de Murena. Consul en 51, il gouverna l'Achaïe en 46. Ce fut un jurisconsulte fameux et un homme réputé pour sa totale intégrité.

3. Ils sont à distinguer des *libri magistratuum* souvent appelés *libri lintei* (*Liu.* 4, 7, cf. 4, 20). Ce sont plutôt des livres de compte, des inventaires avec un registre des marchés de l'état.

4. Q. Catulus, consul en — 102, vainqueur des Cimbres avec Marius, interlocuteur du *de Oratore*. Renommé par son esprit, et sa culture, il aurait été le centre d'un cercle littéraire d'après Büttner, *Porcius Licinius...*, 1893.

παντὸς τοῦ ἀλγοῦντος, sed παντὸς τοῦ ἀλγεινοῦ dicere
oportuit ; **3.** detractio enim significanda est
doloris, inquit, non dolentis ».

4. Nimis minute ac prope etiam subfrigide
Plutarchus in Epicuro accusando λεξιθηρεῖ. **5.** Has
enim curas uocum uerborumque elegantias non
modo non sectatur Epicurus, sed etiam insectatur.

X

**Quid sint fauisae Capitolinae ; et quid super eo uerbo
M. Varro Seruio Sulpicio quaerenti rescripserit.**

1. Seruius Sulpicius, iuris ciuilis auctor, uir
bene litteratus, scripsit ad M. Varronem rogauitque
ut rescriberet quid significaret uerbum quod in
censoriis libris scriptum esset. Id erat uerbum
' fauisae Capitolinae '. **2.** Varro rescripsit in
memoria sibi esse quod Q. Catulus curator resti-
tuendi Capitolii dixisset uoluisse se aream Capi-
tolinam deprimere, ut pluribus gradibus in aedem
conscenderetur suggestusque pro fastigii magnitudine altior fieret, sed facere id non quisse,
quoniam ' fauisae ' impedissent. **3.** Id esse cellas
quasdam et cisternas quae in area sub terra
essent, ubi reponi solerent signa uetera quae

---

3 significanda : — dae *A* ‖ dolentis : dolens *P*   ‖ **5** *cum
litteris* insecta *desinit A.*

X. 1 significaret : — cat *R* ‖ censoriis *edd.* : -ris *PRV*
‖ **2** in *ante* memoria *om. P* ‖ catulus : catulis *V*[1] ‖ aedem
Mercier : eadem *PRV*, *recc.* eandem *edd.*

tombées du temple, et d'autres objets vénérables provenant des offrandes consacrées.

Ensuite dans la même lettre, il dit qu'il n'a pas trouvé dans les livres pourquoi on les appelait *fauisae* ; mais que Quintus Valerius Soranus [1] disait souvent que, ce que nous appelions *thesaurus* d'un nom grec, les anciens Latins l'avaient nommé *flauissae*, parce qu'on y enfermait, non pas du bronze ou de l'argent en lingots, mais de la monnaie coulée (*flata*), et frappée. 4. Il conjecturait donc qu'on avait enlevé la deuxième lettre de ce mot, et qu'on avait appelé *fauisae* certaines caves ou grottes dont les intendants du temple se servaient pour garder les objets consacrés.

XI

De nombreuses indications, dignes de mémoire, sur Sicinius Dentatus, guerrier remarquable.

1. Lucius Sicinius Dentatus, tribun de la plèbe sous le consulat de Spurius Tarpeius et d'Aulus Aterius [2], fut, à ce que rapportent les annales, un combattant brave au delà de ce qu'on peut croire ; son extraordinaire courage lui valut un surnom : on l'appela l'Achille romain. 2. On dit qu'il a combattu contre l'ennemi au cours de cent vingt combats, qu'il ne portait aucune cicatrice dans le dos, mais quarante-cinq de face ; il avait reçu huit couronnes [3] d'or, une obsidionale, trois couronnes murales, quatorze couronnes civiques, quatre-vingt-trois colliers, plus de

---

1. Quintus Valerius Soranus a été mis à mort par Pompée en 82, d'après Plutarque (*Pomp.*, 10) qui parle d'un Q. Valerius φιλόλογος ἀνὴρ καὶ φιλομαθής. Né vers 140 (Cichorius, *Hermès*, XLI, 1906, p. 59), il avait des connaissances mystiques et avait écrit des livres Ἐποπτίδων, *des Mystères* (Plin., *N.H. Praef.*, 35). Il fut accusé d'avoir divulgué le nom mystique de Rome (*ibid.*, 3, 65).

2. En — 454.

3. Sur les couronnes cf. *infra*, 5, 6.

ex eo templo collapsa essent, et alia quaedam religios*a* e donis consecratis.

Ac deinde eadem epistula negat quidem se in litteris inuenisse cur ' fauisae ' dictae sint, sed Q. Valerium Soranum solitum dicere ait, quos ' thesauros ' Graeco nomine appellaremus, priscos Latinos ' flauisas ' dixisse, quod in eos non rude aes argentumque, sed flata signataque pecunia conderetur. 4. Coniectare igitur se detractam esse ex eo uerbo secundam litteram et ' fauisas ' esse dictas cellas quasdam et specus, quibus aeditui Capitolii uterentur ad custodiendas res ueteres religiosas.

XI

De Sicinio Dentato egregio bellatore multa memoratu digna.

1. L. Sicinium Dentatum, qui tribunus plebi fuit Sp. Tarpeio, A. Aternio consulibus, scriptum est in libris annalibus plus quam credi debeat strenuum bellatorem fuisse, nomenque ei factum ob ingentem fortitudinem appellatumque esse Achillem Romanum. **2.** Is pugnasse in hostem dicitur centum et uiginti proeliis, cicatricem auersam nullam, aduersas quinque et quadraginta tulisse, coronis donatus esse aureis octo, obsidionali una, muralibus tribus, ciuicis quattuordecim, torquibus tribus et octoginta, armillis plus centum

---

3 et alia *recc.* : talia *PRV* || religiosa e donis *Salmasius* : religiose donis *PRV, recc.* religiose donariis *edd.* || ac : at *recc. p.* || cur : cum *P* || q. *R, recc.* : que *PV* || latinos : latine Nᴏɴ. *codd. plur.* || eos *PRV, recc.* : eas *edd.* || 4 detractam *P, recc.* : detracta *V* detractura *R.*

XI. 1 l. *om. V* || tarpeio : tarqnio *R*[1] || 2 una : luna *R*[1] iuna *R*[2] || muralibus : mirabilibus *V*[1].

cent soixante bracelets et de dix-huit lances ; il reçut
de même vingt-cinq fois des phalères ; **3.** il eut toute
sorte de butin pris à l'ennemi, souvent pour avoir
provoqué l'adversaire ; il participa à neuf triomphes
derrière ses généraux.

XII

**Où se trouve examinée et pesée une loi de Solon qui au
premier abord paraît inique et injuste, mais qui au fond
est utile et salutaire.**

1. Parmi ces lois de Solon si anciennes, qui sont
gravées à Athènes dans des planches de bois [1], et que,
lorsqu'il les eut établies, les Athéniens sanctionnèrent
de peines civiles et religieuses pour les rendre éternelles,
il y en a une, selon Aristote [2], qui est rédigée dans ce
sens : « Si à cause d'un désaccord, d'une opposition,
il se fait une division et sécession de la nation en deux
camps, et si, les esprits s'étant échauffés de ce fait,
on prend les armes et on combat, que celui qui, à
ce moment-là et dans ce cas de guerre civile, ne se
sera pas joint à l'un ou l'autre des deux partis, mais,
restant seul et détaché, se séparera du malheur commun
de la cité, soit privé de sa maison, de sa patrie et
de tous ses biens, qu'il soit exilé et banni ».

2. Comme nous lisions cette loi de Solon, homme

---

1. Cf. Plut., *Sol.*, 25. Ces planches ou pieux étaient encore
visibles au temps de Plutarque dans la Prytaneia. Ils ont dû
être remplacés de bonne heure par de la pierre. Car un fragment
comme C.I.A., 4, 559, écrit en boustrophédon, doit en être un
fragment. Il en va peut-être de même C.I.A., I, 61 qui contient
une prescription reprise de Dracon.
2. *Ath. ciu.*, 8. Mais la source du chapitre paraît être Favorinus, cf. § 5.

sexaginta, hastis duodeuiginti ; phaleris item
donatus est quinquies uiciesque ; **3.** *s*poli*a* militaria
habuit multiiuga, in his prouocatoria pleraque ;
4. triumphauit cum imperatoribus suis triumphos
nouem.

XII

**Considerata perpensaque lex quaedam Solonis, speciem
habens primorem iniquae iniustaeque legis, sed ad usum
et emolumentum salubritatis penitus reperta.**

1. In legibus Solonis illis antiquissimis quae
Athenis axibus ligneis incisae sunt quasque latas
ab eo Athenienses, ut sempiternae manerent,
poenis et religionibus sanxerunt, legem esse
Aristoteles refert scriptam ad hanc sententiam :
« Si ob discordiam dissensionemque seditio atque
discessio populi in duas partes fiet et ob eam
causam irritatis animis utrimque arma capientur
pugnabiturque, tum qui in eo tempore in eoque
casu ciuilis discordiae non ad alterutram partem
sese adiunxerit, sed solitarius separatusque a
communi malo ciuitatis secesserit, is domo,
patria fortunisque omnibus careto, exul extor-
risque esto ».

2. Cum hanc legem Solonis, singulari sapientia

---

3 spolia *Ascens.* : populi *PRV, recc.*

XII. *Lem.* solonis : salonis *P* ‖ **1** axibus : asseribus *recc.* ‖
ligneis : leges *recc. p.* ‖ eo *recc.* : e *R, om. PV* ‖ Athenienses
PRV : Atheniensibus *V*[2], *recc.* ‖ esse *RV* : autem *P* ‖ fiet *recc.* :
fieret *PRV, recc.* ‖ irritatis : iratis *R*[1] ‖ ad alterutram partem
Gron. : alterutra parte *PRV, recc.* alterutrae parti *Carrio, cf.*
Charis. 159, 2 ‖ **2** singulari *recc.* : — ris *P*[1]*V, om. R.*

doué d'une sagesse extraordinaire, nous fûmes pris au début d'un étonnement intense, nous demandant pourquoi il avait jugé que méritaient une punition ceux qui s'étaient tenus loin de la sécession et de la guerre civile. 3. Alors des hommes qui avaient pénétré intimement et profondément la fin et le sens de la loi, disaient qu'elle n'était pas faite pour aggraver, mais pour arrêter la sécession. Et il en est ainsi. 4. Car si tous les gens de bien[1], ayant été incapables de contenir la sécession à son début, renoncent à abandonner un peuple déchaîné et insensé, se divisent pour se joindre à l'un ou à l'autre parti, il arrivera qu'étant associés aux deux partis indépendamment, et ces partis commençant à être gouvernés et dirigés par eux, hommes de plus grande autorité, c'est par eux que la concorde pourra être ménagée et rétablie, puisqu'ils dirigent et adoucissent les leurs, ceux auprès de qui ils sont, et désirent plus la guérison de leurs adversaires que leur perte.

5. Favorinus pensait qu'il faut faire de même entre des frères ou des amis en désaccord, que ceux qui sont neutres et favorables aux deux partis, s'ils ont manqué de l'autorité nécessaire dans leurs efforts pour la conciliation, ayant paru amis équivoques, se divisent pour embrasser chacun un parti, et que, forts de ce mérite, ils ouvrent la voie à la réconciliation des deux adversaires. 6. « En réalité, la plupart du temps, ajou- tait-il, les amis des deux adversaires, croyant agir droitement, abandonnent les deux antagonistes à leurs

---

1. A Rome ce sont les aristocrates. Mais le sens de la loi est difficile à définir. Les modernes ont beaucoup varié.

praediti, legissemus, tenuit nos grauis quaedam in principio admiratio, requirens quam ob causam dignos esse poena existimauerit, qui se procul a seditione et ciuili pugna remouissent. **3.** Tum, qui penitus atque alte usum ac sententiam legis introspexerant, non ad augendam, sed ad desinendam seditionem legem hanc esse dicebant. Et res prorsum se sic habent. **4.** Nam si boni omnes, qui in principio coercendae seditioni impares fuerint, populum percitum et amentem non deseruerint, ad alterutram partem diuidi sese adiunxerint, tum eueniet, ut, cum socii partis seorsum utriusque fuerint eaeque partes ab his, ut maioris auctoritatis uiris, temperari ac regi coeperint, concordia per eos potissimum restitui conciliarique possit, dum et suos, apud quos sunt, regunt atque mitificant et aduersarios sanatos magis cupiunt quam perditos.

5. Hoc idem Fauorinus philosophus inter fratres quoque aut amicos dissidentis oportere fieri censebat, ut qui in medio sunt utriusque partis beneuoli, si in concordia adnitenda parum auctoritatis, quasi ambigui amici, habuerint, tum alter*i* in alteram partem discedant ac per id meritum uiam sibi ad utriusque concordiam muniant. **6.** « Nunc autem plerique, inquit, partis utriusque amici, quasi probe faciant, duos litigantes destituunt et relinquunt deduntque eos aduocatis maliuolis

---

2 quaedam *RV*[2]: que a. dam *V*[1] que admodum *P* ‖ existimauerit *PR, recc.* : existimauere *V* ‖ **3** introspexerant *P* : — rat *RV* inspexerat *recc.* ‖ dicebant *P* : dicebat *RV, recc.* ‖ se sic : sic se *V* ‖ **4** deseruerint *recc.* : deruerint *PRV* ‖ diuidi *PRV, recc.* : diuidui *Gron.* diuisi *recc.* ‖ socii *edd.* : sociis *PRV, recc.* ‖ **5** adnitenda *R* : adnittenda *V* admittenda *P, recc.* annitenda *recc.* ‖ alteri *Carrio* : alter *PRV, recc.*

contestations, ils les laissent et livrent à des sectateurs méchants ou cupides qui enflamment leurs querelles et leurs âmes par goût de la haine ou du lucre. »

XIII

Que les anciens disaient *liberos*, les enfants, au pluriel, même quand il ne s'agissait que d'un fils ou d'une fille.

1. Les anciens orateurs, ou auteurs d'histoires ou de poèmes, ont appelé même un fils ou une fille unique, *liberos*, les enfants, au pluriel [1]. **2.** Nous avions remarqué cela quelques fois dans les livres de nombreux anciens, nous le trouvons également aujourd'hui au livre V des *Res Gestae* de Sempronius Asellio. **3.** Cet Asellio fut tribun militaire sous les ordres de Scipion l'Africain devant Numance, et il raconte les événements auxquels il prit part en personne.

4. Voici ses paroles [2] sur Tiberius Gracchus, tribun de la plèbe, au moment où celui-ci fut tué au Capitole : « Quand il sortait de chez lui, Gracchus n'avait jamais une escorte de moins de trois ou quatre mille hommes ». Et ensuite il écrit plus bas sur le même Gracchus : **5.** « Il se mit à les prier de le défendre, lui et ses enfants ; celui qu'il avait à ce moment-là, un garçon [3], il le fit présenter, et il le recommanda au peuple, en pleurant presque. »

---

1. L'expression n'a pas de singulier, cf. Ernout-Meillet, *Dict. étym.* s.u. Le Digeste 50, 16, 140 indique bien l'origine et la nature de ce pluriel : « *Non est sine liberis cui uel unus filius unaue filia est* ». Le *pater familias*, chef de *gens*, avait sous sa *manus*, d'une part les *serui*, d'autre part les *liberi*, les hommes libres, ses enfants, cf. *infra*, 2, 18, 9.

2. Frag., 7 Peter. Sur Sempronius Asellio cf. 1, 13, 10 et la n. 3.

3. *Secus* est un doublet neutre de *sexus* qui apparait seulement dans les tours archaïques *uirile* ou *muliebre secus*.

aut auaris, qui lites animasque eorum inflamment
aut odii studio aut lucri ».

XIII

**Liberos in multitudinis numero etiam unum filium
filiam*ue* ueteres dixisse.**

1. Antiqui oratores historiaeque aut carminum
scriptores etiam unum filium filiamue ' liberos '
multitudinis numero appellarunt. **2.** Idque nos,
cum in complurium ueterum libris scriptum
aliquotiens aduerteremus, nunc quoque in libro
Sempronii Asellionis ' Rerum gestarum ' quinto ita
esse positum offendimus. **3.** Is Asellio sub P.
Scipione Africano tribunus militum ad Numan-
tiam fuit resque eas quibus gerendis ipse interfuit,
conscripsit.

4. Eius uerba de Tiberio Graccho, tribun*o* pl.,
quo in tempore interfectus in Capitolio est, haec
sunt : « Nam Gracchus domo cum proficiscebatur,
numquam minus terna aut quaterna milia hominum sequebantur ». **5.** Atque inde infra de eodem
Graccho ita scripsit : « Orare coepit id quidem, ut
se defenderent liberosque suos ; eum quem uirile
secus tum in eo tempore habebat produci iussit
populoque commendauit prope flens ».

XIII. *Lem.* ue *post* filiam *edd.* : *om. PRV, recc.* || **1** appella-
runt *R* : — rant *PV, recc.* || **2** idque : id quoque *recc.* || aduer-
teremus *PRV, recc.* : aduerterimus *Carrio* || offendimus : osten-
dimus *recc.* || **4** tribuno *edd.* : tribuni *PRV* || proficiscebatur :
proficisceretur *recc.* || **5** infra de *recc.* : in fraude *PRV* || coepit
id quidem : quidem cepit id *V* || eum quem *PRV, recc.* :
eumque quem *Cramer* || uirile secus *PRV* : uirilis sexus *recc.* ||
tum in : unum *Gron.*

XIV

Que Marcus Caton dans le livre qui est intitulé *Contre Tiberius exilé,* **a écrit** *stitisses uadimonium* **avec un** *i* **et non** *stetisses* ; **et explication de cette forme.**

1. Dans un manuscrit ancien de Marcus Caton, intitulé *Contre Tiberius exilé,* il était écrit [1] : « *Quid si uadimonium capite obuoluto stitisses* ? Qu'en serait-il si tu avais fourni caution la tête voilée » ? **2.** Il a eu raison certes d'écrire *stitisses* ; mais certains correcteurs osant une transformation erronée, mirent un *e* et écrivirent *stetisses,* comme si *stitisses* était une forme sans réalité et sans valeur. **3.** C'est eux bien plutôt qui sont méprisables et sans valeur, car ils ignorent que Caton a écrit *stitisses* parce qu'on dit *sisti uadimonium* et non *stari* [2].

XV

Que dans l'antiquité les grands honneurs étaient décernés en premier lieu à la vieillesse ; pourquoi ensuite ces mêmes honneurs ont été transférés aux hommes mariés et aux pères de famille ; et certains points de l'article VII de la loi Julia.

1. Chez les plus anciens Romains on n'accordait ni à la naissance, ni à la richesse d'honneur plus prestigieux qu'à l'âge, et les aînés étaient honorés par les plus jeunes presque comme des dieux ou des pères ;

1. 43 Jordan. On a identifié ce Tiberius avec Tiberius Sempronius Longus qui fut un adversaire de Caton et en 184 un compétiteur lors de sa candidature à la censure.

2. La distinction établie paraît constamment observée en latin, même si elle n'est pas primitive et si elle est combattue par certains grammairiens anciens.

XIV

Quod M. Cato, in libro qui inscriptus est ' contra Tibe-rium exulem ', ' stitisses vadimonium ' per ' i ' litteram dicit, non ' stetisses '; eiusque uerbi ratio reddita.

1. In libro uetere M. Catonis, qui inscribitur ' contra Tiberium exulem ', scriptum sic erat : « Quid si uadimonium capite obuoluto stitisses ? ». **2.** Recte ille quidem ' stitisses ' scripsit ; sed falsi et audaces emendatores ' e ' scripto per libros ' stetisses ' fecerunt, tamquam ' stitisses ' uanum et nihili uerbum esset. **3.** Quin potius ipsi nequam et nihili sunt, qui ignorant ' stitisses ' dictum a Catone, quoniam ' sisteretur ' uadimo-nium, non ' staretur '.

XV

Quod antiquitus aetati senectae potissimum habiti sint ampli honores ; et cur postea ad maritos et ad patres idem isti honores delati sint ; atque ibi de capite quaedam legis Iuliae septimo.

1. Apud antiquissimos Romanorum neque gene-ri neque pecuniae praestantior honos tribui quam aetati solitus, maioresque natu a minoribus cole-

---

XIV. *Lem.* m. : marcius *V* || **1** exulem *recc.* : exule *PRV* || sic *Gron.* : quid sic *PRV* quidem sic *recc.* || **2** ille quidem : qui-dem ille *V* || stitisses *edd.* : stitisse *PRV*, *recc.* || falsi et audaces *recc.* : falsa et audax *PRV*, *lacunam post audax coniecit Hertz* || scripto *edd.* : scripto et *PR²V* : scriptum *recc.* || nihili : nihil *recc.* || **3** nihili : nihil *recc.*

XV. *Lem.* aetati : etatis *P* || habiti sint *recc.* : h — sunt *PV*, *recc.* || delati sint *PV* : d — sunt *recc.*

en tous lieux et quels que fussent les honneurs rendus, ils passaient devant et prenaient la préséance. 2. Au sortir d'un banquet, comme il est écrit dans les livres sur l'antiquité, les plus âgés étaient reconduits chez eux par les plus jeunes, et la tradition veut que les Romains aient reçu cette coutume des Lacédémoniens chez qui les lois de Lycurgue réservaient en toutes circonstances l'honneur le plus grand à l'âge le plus grand.

3. Mais quand les naissances parurent nécessaires à la cité et qu'il y eut besoin de récompenses et d'encouragements pour en augmenter le nombre [1], alors dans certains cas ceux qui avaient une femme et ceux qui avaient des enfants furent placés avant des hommes plus âgés qui n'avaient ni femmes, ni enfants. 4. Ainsi l'article sept de la loi Julia donne le droit de prendre les faisceaux le premier, non à celui des deux consuls qui compte le plus d'années, mais à celui qui a plus d'enfants que son collègue, qu'il les ait sous sa puissance ou qu'il les ait perdus à la guerre. 5. Mais s'ils ont tous deux le même nombre d'enfants, c'est celui qui est marié ou qui compte comme tel [2], qui passe devant, 6. s'ils sont tous deux mariés et pères du même nombre d'enfants, alors on revient à l'ancienne coutume et le plus âgé prend les faisceaux le premier. 7. S'ils sont tous deux célibataires et ont le même nombre de fils, ou s'ils sont mariés sans avoir d'enfants, la loi ne prescrit rien sur l'âge. 8. J'entends dire cependant que ceux auxquels la loi donne la préséance, ont coutume de laisser les faisceaux le premier mois à

1. Il s'agit de la législation familiale d'Auguste : elle reposait sur deux lois essentielles, *la lex Iulia de maritandis ordinibus* de — 18 et la *lex Pappia Poppaea* de + 9. (Cf. *Dig.*, 23, 2, 19 et *C.I.L.*, II, 1964).

2. L'expression se retrouve identiquement dans la loi de Malacca, C.I.L., II, 1964 (cf. Dessau, 6089), au § LVI.

bantur ad deum prope et parentum uicem atque
omni in loco inque omni specie honoris priores
potioresque habiti. **2.** A conuiuio quoque, ut
scriptum in antiquitatibus est, seniores a iunioribus
domum deducebantur, eumque morem accepisse
Romanos a Lacedaemoniis traditum est, apud
quos Lycurgi legibus maior omnium rerum honos
aetati maiori habebatur.

3. Sed postquam suboles ciuitati necessaria
uisa est et ad prolem populi frequentandam
praemiis atque inuitamentis usus fuit, tum antelati
quibusdam in rebus qui uxorem quique liberos
haberent senioribus neque liberos neque uxores
habentibus. **4.** Sicuti capite VII. legis Iuliae
priori ex consulibus fasces sumendi potestas fit,
non qui plures annos natus est, sed qui plures
liberos quam collega aut in sua potestate habet
aut bello amisit. **5.** Sed si par utrique numerus
liberorum est, maritus aut qui in numero maritorum est praefertur ; **6.** si uero ambo et mariti
et patres totidem liberorum sunt, tum ille pris-
tinus honos instauratu*r* et qui maior natu est
prior fasces sumit. **7.** Super his autem, qui aut
caelibes ambo sunt *e*t parem numerum filiorum
habent aut mariti sunt et liberos non habent,
nihil scriptum in lege de aetate est. **8.** Solitos
tamen audio, qui lege potiores essent, fasces
primi mensis collegis concedere aut longe aetate

1 ad deum : ad eum *P* ‖ priores : — ris *P* ‖ **2** conuiuio
quoque : conuiuioque *R* ‖ iunioribus: minoribus *recc.* ‖ Romanos *recc.* : — nis *PRV* ‖ **3** haberent *recc.* : habent *RV* habentem
P ‖ **4** capite *recc.* : kap. *PRV* ‖ amisit *V*[1] *recc.* : admisit
PRV[2] ‖ **6** instauratur *Carrio* : instauratus *PRV*, *recc.* ‖ sumit :
sumet *V*[1] ‖ **7** his: iis *R* ‖ et parem *Heinec.* : aut parem *PRV*,
recc. ‖ de *Carrio* : de ea *PRV* ea de *Vogel.*

leur collègue, s'il est beaucoup plus âgé, s'il est bien plus noble ou s'il inaugure un deuxième consulat.

XVI

Que Caesellius Vindex a été repris par Sulpicius Apollinaris dans l'explication d'une phrase de Virgile.

1. Virgile a écrit au livre VI : « Vois ce jeune homme appuyé sur une lance sans fer, le sort lui a donné d'occuper les lieux les plus proches de la lumière. Il va monter vers les souffles aériens, mêlé de sang italien, Silvius de son nom albain, ton dernier enfant (*tua postuma proles*), que Lavinie, ta femme, élèvera tardivement dans les forêts (*siluis*) pour ta vieillesse (*tibi longaeuo*), afin d'en faire un roi, père de rois. Par lui nos descendants seront seigneurs dans la Longue Albe [1].

2. Les mots *tua postuma proles*, ton enfant posthume, ne paraissaient nullement s'accorder avec « que Lavinie, ta femme, élèvera tardivement dans les forêts pour ta vieillesse ». **3.** Car si ce Silvius, comme il est indiqué dans presque tous les témoignages annalistiques, est né après la mort d'Enée, et si, pour cette raison, il porta le prénom de Postumus, comment a-t-on pu ajouter : « Que Lavinie ta femme élèvera tardivement

---

[1]. 760 ss. Caesellius Vindex est cité sept fois par Aulu-Gelle. Il est critiqué six fois. Mercklin (*op. laud.*) remarque qu'en 11, 15, les critiques ont l'air d'émaner de Scaurus, mais qu'en fin de chapitre intervient une remarque de Sulpicius Apollinaris. On peut donc penser qu'en réalité Aulu-Gelle a comme source le travail que Sulpicius Apollinaris avait fait pour critiquer les *Commentarii lectionum antiquarum*, dans lequel il citait, pour la réfuter, une remarque de Scaurus sur Caesellius ; et il y a toute chance pour qu'il n'ait jamais consulté lui-même l'œuvre de Caesellius qui devait d'ailleurs comporter d'autres ouvrages, comme l'atteste Priscien : *Caesellius Vindex in Stromateo* (*Gramm.* Keil, II, p. 210, 7).

prioribus aut nobilioribus multo aut secundum consulatum ineuntibus.

XVI

Quod Caesellius Vindex a Sulpicio Apollinari reprehensus est in sensus Vergiliani enarratione.

1. Vergilii uersus sunt e libro sexto :

Ille, uides, pura iuuenis qui nititur hasta,
Proxima sorte tenet lucis loca. Primus ad auras
Aetherias Italo commixtus sanguine surget,
Siluius, Albanum nomen, tua postuma proles,
Quem tibi longaeuo serum Lauinia coniux
Educet siluis regem regumque parentem,
Vnde genus Longa nostrum dominabitur Alba,

2. Videbantur haec nequaquam conuenire :

tua postuma proles,

et :

Quem tibi longaeuo serum Lauinia coniux
Educet siluis.

3. Nam si hic Siluius, ita ut in omnium ferme annalium monumentis scriptum est, post mortem patris natus est ob eamque causam praenomen ei Postumo fuit, qua ratione subiectum est :

Quem tibi longaeuo serum Lauinia coniux
Educet siluis ?

XVI. *Lem.* sensus : — su *V* ‖ **1** uides pura *PV*[3] *recc.* : uide spira *V*[1] uide spirat *R* ‖ aetherias : athenas *P* ‖ regem : regum *P* ‖ **3** ita *om. recc.* ‖ patris *recc.* : *om. PRV* ‖ postumo *P* : positum o *RV* impositum hoc *recc.*

dans les forêts pour ta vieillesse ? ». **4.** Ces mots en effet peuvent paraître signifier que Silvius est né, et a été élevé, alors qu'Enée était vivant et déjà vieux. **5.** Aussi Caesellius Vindex, dans une *Etude sur des lectures d'ouvrages d'anciens*, crut-il que ces mots avaient le sens suivant : « *Postuma proles*, dit-il, ne signifie pas né après la mort de son père, mais né en dernier lieu[1], comme Silvius, mis au monde par un enfantement tardif, alors qu'Enée était déjà vieux. » **6.** Mais il ne donne aucune autorité acceptable de cette version de l'histoire. **7.** Or comme nous l'avons dit, beaucoup d'auteurs ont rapporté que Silvius est né après la mort d'Enée.

8. C'est pourquoi Sulpicius Apollinaris, entre autres reproches adressés à Caesellius, critique cette explication comme erronée et dit que la cause de l'erreur était dans les mots *Quem tibi longaeuo*. « *Longaeuo* ne veut pas dire vieillard, ce serait contraire à ce que l'histoire atteste, mais reçu dans la vie longue, éternelle, et devenu immortel. **9.** Anchise qui adresse ces mots à son fils savait que, lorsqu'il aurait quitté la vie des hommes, il deviendrait immortel, divinité nationale[2], et serait doté d'une vie longue et éternelle ». **10.** Cette explication d'Apollinaris est certes ingénieuse ; mais cependant ce n'est pas la même chose qu'une vie longue et une vie éternelle ; les dieux ne sont pas dits à la vie longue (*longaeui*), mais immortels[3].

1. Ce qui est vrai, les juristes n'ayant admis comme né en dernier lieu que l'enfant posthume (cf. Varron L.L., 9, 60).

2. *Indiges* est d'origine obscure ; sa parenté avec *indigitamenta* n'est pas établie parfaitement. Il y avait à Lavinium un *Jupiter Indiges* qui semble avoir passé parfois pour Latinus ou même Enée qui est nommé encore une autre fois *indiges* dans l'*Enéide* (12, 794).

3. En réalité Caesellius a raison. Sulpicius Apollinaris, suivi en cela par Aulu-Gelle, commet un véritable paralogisme fondé sur une admiration idolâtre de Virgile : le poète ne peut ni nous tromper, ni se tromper ; il suffit donc d'établir quelle est la vérité historique pour savoir ce qu'il a voulu dire.

4. Haec enim uerba significare uideri possunt, Aenea uiuo ac iam sene, natum ei Siluium et educatum. 5. Itaque hanc sententiam esse uerborum istorum Caesellius opinatus in ' Commentario Lectionum antiquarum ' : « Postuma, inquit, proles non eum significat qui patre mortuo, sed qui postremo loco natus est, sicuti Siluius, qui Aenea iam sene tardo seroque partu est editus ». 6. Sed huius historiae auctorem idoneum nullum nominat ; 7. Siluium autem post Aeneae mortem, sicuti diximus, natum esse multi tradiderunt.

8. Idcirco Apollinaris Sulpicius, inter cetera in quis Caesellium reprehendit, hoc quoque eius quasi erratum animaduertit errorisque istius hanc esse causam dixit, quod scriptum ita sit : « Quem tibi longaeuo ». «' *Longaeuo* ', inquit, non ' seni ' significat, *hoc* enim est contra historiae fidem, sed in longum iam aeuum et perpetuum recepto immortalique facto. 9. Anchises enim, qui haec ad filium dicit, sciebat eum, cum hominum uita discessisset, immortalem atque indigetem futurum et longo perpetuoque aeuo potiturum ». 10. Hoc sane Apollinaris argute. Sed aliud tamen est ' longum aeuum ', aliud ' perpetuum ', neque dii ' longaeui ' appellantur, sed ' immortales '.

---

4 ac iam : acam *PRV* ‖ 7 esse *om. recc.* ‖ 8 in quis *PV* : in quibus *recc.* ‖ ita sit *PR* : sit ita *V* itast *Hertz* ‖ longaeuo *iterauit Carrio* ‖ significat, hoc *Hertz* : significato *RV* — tio *P* ‖ sed : si *recc.* ‖ 9 atque *om. recc.*

XVII

Ce que Cicéron remarqua sur la nature de certains préfixes ; et discussion sur ce qu'il avait noté.

1. Cicéron remarque avec une attention judicieuse que les préfixes *in* et *con*, placés avant des verbes ou des noms, sont allongés et de plus grande durée quand ils sont suivis des lettres initiales des mots *sapiens* (sage) et *felix* (heureux), et que, dans tous les autres cas, on les prononce brefs. **2.** Voici le passage de Cicéron [1] : « Quel raffinement plus grand que celui-ci, qui ne vient pas de la nature, mais d'une sorte de convention ? Nous prononçons *indoctus* (ignorant) avec la première lettre brève, *insanus* (fou) avec une longue, *inhumanus* (inhumain) avec une brève, *infelix* (malheureux) avec une longue, et, pour ne pas multiplier les exemples, dans les mots qui commencent par la même lettre que *sapiens* et *felix*, la prononciation est longue, dans tous les autres, elle est brève. On a de même l'opposition *composuit* (il a composé), *consueuit* (il a pris l'habitude) ; *concrepuit* (il a retenti), *confecit* (il a achevé). Consulte la raison[2], elle se cabrera ; rapporte-t'en à l'oreille[3], elle approuvera. Demande pourquoi, elle te dira que cela sonne bien. Or le discours doit rechercher le plaisir de l'oreille ».

3. La douceur des sons fournit une explication manifeste pour les mots dont Cicéron a parlé. Mais que dirons-nous du préfixe *pro*, qui en s'allongeant et en s'abrégeant, ne tient aucun compte de la loi observée par cet écrivain.

---

1. *Orat.*, 48, 159. Dans toute cette discussion, il est question, bien entendu de la longueur de la voyelle et non pas de celle de la syllabe, malgré le § 9.

2. *Veritas* désigne ici l'explication rationnelle qui rend compte des faits.

3. Cicéron ici, comme ailleurs Aulu-Gelle, s'en remet à l'oreille pour des faits qui en réalité s'expliquent fort bien.

XVII

**Cuiusmodi esse naturam quarundam praepositionum
M. Cicero animaduerterit; disceptatumque ibi super eo
ipso quod Cicero obseruauerat.**

1. Obseruate curioseque animaduertit M. Tullius ' in ' et ' con ' praepositiones uerbis aut
uocabulis praepositas tunc produci atque protendi, cum litterae sequerentur quae primae sunt
in ' sapiente ' atque ' felice ' ; in aliis autem
omnibus correpte pronuntiari. **2.** Verba Ciceronis
haec sunt : « Quid uero hoc elegantius, quod non
fit natura, sed quodam instituto ? ' Indoctus '
dicimus breui prima littera, ' insanus ' producta,
' inhumanus ' breui, ' infelix ' longa et, ne multis,
quibus in uerbis hae primae litterae sunt quae in
' sapiente ' atque ' felice ', producte dicuntur, in
ceteris omnibus breuiter ; itemque ' composuit ',
' consueuit ', ' concrepuit ', ' confecit '. Consule
ueritatem, reprehendet ; refer ad auris, proba-
bunt ; quaere cur ita sit : dicent iuuare. Voluptati
autem aurium morigerari debet oratio ».

3. Manifesta quidem ratio suauitatis est in
his uocibus de quibus Cicero locutus est. Sed quid
dicemus de praepositione ' pro ', quae, cum produci et corripi soleat, obseruationem hanc tamen

---

XVII. *Lem.* animaduerterit *PV, recc.* : animaduertit *recc.*
|| **1** aut : ac *R* || primae *recc.* : prima *PRV, recc.* || **2** hoc
P, recc. : hec *RV* || hae *PRV, recc.* : eae Cic. || producte :
productae *recc.* || uero *post* ceteris *add. recc.* || reprehendet
Cic. *recc.* : reprehende et *PRV, recc.* || ita sit *PRV, recc.* : ita
se Cic. || iuuare *PRV, recc.* : iuuari Cic. || **3** produci et *Gron.* :
producet *PV, recc.* produci *R* producta *recc.* || corripi *om. R.*

4. Il ne s'allonge pas toujours quand suit la lettre initiale du mot *fecit* qui, selon Cicéron, a le pouvoir d'allonger les préfixes *in* et *con*. **5.** Nous prononçons brefs *proficisci*[1] (partir), *profugere* (fuir), *profundere* (répandre), *profanum* (profane), et *profestum* (de fête), mais longs *proferre* (porter en avant), *profligare* (abattre) et *proficere* (faire des progrès). **6.** Pourquoi la lettre qui, suivant l'observation de Cicéron, est cause d'allongement, ne conserve-t-elle pas dans tous les cas semblables le même pouvoir, qu'il vienne de la raison ou de l'agrément ? et pourquoi dans un cas produit-elle l'allongement, dans un autre l'abrègement ?

Or le préfixe *con* ne s'allonge pas seulement quand il est suivi par la lettre dont Cicéron a parlé. **7.** Caton et Salluste disent : *Faenoribus copertus est* (il est couvert de dettes). **8.** En outre on prononce longs, *coligatus* (lié) et *conexus* (noué).

9. Cependant il peut sembler que dans les mots que j'ai cités, le préfixe est allongé parce que la lettre *n* en tombe : la chute de la lettre est compensée par l'allongement de la syllabe[2]. **10.** Ce qui est observé encore dans le cas de *cogo*. **11.** Et le fait que nous prononcions bref *coegi* ne va pas à l'encontre : *coegi* ne se forme pas sur *cogo* suivant l'analogie[3].

---

1. Le cas de *pro* est différent de celui des autres préfixes dont il est question ici. L'alternance entre la longue et la brève constitue deux formes du même préfixe et remonte aux alternances vocaliques indo-européennes.

2. La formule est trop concise et obscure. Dans le cas de *copertus*, comme de *cogo*, il y a en réalité contraction de deux *o*, la chute de la lettre *n* est seulement la condition nécessaire de cette contraction. Il n'y a allongement compensatoire que dans le cas de *n* devant *s* ou *f* et peut-être devant *n* ou *l*, : bien qu'il subsistât dans l'orthographe, *n* était tombé et avait allongé la voyelle, peut-être en la nasalisant. Sur les faits et leur interprétation, cf. Niedermann, *Phonétique historique du Latin*, 3e éd., p. 68 et 155.

3. Aulu-Gelle veut dire qu'on ne peut établir de rapport entre l'*o* de *cogo* et l'*o* de *coegi*. Il faudrait en effet prendre *coago* et *coegi* : il y a contraction dans la forme de présent, dont le *a* est bref, et non dans la forme de parfait, où le *e* est long.

M. Tullii aspernata est ? **4.** Non enim semper
producitur, cum sequitur ea littera quae prima est
in uerbo ' fecit ', quam Cicero hanc habere uim
significat ut propter eam rem ' in ' et ' con '
praepositiones producantur. **5.** Nam ' proficisci '
et ' profugere ' et ' profundere ' et ' profanum '
et ' profestum ' correpte dicimus, ' proferre '
autem et ' profligare ' et ' proficere ' producte·
6. Cur igitur ea littera, quam Cicero productionis
causam facere obseruauit, non in omnibus consi-
milibus eandem uim aut rationis aut suauitatis
tenet, sed aliam uocem produci facit, aliam
corripi ?

Neque uero ' con ' particula tum solum producitur, cum *ea* littera, de qua Cicero dixit,
insequitur. **7.** Nam et Cato et Sallustius : « Faenoribus, inquiunt, copertus est ». **8.** Praeterea ' coligatus ' et ' conexus ' producte dicitur.

9. Sed tamen uideri potest in his quae posui,
ob eam causam particula haec produci, quoniam
eliditur ex ea ' n ' littera ; nam detrimentum
litterae productione syllabae compensatur. **10.**
Quod quidem etiam in eo seruatur, quod est
' cogo ' ; **11.** neque repugnat quod ' coegi '
correpte dicimus ; non enim salua id ἀναλογίᾳ
dicitur a uerbo, quod est ' cogo '.

---

6 igitur ea *PRV* : igitur a *recc.* ‖ cum ea *edd.* : cum a *PRV*,
recc. ‖ dixit *PRV* : dicit *recc.* ‖ **7** faenoribus *PRV* : facinoribus
recc.‖ copertus *edd.* : coopertus *PRV*, *recc.* ‖ **8** coligatus *Carrio* :
colligatus *PRV*, *recc.* ‖ conexus *PV* : connexus *R, recc.* ‖
dicitur *PRV* : dicuntur *recc.*

XVIII

Que le Phédon de Socrate fut esclave, et qu'un certain nombre d'autres connurent de même l'esclavage.

1. Phédon d'Elis appartint au groupe des disciples de Socrate, et fut intime avec Socrate et Platon. **2.** Platon consacra à son nom le livre divin sur l'immortalité de l'âme. **3.** Ce Phédon était un esclave d'une beauté et d'un esprit d'homme libre et, comme certains l'ont écrit, dans son enfance il fut contraint à se prostituer par son maître, un entremetteur. **4.** Cébès, disciple de Socrate [1], l'acheta à l'instigation de Socrate, dit-on, et le tint dans l'étude de la philosophie. **5.** Il fut ensuite un philosophe illustre, et on lit de lui des dialogues sur Socrate [2], tout à fait distingués.

6. D'autres aussi, en grand nombre, furent esclaves, qui ensuite se révélèrent philosophes de renom. **7.** Parmi eux il y eut Ménippe [3], dont Varron imita les ouvrages dans ses satires, que d'autres appellent *Cyniques*, mais lui *Ménippées*. **8.** L'esclave du péripatéticien Théophraste, Pompylus, l'esclave du stoïcien Zénon qui s'appelait Persaeus, et celui d'Epicure, dont le nom était Mys [4], furent également des philosophes

---

1. Cébès, ami de Socrate et interlocuteur du *Phédon* et du *Criton*. Il était élève de Philolaos le Pythagoricien. Le dialogue qui nous est parvenu sous son nom, le Πίναξ ne paraît pas être de lui.

2. L'enseignement de Phédon paraît avoir porté essentiellement sur la morale. Parmi les dialogues qui lui sont attribués, on considère en général comme authentique le *Zopyrus* et le *Simon*.

3. Menippus de Gadara (1re moitié du 3e siècle) était esclave à Sinope quand il devint l'élève du philosophe cynique Metroclès. Il put acheter sa liberté et acquérir le droit de cité à Thèbes. Il inaugura le σπουδαιογελοῖον, style satirique et philosophique avec mélange de prose et de vers. Varron s'inspira de lui dans ses *Satires Ménippées* et rivalisa dans le même genre plus qu'il ne l'imita.

4. Ces renseignements nous sont confirmés par Diogène Laërce (5, 2, 3, cf. 36, 7, 1, 31, cf. 7, 1, 36 ; 10, 2, cf. 10, 3 ; 10, 5, cf. 10, 10).

XVIII

Quod Phaedon Socraticus seruus fuit; quodque item alii complusculi seruitutem seruierunt.

1. Phaedon Elidensis ex cohorte illa Socratica fuit Socratique et Platoni per fuit familiaris. **2.** Eius nomini Plato librum illum diuinum de immortalitate animae dedit. **3.** Is Phaedon seruus fuit forma atque ingenio liberali et, ut quidam scripserunt, a lenone domino puer ad merendum coactus. **4.** Eum Cebes Socraticus hortante Socrate emisse dicitur habuisseque in philosophiae disciplinis. **5.** Atque is postea philosophus illustris fuit sermonesque eius de Socrate admodum elegantes leguntur.

6. Alii quoque non pauci serui fuerunt qui post philosophi clari extiterunt. **7.** Ex quibus ille Menippus fuit cuius libros M. Varro in satiris aemulatus est, quas alii ' Cynicas ', ipse appellat ' Menippeas '. **8.** Sed et Theophrasti Peripatetici seruus Pompylus et Zenonis Stoici seruus, qui Persaeus uocatus est, et Epicuri, cui Mys nomen

---

XVIII. *Descripsit* Macr. (1, 11, 41-44), *dictum Epicteti adiciens* || *Lem.* quod *om. recc.* || philosophi *post* alii *add. Carrio.* || **1** fuit *post* per *om. recc.* || **3** fuit *om. recc.* || **4** habuisseque : aluisseque *Gron.* || **5** is *R, recc.* : his *PV* || **6** pauci : — cis *R* || serui *om. P* ||*7 cynicas *recc.*, Macr. : ginicas *PV, recc.* gignicas *R* || **8** theophrasti : philostrati Macr. || pompylus *V* : pamphylus *P* pompilius *R²* pomplius *R¹*.

non sans célébrité. **9.** Diogène le Cynique fut lui aussi esclave : mais il avait été libre [1], et vendu comme esclave : comme Xeniades de Corinthe voulait l'acheter et lui avait demandé ce qu'il savait faire : « Je sais, dit Diogène, commander aux hommes libres ». **10.** Xeniades, frappé d'étonnement par cette réponse, l'acheta et l'affranchit ; lui confiant ses enfants : « Prends mes enfants [2], dit-il, pour leur commander ».

11. Quant à Épictète, philosophe très connu, il fut esclave : le souvenir en est trop récent pour qu'il soit nécessaire de le noter comme un événement oublié.

XIX

Ce qu'est le verbe *rescire* et quel est véritablement son sens propre.

1. Nous avons remarqué que le verbe *rescire* a une valeur propre, sans rapport avec la signification commune de tous les autres verbes dotés du même préfixe ; et nous ne disons pas *rescire* comme nous disons *rescribere*, répondre par écrit, *relegere*, relire, *restituere*, rétablir. **2.** On dit proprement *rescire* de celui qui apprend un renseignement un peu secret ou une nouvelle inattendue et surprenante.

---

1. Fils d'Hicesias de Sinope, Diogène était venu à Athènes en exil. Il y vécut dans la plus grande misère et fut, semble-t-il, contraint de se vendre comme esclave, ce que le droit grec permettait, au contraire du droit romain. Cf. Diog. Laert., 6, 2, 4 ; Suidas s.u. ; Diog., *Frag.*, 12 ; 250 ; 268 Mu.

2. Le même mot *liberi* veut dire « hommes libres » et « enfants » par rapport aux parents, cf. 2, 13 et la n.

fuit, philosophi non incelebres vixerunt. **9.** Diogenes etiam Cynicus seruitutem seruiuit. Sed
is ex libertate in seruitutem uenum ierat. Quem
cum emere uellet Ξενιάδης Κορίνθιος ecquid
artificii nouisset percontatus : « Noui, inquit
Diogenes, hominibus liberis imperare ». **10.** Tum
Ξενιάδης responsum eius demiratus emit, et manu
emisit, filiosque suos ei tradens : « Accipe, inquit,
liberos meos quibus imperes ».

11. De Epicteto autem philosopho nobili, quod
is quoque seruus fuit recentior est memoria quam
ut scribi quasi oblitteratum debuerit.

XIX

' Rescire ' uerbum quid sit ; et quam habeat ueram
atque propriam significationem.

1. Verbum ' rescire ' o⸜seruauimus uim habere
propriam quandam, non ex communi significatione
ceterorum uerborum quibus eadem praepositio
imponitur ; neque ut ' rescribere ', ' relegere ',
' restituere ' dicimus, itidem dicimus ' rescire ' ;
2. nam qui factum aliquod occultius aut inopinatum insperatumque cognoscit, is dicitur proprie
' rescire '.

---

9 in seruitutem *R, recc.* MACR. : in seruitute *PV* || ecquid
MACR. : quid *P²* et qui *P¹RV* et quid id *recc.* et quid is *recc.* ||
est *post* percontatus *add.* MACR. || **10** eius demiratus MACR. :
eiusdem miratus *PR, recc.* eius miratus *V* || emit et *om.* MACR.

XIX. *Lem.* rescire : nescire *V* || **1** restituere *recc.* : substi-
tuere *PRV, recc.* ⟨ restituere ⟩... substituere *Hertz* || *posterius*
dicimus *om. recc.* || **2** occultius *recc.* : occtius *V* hocctius *R*
occius *P.*

3. Pourquoi c'est le seul verbe dans lequel le préfixe *re* ait cette valeur et ce sens, je ne l'ai pas découvert jusqu'alors. **4.** Car jamais nous n'avons trouvé chez ceux qui ont soigné leur langue, *resciui* ou *rescire* employés autrement qu'à propos de ce qu'on a gardé secret à dessein, ou de ce qui, à l'expérience, a contrevenu à ce qu'on attendait et croyait, **5.** et cela alors que *scire* lui-même se dit de tout, sans aucune distinction, qu'il s'agisse d'événements défavorables, heureux, imprévus ou attendus. **6.** Naevius dans le *Triphallus* [1] a écrit : « Si jamais je viens à apprendre (*resciuero*) que mon fils a emprunté de l'argent pour son amour, je t'amènerai sans délai où tu ne pourras plus cracher ». **7.** Claudius Quadrigarius dans le premier livre de ses *Annales* [2] : « Lorsque les Lucaniens apprirent (*resciuerunt*) qu'on les avait trompés et qu'on leur avait menti ». **8.** Le même Quadrigarius dans le même livre [3] se sert comme suit de ce mot à propos d'une affaire affligeante et soudaine : « Lorsque les familles des otages qui avaient été livrés à Pontius comme nous l'avons indiqué, apprirent cela (*rescierunt*), leurs pères et mères avec leurs proches s'élancèrent sur la route, les cheveux épars. » **9.** Caton dans le livre IV des *Origines* [4] : « Puis le lendemain le dictateur fit appeler le maître de la cavalerie : « Je t'enverrai si tu veux avec la cavalerie. — C'est trop tard, répondit le maître de la cavalerie, ils sont déjà au courant (*resciuere*) ».

1..96, Ribbeck. Le préverbe a indépendamment du sens qui lui est propre, le pouvoir de transformer l'aspect, de faire prendre en considération le terme ou le début du procès (cf. *sequi* et *consequi*). C'est ce qui se passe dans le cas du verbe *rescire*, dans lequel le préfixe n'a guère d'autre rôle que de mettre en valeur le début de l'action, et en face de *scire*, savoir, *rescire* veut dire découvrir.

2. Frag., 16 Peter.

3. Frag., 19 Peter. Il s'agit du désastre des Fourches Caudines cf. 1, 25, 6 et la n.

4. Frag., 87 Peter.

3. Cur autem in hoc uno uerbo ' re ' particula
huius sententiae uim habeat, equidem adhuc
quaero. **4.** Aliter enim dictum es*se* ' resciui '
aut ' rescire ' apud eos qui diligenter locuti sunt,
nondum inuenimus quam super is rebus quae aut
consulto consilio latuerint aut contra spem
opinionemue usu uenerint ; **5.** quamquam ipsum
' scire ' de omnibus communiter rebus dicatur
uel aduersis uel prosperis uel insperatis uel
expectatis. **6.** Naeuius in ' Triphallo ' ita scripsit :

Si*ue* umquam quicquam filium resciuero,
Argentum amoris causa sumpse mutuum,
Extemplo illo te ducam ubi non despuas.

7. Claudius Quadrigarius in primo ' Annali ' :
« Ea Lucani ubi resciuerunt, sibi per fallacias
uerba data esse ». **8.** Item Quadrigarius in eodem
libro in re tristi et inopinata uerbo isto ita utitur :
« Id ubi rescierunt propinqui obsidum, quos
Pontio traditos supra demonstrauimus, eorum
parentes cum propinquis capillo passo in uiam
prouolarunt ». **9.** M. Cato in quarto ' Originum ' :
« Deinde dictator iubet postridie magistrum equitum arcessi : « Mittam te, si uis, cum equitibus. —
Sero est, inquit magister equitum, iam resciuere ».

---

3 equidem *recc.* : et quidem *PRV* ‖ **4** esse *edd.* : est *PRV*,
recc. ‖ is *PR*[1] : his *VR*[2] *recc.* ‖ **6** siue unquam *Skutsch* : si *PRV*
unquam si *Carrio* ⟨ set ⟩ si *Hertz* ‖ sumpse *Carrio* : sumpsisse
PR[2]*V*, *recc.* ‖ **8** rescierunt *PRV* : resciuerunt *recc.* ‖ **9** quarto:
quinto *Nipperdey*.

XX

Que ce qu'on appelle couramment *uiuaria*, **viviers, les anciens ne l'ont pas nommé de ce mot; et ce qu'a dit à la place Scipion dans son discours au peuple, ce qu'a dit ensuite Varron dans son** *Traité d'Agriculture.*

1. Les *uiuaria,* comme on nomme maintenant les endroits clos de palissades dans lesquels on élève des bêtes vivantes, Varron dans le livre III de son *Traité d'Agriculture* [1] dit qu'on les appelle *leporaria.* **2.** Voici le passage de Varron : « Il y a trois sortes d'élevages pour les bêtes de ferme : les volières, *ornithones,* les parcs, *leporaria,* les viviers *piscinae.* J'appelle *ornithones* les volières destinées à toutes les sortes d'oiseaux que l'on élève dans les murs d'une ferme. Par *leporaria* je ne veux pas que vous compreniez seulement ce que nos ancêtres nommaient ainsi, un endroit où il y ait seulement des lièvres, mais tous les enclos attenants à la ferme où l'on retient et où on élève des animaux ». **3.** Il écrit aussi, plus bas dans le même livre [2] : « Quand tu as acheté la propriété de Tusculum à Marcus Pison, il y avait beaucoup de sangliers dans le *leporarium* ».

4. Quant à *uiuaria* qui désigne maintenant couramment ce que les Grecs appellent παραδείσους et Varron, *leporaria,* je ne me souviens pas de l'avoir vu nulle part chez les écrivains de quelque antiquité. **5.** Mais chez Scipion qui, de son temps, est celui qui a parlé la langue la plus pure, nous avons lu *roboraria* : j'ai entendu à Rome plusieurs érudits dire que cela désigne ce que nous appelons *uiuaria,* et le mot vient des plan-

1. 3, 1.
2. 3, 8.

XX

Quae uolgo dicuntur ' uiuaria ', id uocabulum ueteres
non dixisse ; et quid pro eo P. Scipio in oratione ad populum, quid postea M. Varro in libris ' de Re Rustica '
dixerit.

1. ' Viuaria ', quae nunc dicuntur saepta quaedam loca, in quibus ferae uiuae pascuntur, M.
Varro in libro ' de Re Rustica ' III. dicit 'leporaria'
appellari. 2. Verba Varronis subieci : « Villaticae
pastionis genera sunt tria, ornithones, leporaria,
*piscinae. Nunc ornithonas dico omnium alitum
quae intra parietes uillae solent pasci. Leporaria*
te accipere uolo, non ea quae tritaui nostri
dicebant, ubi soli lepores sint, sed omnia saepta
adficta uillae quae sunt et habent inclusa anima-
lia quae pascuntur ». 3. Is item infra eodem in
libro ita scribit : « Cum emisti fundum Tusculanum
a M. Pisone, in leporario apri multi fuere ».

4. ' Viuaria ' autem quae nunc uulgus dicit, quos παραδείσους Graeci appellant, quae
' leporaria ' Varro dicit, haud usquam memini
apud uetustiores scriptum. 5. Sed quod apud
Scipionem, omnium aetatis suae purissime locutum, legimus ' roboraria ', aliquot Romae doctos
uiros dicere audiui id significare, quod nos
' uiuaria ' dicimus, appellataque esse a tabulis

XX. *Lem.* hinc susu *post* dixerit *add. V² P, recc., Hertz deleuit.*
|| 2 piscinae... leporaria *om. PRV, recc., ex Varrone add. edd.* ||
soli : soliti VARRO || adficta VARRO : aedificia *PRV, recc.* || 3
item : autem *P* || multi fuere : fuerunt multi VARRO || 4 uetus-
tiores : antiquiores *R.*

ches de chêne (*robur*) qui en forment la palissade ; nous avons vu ce genre d'enclos en Italie dans bien des endroits. **6.** Voici les paroles de Scipion dans son cinquième discours contre Claudius Asellus [1] : « Quand il voyait des champs bien cultivés, des domaines très bien soignés, il faisait placer la perche d'arpentage[2] dans les parages, sur une hauteur ; de là il redressait la route, tantôt au milieu des vignes, tantôt à travers un *roborarium* ou un vivier, tantôt à travers la ferme ».

7. Mais les lacs ou les étangs où sont retenus des poissons[3], les Anciens les ont appelés de leur dénomination propre, *piscinas*, viviers. **8.** On appelle aussi communément *apiaria* les endroits dans lesquels sont placées les ruches des abeilles ; mais je ne me souviens pas que personne, à quelque exception près, de ceux dont la langue est parfaitement correcte, ait employé ce mot dans ses écrits ou ses paroles. **9.** Or Varron dans le livre III de son *Traité d'agriculture* [4] dit : « Il faut préparer ainsi les μελισσῶνας (ruches) que certains appellent *mellaria* ». Mais le mot dont Varron a usé est grec ; car on dit μελισσῶνες comme ἀμπελῶνες (vignes) et δαφνῶνες (bois de lauriers).

---

1. H. Malcovati, *Orat. Rom. Frag.*, p. 129. Scipion, censeur en 142 avait enlevé à Claudius Asellus son cheval et l'avait inscrit parmi les *aerarii*. L'autre censeur avait annulé les deux sanctions (Cic., *de Orat.*, 2, 268). En 140 Asellus fut tribun et essaya de prendre sa revanche. Cf. 3, 5 et 4, 17.

2. *Gruma* correction palmaire de Madvig désigne le *gnomon* des Grecs, machine qui sert aux arpentages. Cf. Paul-Festus, 86, 1 Lindsay.

3. A la leçon adoptée par Hosius qui restitue tout simplement le relatif manquant au texte des manuscrits, nous avons préféré la solution de Jacques Gronove qui rend compte de la faute : *pisces quibus* a été altéré très naturellement en *piscibus quibus* et le *quibus* devenu inintelligible a pu facilement, sous l'influence de *piscibus*, devenir *uiuis*, mot très inutile au sens.

4. 16, 12.

roboreis, quibus saepta essent; quod genus saeptorum uidimus in Italia locis plerisque. **6.** Verba ex oratione eius ' contra Claudium Asellum ' quinta haec sunt : « Vbi agros optime cultos atque uillas expolitissimas uidisset, in his regionibus excelsissimo loco grum*a*m statuere aiebat; inde corrigere uiam, aliis per uineas medias, aliis per roborarium atque piscinam, aliis per uillam ».

7. Lacus uero aut stagna pisc*e*s *qui*b*u*s coercentur clausa, suo atque proprio nomine ' piscinas ' nominauerunt. **8.** ' Apiaria ' quoque uulgus dicit loca in quibus siti sunt aluei apum ; sed neminem ferme qui incorrupte locuti sunt aut scripsisse memini aut dixisse. **9.** M. autem Varro in libro ' de Re Rustica ' tertio : « Μελισσῶνας, inquit, ita facere oportet, quae quidam ' mellaria ' appellant ». Sed hoc uerbum quo Varro usus est Graecum est ; nam μελισσῶνες ita dicuntur, ut ἀμπελῶνες et δαφνῶνες.

---

6 asellum *PR*, *recc.* : asellium *V*, *recc.* ‖ atque *PRV* : et *recc.* ‖ loco grumam *Madvig* : locorum mu *RV* locorum *P* locorum murum *recc.* loco murum *edd.* ‖ corrigere : derigere *Madvig* ‖ **7** pisces quibus *J. Gronov.* : piscibus uiuis *PRV*, *recc.* ⟨ quae ⟩ piscibus uiuis *edd. Hertz* ‖ **8** eorum *ante* ferme *add. recc.* ‖ **9** in libro *om. recc.* ‖ δαφνῶνες *recc.* : δαφνων *PV*, *recc.*

XXI

Sur la constellation que les Grecs appellent le chariot et nous *Septentriones* ; explication et origine de l'un et l'autre mots.

1. Nous étions un certain nombre d'étudiants des mêmes disciplines, Grecs ou Romains, à traverser d'Egine au Pirée dans le même bateau. **2.** C'était la nuit, par mer calme, une soirée d'été et un ciel d'une sérénité transparente. Nous étions tous assis ensemble à la poupe et nous contemplions les astres brillants. **3.** Alors ceux qui dans notre groupe avaient étudié la civilisation grecque, dissertaient avec habileté et érudition sur ce qu'était le Chariot, le Bouvier, quel était le grand, quel était le petit, pourquoi on les appelait ainsi, quel était leur déplacement en l'espace d'une nuit, et pourquoi Homère a dit qu'ils étaient les seuls à ne pas se coucher [1], alors qu'il y a d'autres constellations qui ne se couchent pas.

4. Je me tourne vers mes compatriotes et je dis : « Et vous, barbares, qu'allez vous me dire [2] ? Pourquoi appelons nous *Septentriones* ce que les Grecs appellent le Chariot Ἅμαξα ? **5.** Il ne suffit pas que nous voyions sept étoiles, je veux savoir plus largement ce que

---

1. *Il.*, 18, 489 ; *Odyss.*, 5, 275.
2. Même jeu pour Antonius Julianus en 19, 9 ; cf. aussi 1, 2, 4. Le mot *Opici* est une déformation du nom des Osques qui est rapidement devenu l'équivalent de *barbares*.

XXI

**Super eo sidere quod Graeci ἄμαξαν, nos ' septentriones '
uocamus ; ac de utriusque uocabuli ratione et origine.**

1. Ab Aegina in Piraeum complusculi earundem
disciplinarum sectatores Graeci Romanique homines eadem in naui transmittebamus. **2.** Nox
fuit et clemens mare et anni aestas caelumque
liquide serenum. Sedebamus ergo in puppi simul
uniuersi et lucentia sidera considerabamus. **3.**
Tum, qui eodem in numero Graecas res eruditi
erant, quid ἄμαξα esset, quid βοώτης, et quaenam
maior et quae minor, et cur ita appellata et quam
in partem procedentis noctis spatio moueretur et
quamobrem Homerus solam eam non occidere
dicat, cum et quaedam alia, scite ista omnia ac
perite disserebant.

4. Hic ego ad nostros iuuenes conuertor et
« Quid, inquam, uos opici dicitis mihi uare ? Quod
ἄμαξαν Graeci uocant nos ' septentriones ' uocamus ? **5.** Non enim satis est quod septem stellas
uidemus, sed quid hoc totum quod ' septentriones '
dicimus significet, scire, inquam, id prolixius

XXI. *Exstat in TY* ‖ **1** transmittebamus *P* : tramittebamus
RV transmittebamur *TY*, *recc.* transmittebantur *recc.* ‖ **2**
caelum *TYP²*, *recc.* : calum *PRV.* ‖ **3** quid βοώτης *del. Hertz*
— *ante ea* quid ἄρκτος *add. recc.* ‖ ἄρκτος *post* maior *add.*
edd. ‖ moueretur *Hertz* : mouerentur *PRVTY*, *recc.* ‖ cum :
tum *Gron.* ‖ non occidant *post* alia *add. Carrio* ‖ disserebant
Gron. : — bat *PRVTY*, *recc.* ‖ **4** ego *PRV* : ergo *TY*, *recc.*
‖ quid *PRVTY*, *recc.* : quin *Markland* ‖ opici *edd.* : opicii
PRVT, *recc.* opidici *recc.*, *om. Y* ‖ quod ἄμαξαν *recc.* : quod oda
[ε]μαξαν *PVTY*, *recc.*

signifie la totalité du mot *septentriones* ». **6.** Un de ceux qui s'étaient adonnés à la littérature et aux annales anciennes répondit : « Le commun des grammairiens estime que le nombre des étoiles suffit à expliquer le mot. **7.** *Triones* selon eux ne signifie rien par lui-même, c'est un complément au mot ; de même dans ce que nous appelons *Quinquatrus*, parce que le nombre de jours qui le séparent des Ides est de cinq, *atrus* ne signifie rien [1]. **8.** Mais quant à moi, je suis de l'avis de Lucius Aelius [2] et de Varron [3], selon qui *triones*, mot rural d'ailleurs, désigne les bœufs comme *terriones*, c'est-à-dire capables de labourer et de cultiver la terre. **9.** Aussi cette constellation, qu'à cause de sa configuration et de la position de ses étoiles, parce qu'elle ressemble à un chariot, les anciens Grecs ont appelée Ἄμαξα, nos ancêtres l'ont-ils appelée *Septentriones* du fait des bœufs attelés, c'est-à-dire des sept étoiles qui représentent des *triones*, des bœufs attelés. **10.** En plus de cette explication Varron ajoute aussi qu'il se demande si ces sept étoiles ne sont pas appelées plutôt *triones* parce qu'elles sont situées de telle sorte que les trois étoiles les plus proches font chaque fois entre elles un trigone, c'est-à-dire un triangle. »

11. Des deux explications proposées, la seconde paraissait plus précise et plus judicieuse. Nous regardions

---

1. Ce qui a été contesté : Wackernagel rapprochait le mot de l'expression *dies atri* désignant habituellement les jours qui suivent les Ides. Cf. Varron, *Ling. Lat.*, 6, 14 et Festus, 304, 33, qui citent *triatrus*, *sexatrus*, *septimatrus* comme des mots en usage à Tusculum.

2. Frag., 42 Funaioli, cf. 1, 18, 2 et la n.

3. *Ling. Lat.*, 7, 4, 74. Le rapprochement avec *terra* est fantaisiste ; on serait plus tenté de rapporter le mot à la racine de *tero*.

uolo ». **6.** Tum quispiam ex his, qui se ad litteras
memoriasque ueteres dediderat : « Vulgus, inquit,
grammaticorum ' septentriones ' a solo numero
stellarum dictum putat. **7.** ' Triones ' enim per
sese nihil significare aiunt, sed uocabuli esse
supplementum ; sicut in eo, quod ' quinquatrus '
dicamus, quod quinque ab Idibus dierum numerus
sit, ' atrus ' nihil. **8.** Sed ego quidem cum L.
Aelio et M. Varrone sentio, qui ' triones ' rustico
cetera uocabulo boues appellatos scribunt, quasi
quosdam ' terriones ', hoc est arandae colendaeque
terrae idoneos. **9.** Itaque hoc sidus, quod a figura
posituraque ipsa, quia simile plaustri uidetur,
antiqui Graecorum ἅμαξαν dixerunt, nostri quoque
ueteres a bubus iunctis ' septentriones ' appella-
runt, id est septem stellis, ex quibus quasi iuncti
' triones ' figurantur. **10.** Praeter hanc, inquit,
opinionem id quoque Varro addit, dubitare sese an
propterea magis hae septem stellae ' triones '
appellatae sint, quia ita sunt sitae ut ternae
stellae proximae quaeque inter sese faciant
' trigona ', id est triquetras figuras ».

11. Ex his duabus rationibus quas ille dixit,
quod posterius est subtilius elegantiusque est

7 quod *ante* quinque *del. Hertz* ‖ significat *post* nihil *add.*
Carrio ‖ **8** quidem *recc.* : quid *PRVTY* ‖ l. aelio *PRT* :
lelio *VY, recc.* ‖ cetera *Gron.* : cetero *PRVTY, recc.* certo *edd.*
‖ **9** uidetur *RVT, recc.* : uideatur *P* uidebatur *Madvig* ‖ a *ante*
septem *add. edd.* ‖ **10** appellatae : appellatiue *P* appellitatae *Gron.*
‖ **11** est uisum *Lion* : esse uisum *PRVTY* uisum est *recc.*

vers la constellation, et c'était presque un fait qu'elle paraissait être de forme triangulaire.

XXII

Extrait des propos de Favorinus sur le vent Iapyx et les noms et directions des autres vents.

1. A la table de Favorinus dans les repas intimes on avait coutume de lire[1] ou un antique chant d'un poète lyrique ou un livre d'histoire, souvent en grec, parfois en latin. 2. On lisait donc ce jour-là, dans un poème latin, « le vent Iapyx »[2], et on chercha à savoir quel était ce vent, de quelle région il soufflait etquelle était l'explication d'un mot si peu répandu ; nous demandions en outre que le maître consentît à nous renseigner sur les noms et les directions des autres vents, alléguant que les gens ne sont pas d'accord, ni sur la manière de les nommer, ni sur les régions où ils soufflent, ni sur leur nombre.

3. Alors Favorinus[3], tout en bavardant : « Il est assez connu dit-il, qu'il y a quatre lignes et directions dans le ciel, le levant, le couchant, le midi, le septen-trion. 4. Le levant et le couchant sont mobiles et variés, le midi et le septentrion se tiennent et demeurent perpétuellement au même point. 5. C'est que le soleil ne se lève pas toujours au même endroit : ou bien

---

1. Cf. 3, 19, 1.
2. Il peut s'agir d'Horace (1, 3, 4 ou 3, 27, 20) qui est cité au cours du chapitre (25) mais n'est pas nommé ailleurs (cf. cependant une allusion dans la préface, 20) ; le texte lu était plutôt le passage de l'*Enéide* auquel il est fait allusion au § 23.
3. Tout le passage a été repris par Apulée, *De mundo*, 11 ss., qui se réfère expressément à Favorinus (*At Favorinus, non ignobilis sapiens, haec de uentis refert*), soit qu'il fasse allusion à un passage de la παντοδαπὴ ἱστορία d'où dérive le chapitre d'Aulu-Gelle, soit qu'il renvoie par là aux *Nuits Attiques* tout simplement.

uisum. Intuentibus enim nobis in illud, ita propemodum res erat, ut forma esse triquetra uiderentur.

XXII

**De uento ' Iapyge ' deque aliorum uentorum uocabulis
regionibusque accepta ex Fauorini sermonibus.**

1. Apud mensam Fauorini in conuiuio familiari
legi solitum erat aut uetus carmen melici poetae
aut historia partim Graecae linguae, alias Latinae.
2. Legebatur ergo ibi tunc in carmine Latino
' Iapyx uentus ' quaesitumque est quis hic uentus
et quibus ex locis spiraret et quae tam infrequentis
uocabuli ratio esset; atque etiam petebamus, ut
super ceterorum nominibus regionibusque docere
nos ipse uellet, quia uulgo neque de appellationibus
eorum neque de finibus neque de numero conueniret.

3. Tum Fauorinus ita fabulatus est : « Satis,
inquit, notum est, limites regionesque esse caeli
quattuor : exortum, occasum, meridiem, septentriones. **4.** Exortus et occasus mobilia et uaria sunt,
meridies septentrionesque statu perpetuo stant
et manent. **5.** Oritur enim sol non indidem semper,

---

11 enim *om. TY* ‖ esse *Carrio* : esset ut *PRVTY, recc.* ‖
uiderentur : — retur *Gron.*

XXII. *Exstat in TY usque ad* dicit (28). Apvl., *Mund.* 13 s.
in usum suum hoc capitulum uertit ‖ *Lem.* ex : a *recc.* ‖ **2** esset :
etiam *R* ‖ petebamus *PRV, recc.* : appetebamus *TY* ‖ quia
RTY : qui ad *PV* ‖ **5** indidem *PR, recc.* : ididem *V* in diem *T*
idem *Y*.

l'orient est dit équinoctial quand le soleil court selon le cercle qui est appelé ἰσημερινός, équinoctial, ou bien il est solsticial, ou bien hibernal, ce sont les θεριναὶ τροπαί, les révolutions d'été, ou les χειμεριναὶ τροπαί, les révolutions d'hiver. **6.** De même le soleil ne se couche pas toujours au même endroit : le couchant se fait, de façon semblable, ou équinoctial, ou solsticial, ou hibernal. **7.** Le vent[1] qui vient du levant de printemps, c'est-à-dire équinoctial, s'appelle *Eurus*, d'un mot formé, à ce que prétendent les étymologistes, de ὁ ἀπὸ τῆς ἠοῦς ῥέων, celui qui coule de l'aurore. **8.** Il a aussi reçu des Grecs un autre nom, Ἀφηλιώτης, qui vient du soleil, et des marins romains, *Subsolanus*, né près du soleil. **9.** Mais celui qui vient de la limite extrême du levant estival et solsticial, s'appelle en latin *Aquilo*, en grec Βορέας, et c'est pour cela, disent certains, qu'Homère l'a dit fils de l'Ether[2] ; quant à Borée, ils pensent qu'on l'a appelé ainsi ἀπὸ τῆς βοῆς, du cri, parce que son souffle est violent et sonore. **10.** Il y a un troisième vent qui souffle de l'orient hibernal ; les Romains l'appellent *Volturnus*, et les Grecs souvent le désignent d'un nom double Εὐρόνοτος, considérant qu'il est situé entre l'*Eurus* et le *Notus*. **11.** Ce sont donc là les trois vents orientaux : *Aquilo*, *Volturnus*, *Eurus*, l'*Eurus* étant au milieu. **12.** A ceux ci sont opposés et symétriques[3] trois autres vents qui soufflent de l'occident : le *Caurus* que les Grecs nomment Ἀργέστην, il souffle en face de l'Aquilon ; puis un deuxième, le Favonius qui se nomme en Grec

---

1. La théorie des points cardinaux et des vents se trouve chez Vitruve (1, 6), Sénèque (*N.Q.*, 5, 16, s.), Pline (2, 47, 119 ss. ; 18, 34, 33 ss.), Suétone (*Rel.*). La source commune semble être Varron. Mais la théorie à douze vents serait de Posidonius. Cf. K. Nielsen, *Remarques sur les noms grecs et latins des régions du ciel, Class. et Medioaev.*, 7, 1945, p. 1 ss.

2. *Od.*, 5, 296.

3. Symétriques par rapport à une droite et non par rapport à un point, le Caurus souffle du Nord-Ouest, (cf. *infra*, 22), l'Afri-cus du Sud-Ouest.

sed aut aequinoctialis oriens dicitur, cum in circulo currit qui appellatur ἰσημερινός, aut solstitialis, aut brumalis, quae sunt θεριναὶ τροπαί aut χειμεριναὶ τροπαί. **6.** Item cadit sol non in eundem semper locum. Fit enim similiter occasus eius aut aequinoctialis aut solstitialis aut brumalis. **7.** Qui uentus igitur ab oriente uerno, id est aequinoctiali, uenit, nominatur ' eurus ', ficto uocabulo, ut isti ἐτυμολογικοὶ aiunt, ὁ ἀπὸ τῆς ἠοῦς ῥέων. **8.** Is alio quoque a Graecis nomine ἀφηλιώτης, Romanis nauticis ' subsolanus ' cognominatur. **9.** Sed qui ab aestiua et solstitiali orientis meta uenit, Latine ' aquilo ', βορέας Graece dicitur, eumque propterea quidam dicunt ab Homero αἰθρηγενέτην appellatum ; boream autem putant dictum ἀπὸ τῆς βοῆς, quoniam sit uiolenti flatus et sonori. **10.** Tertius uentus, qui ab oriente hiberno spirat ; ' uolturnum ' Romani uocant, eum plerique Graeci mixto nomine, quod inter notum et eurum sit, εὐρόνοτον appellant. **11.** Hi sunt igitur tres uenti orientales : ' aquilo ', ' uolturnus ', ' eurus ', quorum medius eurus est. **12.** His oppositi et contrarii sunt alii tres occidui : ' caurus ', quem solent Graeci *appellare* ἀργεστήν : is aduersus aquilonem flat ; item alter ' fauonius ', qui

---

5 quae sunt θεριναὶ τροπαί *om. P- et haec* et quae χ-τ *om. R* || brumalis quae sunt *post* θεριναὶ τροπαί aut *iterum add. VTY* || **6** sicut ortus *ante* aut aequinoctialis *add. R* || **8** a *ante* Romanis *add. recc.* || **9** orientis *om. TY* || eumque... appellatum *om. TY* — eumque... sonori *om. R* || **10** tertius uentus : tertium uentum *T* || uocant : dicunt *R* || eum... appellant *om. RTY* || **12** caurus *edd.* : chaurus *PRVT, recc.* chorus *Y* || appellare *om. PRVTY, add. Hertz* || ἀργέστην *recc.* : εργαστην *PVTY*.

le Ζέφυρος, il souffle en face de l'*Eurus*; en troisième lieu l'*Africus*, qui s'appelle en grec Λίψ, fait face au *Volturnus*. 13. Ces deux directions célestes, orient et occident, opposées l'une à l'autre donnent naissance à six vents. 14. Mais le midi qui est un point bien déterminé et invariable, ne donne lieu qu'à un seul vent du sud : il est dit en latin *Auster*, en grec Νότος, car il est brumeux et humide : l'humidité se dit νοτὶς en grec. 15. Le septentrion pour la même raison a un seul[1] vent. Opposé à l'Auster et dirigé contre lui, il est appelé en latin *Septentrionarius*, en grec 'Απαρκτίας. 16. De ces huit vents certains en suppriment quatre, et ils disent suivre en cela l'autorité d'Homère[2] qui ne connaît que quatre vents, l'Eurus, l'Auster, l'Aquilon et le Favonius, 17. d'après les quatre directions du ciel que nous avons indiquées comme directions de base, l'orient et l'occident s'étendant et recevant une unité, sans plus être partagés en trois. 18. Il y en a d'autres qui distinguent douze vents au lieu de huit, insérant une troisième série de quatre vents au milieu des intervalles laissés autour du midi et du septentrion, de la même manière que sont intercalés quatre vents de deuxième catégorie entre les vents primitifs près de l'orient et de l'occident.

19. Il y a en outre certains noms de vents, pour ainsi dire, spéciaux, que les habitants de chaque pays ont formés du nom des lieux où ils habitent, ou d'après

---

1. On notera l'esprit nominaliste d'Aulu-Gelle qui considère les points cardinaux comme une réalité en soi fondée sur la course du soleil.
2. *Od.*, 5, 295 et 331.

Graece ζέφυρος vocatur : is aduersus eurum flat ;
tertius ' Africus ', qui Graece λίψ : aduersus
uolturnum facit. **13.** Hae duae regiones caeli
orientis occidentisque inter sese aduersae sex
habere uentos uidentur. **14.** Meridies autem,
quoniam certo atque fixo limite est, unum meridialem uentum habet : is Latine ' auster ', Graece
νότος nominatur, quoniam est nebulosus atque
umectus ; νοτίς enim Graece umor nominatur.
15. Septentriones autem habent ob eandem causam unum. Is obiectus derectusque in austrum,
Latine ' septentrionarius ', Graece ἀπαρκτίας appellatus. **16.** Ex his octo uentis alii quattuor uentos
detrahunt atque id facere se dicunt Homero
auctore, qui solos quattuor uentos nouerit :
eurum, austrum, aquilonem, fauonium, **17.** a
quattuor caeli partibus, quas quasi primas nomi-
nauimus, oriente scilicet atque occidente latioribus
atque simplicibus, non tripertitis. **18.** Partim
autem sunt qui pro octo duodecim faciant, tertios
quattuor in media loca inserentes *circum* meridie*m*
et septentriones eadem ratione qua secundi quattuor intersiti sunt inter primores duos apud
orientem occidentemque.

19. Sunt porro alia quaedem nomina quasi
peculiarum uentorum, quae incolae in suis quisque
regionibus fecerunt aut ex locorum uocabulis in

---

12 Graece λίψ *om. R* — λιψ *recc.* : λειψ *PVTY* lybs *codd.*
Apvl. ‖ facit *PRV* : flat *TY*, *recc.* ‖ **14** meridialem : meri-
dionalem *recc.* ‖ nominatur : appellatur *R* ‖ **15** derectus *PV*:
dir — *RTY*, *recc.* ‖ **18** circum meridiem et *Hertz post Gron.* :
cur meridie *PRVT*, *recc.*

une autre cause qui s'est présentée. **20.** C'est ainsi que mes compatriotes, les Gaulois, appellent un vent de leur pays, qui est extrêmement violent[1], *Circius,* en raison de son tournoiement, je pense, et de ses tourbillons. **21.** Celui qui part des courbes, pour ainsi dire, du rivage iapyge, les habitants de l'Apulie l'appellent du nom qui est aussi le leur, *Iapyx.* **22.** J'estime que c'est à peu près le *Caurus* : c'est un vent d'ouest, et il paraît souffler à l'opposé de l'*Eurus*[2]. **23.** Ainsi Virgile dit que Cléopâtre, fuyant en Egypte après sa défaite navale était portée par le vent *Iapyx*[3] ; il a appelé aussi un cheval d'Apulie du même nom que le vent, *Iapyx*[4]. **24.** Il y a encore un vent appelé *Caecias* dont Aristote dit[5] qu'il souffle, non en repoussant les nuages au loin, mais en les attirant, d'où l'on a fait ce vers proverbial : « En l'attirant vers soi comme le Caecias fait le nuage[6] ».

25. Outre ceux dont j'ai parlé, il y a en maintes

---

1. Il s'agit du mistral comme le prouve le texte de Sénèque, *N.Q.,* 5, 17 : *Circius cui aedificia quassanti tamen incolae gratias agunt tanquam salubritatem caeli sui debeant ei. Diuus certe Augustus templum illi cum in Gallia moraretur, et nouit et fecit.*

2. Il a été dit cependant au § 12 que le Caurus soufflait « en face » de l'Aquilon, donc du Nord-Ouest.

3. *Aen.,* 8, 709.

4. *Aen.,* 11, 678.

5. *Meteor.,* 2, 6 ; *Probl.,* 26, 29. Il est assez difficile d'imaginer la chose et de comprendre comment on voit que les nuages sont, non pas poussés, mais tirés par le vent.

6. *Trag. fr. adesp.* 75 Nauck.

quibus colunt, *aut* ex alia qua causa quae ad
faciendum uocabulum acciderat. **20.** Nostri namque Galli uentum ex sua terra flantem, quem
saeuissimum patiuntur : ' Circium ' appellant a
turbine, opinor, eius ac uertigine. **21.** Ἰαπυγίας
ipsius orae proficiscentem quasi sinibus, Apuli
eodem quo ipsi sunt nomine ' Iapygem ' dicunt.
22. Eum esse propemodum caurum existimo ;
nam et est occidentalis et uidetur exaduersum
eurum flare. **23.** Itaque Vergilius Cleopatram e
nauali proelio in Aegyptum fugientem uento
Iapyge ferri ait, equum quoque Apulum eodem
quo uentum uocabulo ' Iapygem ' appellauit.
24. Est etiam uentus nomine ' Caecias ' quem
Aristoteles ita flare dicit, ut nubes non procul
propellat, sed ut ad sese uocet, ex quo uersum
istum prouerbialem factum ait :

"Ελκων ἐφ' αὐτὸν ὥσ⟨τε⟩ καικίας νέφος.

25. Praeter hos autem, quos dixi, sunt alii
plurifariam uenti commenticii et suae quisque

---

19 aut ex alia qua *Gron.* : ex alia qua *P* ex aliqua *RVTY*,
recc. || acciderat *TY* : — rant *PRV* || **21** ex *ante* ἰαπυγίας *add.*
Hertz || ἰαπυγίας *Hertz* : — γία *VTY*, *recc.* — τία *P* — γα *R*,
recc. || orae : ore *PRVTY*, *recc. sed uide supra p.* ||
proficiscentem *R* : proficiscente *PVTY*, *recc.* || sinibus *Hertz* :
finibus *PRVTY*, *recc.* sinu *ApuL. Mund.* || apuli *Hertz* :
apulia *PRVTY*, *recc.* || sunt *om. recc.* || **22** exaduersum *P* :
et aduersum *V* aduersum *TY* aduersus *R*, *recc.* || a *uocabulo*
eurum *denuo incipit A* || **23** appellauit : appellatur ut *A* ||
24 sese : se *A* || uocet *ATY*, *recc.* : uocat *PRV* || αὐτὸν
Gron. : ἑαυτὸν *PVTY* || ὥστε *Hertz cum testibus plerisque* :
ὡς *PVTY* ὡς ὁ *et* ὥσπερ *pars testium.*

régions des vents qui portent des noms inventés et
limités à leur propre région, comme l'*Atabulus*
d'Horace [1] ; j'aurais dû m'étendre sur eux et joindre ceux
qu'on appelle *Etésiens* et *Prodromes* [2], qui à un moment
déterminé de l'année, quand la Canicule se lève, soufflent de diverses directions; et, puisque j'ai bu pas mal,
je me serais répandu en explications sur tous leurs noms,
si je n'avais déjà parlé vraiment beaucoup en vous
imposant silence à tous, comme si je donnais une
audition d'apparat. **26.** Or parler seul devant de nombreux convives, ce n'est ni poli, ni agréable ».

27. Telles furent les explications que nous donna
Favorinus, dans les circonstances que j'ai indiquées,
à sa table, avec le plus grand raffinement dans le choix
des mots, charme et agrément de tout le discours.
28. Mais il dit que le vent qui prend naissance en terre
gauloise, s'appelle Circius, et Caton dans son livre des
Origines [3] l'appelle Cercius, et non Circius. **29.** Alors
qu'il traitait des Espagnols qui habitent en deçà
de l'Ebre, il a écrit ces mots : « Mais dans ces régions
il y a de très belles mines de fer et d'argent, une
immense montagne de sel pur ; plus on en enlève, plus
elle augmente. Le vent Cercius si vous parlez, vous
remplit la bouche ; il renverse un homme en armes,
un chariot en pleine charge ».

30. Quant à ce que j'ai dit plus haut [4] que les vents
étésiens soufflent d'un côté ou de l'autre du ciel, je ne

---

1. *Sat.*, 1, 5, 78 ; cf. Plin., 17, 37, 232 : vent sec qui brûlait
l'Apulie en été ou la glaçait en hiver.
2. Pline, 2, 47, 123, explique que les *Prodromi* précèdent
la Canicule d'environ huit jours ; ils se maintiennent ensuite
après le lever de la constellation pendant quarante jours et
s'appellent *Etesiae* ; ce sont, suivant cet auteur, des vents du
Nord-Est, qu'il nomme *Aquilones*.
3. Frag., 93 Peter.
4. En réalité, c'est Favorinus qui l'a dit.

regionis indigenae, ut est Horatianus quoque ille
' Ata*b*ulus ', quos ipsos quoque exsecuturus fui ;
addidissemque eos qui ' etesiae ' et ' prodromi '
appellitantur, qui certo tempore anni, cum canis
oritur, ex alia atque alia parte caeli spirant ;
rationesque omnium uocabulorum, quoniam plus
paulo adbibi, effu*t*issem, nisi multa iam prosus
omnibus uobis reticentibus uerba fecissem, quasi
fieret a me ἀκρόασις ἐπιδεικτική. **26.** In conuiuio
autem frequenti loqui solum unum neque honestum
est, inquit, neque commodum ».

27. Haec nobis Fauorinus in eo, quo dixi
tempore, apud mensam suam summa cum elegantia
uerborum totiusque sermonis comitate atque
gratia denarrauit. **28.** Sed, quod ait uentum qui
ex terra Gallia flaret ' circium ' appellari, **M.** Cato
in libris ' Originum ' eum uentum ' cercium ' dicit,
non ' circium '. **29.** Nam cum de Hispanis scri-
beret, qui citra Hiberum colunt, uerba haec
posuit : « Sed in his regionibus ferrareae, argenti-
fodinae pulcherrimae, mons ex sale mero magnus ;
quantum demas, tantum adcrescit. Ventus cercius,
cum loquare, buccam implet, armatum hominem,
plaustrum oneratum percellit ».

30. Quod supra autem dixi, ἐτησίας ex alia
atque alia caeli parte flare, haut scio an secutus

25 et *om. V, recc. p.*|| atabulus *Beroald.* : atapulus *A* ad apulos
PVTY, recc. apud apulos *R* || ipsos *A* : ipse *PRVTY, recc.* ||
fui *AR, recc.* : fuit *PVTY* || appellitantur *PVR2Y* : appellantur
AR1T, recc. || *cum uocabulo* oritur *desinit A* || effutissem *Gebhard* :
effusissem *PVT* effussissem *R* effudissem *recc.* adfugissem *Y* ||
quasi *recc.* : qua *R* quam *PV* || ἐπιδεικτική *recc.* : επιδικτιαιστικα
PV, om. TY || **27** quo *PR* : quod *VTY* || **28** flaret *om.* TY
|| **29** adcrescit *V* : adorescit *PR* || **30** dixi : dixit *Gron.* || an
R : aut *PV, recc.*

sais si, en suivant l'opinion du grand nombre, je n'ai pas parlé à la légère. Publius Nigidius dans le deuxième livre de son traité *du Vent*[1] dit ceci : **31.** « Les *Etesiens* et les *Auster* soufflent chaque année suivant le soleil ». Il faut donc rechercher ce que signifie *suivant le soleil*[2].

XXIII

Jugement et comparaison de passages tirés d'une comédie de Ménandre et d'une comédie de Caecilius, intitulées *Plocium*.

1. Nous lisons souvent des comédies de poètes latins, prises et traduites des Grecs, Ménandre, Posidippe, Apollodore ou Alexis[3], et aussi de certains autres comiques. **2.** Et quand nous les lisons, elles ne déplaisent pas trop, et elles paraissent écrites, elles aussi, joliment et avec grâce si bien qu'on dirait que rien ne peut se faire de mieux. **3.** Puis si on allait les confronter et comparer avec les œuvres grecques dont elles sont venues, et rapprocher les passages parallèles avec réflexion et à propos, par des lectures consécutives et alternées, les pièces latines tombent et perdent toute valeur ; tant elles se ternissent devant le comique et l'éclat des grecques qu'elles n'ont pu imiter.

4. Nous en avons eu l'expérience récemment. **5.** Nous lisions le *Plocium* de Caecilius ; il ne nous déplaisait pas du tout, ni à moi, ni à ceux qui étaient là. **6.** L'envie nous prit de lire aussi le *Plocium* de Ménandre

1. Frag., 104 Swoboda.
2. On entend en général comme Saumaize que ces vents soufflent d'est en ouest en tombant le soir quand le soleil atteint les régions occidentales.
3. Ménandre (342-290) est le grand poète de la Nouvelle Comédie Attique. Depuis l'ὀργή en 321, il composa plus de cent comédies dont nous connaissons 98 titres. Nous ne possédons de lui qu'une comédie complète *le Dyscolos*, éditée pour la première fois en 1959. Posidippe né en 316, gagna quatre fois le prix après 289. Apollodorus de Carystos joua sa première pièce en 285. Térence l'imita dans l'*Hécyre* et dans le *Phormion*. Un autre poète comique du même nom, né à Géla, était contemporain de Ménandre. Alexis était le plus ancien (372-270) ; il avait écrit 245 pièces dont nous avons 170 titres.

opinionem multorum temere dixerim. **31.** P. enim
Nigidii, in secundo librorum quos ' de Vento '
composuit, uerba haec sunt : « Et ἐτησίαι et austri
anniuersarii secundo sole flant ». Considerandum
igitur est, quid sit ' secundo sole '.

XXIII

Consultatio diiudicatioque locorum facta ex comoedia Menandri et Caecilii, quae ' Plocium ' inscripta est.

1. Comoedias lectitamus nostrorum poetarum
sumptas ac uersas de Graecis, Menandro aut
Posidippo aut Apollodoro aut Alexide et quibusdam item aliis comicis. **2.** Neque, cum legimus eas,
nimium sane displicent, quin lepide quoque et
uenuste scriptae uidentur, prorsus ut melius posse
fieri nihil censeas. **3.** Et enim si conferas et
componas Graeca ipsa, unde illa uenerunt, ac
singula considerate atque apte iunctis et alternis
lectionibus committas, oppido quam iacere atque
sordere incipiunt quae Latina sunt ; ita Graecarum, quas aemulari nequiuerunt, facetiis atque
luminibus obsolescunt.

4. Nuper adeo usus huius rei nobis uenit.
5. Caecili 'Plocium' legebamus; hautquaquam mihi
et qui aderant displicebat. **6.** Libitum et Menandri

---

30 dixerim : dixerit *Gron.*

XXIII. *Lem.* plocium *recc.* : plogium *PV* || **1** aut posid—
PV : ac posid— *R*— posidippo : *edd.* posidio *PV*, *recc.* possi-
donio *R* || **3** et enim *PRV*, *recc.* : set enim *Hertz* || **6** libitum
et *PRV* : lib — est *recc.*

dont cette comédie est traduite. **7.** Mais dès que Ménandre nous vint entre les mains, combien aussitôt,
grands dieux, Caecilius parut se figer et se glacer !
quelle différence avec Ménandre ! Les armes de Diomède,
ma foi, et celles de Glaucus[1] n'étaient pas d'une valeur
plus inégale. **8.** Nous en étions arrivés au passage où le
mari, un vieillard, se plaint de sa femme riche et laide,
qui l'a contraint de vendre sa servante, fille adroite
dans son service, et d'une beauté distinguée, la
femme la soupçonnant d'être sa maîtresse. Je ne
dirai pas moi-même combien la différence est grande ;
j'ai fait copier les vers de l'un et de l'autre pour les
soumettre au jugement des lecteurs. **9.** Voici Ménandre[2] :
« Mon héritière, la jolie, va dormir de ses deux narines[3] :
elle est venue à bout d'une œuvre importante et qui
mérite renommée : elle a chassé de la maison comme elle
le voulait, celle qui la chagrinait, afin que tous n'aient
d'yeux que pour le visage de Crobulè, et qu'il soit bien
établi que c'est ma femme le tyran. Quant à l'aspect
qu'elle s'est procurée, c'est l'âne au milieu des singes[4],
comme on dit. Je préfère taire la nuit, cause première

---

1. Cf. *Il.*, 6, 234 ss.
2. Frag., 402 Kock.
3. Cf. Otto, *Sprichwörter*..., p. 47 qui cite Térence, *Heaut.*,
341. Le jeu peut être celui dont s'est inspiré Plaute (*Pseud.*
123) : *De istac re in oculum utrumuis conquiescito — Vtrum in
oculum anne in aurem ? — Hoc peruolgatum est nimis.*
4. Allusion à un proverbe inconnu de nous.

quoque ' Plocium ' legere, a quo istam comoediam
uerterat. 7. Sed enim postquam in manus Menander
uenit, a principio statim, di boni, quantum stupere
atque frigere quantumque mutare a Menandro
Caecilius uisus est ! Diomedis hercle arma et
Glauci non dispari magis pretio existimata sunt.
8. Accesserat dehinc lectio ad eum locum, in
quo maritus senex super uxore diuite atque deformi
querebatur, quod ancillam suam, non inscito
puellam ministerio et facie haud illiberali, coactus
erat uenundare, suspectam uxori quasi paelicem.
Nihil dicam ego, quantum differat ; uersus utrimque eximi iussi et aliis ad iudicium faciundum
exponi. 9. Menander sic :

Ἐπ' ἀμφότεραν ῥῖν' ἡπίκληρος ἡ κ<αλή>
μέλλει καθευδήσειν. Κατείργασται μέγα
καὶ περιβόητον ἔργον · ἐκ τῆς οἰκίας
ἐξέβαλε τὴν λυποῦσαν, ἣν ἐβούλετο,
ἵν' ἀποβλέπωσι πάντες εἰς τὸ Κρωβύλης
πρόσωπον ἦ τ' εὔγνωστος οὖσ' ἐμὴ γυνὴ
δέσποινα. Καὶ τὴν ὄψιν, ἣν ἐκτήσατο,
ὄνος ἐν πιθήκοις, τοῦτο δὴ τὸ λεγόμενον
ἔστιν. Σιωπᾶν βούλομαι τὴν νύκτα τὴν

---

6 uerterat *RV²*, *recc.* : uerteret *PV¹*, *recc.* ‖ 7 hercle arma
edd. : hercle amerca *PRV*, *recc.* ‖ existimata *PRV*, *recc.* :
aestimata *Ald. Gron.* ‖ 8 utrimque : utriusque *recc.* ‖ eximi
iussi *Gron.* : eximius si *PRV.* ‖ 9 *Graeca uerba desunt nisi
in V et recentioribus paucis inter quos u* ‖ 1 ἀμφότεραν
ῥῖν' *Weil* : αμφοτερανιν *V* — ραν ἵνα *u* — ρα νῦν *Scaliger* ‖
ἡπίκληρος *edd.* : επικληρος *Vu* ‖ ἡ κ<αλὴ> *Ribbeck.* : ηκ *Vη u*
‖ 2 κατειργασται *Dorvillus* : κατειργασασα *Vu* ‖ 4 ἥν : εν
V ‖ 6 ἦ τ' εὔγνωστος, οὖσ' ἐμὴ *Haupt* : ητευνωετος υσλεμε *V* ητο
ευγνωστος ειχε με *u* ‖ 7 ἣν *Grotius* : ων *Vu* ‖ 9 post εστιν *iterau.*
δὴ τοῦτο *Vu.*

de bien des maux. Hélas ! avoir épousé Crobulè pour
seize talents, elle qui a un nez[1] d'une coudée ! puis son
insolence est-elle supportable ? Par Zeus Olympien et
Athéna, pas du tout. Cette petite fille de servante, qu'on
l'enlève plus vite qu'il n'en faut pour le dire ! Qui donc
la remplacerait ? »

10. Or voici le texte de Caecilius [2] : « Il est vraiment
à plaindre, celui qui ne peut cacher sa misère. Ma
femme, par sa beauté et sa conduite, me le fait pro-
clamer, quand bien même je le tairais. Dot mise à
part, elle a tout pour déplaire. Tout homme en son bon
sens, s'instruira s'il me voit : moi qui, comme un pri-
sonnier chez l'ennemi, suis esclave sans cesser d'être
homme libre, sans qu'on ait pris la ville ou la cita-
delle. Elle me reprend tout ce qui me plaît. Crois-tu
que je sois sauvé ? J'attends sa mort la bouche ou-
verte, et je vis comme un mort entre les vifs. Elle dit
que je l'ai trompée et que j'ai eu commerce avec ma
servante ; pleurs, prières, instances, elle m'a telle-

---

1. Littéralement : « Avoir épousé Crobulè, une femme ayant
un nez d'une coudée m'apporter 16 talents ! ». Le texte lacunaire,
est très douteux.
2. 142 Ribbeck. Les vers ont été reconstitués par Buecheler
chez Ribbeck et par Skutsch dans Pauly-Wissowa, *R.E.*, III,
p. 1191.

πολλῶν κακῶν ἀρχηγόν. Οἴμοι Κρωβύλην
λαβεῖν ἔμ᾽, ἑκκαίδεκα τάλαντα ἄγειν ἔσ⟨ω
τὴν ῥῖν᾽ ἔχ⟩ουσαν πηχέως · εἶτ᾽ ἐστὶ τὸ
φρύαγμά πως ὑπόστατον; ⟨μὰ τὸν⟩ Δία
τὸν Ὀλύμπιον καὶ τὴν Ἀθηνᾶν, οὐδαμῶς.
Παιδισκάριον θεραπευτικὸν δὲ καὶ λόγου
τάχιον ἀπαγέσθω δέ τις · ⟨τίς⟩ ἄρ᾽ ἀντεισαγάγοι.

10. Caecilius autem sic :

Is demum miser est, qui aerumnam suam nequit
occultare.

...ferre ita me uxor forma et factis facit, si
taceam, tamen indicium.

Quae nisi dotem, omnia quae nolis habet ;
qui sapiet, de me discet,

Qui quasi ad hostis captus liber seruio salua
urbe atque arce.

Quae mihi quidquid placet eo priuat. Vin me
seruatuum ?

Dum eius mortem inhio, egomet uiuo mortuus
inter uiuos.

Ea me clam se cum mea ancilla ait consuetum,
id me arguit ;

Ita plorando, orando, instando atque obiurgando
me obtudit

Eam uti uenderem ; nunc credo inter suas
Aequalis et cognatas sermonem serit :

« Quis uestrarum fuit integra aetatula,

11-12 τάλαντ᾽ ἄγειν ἔσω τὴν ῥῖν᾽ ἔχουσαν *Hertz* : ταλαντα
γεινεσ ουσαν *V* ταλαντα γυναικα ουσαν *u* ‖ 13 πως *Spengel* :
ειπως αν *Vu* ‖ μὰ τὸν add. *Grotius* ‖ 15 λόγου : λόγοι *V* ‖ 16 τις
τις *edd.* : τις *Vu. Versum non satis sanatum alii aliter legerunt.*
‖ 10 nequit *PRV* : nescit *recc.* ‖ 4 liber *recc.* : libere *PRV*,
recc. ‖ 5 priuat uin me seruatum *edd.* : priuatu uim me seruatum
PV, *recc.*, *alii aliud* ‖ 6 ego Non. 502, 8 *post* dum *addidit* ‖ 8 atque
ante orando *add. R* ‖ 9 uenderem : uenundarem *recc.* ‖ 10 et
cognatas : atque c — *R*.

ment assommé que j'ai vendu la fille. Et maintenant, je pense, entre ses proches et ses compagnes, elle répand ces propos : « Qui de vous dans la fleur de sa jeunesse, a donc été capable d'obtenir de son mari, ce que j'ai réussi, vieille femme, enlever sa maîtresse à mon mari? » Telles seront les conversations du jour. On ne parle que de moi, ô malheur ».

11. Laissons de côté le charme du fond et de la forme, très inégal dans les deux pièces, je remarque toujours pour ma part que, ce que Ménandre a écrit avec clarté, précision et esprit, Caecilius n'a pas même essayé de le rendre comme il pouvait. **12.** Il l'a laissé de côté comme inacceptable, et il a inséré à la place je ne sais quelles bouffonneries[1] : cette peinture de la vie quotidienne que fait Ménandre, simple, vraie et délicieuse, il l'a écartée, je ne sais pourquoi. Le même vieux mari, parlant avec un autre vieillard, son voisin, dit ces mots[2] en maudissant l'orgueil de sa riche épouse : « J'ai pour femme une héritière, c'est un croquemitaine. Ne le savais-tu pas ? — Non, pas du tout. — Despote à la maison et sur les champs, sur'tout, Apollon, c'est un mal insupportable entre les insupportables. Elle est terrible pour tous, non seulement pour moi, mais pour son fils, et bien plus pour sa fille. — Mal irrémédiable, je le sais bien ».

13. Quant à Caecilius[3], il a préféré en ce lieu dire des bouffonneries que rien d'approprié et de convenable au personnage qu'il présentait. Voici comment il

---

1. Les critiques modernes sont beaucoup plus indulgents pour Caecilius (cf. en dernier lieu A. Traina, *Atti Istit. Veneto*, S.L.A., 116, 1957-1958, p. 385 ss.). Ce passage ne manque pas d'originalité, notamment quand il peint Crobulè paradant au milieu de ses amis et tirant gloire de son pouvoir.

2. Frag., 403 Kock.

3. 158 Ribbeck. Les vers de Caecilius ne sont pas d'un goût très délicat, mais ils ne manquent pas d'une certaine *uis comica*.

Quae hoc idem a uiro
Impetrarit suo, quod ego anus modo
Effeci, paelice ut meum priuarem uirum ? »
Haec erunt concilia hodie, differor sermone
miser.

11. Praeter uenustatem autem rerum atque
uerborum, in duobus libris nequaquam parem, in
hoc equidem soleo animum attendere, quod quae
Menander praeclare et apposite et facete scripsit,
ea Caecilius, ne qua potuit quidem, conatus est enar-
rare, **12.** sed quasi minime probanda praetermisit
et alia nescio qua*e m*imica inculcauit et illud
Menandri de uita hominum media sumptum,
simplex et uerum et delectabile, nescio quo pacto
omisit. Idem enim ille maritus senex cum altero
sene uicino colloquens et uxoris locupletis super-
biam deprecans haec ait :

Ἔχω δ᾽ ἐπίκληρον Λάμιαν · οὐκ εἴρηκά σοι
τοῦτ; — εἶτ᾽ ἄρ᾽ οὐχί; — κυρίαν τῆς οἰκίας
καὶ τῶν ἀγρῶν καὶ * πάντων ἀντ᾽ ἐκείνης
ἔχομεν, Ἄπολλον, ὡς χαλεπῶν χαλεπώτατον ·
ἅπασι δ᾽ ἀργαλέα ᾽στίν, οὐκ ἐμοὶ μόνῳ,
υἱῷ, πολὺ μᾶλλον θυγατρί. — Πρᾶγμ᾽ ἄμαχον λέγεις,
εὖ οἶδα.

13. Caecilius uero hoc in loco ridiculus magis
quam personae isti quam tractabat aptus atque
conueniens uideri maluit. Sic enim haec corrupit :

---

12 quae mimica *Carrio* : qua inimica *PRV* quali inimica
recc. ‖ et uerum *P, recc.* : et ueru *RV* uerum *recc.* ‖ *Graeca om.*
P.

a altéré le passage : « Dis donc, ta femme, est-elle insupportable ? — Tu le demandes ? — Mais encore ? J'ai dégoût à le dire ; sitôt rentré chez moi, à peine assis, c'est un baiser avec l'odeur du grand matin. — Elle a raison : le baiser te fait rendre le vin que tu as pris dehors ».

14. Voici encore un passage qui figure dans les deux comédies : le jugement à porter est bien évident. Le sens général du passage est le suivant. 15. La fille d'un homme sans fortune a été séduite au cours d'une fête de nuit. 16. Le père n'est pas au courant et on la tenait pour vierge. 17. Enceinte, elle accouche le moment venu. 18. Un esclave, homme de bien, debout devant la porte de la maison, qui ignorait que la fille du maître allait accoucher, et même qu'elle avait été séduite, entend les gémissements et les pleurs de la jeune femme dans les efforts de l'enfantement : il éprouve crainte, colère, soupçon, pitié, douleur. 19. Toutes ces émotions, et les sentiments de son cœur, sont dans la comédie grecque admirablement vifs et bien marqués ; chez Caecilius tout cela est lourd, les choses y ont perdu leur poids et leur charme. 20. Ensuite quand l'esclave a posé des questions et appris ce qui était arrivé, voici les mots [1] qu'il prononce chez Ménandre : « Oh ! trois fois malheureux, l'homme pauvre et marié qui a charge d'enfants ! Quel insensé, pas d'amis qui le gardent ! si le malheur arrive en sa vie ordinaire, il ne

1. Frag., 404 Kock.

Sed tua morosane uxor, quaeso, est ? — Quam
   rogas ?
Qui tandem ? — Taedet mentionis, quae mihi,
Vbi domum adueni, a*d*sedi, extemplo sauium
Dat ieiuna anima. — Nil peccat de sauio.
Vt deuomas uult, quod foris potaueris.

14. Quid de illo quoque loco, in utraque comoedia posito, existimari debeat, manifestum est.
Cuius loci haec ferme sententia. 15. Filia hominis
pauperis in peruigilio uitiata est. 16. Ea res clam
patrem fuit, et habebatur pro uirgine. 17. Ex eo
uitio grauida mensibus exactis parturit. 18.
Seruus bonae frugi, cum pro foribus domus staret
et propinquare partum erili filiae atque omnino
uitium esse oblatum ignoraret, gemitum et plo-
ratum audit puellae in puerperio enitentis ; timet,
irascitur, suspicatur, miseretur, dolet. 19. Hi
omnes motus eius affectionesque animi in Graeca
quidem comoedia mirabiliter acres et illustres,
apud Caecilium autem pigra istaec omnia et a
rerum dignitate atque gratia uacua sunt. 20.
Post, ubi idem seruus percontando quod acciderat
repperit, has apud Menandrum uoces facit :

Ὦ τρὶς κακοδαίμων, ὅστις ὢν πένης γαμεῖ
καὶ παιδοποιεῖ. Ὡς ἀλόγιστός ἐστ' ἀνήρ,
ὃς μήτε φυλακὴν τῶν ἀναγκαίων ἔχει,

---

13 rogas *edd.* : erogas *P* errogas *V*, *recc.* merogas *R* et rogas
recc. || 3 adsedi Non. : adsedit Non. *codd.* (*s.u.* anima) ac sedi
PRV, *recc.* || 4 nil *edd.* : nihil *PRV*, *recc.* || potaueris *edd.* : put—
PRV, *recc. p.* || 17 eo *om. P* || 18 miseretur *om. P* || 19
affectionesque *recc.* : —nisque *PRV* || istaec *edd.* : ista hec *PRV*
|| 20 *a uerbo...* ciderat *iterum incipit A* || *Graeca paene omnia
om. P* || 1 γαμεῖ Stob. *Flor.* 68, 4 : ανηρ *Vu* || 2 παιδοποιεῖ:
παιδοποιεῖθ' Stob. || ὡς : ὅς Stob. || 3 ὅς : ὡς Stob.

peut pallier rien avec l'argent : malheureux, il vit à découvert, battu par la tempête ; il a sa part de tous les ennuis, sans jamais de bonheur. Je souffre pour un seul, je pense à tous ».

21. Ce naturel et cette vérité dans les mots, examinons si Caecilius y a tendu. Voici les vers de ce poète[1], déclamant des morceaux de Ménandre et y cousant des mots d'une enflure tragique : « Il est bien malheureux, le pauvre qui élève des enfants pour la gêne. Accidents et fortune, tout est à découvert. Qui a l'argent, la faction de ses pareils cache facilement sa honte ».

22. Ainsi, comme je l'ai dit plus haut, quand je lis seulement les vers de Caecilius, ils ne me paraissent nullement désagréables ou dépourvus de force ; mais quand je compare et oppose le grec, je pense que Caecilius n'eût pas dû poursuivre ce qu'il ne pouvait atteindre.

XXIV

De la frugalité antique et des anciennes lois somptuaires.

1. La frugalité chez les anciens Romains et la simplicité de la nourriture et des dîners n'étaient pas assurées seulement par l'obéissance à des règles fami-

---

1. **169** Ribbeck. Là encore le texte de Caecilius renonçant à la finesse d'analyse un peu diserte de Ménandre, n'en prend que plus de force et de puissance.

μήτ', ἂν ἀτυχήσῃ εἰς τὰ κοινὰ τοῦ βίου,
ἐπαμφιέσαι δύναιτο τοῦτο χρήμασιν,
ἀλλ' ἐν ἀκαλύπτῳ καὶ ταλαιπώρῳ βίῳ
χειμαζόμενος ζῇ, τῶν μὲν ἀνιαρῶν ἔχων
τὸ μέρος ἁπάντων, ⟨ τῶν δ'⟩ ἀγαθῶν οὐδὲν μέρος.
Ὑπὲρ γὰρ ἑνὸς ἀλέγων ἅπαντας νουθετῶ.

21. Ad horum autem sinceritatem ueritatemque
uerborum an adspirauerit Caecilius, consideremus.
Versus sunt hi Caecili trunca quaedam ex Menandro
dicentis et consarcinantis uerba tragici tumoris :

Is demum infortunatus est homo,
Pauper qui educit in egestatem liberos,
Cui fortuna et res ut est continuo patet.
Nam opulento famam facile occultat factio.

22. Itaque, ut supra dixi, cum haec Caecilii
seorsum lego, neutiquam uidentur ingrata ignaua-
que, cum autem Graeca comparo et contendo,
non puto Caecilium sequi debuisse quod assequi
*nequi*ret.

XXIV

**De uetere parsimonia ; deque antiquis legibus sump-
tuariis.**

1. Parsimonia apud ueteres Romanos et uictus
atque cenarum tenuitas non domestica solum

---

4 κοινὰ: λοιπὰ Stob. ‖ 8 τῶν δ' Stob. : *om. Vu* ‖ οὐδὲν μέρος *edd.*:
οὐ δυνάμενος *Vu* Stob. ‖ 9 ἀλέγων *Vu, recc.* : ἀλγῶν Stob. *recc.*
‖ 21 adspirauerit *A* : aspirauerat *PRV, recc. p.* ‖ consarcinantis :
consarcientis *A* ‖ infortunatus est *edd.* : est infortunatus *APRV,
recc.* ‖ *cum uerbo* in *desinit A* ‖ egestatem : egestate *recc.* ‖
famam : famem *R* ‖ facile *edd.* : facilem *PRV, recc.* ‖ 22 uerba
post Caecilii *add. recc.* ‖ assequi nequiret *edd.* : assequiret
PRV assequeretur *recc.*

liales, elles étaient garanties aussi par des sanctions publiques et les peines prévues par plusieurs lois. **2.** Je viens de lire en particulier dans les *Conjectures* d'Ateius Capito [1] un senatus consulte ancien, datant du consulat de Caius Fannius et de Marcus Valerius Messala [2] : aux chefs de l'aristocratie qui aux jeux Mégalésiens [3] pratiquaient le rite ancien de la *mutitatio*, en s'offrant mutuellement des banquets, il prescrivait de jurer devant les consuls selon une formule déterminée qu'ils ne dépenseraient pas plus de cent vingt as pour chaque repas, non compris les légumes, la farine et le vin ; qu'ils ne serviraient pas de vin étranger, mais du vin produit sur le territoire romain ; qu'ils ne mettraient pas sur la table plus de cent livres d'argenterie.

3. Mais, après ce senatus consulte, fut votée la loi *Fannia* qui accorda une dépense de cent as par jour pour les jeux Romains, les jeux Plébeiens [4], les Saturnales et certains autres jours, trente as pour dix autres jours dans le mois et dix as pour le reste. **4.** C'est à cette loi que le poète Lucilius fait allusion [5] quand il dit : « Le malheureux aux cent as de Fannius ». **5.** Cela induisit en erreur les commentateurs de Lucilius : ils ont cru que la loi Fannia fixait uniformément cent as pour les jours de toute catégorie. **6.** Fannius fixa cent as, comme je l'ai dit, pour certains jours de fête,

---

1. Frag. 6 Bremer. Sur les lois somptuaires, cf. Macrobe, 3, 17, qui ne copie pas Aulu-Gelle et parle d'une *lex Orchia* avant la *lex Fannia*, d'une *lex Didia* (143) ensuite, et, après la *lex Antia*, d'une loi proposée par Antoine.

2. En — 161. Nous ne savons rien d'ailleurs sur ce sénatus-consulte, qui en tout état de cause, ne peut avoir précédé que de très peu la *lex Fannia*, celle-ci étant de la même année.

3. Les jeux Mégalésiens qui se déroulaient du 4 au 10 avril avaient été instaurés lors de l'arrivée de la *Magna Mater* à Rome (— 204).

4. Les jeux Romains duraient du 4 au 19 août sous Auguste, les jeux Plébéiens du 4 au 17 novembre.

5. Frag., 1172 Marx.

obseruatione ac disciplina, sed publica quoque animaduersione legumque complurium sanctionibus custodita est. **2.** Legi adeo nuper in Capitonis Atei ' Coniectaneis ' senatus decretum uetus C. Fannio et M. Valerio Messalla consulibus factum, in quo iubentur principes ciuitatis, qui ludis Megalensibus antiquo ritu ' mutitarent ', id est mutua inter sese dominia agitarent, iurare apud consules uerbis conceptis, non amplius in singulas cenas sumptus esse facturos quam centenos uicenosque aeris praeter olus et far et uinum, neque uino alienigena, sed patriae usuros, neque argenti in conuiuio plus pondo quam libras centum inlaturos.

3. Sed post id senatus consultum lex Fannia lata est, quae ludis Romanis, item ludis plebeis et Saturnalibus et aliis quibusdam diebus, in singulos dies centenos aeris insumi concessit decemque aliis diebus in singulis mensibus tricenos, ceteris autem diebus omnibus denos. **4.** Hanc Lucilius poeta legem significat, cum dicit :

Fanni centussis misellus.

5. In quo errauerunt quidam commentariorum in Lucilium scriptores, quod putauerunt Fannia lege perpetuos in omne dierum genus centenos aeris statutos. **6.** Centum enim aeris Fannius constituit, sicuti supra dixi, festis quibusdam diebus

et il en a donné la liste ; dans tous les autres cas, il a limité la dépense tantôt à trente as, tantôt à dix.

7. Ensuite fut votée la loi *Licinia*. Ayant permis, comme la loi *Fannia*, de dépenser cent as pour des jours déterminés, elle en accorda deux cents pour les noces ; pour les autres jours elle fixa trente as ; alors qu'elle avait établi des poids déterminés de viande et de salaison pour chaque jour, elle accordait, sans distinction et sans limite, tout ce qui vient de la terre, de la vigne, des arbres. **8.** Le poète Laevius fait mention de cette loi dans ses *Erotopaegnia*. **9.** Voici la citation de Laevius [1] dans laquelle il indique qu'un bouc, servi à un repas, avait été renvoyé, et que le dîner, comme le prescrivait la loi *Licinia*, avait consisté en fruits et légumes : « La loi *Licinia* fait son entrée, dit-il, voici la pureté du jour rendue au bouc ». **10.** Lucilius aussi fait mention de cette loi [2] en ces termes : « Evitons la loi de Licinius ».

11. Puis, ces lois tombées en désuétude et perdues de vue avec les années, comme beaucoup, à la tête

---

1. *Frag.*, *Poet. Rom.* 23 Bährens. La *lex Licinia* serait de — 104. D'après Macrobe (3, 17, 9) elle donnait 30 as pour les Calendes, Nones et Nundinae ; pour les autres jours elle fixait 3 livres de viande séchée, 1 livre de salaisons.

2. 1200 Marx. Laevius qui était un peu plus jeune que Lutatius Catulus et que les modernes identifient souvent avec Laevius Melissus était l'auteur d'*Erotopaegnia* (jeux érotiques). D'un maniérisme alexandrin, il eut aussi l'amour des néologismes et du mot rare, ce qui était peut-être aussi plautien qu'alexandrin ; de là vient l'attention que lui accorde Aulu-Gelle (cf. 19, 7 et R. Marache, *La critique littéraire...*, p. 226).

eosque ipsos dies nominauit, aliorum autem dierum omnium in singulos dies sumptum inclusit intra aeris alias tricenos, alias denos.

7. Lex deinde Licinia rogata est, quae cum certis diebus, sicuti Fannia, centenos aeris inpendi permisisset, nuptiis ducenos indulsit ceterisque diebus statuit aeris tricenos ; cum et carnis autem et salsamenti certa pondera in singulos dies constituisset, quidquid esset tamen e terra, uite, arbore, promisce atque indefinite largita est. **8.** Huius legis Laeuius poeta meminit in ' Erotopaegniis '. **9.** Verba Laeuii haec sunt, quibus significat haedum, qui ad epulas fuerat adlatus, dimissum cenamque ita ut lex Licinia sanxisset, pomis oleribusque instructam ;

Lex Licinia, inquit, introducitur,
Lux liquida haedo redditur.

10. Lucilius quoque legis istius meminit in his uerbis :

Legem uitemus Licini.

11. Postea L. Sulla dictator, cum, legibus istis situ atque senio oblitteratis, plerique in patrimoniis amplis elluarentur et familiam pecu-

---

6 singulos *edd.*: —lis *P RV*, *recc.* ‖ sumptum*A* : sumptus *PRV*, *recc.* ‖ 7 nuptiis *V* : nubtis *A* nuptus *PR* ‖ autem *APV* : arida Macr. 3, 17, 9, *recc.* ‖ constituisset *A* : constituit sed *PRV*, *recc.* ‖ tamen *PRV*, *recc.* : natum Macr. *ibid.*, *recc.* ‖ *cum litteris* ter ⟨ ra ⟩ *explicit A* ‖ 8 laeuius *Carrio* : lelius *PRV*, *recc.* ‖ 9 laeuii *Carrio* : lelii *PRV*, *recc.* ‖ adlatus : ablatus *P* ‖ 11 plerique *recc.* : plerisque *PRV*.

d'immenses fortunes, se livraient à la goinfrerie[1] et engloutissaient leurs biens et leur argent en déjeuners et en banquets, le dictateur Sylla fit voter par le peuple une loi prescrivant qu'aux Calendes, aux Ides, aux Nones, aux jours de jeux et de certaines fêtes solennelles, on aurait droit et licence de dépenser trois cents sesterces pour le dîner, les autres jours, pas plus de trente.

12. Outre ces lois nous avons trouvé aussi la *lex Aemilia*[2] qui limitait, non pas les frais des repas, mais le genre et la nature des mets. **13.** Ensuite la *lex Antia*[3], outre le montant de la dépense, prescrivit encore que celui qui était magistrat ou sur le point de l'être, n'allât à aucun dîner, sinon chez des personnes déterminées.

14. Enfin la *lex Julia*[4] parvint aux suffrages du peuple, Auguste étant empereur : elle fixait pour les jours ordinaires deux cents sesterces, pour les calendes, les ides, les nones et certains autres jours de fête, trois cents, pour les noces et les retours de noces, mille.

15. Ateius Capito[5] mentionne encore un édit, du divin Auguste ou de l'empereur Tibère, je ne sais plus trop : par cet édit, les frais d'un repas pour les diverses solennités étaient portés de trois cent à deux mille sesterces, afin que fût contenu au moins dans ces limites le bouillonnement d'un luxe débordant.

---

1. Le verbe *elluare* appartient au vocabulaire de l'invective cicéronienne. Il est très rare dans la prose impériale.
2. On connaît deux lois somptuaires de ce nom, une de — 115, une de — 78.
3. Postérieure de quelques années à la deuxième loi *Aemilia*.
4. Mentionnée par Suétone, *Aug.*, 34, 1.
5. Frag., 6 Huschke.

niamque suam prandiorum *conuiuiorum*que gurgi-
tibus proluissent, legem ad populum tulit qua
cautum est ut Kalendis, Idibus, Nonis diebusque
ludorum et feriis quibusdam sollemnibus sestertios
trecenos in cenam insumere ius potestasque esset,
ceteris autem diebus omnibus non amplius tricenos.

12. Praeter has leges Aemiliam quoque legem
inuenimus, qua lege non sumptus cenarum, sed
ciborum genus et modus praefinitus est. **13.** Lex
deinde An*t*ia praeter sumptum aeris id etiam
sanxit, ut qui magistratus esset magistratumue
capturus esset, ne quo ad cenam, nisi ad certas
personas, itaret.

14. Postrema lex Iulia ad populum peruenit
Caesare Augusto imperante, qua profestis quidem
diebus ducenti finiuntur, Kalendis, Idibus, Nonis
et aliis quibusdam festis, trecenti, nuptiis autem
et repotii*s* sestertii mille.

15. Esse etiam dicit Capito Ateius edictum —
diuine Augusti an Tiberii Caesaris non satis
commemini — quo edicto per dierum ua*r*ias
sollemnitates a trecentis sestertiis adusque duo
*sestert*ia sumptus cenarum propagatus est, ut
his saltem finibus luxuriae efferuescentis aestus
coerceretur.

11 conuiuiorum *add. Hertz* : *om. PRV, recc.* cenarum *Salmas.* ‖
trecenos *Hotomanus* : tricenos *PRV, recc.* ‖ tricenos *PRV, recc.* :
ternos *edd.* ‖ **13** antia Macr. : ancia *PRV, recc.* cincia *recc.* ‖
14 postre- ma : postremo *recc.* ‖ repotiis *edd.* : repotii *PV* repni *R*
reponi *recc.* ‖ mille *edd.* : milies *PRV, recc.* ‖ **15** diuine *recc.* :
diuine rue *PRV, recc.* diui neruae *recc.* ‖ sestertia *edd.* : s s
PRV milia *recc.*

XXV

Ce que les Grecs appellent analogie, ce qu'ils nomment inversement anomalie.

1. En langue latine comme en grecque, les uns ont jugé qu'il faut suivre l'analogie, les autres l'anomalie. **2.** L'analogie est la dérivation de formes semblables à partir de mots semblables, certains l'appellent du nom latin, proportion. **3.** L'anomalie est la dissimilitude des dérivations, conforme à l'usage. **4.** Deux illustres grammairiens grecs, Aristarque et Cratès [1] ont défendu de toutes leurs forces, l'un l'analogie, l'autre l'anomalie. **5.** Varron au livre huit du *de Lingua Latina*, dédié à Cicéron, enseigne que les similitudes ne jouent aucun rôle et que, dans presque tous les mots, c'est l'usage qui règne [2] : **6.** « Ainsi nous disons, écrit-il, *lupus lupi*, *probus probi*, mais *lepus leporis* ; de même *paro paraui*, mais *lauo laui* ; *pungo pupugi*, *tundo tutudi*, mais *pingo pinxi* ; **7.** de *ceno*, ajoute-t-il, *prandeo*, *poto*, nous disons *cenatus sum*, *pransus sum* et *potus sum*, cependant de *destringor*, *extergeor* et *lauor* nous disons *destrinxi*, *extersi* et *laui*. **8.** De même d'*Oscus*, *Tuscus*, *Graecus*, l'adverbe est *Osce*, *Tusce*, *Graece*, mais de *Gallus* et *Maurus*, *Gallice* et *Maurice*. De

---

1. Aristarque de Samothrace (217-143) fut le successeur d'Apollonios à la bibliothèque d'Alexandrie, Crates de Mallos, son contemporain était le chef de l'école de Pergame, sa doctrine avait subi l'influence du stoïcisme.
2. *Ling. Lat.*, 8, 68. L'argumentation est construite sur le mode rhétorique et Varron défend l'analogie dans ce livre tandis que dans le livre IX il défend l'anomalie. La seule lecture du *Ling. Lat.* peut donc justifier la conclusion d'Aulu-Gelle. Il est à noter que celui-ci, dans ce petit exposé purement théorique, n'aperçoit pas combien ses propres idées grammaticales et littéraires, très voisines de celles de Fronton sont elles-mêmes concernées par le problème. Sur cette question, cf. J. Collart, *Varron grammairien latin*, Paris, 1954, p. 136 ss. et *Entretiens sur l'Antiquité classique*, t. IX, Fondation Hardt, Genève, 1962, p. 119 ss.

XXV

Quid Graeci ἀναλογίαν, **quid contra** ἀνωμαλίαν **uocent.**

1. In Latino sermone, sicut in Graeco, alii ἀναλογίαν sequendam putauerunt, alii ἀνωμαλίαν. **2.** ᾿Αναλογία est similium similis declinatio, quam quidam Latine ' proportionem ' uocant. **3.** ᾿Ανωμαλία est inaequalitas declinationum, consuetudinem sequens. **4.** Duo autem Graeci grammatici illustres, Aristarchus et Crates, summa ope ille ἀναλογίαν, hic ἀνωμαλίαν defensitauit. **5.** M. Varronis liber ad Ciceronem ' de Lingua Latina ' octauus nullam esse obseruationem similium docet inque omnibus paene uerbis consuetudinem dominari ostendit : **6.** « Sicuti cum dicimus, inquit, ' lupus lupi ', ' probus probi ' et ' lepus leporis ', item ' paro paraui ' et ' lauo laui ', ' pungo pupugi ', ' tundo tutudi ' et ' pingo pinxi '. **7.** Cumque, inquit, a ' ceno ' et ' prandeo ' et ' poto ', et ' cenatus sum ' et ' pransus sum ' et ' potus sum ' dicamus, a ' destringor ' tamen et ' exter-geor ' et ' lauor ', ' destrinxi ' et ' extersi ' et ' laui ' dicimus. **8.** Item cum dicamus ab ' Osco ', ' Tusco ', ' Graeco ', ' Osce ', ' Tusce ', ' Graece ', a ' Gallo ' tamen et ' Mauro ', ' Gallice ' et ' Maurice ' dicimus ; item a ' probus ', ' probe ',

---

XXV. 2 quidam : quidem *R* ‖ 5 ad *om. PR* ‖ 6 et *ante* lauo *om. recc.* ‖ et *ante* laui *add. PV* ‖ et *ante* tundo *add. PRV*. ‖ 7 a destringor : et astringor *recc.* ‖ destrinxi : astrinxi *recc.*

probus nous disons *probe*, de *doctus*, *docte*, mais de *rarus* on ne dit pas *rare*, on dit soit *raro*, soit *rarenter*[1]».
9. Puis Varron écrit aussi dans le même livre : « *Sentior*, personne ne le dit, et en soi ce n'est rien ; tout le monde cependant dit *adsentior*. Sisenna[2] seul disait *adsentio* au sénat ; et beaucoup l'imitèrent, mais ils ne purent triompher de l'usage. »

10. Mais le même Varron, dans d'autres livres, écrivit abondamment en faveur de l'analogie. **11.** C'est donc une sorte de lieu commun de disserter contre l'analogie ou au contraire pour l'analogie.

XXVI

Propos de Marcus Fronton et du philosophe Favorinus sur les sortes de couleur, leurs noms en Grec et en Latin ; et dans le même chapitre ce qu'est la couleur *spadix*.

1. Comme il allait voir le consulaire Marcus Fronton, malade de la goutte[3], le philosophe Favorinus me demanda de l'accompagner. **2.** Alors là, chez Fronton, en présence d'un grand nombre de gens très savants, comme la conversation roulait sur les couleurs et leurs noms, que l'aspect des couleurs était multiple, mais leurs dénominations imprécises et peu nombreuses, il dit : **3.** « Il y a plus de nuances dans la sensation des yeux

---

1. Cette forme est attestée largement à l'époque archaïque, elle était revenue à la mode au IIe siècle. *Raro* est la forme habituelle, mais *rare* est attesté chez Plaute et chez Columelle. Cf. R. Marache, *Mots archaïques...*, p. 210.

2. Préteur en 78, l'historien Sisenna avait des théories grammaticales qui l'amenèrent à s'opposer à l'usage de son temps. Cf. Cicéron, *Brut.*, 74, 259.

3. Sa correspondance le montre en effet sujet à de fréquents accès de cette douloureuse maladie.

a ' doctus ', ' docte ', sed a ' rarus ' non dicitur
' rare ', sed alii ' raro ' dicunt, alii ' rarenter '.» **9.**
Inde M. Varro in eodem libro : « Sentior, inquit,
nemo dicit et id per se nihil est, ' adsentior '
tamen fere omnes dicunt. Sisenna unus ' adsentio '
in senatu dicebat et eum postea multi secuti,
neque tamen uincere consuetudinem potuerunt ».

10. Sed idem Varro in aliis libris multa pro
ἀνωμαλίαν tuenda scripsit. **11.** Sunt igitur ii tamquam loci quidam communes, contra ἀναλογίαν,
dicere et item rursum pro ἀναλογίᾳ.

XXVI

**Sermones M. Frontonis et Fauorini philosophi de gene-
ribus colorum uocabulisque eorum Graecis et Latinis ;
atque inibi color spadix cuiusmodi sit.**

1. Fauorinus philosophus cum ad M. Frontonem consularem pedibus aegrum uisum iret,
uoluit me quoque ad eum secum ire. **2.** Ac deinde,
cum ibi apud Frontonem plerisque uiris doctis
praesentibus sermones de coloribus uocabulisque
eorum agitarentur, quod multiplex colorum
facies, appellationes autem incertae et exiguae
forent : **3.** « Plura, inquit, sunt, Fauorinus, in

---

8 a *ante* doctus *et ante* rarus *om. PRV* || *ab* alii rarenter *iterum
incipit A.*|| **9** inde m. varro *recc.* : inde mauro *PRV, recc.* eodem
uarro *A* idem m. varro *edd.* || **10** scripsit *R, recc.* : scribsit *A* scribit
PV || **11** ii *A, recc.* : i *RV* hi *recc., om. P* || rursum *A* : rursus
PRV.

XXVI. *Exstat in TY* || *Lem.* sermones *edd.* : sermonem *PV,
recc.* sermone *recc.* || **1** uisum iret *A* : uisere *PRVT, recc.* uiseret *Y*
|| **2** uocabulisque *ATY* : uocabulis *PRV* || *cum uerbo* eorum
explicit A || **3** inquit sunt *PVT* : sunt inquit *R*.

que dans les mots et les noms de couleur. 4. Car pour laisser de côté les accords de plusieurs couleurs, ces couleurs simples, le rouge et le vert n'ont qu'un seul nom chacune, alors qu'elles présentent beaucoup de nuances différentes. 5. Cette pauvreté du vocabulaire est plus évidente en latin qu'en grec ; en effet le mot *rufus* désigne la couleur rouge ; mais alors que le feu a son rouge, le sang un autre, la pourpre un autre, le safran un autre[1], le langage latin ne distingue pas chacune de ces variétés de rouge par un mot qui lui soit particulier, il les désigne toutes de l'appellation uniforme de rouge, *rubor*, et il emprunte aux objets eux-mêmes les noms de couleur ; il dit qu'une chose est feu, flamme, sang, safran, pourpre ou or. 6. Car *russus* et *ruber* dérivent du mot *rufus* et ne servent pas à en désigner toutes les nuances particulières ; or ξανθός, blond, ἐρυθρός, rouge, πυρρός, roux, κιρρός, rouge-jaune et φοῖνιξ, écarlate, paraissent indiquer certaines distinctions de couleur dans le rouge, le rendant plus ou moins intense, ou le variant par un mélange ».

7. Fronton répondit à Favorinus : « Nous ne contestons pas que la langue grecque que tu parais avoir choisie,

---

1. L'énumération n'est pas complète, il manque l'or qui figure à la fin du §. Mais il est arbitraire de l'ajouter comme faisait Jacques Gronove : Aulu-Gelle peut fort bien ne pas s'être astreint à une correspondance exacte entre ses énumérations.

sensibus oculorum quam in uerbis uocibusque
colorum discrimina. **4.** Nam, ut alias eorum
concinnitates omittamus, simplices isti rufus et
uiridis colores singula quidem uocabula, multas
autem species differentis habent. **5.** Atque eam
uocum inopiam in lingua magis Latina uideo
quam in Graeca ; quippe qui ' rufus ' color a
rubore quidem appellatus est; sed cum aliter
rubeat ignis, aliter sanguis, aliter ostrum, aliter
crocum, has singulas rufi uarietates Latina oratio
singulis propriisque uocabulis non demonstrat
omniaque ista significat una ' ruboris ' appella-
tione, cum ex ipsis rebus uocabula colorum
mutuatur et ' igneum ' aliquid dicit et ' flam-
meum ' et ' sanguineum ' et ' croceum ' et
' ostrinum ' et ' aureum '. **6.** ' Ru*ss*us ' enim
color et ' rub*er* ' ni*mirum* a uocabulo ' rufi '
dicuntur neque proprietates eius omnes declarant,
ξανθός autem et ἐρυθρός et πυρρός et κιρρός et
φοῖνιξ habere quasdam distantias coloris rufi
uidentur, uel augentes eum uel remittentes uel
mixta quadam specie temperantes ».

7. Tum Fronto ad Fauorinum : « Non infitias,
inquit, imus quin lingua Graeca, quam tu uidere
*e*legisse, prolixior fusiorque sit quam nostra ;

---

4 concinnitates *PVTY, recc.* : inconcinnitates *Mommsen* ||
uiridis *TY, recc.* : uiridi *PRV, recc.* || **5** aliter aurum *post*
crocum *add. I. Gron.* || cum *PRVTY* : cum tamen *recc.* nisi
cum *Skutsch* || **6** russus *Carrio* : rufus *PRVTY, recc.* || ruber
edd. : rubor *PRVTY, recc.* || nimirum *Hosius* : nihil *PRVTY,
recc.* || dicuntur *PRVTY, recc.* : dicunt *recc.* differunt *edd.*
diuersi dicuntur *Hertz* || κιρρός *Gron.* : πυρρός *PV, recc.*
|| **7** elegisse *Mommsen* : legisse *PRVY, recc.*, legissem *T.*

soit plus abondante et plus riche que la nôtre ; mais
quand il s'agit de donner un nom aux couleurs dont[1] tu
viens de parler, nous ne sommes pas aussi dépourvus
que tu le crois. **8.** Les mots que tu as cités, *russus* et
ruber, ne sont pas les seuls qui indiquent une couleur
rouge ; nous en avons d'autres, plus nombreux que ne
sont les grecs que tu as énumérés : *fuluus*, fauve,
flauus, blond, *rubidus*, rouge-brun, *poeniceus*, écarlate,
rutilus, rouge éclatant, *luteus*, orange et *spadix*,
écarlate, sont des noms de la couleur rouge, qui, ou bien
la renforcent et l'embrasent pour ainsi dire, ou la
mélangent avec la couleur verte[2], ou l'assombrissent
de noir, ou l'éclaircissent d'un blanc aux reflets verts.
9. Car *poeniceus* que tu as prononcé φοῖνιξ, à la grecque,
rutilus et *spadix*, synonymes de *poeniceus*, qui de grec[3] est
devenu latin, désignent une surabondance et une splendeur de rouge, comme celles des fruits du palmier quand
ils ne sont pas encore totalement cuits par le soleil, d'où
les mots de *spadix* et de *poeniceus* ; **10.** les Doriens
appellent σπάδιξ le rameau du palmier arraché avec
son fruit. **11.** Quant à *fuluus*, il paraît désigner un
mélange de rouge et de vert, tantôt plus vert, tantôt
plus rouge. Ainsi le poète le plus attentif au choix des
mots, dit l'aigle fauve[4] ainsi que le jaspe[5], les bonnets
fauves[6], l'or fauve[7], le sable fauve[8], le lion fauve[9] ;de
la même manière Ennius dans ses *Annales*, parle de

---

1. Cf. p. 24 n. 2.

2. Il s'agit de *fuluus* que Fronton considère comme un mélange
de rouge et de vert, cf. § 11 et de *flauus*, cf. §21. Sur tout le
chapitre, cf. J. André, *Etude sur les termes de couleur dans la
langue latine*, Paris, 1949.

3. L'expression *factum Graece*, formé en grec a surpris et les
éditeurs la corrigent. Mais on dit couramment *Graece loqui*, et
c'est ainsi qu'Hosius propose de lire *Dorice* au § 10.

4. Virgile, *Aen.*, 11, 751.

5. *Ibid.*, 4, 261.

6. *Ibid.*, 7, 688. *Fuluosque lupi de pelle galeros.*

7. *Ibid.*, 7, 279.

8. *Ibid.*, 5, 374.

9. *Ibid.*, 2, 722.

sed in his tamen coloribus, quibus modo dixisti,
denominandis, non proinde inopes sumus ut tibi
uidemur. **8.** Non enim haec sunt sola uocabula
rufum colorem demonstrantia, quae tu modo
dixisti, ' russus ' et ' ruber ', sed alia quoque
habemus plura quam quae dicta abs te Graeca
sunt ; ' fuluus ' enim et ' flauus ' et ' rubidus '
et ' poeniceus ' et ' rutilus ' et ' luteus ' et
' spadix ' appellationes sunt rufi coloris, aut
acuentes eum, quasi incendentes, aut cum colore
uiridi miscentes aut nigro infuscantes aut
uirenti sensim albo illuminantes. **9.** Nam ' poeniceus ', quem tu Graece φοίνικα dixisti, et ' rutilus '
et ' spadix ', poenicei συνώνυμος, qui factus
Graece noster est, exuberantiam splendoremque
significant ruboris, quales sunt fructus palmae
arboris non admodum sole incocti, unde spadici
et poeniceo nomen est ; **10.** σπάδικα enim Dorici
uocant auulsum e palma termitem cum fructu.
11. ' Fuluus ' autem uidetur de rufo atque uiridi
mixtus in aliis plus uiridis, in aliis plus rufi
habere. Sic poeta uerborum diligentissimus
' fuluam ' aquilam dicit et iaspidem, ' fuluos '
galeros et ' fuluum ' aurum et arenam ' fuluam '
et ' fuluum ' leonem, sicque Ennius in ' Anna-

7 denominandis : designandis *recc. p* ‖ **8** russus *Carrio* : rufus
PRVTY, recc. ‖ ruber *RVTY, recc.* : rumber *P* ‖ et *ante* quasi
add. Gron. ‖ **9** noster est *post* dixisti *add. recc.* ‖ graece
PRVTY, recc. : e graeco *Gron.* ‖ exuberantiam : exuperantiam
P unde exsuperantiam *Gron.* ‖ poeniceo : —cei *recc.* ‖ **10**
dorici : —ce *Hosius,* cf. 3, 9, 9. ‖ **11** sicque : sic q. *edd.*

l'air fauve [1]. **12.** *Flauus* au contraire paraît formé de vert, de rouge et de blanc ; ainsi Virgile dit *flauentes comae*, cheveux blonds [2], et, ce qui étonne certains, je le constate, il qualifie de *flauae*, blonds, les feuillages [3] des oliviers ; **13.** ainsi bien antérieurement, Pacuvius a dit l'eau blonde, *flaua*, et la poussière fauve, *fuluus* [4] ; j'ai plaisir à rappeler ses vers car ils sont très agréables : « Allons, donne ton pied, que de ces mains qui tant de fois baignèrent ceux d'Ulysse, j'en lave dans les ondes blondes la poussière fauve, apaisant ta fatigue par la douceur de mes mains ». **14.** Quant à *rubidus*, c'est un rouge plus sombre et brûlé d'une abondance de noir, *luteus* au contraire est un rouge plus dilué (*dilutus*) ; **15.** de là vient le mot lui-même [5], semble-t-il. **16.** Non, mon cher Favorinus, dit-il, les Grecs n'ont pas plus de noms que nous pour les différentes sortes de rouge. **17.** Mais pour le vert non plus, vous n'avez pas plus de noms que nous, **18.** et Virgile, voulant indiquer la couleur d'un cheval vert, aurait pu le dire *caerulus* plutôt que *glaucus* [6] : il a préféré se servir d'un mot grec bien connu plutôt que d'un mot latin peu usité.

---

1. 319 Vahlen.

2. *Ibid.*, 4, 590.

3. *Ibid.*, 5, 309. C'est pour expliquer cette citation qu'Aulu-Gelle introduit du vert dans le *flauus*. J. André, *op. laud.*, p. 128, 130 ss.

4. 244 Ribbeck.

5. C'est tout à fait à tort que Fronton rapproche *luteus* de *dilutus*, *luteus* vient du nom d'une plante la gaude, *lutum*, et désigne une sorte d'orange jaune (J. André, *op. laud.*, p. 151).

6. *Georg.*, 3, 82 : *Honesti spadices glaucique*. La traduction des noms de couleur réserve plus d'une surprise. Il peut s'agir en réalité d'une sorte de gris à reflets bleus. J. André (*op. laud.*), pense que la couleur est celle des yeux et non de la robe.

libus ' ' aere fuluo ' dixit. **12.** ' Flauus ' contra uidetur e uiridi et rufo et albo concretus ; sic ' flauentes comae ' et, quod mirari quosdam uideo, frondes olearum a Vergilio ' flauae ' dicuntur, **13.** sic multo ante Pacuuius aquam ' flauam ' dixit et ' fuluum ' puluerem. Cuius uersus, quoniam sunt iucundissimi, libens commemini :

Cedo tuum pedem *mi*, lymphis flauis fuluum ut puluerem
Manibus isdem, quibus Vlixi saepe permulsi, abluam,
Lassitudinemque minuam manuum mollitudine.

14. ' Rubidus ' autem est rufus atrior et nigrore multo inustus, ' luteus ' contra rufus color est dilutior ; **15.** inde ei nomen quoque esse factum uidetur. **16.** Non igitur, inquit, mi Fauorine, species rufi coloris plures apud Graecos quam apud nos nominantur. **17.** Sed ne uiridis quidem color pluribus a uobis uocabulis dicitur, **18.** neque non potuit Vergilius, colorem equi significare uiridem uolens, ' caerulum ' magis dicere equum quam ' glaucum ', sed maluit uerbo uti notiore Graeco

11 fuluo : fulua *Hertz ex* 13, 21, 14 ‖ **12** e *PRTY* : ex *recc.* et *V* ‖ **13** multo *TY, recc.* : multos *PRV* ‖ fuluum puluerem : flauum pulu— *recc. p.* ‖ tuum *Fleckeisen* : tum *PRVTY* tamen *recc.* ‖ *a litteris...* em (*a verbo* pedem) *iterum incipit A* ‖ mi *add. Peerlkamp* ‖ fuluum *A* : flauum *TY, recc.* fauum *PRV* ‖ permulsi *TY* : —sis *PRV, recc.* ‖ manuum *recc.* : manum *PRV* ‖ **14** est *A, recc.* : et *PRVTY, recc.* ‖ nigrore *PRV, recc.* : nigriore *ATY, recc.* ‖ inustus : iniustus *A* ‖ dilutior *recc.* : delutior *A* dilutio *RY* dilucio *PV* — cidior *T, recc.* ‖ **15** inde *A* : unde *PRVTY, recc.* ‖ ei : eius *recc.* ‖ **16** igitur : ergo *recc.* ‖ **18** non *om. TY* ‖ caerulum *A* : caeruleum *PRVTY, recc.*

19. Mais les anciens, chez nous, ont appelé *caesia* celle que les Grecs disaient γλαυκῶπις : de la couleur du ciel, c'est-à-dire *caelia*, à ce que dit Nigidius [1]. »

20 Quand Fronton eut fini, Favorinus, après avoir couvert de louanges une science si riche et un tel raffinement dans la connaissance des mots, s'écria : « Sans toi, et toi seul, la langue grecque l'aurait emporté assurément de loin ; mais toi, cher Fronton, tu fais comme il est dit dans le vers homérique : « Ȯu tu l'aurais emporté, ou tu aurais rendu la victoire incertaine » [2]. **21.** J'ai entendu avec plaisir tout ce que tu as dit avec tant de compétence, mais surtout ton explication de la nuance blonde, *flauus*, et tu m'as permis de comprendre ces vers du quatorzième livre des *Annales* d'Ennius [3] qui sont si agréables et que je ne comprenais pas du tout : « Soudain ils balaient paisiblement la mer de marbre blond ; agitée par la foule des nefs, la mer écume bleue» ; **22.** *caerulum mare*, mer bleue ne semblait pas s'accorder avec marbre blond, *marmor flauum*. **23.** Mais puisque, comme tu l'as dit, la couleur blonde est faite de vert et de blanc, l'expression *de marbre blond* évoque très joliment l'écume de la mer verdoyante.

---

1. Frag., 72 Swoboda. L'étymologie de ce mot rare et technique est inconnue : la solution de Nigidius est purement fantaisiste.
2. *Il.*, 23, 382.
3. 377 Vahlen. Il semble qu'il y ait en réalité dans ces vers un contraste entre la mer calme, blonde, et le bleu de la mer agitée.

quam inusitato Latino. **19.** Nostris autem ueteribus
' caesia ' dicta est, quae a Graecis γλαυκῶπις, ut
Nigidius ait, de colore caeli, quasi caelia ».

20. Postquam haec Fronto dixit, tum Fauorinus
scientiam rerum uberem uerborumque eius elegantiam exosculatus : « Absque te, inquit, uno
forsitan lingua profecto Graeca longe anteisset,
sed tu, mi Fronto, quod in uersu Homerico est,
id facis :

Καί νύ κεν ἢ παρέλασσας ἢ ἀμφήριστον ἔθηκας.

21. Sed cum omnia libens audiui quae peritissime dixisti, tum maxime quod uarietatem
flaui coloris enarrasti fecistique ut intellegerem
uerba illa ex ' Annali ' quarto decimo Ennii
amoenissima, quae minime intellegebam :

Verrunt extemplo placide mare marmore flauo,
Caeruleum spumat mare conferta rate pulsum ;

22. non enim uidebatur ' caeruleum ' mare cum
' marmore flauo ' conuenire. **23.** Sed cum sit,
ita ut dixisti, flauus color e uiridi et albo mixtus,
pulcherrime prorsus spumas uirentis maris
' flauom marmor ' appellauit ».

19 caesia *A, recc.* : caetia *PR* caecia *VY* cecia *T, recc.* ‖ *cum
litteris* nigi ⟨ dius ⟩ *desinit A* ‖ **21** placide *PRVTY, recc.* :
—dum *Parrhas.* ‖ mare : sale *Prisc.* ‖ **23** color e *Gron.* :
colore *PRVTY* color *recc.* ‖ spumas *PVTY, recc.* : —ma *R* ‖
flauom *edd.* : —uo *PRV, recc.* —uum *TY* ‖ marmor : —ore
recc. p.

XXVII

Jugement de Titus Castricius sur les mots dans lesquels Salluste et Démosthène décrivent, l'un Sertorius, l'autre Philippe.

1. Voici les phra sespuissantes et lumineuses de Démosthène [1] sur le roi Philippe : « J'ai vu Philippe lui-même, contre qui nous combattions pour le pouvoir et la domination, l'œil arraché, la clavicule brisée, la main et la jambe estropiées, abandonnant à la Fortune ce qu'elle voudrait prendre de son corps, pourvu qu'il vécût le reste de sa vie dans l'honneur et la gloire ».

2. Voulant imiter cela, Salluste, dans les *Histoires*,[2] a écrit sur Sertorius, chef de guerre ce que voici : « Tribun militaire, il s'acquit une grande gloire en Espagne sous le commandement de Titus Didius, il se rendit très utile dans la guerre des Marses en procurant des soldats et des armes ; et bien des exploits furent accomplis sous sa direction et sous ses ordres, qui restèrent inconnus, les premiers temps parce qu'il était obscur, ensuite par la haine [3] des écrivains : il en montrait le témoignage vivant sur son visage, portant plusieurs cicatrices de face et un œil crevé. Bien plus il se réjouissait grandement de la mutilation de son corps, et ne se souciait pas de ce qu'il avait perdu, car ce qui lui restait, il le portait avec plus de fierté ».

---

1. *De cor.*, **67.**
2. 1, 88 Maurenbrecher. Titus Didius était un aristocrate quoiqu'il fût le premier consul de sa famille (— 98). Tribun de la plèbe en 103, il avait subi la violence de Norbanus pendant l'affaire de Q. Caepio. Préteur en 101 il avait défait les Scordisci en Macédoine. Proconsul en Espagne il mit en pièces 20.000 Vaccaei et remporta le triomphe en 93.
3. Sentiment qui s'explique parce que en général les historiens appartinrent au parti des *optimates*. Sertorius est un officier sorti du rang, *homo nouus*, dédaigné de l'aristocratie, qui s'est finalement tourné contre elle les armes à la main.

XXVII

Quid T. Castricius existimarit super Sallustii uerbis
et Demosthenis, quibus alter Philippum descripsit, alter
Sertorium.

1. Verba sunt haec grauia atque illustria de
rege Philippo Demosthenis : Ἑώρων δ᾽ αὐτὸν <τὸν>
Φίλιππον, πρὸς ὃν ἦν ἡμῖν ὁ ἀγὼν ὑπὲρ ἀρχῆς καὶ
δυναστείας, τὸν ὀφθαλμὸν ἐκκεκομμένον, τὴν κλεῖν
κατεαγότα, τὴν χεῖρα, τὸ σκέλος πεπηρωμένον, πᾶν ὅτι
βουληθείη μέρος ἡ τύχη τοῦ σώματος παρελέσθαι, τοῦτο
προϊέμενον, ὥστε τῷ λοιπῷ μετὰ τιμῆς καὶ δόξης ζῆν.

2. Haec aemulari uolens Sallustius de Sertorio
duce in ' Historiis ' ita scripsit : « Magna gloria
tribunus militum in Hispania T. Didio imperante,
magno usui bello Marsico paratu militum et
armorum fuit, multaque tum ductu eius *iussu*que
parta primo per ignobilitatem, deinde per inuidiam
scriptorum *in*celebrata sunt, quae uiuus facie
sua ostentabat aliquot aduersis cicatricibus et
effosso oculo. Quin ille dehonestamento corporis
maxime laetabatur, neque illis anxius, quia
reliqua gloriosius retinebat ».

XXVII. *Lem.* existimarit *PV* : —mauerit *recc.* || **1** atque
post rege *add. PRV* || τὸν *om. V u, recc.* || κλεῖν *recc.*: κλειαν *V
u* || προϊέμενον *recc.* Dem. : προειεμενον *u* προειμενον *V, recc.*
|| **2** *post spatium Graecis inserendis uacuum iterum incipit A* ||
tribunus militum *A* : tribus milibus *PRV, recc.* tribus militibus
recc. || t. : *om. A* || usui *A* : usi *PRV, recc.* || cum litteris paratu
mili *desinit A* || iussuque parta *Hertz* : que rapta *PV, recc.* coerata
Carrio || incelebrata *I. Gron.* : celebrata *PRV, recc.* celata
Ciacconi || uiuus *PRV* : nimis *recc.* cominus *edd.* || facie sua
Kritz : faciem suam *PRV, recc.* || quin ille *Hertz* : quid ille *PRV,
recc.*

3. Titus Castricius[1], jugeant ces deux passages, dit : « N'est-ce pas aller au-delà des limites de la nature humaine que se réjouir de la mutilation de son corps, si la joie est bien un élan de l'âme, transportée de bonheur par la réalisation de ses désirs ? **4.** Combien Démosthène est plus vrai et plus conforme aux sentiments normaux des hommes : « Abandonnant à la Fortune tout ce qu'elle voudrait prendre de son corps ». **5.** Par ces mots, ajouta-t-il, on nous montre Philippe, non pas joyeux de la mutilation de son corps comme Sertorius, ce qui est invraisemblable et outré, mais méprisant les pertes et dommages de son corps par goût de la gloire et de l'honneur, prêt à livrer aux caprices de la Fortune chacun de ses membres pour un gain et accroissement de gloire ».

XXVIII

Qu'il n'est pas établi à quel dieu il faut faire un sacrifice quand la terre tremble.

1. Quelle peut être la cause pour laquelle les tremblements de terre se produisent, non seulement ce n'est pas établi dans l'opinion et le sentiment communs des hommes, mais même les doctrines physiques hésitent, se demandant s'ils proviennent de la violence de vents

---

1. Sur Titus Castricius, cf. 1, 6, 4. Sur le jugement porté ici et son évidente injustice, cf. notre article in *Hommages à Léon Herrmann*, p. 599. Philippe est un ambitieux prêt à donner n'importe quoi pour obtenir la gloire, Sertorius est un soldat, fier de sa bravoure et des blessures qui l'attestent. Titus n'est pas exempt de cette hargne contre Salluste dont Aulu-Gelle parle ailleurs. Attaché à l'aristocratie, il ne peut souffrir le seul historien qui ait brisé la version aristocratique des événements.

3. De utriusque his uerbis T. Castricius cum iudicaret : « Nonne, inquit, ultra naturae humanae modum est, dehonestamento corporis laetari, siquidem laetitia dicitur exultatio quaedam animi gaudio efferuentior euentu rerum expetitarum ? **4.** Quanto illud sinceriusque et humanis magis condicionibus conueniens : πᾶν ὅτι ἂν βουληθείη μέρος ἡ τύχη τοῦ σώματος παρελέσθαι, τοῦτο προΐεμε-νον. **5.** Quibus uerbis, inquit, ostenditur Philippus, non, ut Sertorius, corporis dehonestamento laetus, quod est, inquit, insolens et inmodicum, sed prae studio laudis et honoris, iacturarum damnorumque corporis contemptor, qui singulos artus suos fortunae prodigendos daret quaestu atque compendio gloriarum ».

XXVIII

Non esse compertum cui deo rem diuinam fieri oporteat, cum terra mouet.

1. Quaenam esse causa uideatur quamobrem terrae tremores fiant, non modo his communibus hominum sensibus opinionibusque compertum, sed ne inter physicas quidem philosophias satis constitit uentorumne ui accidant specus hiatusque

---

3 laetari *recc.* : letaris quid sit *PRV* ‖ euentu *recc.* : —tum *PRV* ‖ **4** conditionibus *I. Gron.* : communibus *PRV, recc.* rationibus *Carrio* communibus sensibus *Hertz* ‖ **5** *a uerbo* quibus *iterum incipit A* ‖ sed *PRV, recc.* : est *A* ‖ prodigendos *A* : producendos *PRV* prodicendos *recc.* ‖ atque *ante* gloriarum *add. PRV.* **XXVIII.** *Lem.* mouet *recc.* : —ueat *V* uetur *recc.* ‖ **1** tremores *A* : mores *PRV* motus *recc.* ‖ compertum : inc — *Skutsch* ‖ accidant *A* : —dat *PRV, recc.*

pénétrant dans les creux et les fentes de la terre, ou des poussées et des courants d'eaux bouillonnant en dessous dans les cavités, comme les Grecs jadis paraissent l'avoir pensé, qui appelèrent Neptune l'ébranleur de la terre, ou pour une autre cause, ou en raison de la force et puissance d'un autre dieu, on n'a pas encore là-dessus de théorie assurée[1]. **2.** C'est pourquoi les anciens Romains, très scrupuleux et prudents dans toutes les obligations humaines, mais surtout pour établir les prescriptions religieuses et vénérer les dieux, quand ils avaient senti la terre trembler ou que cela avait été annoncé, ordonnaient par édit des fêtes en raison de ce phénomène, mais, contrairement à la coutume, s'abstenaient de fixer et d'édicter le nom du dieu pour lequel il fallait célébrer la fête, de peur de lier le peuple par un contrat religieux erroné, en prononçant un nom au lieu d'un autre. **3.** Si quelqu'un avait souillé ces fêtes, et qu'il était besoin pour cela d'un sacrifice expiatoire, ils immolaient la victime « au dieu ou à la déesse » ; et cet usage avait été établi par un décret des pontifes, à ce que dit Varron[2], parce qu'on ne savait pas quelle force et lequel des dieux ou des déesses faisait trembler la terre.

4. Mais pour les éclipses de lune et de soleil, ils eurent autant de mal à en trouver la cause. **5.** Caton qui a dépensé un grand zèle à chercher à connaître les choses, n'a émis sur ce point que des opinions vagues et hâtives. **6.** Voici le texte de Caton, tiré du quatrième livre des *Origines*[3] : « Il ne me plaît pas de rapporter ce qui figure dans le tableau du grand pontife, combien

1. Ammien Marcellin (17, 7, 9) se souvient de ce chapitre d'Aulu-Gelle. Mais il développe considérablement l'exposé des deux hypothèses et donne leurs auteurs, Aristote et Anaxagore.
2. Frag., p. CLII Merkel, cf. *C.I.L.*, 1, 632 ; 1, 114.
3. Frag., 77 Peter. On notera que la suite des idées aux § 4 et 5 n'est pas très satisfaisante. Hertz supposait qu'un mot avait sauté et lisait *non minus improspere.* On peut se tirer d'affaire en traduisant *sese exercuerunt* par « ils eurent du mal » au lieu de « ils travaillèrent » ; il reste qu'à la simple lecture, il y a contradiction entre ce verbe et le mot *incuriose.*

terrae subeuntium an aquarum subter in terrarum
cauis undantium pulsibus fluctibusque, ita uti
uidentur existimasse antiquissimi Graecorum, qui
Neptunum σεισίχθονα appellauerunt, an cuius
aliae rei causa alteriusue dei ui ac numine, nondum etiam, sicuti diximus, pro certo creditum.
2. Propterea ueteres Romani, cum in omnibus
aliis uitae officiis, tum in constituendis religionibus
atque in dis inmortalibus animaduertendis castis-
simi cautissimique, ubi terram mouisse senserant
nuntiatumue erat, ferias eius rei causa edicto
imperabant, sed dei nomen, ita uti solet, cui
seruari ferias oporteret, statuere et edicere
quiescebant, ne alium pro alio nominando falsa
religione populum alligarent. **3.** Eas ferias si quis
polluisset piaculoque ob hanc rem o*p*us esset,
hostiam « si deo, si deae » immolabant, idque ita
ex decreto pontificum obseruatum esse M. Varro
dicit, quoniam et qua ui et per quem deorum
dearumue terra tremeret incertum esset.

4. Sed de lunae solisque defectionibus, non
minus in eius rei causa reperienda sese exercuerunt. **5.** Quippe M. Cato, uir in cognoscendis
rebus multi studii, incerta tamen et incuriose super
ea re opinatus est. **6.** Verba Catonis ex ' Originum ' quarto haec sunt : « Non lubet scribere
quod in tabula apud pontificem maximum est,

---

1 aquarum*A* : aptarum *PRV* ‖ *cum litteris* terrarum ca
desinit A ‖ pulsibus *Gron.* : pulsibusque *PRV* ‖ fluctibusque :
pulsibusque *recc.* ‖ ἐννοσίγαιον καὶ *ante* σεισίχθονα *add. recc.* ‖
2 imperabant *recc.* : impetrabat *PRV* ‖ **3** rem opus *Lipsius* :
remotus *PRV*, *recc.* ‖ **4** lunae : lunae motibus *recc.*‖ non mimus
PRV, *recc.* : non nimis *Sciopp.* non minus improspere *Hertz*
‖ **6** lubet *R*, *recc.* : iubet *P* lubeis *V* libet *recc.*

de fois le cours du blé a monté[1], combien de fois une nuée ou toute autre chose a obstrué la lumière du soleil ou de la lune ». **7.** Tant il s'est peu soucié de connaître et d'exposer les vraies raisons des éclipses de soleil et de lune.

XXIX

Apologue d'Esope le Phrygien dont il n'est pas sans intérêt de se souvenir.

1. Esope, le fameux fabuliste de Phrygie, a été considéré à juste titre comme un sage : tout ce dont il est utile d'avertir et d'informer, il ne l'a pas prescrit ou déclaré avec sévérité et hauteur, comme le font d'ordinaire les philosophes, mais ayant imaginé des apologues spirituels et charmants[2], il fait pénétrer dans l'esprit et le cœur des hommes, non sans les séduire, des observations salutaires et sagaces. **2.** Par exemple cette fable de lui [3] sur le nid du petit oiseau, enseigne joliment et agréablement qu'il ne faut pas faire reposer sur autrui, mais sur soi-même, l'espoir et la confiance dans le succès qu'on peut obtenir. **3.** « Il y a un petit oiseau, dont le nom est l'alouette. **4.** Il habite et fait son nid dans les blés de façon que, quand ses petits prennent leurs plumes, la moisson approche. **5.** Cette alouette s'était établie dans des blés un peu hâtifs. Aussi les blés jaunissaient-ils déjà que les petits étaient encore sans ailes. **6.** Elle les aver-

1. Le tableau des pontifes sur lequel étaient notés brièvement les événements, les cérémonies, les actes cultuels et les éclipses était tenu, semble-t-il, depuis l'an 300 environ. C'était la base des *Annales Maximi* rédigés par Mucius Scaevola entre 131 et 114. Le texte cité de Caton contient une réaction contre cette conception de l'histoire.

2. On retrouve là la haine pour la philosophie théorique et dans une certaine mesure le goût pour la morale en action. Cf. *Introduction*, p. xxvi ss.

3. Aesop., 210, Halm, Babrius, 88, Avianus, 21.

quotiens annona cara, quotiens lunae aut solis lumini caligo aut quid obstiterit ». **7.** Vsque adeo parui fecit rationes ueras solis et lunae deficientium uel scire uel dicere.

XXIX

Apologus Aesopi Phrᵛgis memoratu non inutilis.

1. Aesopus ille e Phrygia fabulator haud immerito sapiens existimatus est, cum quae utilia monitu suasuque erant, non seuere neque imperiose praecepit et censuit, ut philosophis mos est, sed festiuos delectabilesque apologos commentus, res salubriter ac prospicienter animaduersas in mentes animosque hominum cum audiendi quadam illecebra induit. **2.** Velut haec eius fabula de auiculae nidulo lepide atque iucunde promonet, spem fiduciamque rerum quas efficere quis possit haud umquam in alio, sed in semetipso habendam. **3.** « Auicula, inquit, est parua, nomen est cassita. **4.** Habitat nidulaturque in segetibus id ferme temporis, ut appetat messis pullis iam iam plumantibus. **5.** Ea cassita in sementes forte congesserat tempestiuiores ; propterea frumentis flauescentibus pulli etiam tunc inuolucres erant. **6.** Dum igitur ipsa iret cibum

---

6 lumini *recc.* : lumine *PRV.*

XXIX. *Exstat in TY* ‖ **1** commentus *recc.* : comentus *R* commementus *PV* commentatus *TY* ‖ **2** promonet : praemonet *edd.* ‖ alio sed *edd.* : alios et *PV*, *recc.* alios sed *R*, *recc.* alios quo *T* ‖ **5** congesserat *edd.* : concesserat *PRVTY*, *recc.* ‖ flauescentibus *RVY* : flauentibus *P* iam flauescentibus *T* ‖ **6** dum *PTY* : cum *RV*, *recc.*

tit donc, tandis qu'elle irait elle-même chercher la
nourriture pour eux, de porter attention à tout ce qui
se dirait ou se ferait d'extraordinaire, et de le lui
rapporter à son retour. 7. Là-dessus le maître de
ces récoltes appelle son fils, un jeune homme et lui dit:
« Vois-tu que ce champ est mûr et réclame la main du
moissonneur ? Aussi demain, dès le point du jour,
prends soin d'aller à nos amis et de leur demander de
venir nous prêter la main et nous aider à cette moisson ». 8. Après avoir dit cela, il s'en alla. Quand
l'alouette revint, ses petits, tremblants, effrayés,
l'entourent de leurs cris et supplient leur mère de ne
plus perdre de temps, de se hâter et de les transporter
ailleurs : « Car le maître, disent-ils, a envoyé demander
à ses amis de venir moissonner au lever du jour ».
9. La mère leur dit de se calmer : « Si le maître, ajoute-
t-elle, s'en remet à ses amis pour faire la moisson, la
récolte ne sera pas coupée demain, et il n'est pas
nécessaire que je vous emporte aujourd'hui ». 10. Le
lendemain donc la mère s'envole en quête de nourriture. Le maître attend ceux qu'il avait demandés. Le
soleil brûle et il ne se passe rien : le jour s'avance et
aucun ami ne vient. 11. Alors le maître derechef dit
à son fils : « Ces amis-là sont, on peut le dire, des
paresseux. Pourquoi n'allons-nous pas plutôt prier nos
parents et nos alliés d'être là demain de bonne heure

pullis quaesitum, monet eos ut, si quid ibi rei
nouae fieret dicereturue, animaduerterent idque
uti sibi, ubi redisset, nuntiarent. **7.** Dominus
postea segetum illarum filium adulescentem uocat
et : « Videsne, inquit, haec ematuruisse et manus
iam postulare ? Idcirco die crastini, ubi primum
diluculabit, fac amicos eas et roges ueniant
operamque mutuam dent et messim hanc nobis
adiuuent ». **8.** Haec ubi ille dixit, et discessit.
Atque ubi redit cassita, pulli tremibundi, trepi-
duli circumstrepere orareque matrem ut iam
statim properet inque alium locum sese asportet :
« Nam dominus, inquiunt, misit qui amicos roget
uti luce oriente ueniant et metant ». **9.** Mater
iubet eos otioso animo esse : « Si enim dominus,
inquit, messim ad amicos reicit, crastino seges
non metetur neque necessum est hodie uti uos
auferam ». **10.** Die igitur postero mater in
pabulum uolat. Dominus quos rogauerat opperitur.
Sol feruit, et fit nihil ; *i*t dies, et amici nulli
eunt. **11.** Tum ille rursum ad filium : « Amici
isti magnam partem, inquit, cessatores sunt.
Quin potius imus et cognatos adfinesque nostros
oramus ut adsint cras temperi ad metendum ? ».

---

6 pullis : pusillis *V* ‖ ubi redisset : cum rediret *R* ‖
7 ematuruisse *PRV* : ematurauisse *T* maturauisse *Y* crastini
RV : — na *P* — no *recc.* ‖ eas : adeas *recc.* ‖ **8** *Cum
uerbis* haec ubi *iterum incipit A* ‖ et *ante* discessit *om. recc.*
‖ tremibundi *A* : *om. PRVTY* ‖ roget : rogaret *recc.* ‖ metant :
metiant *A* ‖ **9** otioso animo *A* : animo otioso *PTY* a motu
ociosos *RV, recc.* ‖ necessum *A* : necesse *PRVTY* ‖ **10** igitur :
inquit *A* ‖ mater *om. TY* ‖ it *Gron.* : et *PRVTY*, *recc.* ‖ eunt
A : erant *PRVTY, recc.* ‖ **11** magnam partem *PRV* : magnam
in partem *recc.* magna in parte *TY*‖ *cum* adfines *desinit A* ‖
uicinos *post* adfines *add. recc.* amicos *PRVTY*, *recc.* ‖ temperi
PRV : — pori *recc.* — pore *TY*.

pour moissonner ». **12.** De nouveau les petits, effrayés annoncent cela à leur mère. La mère leur demande d'être cette fois encore sans crainte et sans souci : les parents et les alliés ne sont pas assez complaisants pour se mettre à la tâche sans hésiter et obéir au premier mot : « Faites seulement attention, quant à vous, ajoute-t-elle, s'il se dit encore quelque chose. » **13.** Un autre jour levé, l'oiseau partit au ravitaillement. Les parents et les alliés remirent à plus tard l'aide qui leur était demandée. **14.** Finalement le maître dit à son fils : « Adieu les amis et les parents. Tu apporteras au petit jour deux faux, moi, j'en prendrai une, toi l'autre ; et nous moissonnerons le blé demain de nos propres mains ». **15.** Quand la mère apprit de ses petits qu'il avait dit cela : « Il est temps, fit-elle, de céder la place et de partir : ce qu'il a dit se fera sans aucun doute maintenant : l'affaire est dans les mains de celui qu'elle concerne, et on ne va chercher personne d'autre ». **16.** Et c'est ainsi que l'alouette déplaça son nid et que le champ fut moissonné par son propriétaire.

17. Telle est la fable d'Esope, sur la vanité et la légèreté qu'il y a le plus souvent à se fier à ses amis et à ses proches. **18.** Mais qu'enseignent d'autre les livres les plus sacrés des philosophes, sinon de nous reposer sur nous mêmes seulement, **19.** et tout le reste, qui est extérieur à nous et à notre âme, de ne le tenir ni pour nôtre, ni pour une partie de nous [1] ?

20. Ennius dans ses *Satires* [2] a rédigé cet apologue

---

1. C'est la philosophie même d'Epictète qui apprend à ne s'attacher à rien de ce qui ne dépend pas de nous. Seule notre vie intérieure nous appartient, c'est en agissant sur elle que nous pouvons nous assurer le bonheur.
2. P. 159 Vahlen.

12. Itidem hoc pulli pauefacti matri nuntiant. Mater hortatur ut tum quoque sine metu ac sine cura sint, cognatos adfinesque nullos ferme tam esse obsequibiles ait, ut ad laborem capessendum nihil cunctentur et statim dicto oboediant : « Vos modo, inquit, aduertite, si modo quid denuo dicetur ». **13.** Alia luce orta auis in pastum profecta est. Cognati et adfines operam, quam dare rogati sunt, supersederunt. **14.** Ad postremum igitur dominus filio : « Valeant, inquit, amici cum propinquis. Afferes primo luci falces duas ; unam egomet mihi et tu tibi capies alteram et frumentum nosmet ipsi manibus nostris cras metemus ». **15.** Id ubi ex pullis dixisse dominum mater audiuit : « Tempus, inquit, est cedendi et abeundi ; fiet nunc dubio procul quod futurum dixit. In ipso enim iam uertitur cuia res est, non in alio, unde petitur ». **16.** Atque ita cassita nidum migrauit, seges a domino demessa est ».

17. Haec quidem est Aesopi fabula de amicorum et propinquorum leui plerumque et inani fiducia. **18.** Sed quid aliud sanctiores libri philosophorum monent quam ut in nobis tantum ipsis nitamur, **19.** alia autem omnia quae extra nos extraque nostrum animum sunt neque pro nostris neque pro nobis ducamus ?

20. Hunc Aesopi apologum Q. Ennius in

---

en vers octonaires[1] avec beaucoup d'art et de grâce. En voici les deux derniers vers, qui valent, je le pense, ma foi, d'être gardés à l'esprit et à la mémoire : « Tu auras cette idée toujours en tête, présente à ton esprit, ne pas compter sur tes amis lorsque tu peux agir toi-même ».

XXX

Ce qu'on a observé dans le mouvement des eaux qui se fait sur la mer d'une manière ou d'une autre selon que soufflent les Austers ou les Aquilons.

1. ⟨ *On a observé* ⟩ bien souvent[2] dans le mouvement des eaux que déterminent les vents d'Aquilon et les souffles qui viennent de la même région du ciel, ⟨ *combien ils diffèrent des mouvements que déterminent* ⟩ dans la mer les Austers et les Africus. **2.** Les vagues, très hautes et très serrées, soulevées par le souffle de l'Aquilon, dès que le vent s'est posé, se calment et s'amollissent, cessant bientôt d'être des vagues. **3.** Mais il en est tout différemment sous l'Auster et l'Africus : ils ne soufflent déjà plus que les vagues formées continuent à s'enfler, et il y a depuis longtemps calme plat des vents, mais la mer est de plus en plus houleuse. **4.** La cause en est, à ce que l'on conjecture, que les vents du septentrion, tombant dans la mer d'une plus haute partie du ciel, sont lancés de haut en bas dans les abîmes des eaux, presque verticalement ; et

---

1. Le terme employé, *quadratus*, désigne une tétrapodie catalectique, c'est-à-dire un septénaire trochaïque, composé de sept trochées plus une syllabe.
2. Le texte des manuscrits ne donne pas de verbe principal. On a conjecturé une lacune que les éditeurs ont complétée de diverses manières.

' Satiris ' scite admodum et uenuste uersibus quadratis composuit. Quorum duo postremi isti sunt, quos habere cordi et memoriae operae pretium esse hercle puto :

Hoc erit tibi argumentum semper in promptu
  situm :
Ne quid expectes amicos, quod tu*te* agere
  possi*es*.

XXX

Quid obseruatum sit in undarum motibus, quae in mari alio atque alio modo fiunt austris flantibus aquilonibusque.

1. Hoc saepenumero in undarum motu, quas aquilones uenti quique ex eadem caeli regione aer fluit, faciunt... in mari austri atque Africi. **2.** Nam fluctus, qui flante aquilone maximi et creberrimi excitantur, simul ac uentus posuit, sternuntur et conflaccescunt et mox fluctus esse desinunt. **3.** At non idem fit flante austro uel Africo ; quibus iam nihil spirantibus undae tamen factae diutius tument et a uento quidem iamdudum tranquilla sunt, sed mare est etiam atque etiam undabundum. **4.** Eius rei causa esse haec coniectatur, quod uenti a septentrionibus, ex altiore caeli parte in mare incidentes, deorsum in aquarum profunda quasi praecipites deferuntur

---

20 hoc *P²RY, recc.* : hec *P¹VT* ‖ promptu *T, recc.* : promptum *PRVY* ‖ tute *edd.* : tu *PRVTY* ‖ possies *edd.* : — sis *PRVTY, recc.*

XXX. 1 ex : et *R* ‖ regione : religione *P* ‖ faciunt... : *hoc loco lacunam statuit Mommsen*, animaduersum est *post* motu *et* quasue *post* fluit *add. edd.* ‖ **2** creberrimi : crebrissimi *recc.* ‖ **3** tamen f. — : tum f. — *et* tumef. — *recc.* ‖ tranquilla : — llae *Beroald.*

les vagues qu'ils font ne sont pas poussées en avant, elles sont mises en mouvement depuis le fond : ainsi creusées elles roulent seulement tant que se maintient la puissance du souffle qui est venu d'en haut. **5.** Mais les Austers et les Africus qui sont abaissés jusqu'au cercle méridien de la sphère céleste et à la partie la plus basse du ciel, étant sans hauteur et horizontaux, soufflent à la surface de l'eau et poussent les flots plus qu'ils ne les creusent ; aussi les eaux, non plus frappées d'en haut mais poussées de face[1], même quand le souffle cesse, retiennent-elles quelque temps l'élan de la poussée qui ne se fait plus sentir. **6.** Or ce que nous disons peut s'autoriser aussi des vers d'Homère, si on les lit avec attention. **7.** Le poète a écrit[2] ceci sur les souffles de l'Auster : « Là le Notos jette une vague immense vers la pointe occidentale ». **8.** Au contraire sur le Borée que nous appelons Aquilon, il s'exprime autrement[3] : « Borée, fils de l'éther, roule une vague immense ». **9.** Il dit des Aquilons qui viennent de la hauteur et du sommet, qu'ils roulent comme sur une pente les flots qu'ils ont mis en mouvement ; mais pour les Austers qui sont plus horizontaux, qu'ils poussent les flots vers le haut et les lancent de bas en haut avec une puissance plus grande. **10.** C'est ce qu'indique le verbe ὠθεῖ il jette, comme en un autre passage[4] : « Ὤθεσκε, il a jeté la pierre vers la crête ».

---

1. Dans l'esprit d'Aulu-Gelle, le vent du Nord vient du pôle céleste, donc d'en haut, le Notos et l'Auster viennent de l'horizon. Il va sans dire que cette conception est arbitraire et dénuée de tout fondement. La différence observée doit venir plutôt de ce que pour les Italiens l'Aquilon souffle de la terre et n'a pas le temps de donner à la houle une large amplitude.

2. *Odys.*, 3, 295.

3. *Odys.*, 5, 296.

4. *Odys.*, 11, 596.

undasque faciunt non prorsus inpulsas, sed imitus commotas, quae tantisper erutae uoluuntur, dum illius infusi desuper spiritus uis manet. **5.** Austri uero et Africi, ad meridianum orbis circulum et ad partem axis infimam depressi, inferiores et humiles, per suprema aequoris eun*tes* protrudunt magis fluctus quam eruunt, et idcirco non desuper laesae, sed propulsae in aduersum aquae, etiam desistente flatu, retinent aliquantisper de pristino pulsu impetum. **6.** Id autem ipsum quod dicimus ex illis quoque Homericis uersibus, si quis non incuriose legat, adminiculari potest. **7.** Nam de austri flatibus ita scripsit :

Ἔνθα νότος μέγα κῦμα ποτὶ σκαιὸν ῥίον ὠθεῖ,

8. contra autem de borea, quem aquilonem nos appellamus, alio dicit modo :

Καὶ βορέης αἰθρηγενέτης μέγα κῦ⟨μα⟩ κυλίνδων.

9. Ab aquilonibus enim, qui alti supernique sunt, fluctus excitatos quasi per prona uolui dicit, ab austris autem, his qui humiliores sunt, maiore ui quadam propelli sursum atque subici. **10.** Id enim significat uerbum ὠθεῖ, sicut alio in loco :

Λᾶαν ἄνω ὤθεσκε ποτὶ λόφον.

---

4 imitus *P¹RV* : initus *P²* ui intus *recc.* ‖ 5 ad merid— aut merid— *V* ‖ euntes *edd.* : euntis *PRV*, *recc.* ‖ desistente flatu *recc.* : desistent efflatu *V* desistent et flatu *PR* ‖ 6 ex : et *R* ‖ 7 μέγα κῦμα ποτὶ *edd.* : μετα κυ ποτιοντι *V* μεταξυ ποτιον τις *u recc.* ‖ ὠθεῖ : ωσθει *V* ‖ 8 nos *om. recc.* ‖ 9 excitatos *recc.* : excitatus *PRV* ‖ autem : enim *V* ‖ sursum *edd.* : rursum *PRV*, *recc.*

11. Les plus habiles philosophes de la nature ont observé que lorsque soufflent les Austers, la mer se fait glauque et azurée, quand ce sont les Aquilons, elle est plus sombre et plus noire ; en dépouillant les *Problèmes* d'Aristote [1], j'en ai noté l'explication.

---

1. 26, 37. Il semble qu'il manque ici la citation d'Aristote. Les éditeurs anciens l'ajoutaient en traduction latine.

11. Id quoque a peritissimis rerum philosophis
obseruatum est, austris spirantibus mare fieri
glaucum et caeruleum, aquilonibus obscurius
atriusque. Cuius rei causam, cum Aristotelis
libros ' Problematorum ' praecerperemus, notaui.

---

11 praecerperemus : praeceperimus *uel* praecepimus *recc.*

LIVRE III

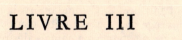

LIVRE III

LIVRE III

I

Il est recherché et examiné pour quelle raison Salluste a dit que la cupidité effémine, non seulement l'âme de l'homme, mais aussi son corps.

1. L'hiver finissant, nous nous promenions avec le philosophe Favorinus sur une place près des bains de Titius [1], par un soleil déjà assez chaud ; et là tout en nous promenant nous lisions le *Catilina* de Salluste que celui-ci avait aperçu dans la main d'un ami et qu'il avait fait lire. **2.** Comme on avait trouvé ces mots dans l'ouvrage [2] : « La cupidité comporte le goût de l'argent, que personne n'a jamais désiré sans manquer à la sagesse. Cette passion, comme si elle était imprégnée de poisons malins, effémine l'âme et le corps de l'homme ; ne connaissant ni limites ni satiété, elle n'est diminuée, ni par l'abondance, ni par le besoin », **3.** Favorinus me regardant : « De quelle façon, dit-il, effémine-t-elle le corps humain ? Il me semble que je comprends à peu près ce que l'auteur a voulu dire en affirmant qu'elle effémine l'âme de l'homme ; mais de quelle façon elle effémine aussi le corps humain, je ne le vois pas jusqu'à présent ? — **4.** Moi également, répondis-je, il y a longtemps que je me pose cette question, et, si tu n'avais pas pris les devants, je t'aurais questionné moi-même là dessus ».

1. On ne sait pas de quels bains il s'agit.
2. 11, 3.

LIBER TERTIVS

I

Quaesitum atque tractatum quam ob causam Sallustius auaritiam dixerit non animum modo uirilem, sed corpus quoque ipsum effeminare.

1. Hieme iam decedente, apud balneas Titias in area subcalido sole cum Fauorino philosopho ambulabamus ; atque ibi inter ambulandum lege-batur ' Catilina ' Sallustii, quem in manu amici conspectum legi iusserat. **2.** Cumque haec uerba ex eo libro lecta essent : « Auaritia pecuniae studium habet, quam nemo sapiens concupiuit ; ea quasi uenenis malis imbuta corpus animumque uirilem effeminat, semper infinita et insatiabilis est, neque copia neque inopia minuitur », **3.** tum Fauorinus me aspiciens « Quo, inquit, pacto corpus hominis auaritia effeminat ? Quid enim istuc sit, quod animum uirilem ab ea effeminari dixit, uideor ferme assequi, sed quonam modo corpus quoque hominis effeminet nondum repe-rio. — **4.** Et ego, inquam, longe iamdiu in eo ipse quaerendo fui ac, nisi tu occupasses, ultro te hoc rogassem ».

I. 1 decedente : discedente *et* descedente *recc.* ‖ titias *Lipsius* : sticias *PRV*, *recc.* sicias *recc.* ‖ subcalido : sub callido *recc. p.* ‖ **2** pecuniae : et pecunia et *P* ‖ et *ante* insatiabilis *om. codd.* SALLVSTII ‖ **3** effeminet : —nat *R* ‖ **4** ipse : ipso *recc.*

5. A peine avais-je dit cela, bien embarrassé, qu'un des disciples de Favorinus qui paraissait être un vieux routier de la littérature, repartit : « J'ai entendu dire à Valerius Probus[1] que Salluste s'était servi là d'une périphrase poétique et que, voulant montrer que l'être humain est corrompu par la cupidité, il avait nommé l'âme et le corps, désignant l'homme par ces deux éléments ; car l'homme est fait d'une âme et d'un corps. — **6.** Jamais, dit Favorinus, autant que je sache du moins, notre cher Probus ne fut d'une subtilité assez déplacée et assez audacieuse pour prétendre que Salluste, le plus fin artisan en brièveté, ait usé de périphrases poétiques [2] ».

7. Il y avait alors avec nous dans la même promenade un homme assez savant. **8.** Favorinus lui ayant demandé à lui aussi, s'il avait quelque chose à dire sur la question, il répondit à peu près en ces termes : **9.** « Ceux dont la cupidité a saisi l'esprit et l'a corrompu, qui se sont consacrés à chercher de l'argent partout, nous les voyons le plus souvent possédés par un tel genre de vie que, délaissant tout pour l'argent, ils abandonnent tout travail viril et le soin d'exercer leur corps. **10.** Ils se tiennent en général en chambre et sédentaires, occupés à des opérations financières dans lesquelles l'âme et le corps perdent leur vigueur, et, comme dit Salluste, s'efféminent ».

---

1. Sur Valerius Probus, cf. 1, 15, 18 et la n.
2. Le terme de périphrase est en effet assez maladroit ici. L'explication n'est pas entièrement fausse cependant. Pour Salluste tout se ruine en l'homme cupide, corps et âme.

5. Vix ego haec dixeram cunctabundus, atque inibi quispiam de sectatoribus Fauorini, qui uidebatur esse in litteris ueterator : « Valerium, inquit, Probum audiui hoc dicere : usum esse Sallustium circumlocutione quadam poetica et, cum dicere uellet hominem auaritia corrumpi, corpus et animum dixisse, quae duae res hominem demonstrarent ; namque homo ex anima et corpore est. — **6.** Numquam, inquit Fauorinus, quod equidem scio, tam inportuna tamque audaci argutia fuit noster Probus, ut Sallustium, uel subtilissimum breuitatis artificem, periphrasis poetarum facere diceret ».

7. Erat tum nobiscum in eodem ambulacro homo quispiam sane doctus. **8.** Is quoque a Fauorino rogatus ecquid ha*ber*et super ea re dicere, huiuscemodi uerbis usus est : **9.** « Quorum, inquit, auaritia m*entem* tenuit et corrupit quique sese quaerund*ae* undique pecuni*ae* dediderunt, eos plerosque tali genere uitae occupatos uidemus, ut sicuti alia in his omnia prae pecunia, ita labor quoque uirilis exercendique corporis studium relictui sit. **10.** Negotiis enim se plerumque umbraticis et sellulariis quaestibus intentos habent, in quibus omnis eorum uigor animi corporisque elanguescit et, quod Sallustius ait, effeminatur ».

---

11. Alors Favorinus demande qu'on lise à nouveau le passage de Salluste, et la lecture faite, il ajoute : « Que dire quand on voit des gens avides d'argent en grand nombre, et qu'ils ont cependant un corps alerte et en bonne santé ? ». **12.** Alors l'autre reprit : « Réponse pertinente, ma foi ! Mais celui qui a la passion de l'argent et dont le corps est cependant en bon état, actif, il faut qu'il soit tenu par le goût ou l'exercice d'autres activités et soit moins avare quand il s'agit de s'occuper de lui-même. **13.** Car si, une extrême cupidité s'emparait seule de toutes les facultés et de toutes les pensées d'un homme, et s'il allait jusqu'à ne plus se soucier de son corps, au point qu'à cause de cette passion, il n'ait plus souci ni de la vertu, ni des forces de son corps ou de son âme, alors on pourrait dire vraiment que celui qui ne se soucie plus que de l'argent, a l'âme et le corps efféminés ». **14.** Et Favorinus de conclure : « Ou il faut approuver ce ce que tu as dit,[1] ou Salluste, en haine de la cupidité, l'a accusée plus qu'il n'en avait le droit [1] ».

---

1. Il s'agit encore de cette outrance de Salluste que les amis d'Aulu-Gelle reprochent à l'historien. Cf. 2, 27.

11. Tum Fauorinus legi denuo uerba eadem Sallustii iubet atque, ubi lecta sunt : « Quid igitur, inquit, dicimus, quod multos uidere est pecuniae cupidos et eosdem tamen corpore esse uegeto ac ualenti ? ». **12.** Tum ille ita respondit : « Respondes non hercle inscite. Quisquis, inquit, est pecuniae cupiens et corpore tamen est bene habito ac strenuo, aliarum quoque rerum uel studio uel exercitio eum teneri necessum est atque in sese colendo non aeque esse parcum. **13.** Nam si auaritia sola summa omnes hominis partes affectionesque occupet et si ad incuriam usque corporis grassetur, ut per illam unam neque uirtutis neque uirium neque corporis neque animi cura adsit, tum denique id uere dici potest effeminando esse et animo et corpor*i*, qui neque sese neque aliud curent, nisi pecuniam ». **14.** Tum Fauorinus : « Aut hoc, inquit, quod dixisti, probabile est, aut Sallustius odio auaritiae plus quam potuit eam criminatus est ».

---

12 respondes *recc.* : — dis *PRV* || habito *recc.* : habuito *PRV* || necessum *PV* : necesse *R* necessarium *recc. p.* || **13** summa : summas *P²* || id : is *recc. p.* || effeminando *PV* : effeminato *R, recc.* || corpori *Gron.* : — re *PRV, recc.* || curent *PRV* : curet *recc.* || **14** eam *om. P*.

II

Quel est selon Varron l'anniversaire des gens nés avant la sixième heure de nuit ou après elle ; et, au même lieu, dissertation sur la durée et les limites du jour qu'on appelle civil, et dont la variété est grande chez les différents peuples : en outre ce que Quintus Mucius a écrit sur la femme qui ne peut être épousée légitimement par *usus*, parce qu'elle n'a pas tenu compte correctement de l'année civile.

1. On a l'habitude de se demander, pour ceux qui sont nés à la troisième, à la quatrième heure de nuit, ou à n'importe quelle autre, si on doit considérer et appeler jour anniversaire le jour que cette nuit a suivi ou le jour qui a suivi cette nuit. **2.** Varron dans le livre des *Antiquités humaines*, qu'il a intitulé *sur les Jours*[1], a écrit : « On dit que les gens qui sont nés dans un intervalle de vingt-quatre heures, du milieu de la nuit au milieu de la nuit suivante, sont nés le même jour ». **3.** Par ces mots il semble avoir opéré un partage dans le calcul des jours, tel que celui qui est né après le coucher du soleil, avant le milieu de la nuit, a pour anniversaire le jour qui précède cette nuit ; au contraire celui qui naît dans les six heures suivantes, passe pour né le jour qui a brillé après cette nuit.

4. Les Athéniens considéraient les choses autrement,

---

1. 13, Frag., 2 Mirsch. Sur cet ouvrage de Varron, cf. 3, 10, 1 et la n. La discussion qu'Aulu-Gelle rapporte n'est pas absurde parce que la mesure du jour se faisait essentiellement par le cadran solaire. La nuit pouvait donc apparaître comme un espace vide qu'on avait la faculté d'attribuer au jour précédent comme au suivant.

II

Quemnam esse natalem diem M. Varro dicat, qui ante
noctis horam sextam postue eam nati sunt ; atque inibi de
temporibus terminisque dierum qui ciuiles nominantur et
usquequaque gentium uarie obseruantur ; et praeterea
quid Q. Mucius scripserit super ea muliere qu*ae* a marito
non iure se usurpauisset, quod rationem ciuilis anni non
habuerit.

1. Quaeri solitum est, qui noctis hora tertia
quartaue siue qua alia nati sunt, uter dies natalis
haberi appellarique debeat, isne quem nox ea
consecuta est, an qui dies noctem consecutus est.
2. M. Varro in libro ' Rerum Humanarum ',
quem ' de Diebus ' scripsit : « Homines, inquit,
qui in*de a* media nocte ad proximam mediam
noctem in his horis uiginti quattuor nati sunt,
uno die nati dicuntur ». **3.** Quibus uerbis ita
uidetur dierum obseruationem diuisisse, ut qui
post solem occasum ante mediam noctem natus
sit, is ei dies natalis sit, a quo die ea nox coeperit ;
contra uero, qui in sex noctis horis posterioribus
nascatur, eo die uideri natum, qui post eam
noctem diluxerit.

4. Athenienses autem aliter obseruare, idem

II. *Descripsit* Macrobivs, 1, 3, 2 *a uerbis* M. Varro (2) || *Lem.*
dierum *recc.* : deorum *PV* || quae a *Erbius* : quia *PV* quam *et*
quae *recc.* || marito *PV* : —tum *recc.* —tus *edd.* || se *om. recc.* ||
1 est *post* consecutus *om. R* || **2** inde a *Hertz* : in *PRV*, *recc.* ex
Macr. || in *ante* his *om.* Macr. || uno *PV*, Macr. : una *R recc.*
|| **3** is ei dies natalis sit *om. recc.* || noctis *om. recc.* || nascatur
PV, *recc.* : nascitur *R*, *recc.*, Macr. || uideri : uideatur Macr. ||
post eam *R*, *recc.* Macr. : postea *PV*.

toujours d'après Varron au même livre [1] : ils disaient que tout le temps entre un coucher de soleil et un deuxième coucher de soleil n'était qu'un seul jour. **5.** Les Babyloniens encore autrement : ils appelaient un jour tout l'espace allant d'un lever de soleil au lever suivant ; **6.** beaucoup de gens sur la terre d'Ombrie, disent qu'il y a une seule et même journée d'un midi au midi suivant : « Ce qui est absurde à l'excès, dit Varron. Celui qui est né chez les Ombriens à la sixième heure le jour des calendes, son anniversaire devra être la moitié du jour des calendes et le jour qui suit les calendes jusqu'à la sixième heure ».

7. Quant au peuple romain [2], les preuves ne manquent pas, qu'il compte, chaque jour, comme Varron l'a dit, du milieu de la nuit à la nuit suivante. **8.** On fait à Rome certains sacrifices le jour, d'autres la nuit ; mais ceux qui se font la nuit, sont datés du jour, non de la nuit ; **9.** ceux donc qui se font dans les six dernières heures de nuit passent pour être faits le jour qui suit immédiatement cette nuit. **10.** En outre la manière rituelle de prendre les auspices indique la même conception : les magistrats, quand ils doivent au cours du même jour prendre les auspices et faire ce pourquoi ils ont consulté les auspices, prennent les auspices après le milieu de la nuit et agissent de jour après midi ; ils passent pour avoir pris les auspices et

1. 13, Frag., 3 Mirsch, cf. Pline, *H.N.*, 2, 77. Les Juifs comptaient ainsi ; les Libyens également (Stobée, *Serm.*, 165). Les Germains comptaient le nombre des nuits et pensaient que le jour suit la nuit, d'après Tacite, *Germ.*, XI. César atteste que les Druides Gaulois faisaient de même (*B. Gall.*, 6, 18, 2).

2. Cf. Plut., *Quaest. Rom.*, 84 ; *Dig.*, 2, 12, 8.

Varro in eodem libro scripsit, eosque a sole occaso
ad solem iterum occidentem omne id medium
tempus unum diem esse dicere. **5.** Babylonios
porro aliter ; a sole enim exorto ad exortum
eiusdem incipientem totum id spatium unius diei
nomine appellare ; **6.** multos uero in terra Vmbria
unum et eundem diem esse dicere a meridie ad
insequentem meridiem. « Quod quidem, inquit,
nimis absurdum est. Nam qui kalendis hora sexta
apud Vmbros natus est, dies eius natalis uideri
debebit et kalendarum dimidiarum et qui est post
kalendas dies ante horam eius diei sextam ».

7. Populum autem Romanum ita, uti Varro
dixit, dies singulos adnumerare a media nocte ad
mediam proximam, multis argumentis ostenditur.
8. Sacra sunt Romana partim diurna, alia nocturna,
sed ea quae inter noctem fiunt diebus addicuntur,
non noctibus ; **9.** quae igitur sex posterioribus
noctis horis fiunt, eo die fieri dicuntur qui proximus
eam noctem inlucescit. **10.** Ad hoc ritus quoque
et mos auspicandi eandem esse obseruationem
docet ; nam magistratus, quando uno die eis
auspicandum est et id super quo auspicauerunt
agendum, post mediam noctem auspicantur et
post meridiem sole agun*t*, auspicatique esse et

---

4 a sole occaso *RV* : a sole occasu *P* a solis occasu Macr. ||
5 diei nomine *R*, *recc.* : die in homine *PV* || 6 uarro *post*
inquit *add.* Macr. || dimidiarum *PRV* : — atus *recc.* Macr. ||
eius : eiusdem *edd.* || 7 ad : usque ad *recc. p.* || 8 alia : partim
recc. || addicuntur : abdicuntur *P* || 9 inlucescit : lucescit *R*
|| 10 uno : una *recc.* || meridiem sole agunt *ego* : meridiem solem
agnum *PRV*, *recc.* post exortum solem agunt Macr. meridiem
sole magno ag — *Hertz* meridialem solem ag — *Hosius* alia
alii || esse *om.* Macr.

avoir agi le même jour. **11.** Puis les tribuns de la plèbe [1] qui n'ont pas le droit de s'absenter de Rome un seul jour, quand ils partent après minuit et rentrent aux premiers flambeaux, avant le milieu de la nuit suivante, ne sont pas considérés comme absents un jour entier, puisque, rentrés avant la sixième heure de nuit, ils ont passé une partie de ce jour dans la ville de Rome.

12. Le jurisconsulte Quintus Mucius [2] avait coutume de dire, à ce que j'ai lu, que n'avait pas été libérée de l'*usucapio* une femme qui avait commencé d'habiter avec un homme en vue du mariage aux calendes de janvier et était allée faire l'*usurpatio* le 29 décembre suivant. **13.** Le *trinoctium* pendant lequel, selon la loi des Douze Tables, elle devait quitter son mari pour l'*usurpatio* [3], ne pouvait être complet puisque les six dernières heures de la troisième nuit appartenaient à l'année suivante qui commençait aux calendes.

14. Comme nous trouvions dans les livres des anciens tous ces renseignements sur la durée et la limite du jour concernant le respect des règles du droit antique, nous ne doutions pas que Virgile ne donnât la même indication, non pas clairement et ouvertement, mais, comme il sied à qui fait de la poésie, par une allusion voilée, et pour ainsi dire étouffée, au vieux rite. **15.**

1. Cf. 13, 12, 9 où il est question de leur ᶠabsence de *ius abnoctandi*, ce qui est conforme à l'exemple cité, mais non à la règle indiquée ; car il serait possible de s'absenter une nuit entière si l'on fait acte de présence le matin précédent et le soir suivant. Cf. Denys d'Halic., 8, 87, etc.

2. *Iuris Ciu.*, 4, frag., 2 Bremer. Quintus Mucius Scaevola grand pontife, consul en 95, fut le premier à rédiger un traité de droit civil.

3. Sur le mariage par *usucapio*, cf. Gaius, *Inst.*, 1, 111. Le mot *usurpatio* désigne l'interruption de l'*usucapio*. Ce à quoi visait la pratique du *trinoctium* (cf. *Dig.*, 41, 3, 2). Ainsi la femme évitait de tomber sous la *manus* de son mari, ce qui était intéressant pour conserver ses droits à l'héritage paternel, etc...

egisse eodem die dicuntur. **11.** Praeterea tribuni
plebei, quos nullum diem abesse Roma licet,
cum post mediam noctem proficiscuntur et post
primam facem ante mediam sequentem reuer-
tuntur, non uidentur afuisse unum diem, quoniam,
ante horam noctis sextam regressi, parte aliqua
illius in urbe Roma sunt.

12. Q. quoque Mucium iureconsultum dicere
solitum legi, non esse usurpatam mulierem, quae,
cum kalendis ianuariis apud uirum matrimonii
causa esse coepisset, ante diem IV. kalendas
Ianuarias sequentes usurpatum isset ; **13.** non
enim posse impleri trinoctium, quod abesse a
uiro usurpandi causa ex ' duodecim Tabulis '
deberet, quoniam tertiae noctis posteriores sex
horae alterius anni essent, qui inciperet ex
kalendis.

14. Ista autem omnia de dierum temporibus et
finibus ad obseruationem disciplinamque iuris
antiqui pertinentia cum in libris ueterum inuenire-
mus, non dubitabamus quin Vergilius quoque id
ipsum ostenderit, non exposite atque aperte, sed,
ut hominem decuit poeticas res agentem, recondita et quasi operta ueteris ritus significatione :

---

10 eodem Macr. : et eodem *PRV* ex eodem *recc.* || **11** inte-
grum *post* diem *add.* Macr. || noctem *ante* sequentem *add.*
Macr. || uidentur : dicuntur *recc.* || quoniam : quando *recc.*
|| **12** q. quoque *recc.*, Macr. : quoque *PRV* quintumque *recc.*
|| legi *PRV, recc.* : lege Macr. legi lege *Pontanus* || cum *om.*
recc. p. || **13** enim *om. recc.* || quod : quo Macr. || posteriores
Macr. : posterioris *PRV, recc.*||inciperet *recc.* : —rent *PRV, recc.*
|| **14** ista *V* : iste *PR* istaec *recc.* || ad *om. PRV* || disciplinamque
recc. : discipuli namque *PRV* || recondita : —te *P* || operta
recc. : ap— *PRV*.

« La nuit humide incurve, dit-il [1], sa course en son milieu, et le levant cruel a soufflé sur moi de ses coursiers haletants ». **16.** Par ces vers il a voulu avertir, en langage symbolique comme je l'ai dit, que le jour civil des Romains commence à la sixième heure de nuit.

III

Sur la manière de reconnaître et d'examiner les comédies de Plaute puisque vraies et fausses circulent indistinctement sous son nom ; et dans le même chapitre que Plaute a écrit < au moulin > et Naevius en prison.

1. Je reconnais la vérité de ce que j'ai entendu dire à des hommes versés dans la littérature qui avaient lu avec soin et attention de nombreuses comédies de Plaute : qu'ils ne s'en remettraient pas aux listes d'Aelius, de Sedigitus, de Claudius, d'Aurelius, d'Accius, ni de Manilius[2], pour juger des comédies que l'on dit douteuses, mais à Plaute lui-même, aux habitudes de son génie et de sa langue. **2.** C'est de ce critère que Varron s'est servi dans ses jugements, nous le voyons. **3.** Outre les vingt-et-une que l'on dit varroniennes et qu'il a séparées des autres parce qu'il n'y avait pas de doute sur elles, tous étant d'accord pour les attribuer à Plaute, il en reconnut d'autres comme authentiques, se fiant à la nature du style et du comique qui portaient

---

1. *Aen.*, 5, 738, cf. Servius *ad locum* qui interprète le passage de la même manière et cite Aulu-Gelle.
2. On trouvera une traduction très alerte de ce passage dans le Plaute d'A. Ernout (t. I, p. xiii ss.). Nous y avons fait de nombreux emprunts. Aelius est le maître de Varron, cf. 1, 18, 2 et la n. Volcacius Sedigitus qui aurait fait partie du cercle de Catulus d'après Büttner, est l'auteur d'un célèbre classement des comiques latins qu'Aulu-Gelle nous a conservé (15, 24). Sur Accius poète et érudit, cf. *Praef.*, 8 et n. 25. Il existe un Manlius Manilius qui fut consul en 149 et composa des ouvrages érudits ; un sénateur du temps de Sylla du même *nomen* écrivit des poèmes érudits (cf. Pline *N.H.*, 10, 4 et Varron cités par H. Bardon, *La littérature latine inconnue*, I, p. 177).
Quant à Aurelius, c'est Aurelius Opillus, cf. *Praef.*, 6 n. 4 ; Claudius étant alors Servius Claudius qui sert souvent d'intermédiaire entre Opillus et Varron, cf. H. Bardon, *op. laud.*, p. 144.

15.

Torquet, inquit, medios nox umida cursus
Et me saeuus equis oriens afflauit anhelis.

16. His enim uersibus oblique, sicuti dixi,
admonere uoluit, diem quem Romani ciuilem
appellauerunt a sexta noctis hora oriri.

III

De noscendis explorandisque Plauti comoediis, quoniam promisce uerae atque falsae nomine eius inscriptae feruntur ; atque inibi, quod Plautus *in pistrino* et Naeuius in carcere fabulas scriptitarint.

1. Verum esse comperior quod quosdam bene litteratos homines dicere audiui, qui plerasque Plauti comoedias curiose atque contente lectitarunt, non indicibus Aelii nec Sedigiti nec Claudii nec Aurelii nec Accii nec Manilii super his fabulis quae dicuntur ambiguae crediturum, sed ipsi Plauto moribusque ingenii atque linguae eius. **2.** Hac enim iudicii norma Varronem quoque usum uidemus. **3.** Nam praeter illas unam et uiginti quae Varronianae uocantur, quas idcirco a ceteris segregauit, quoniam dubiosae non erant sed consensu omnium Plauti esse censebantur, quasdam item alias probauit, adductus filo atque

15 medios *recc.* : media *PRV*, *recc.*

III. *Lem.* promisce *PV*, *recc.* : — scue *recc.* ‖ in pistrino *edd.* : in pistrinum *Lugd. mun.* 166, *om. PV*, *recc.* ‖ scriptitarint *V*: —rent *P* —runt *recc.* ‖ **1** lectitarunt *PRV*, *recc.* : lectitaue-rant *recc.* lectitarit *Gron.* ‖ sedigiti *edd.* : —tii *R*, *recc.* —cii *PV*, *recc.* ‖ his : iis *recc. p.* ‖ crediturum *Gron.* : creditorum *PRV* credituros *recc.* ‖ **3** probauit *recc.* : —abit *PRV* ‖ filo *PR²V* : stilo *recc.*

la marque de Plaute, et il les revendiqua pour Plaute alors qu'elles étaient déjà mises sous d'autres noms, par exemple celle que nous lisions tout récemment, intitulée *la Béotienne*. **4.** Bien qu'elle ne soit pas des vingt et une et qu'on l'attribue à Aquilius [1], Varron ne douta nullement qu'elle fût de Plaute, et personne n'en doutera pourvu qu'il soit lecteur un peu assidu de Plaute, quand il connaîtra seulement les vers que voici, que nous avons rappelés et transcrits parce qu'ils sont *plautinissimes* [2], pour parler à la manière de ce poète. **5.** Un parasite affamé y dit ceci [3] : « Que les Dieux le perdent, celui qui le premier a inventé les heures, et en particulier celui qui le premier installa ici un cadran solaire : il m'a pour mon malheur découpé ma journée en tranches. Quand j'étais enfant, c'était mon ventre le cadran solaire, la meilleure et la plus exacte de toutes les horloges. N'importe où, il m'avertissait de manger, sauf quand il n'y avait rien. Maintenant même ce qu'il y a, on ne le mange qu'avec la permission du soleil, tant la ville est remplie de cadrans solaires. Déjà la majeure partie de la population se traîne desséchée de faim ».

6. Comme je lisais à notre cher Favorinus la *Nervolaria* de Plaute que l'on range parmi les douteuses, entendant le vers que voici de cette comédie[4]; « *Scrattae, scrupipedae, stritiuillae, sordidae* (putains,

---

1. Aquilius est un poète comique contemporain de Plaute. Si les vers cités sont authentiques, il a rivalisé avec Plaute dans un genre très voisin. On admet en général que les pièces énumérées § 9 sont de lui.
2. Le superlatif forgé indique combien Aulu-Gelle admirait la constante disposition de Plaute à former des mots et combien l'exemple de Plaute l'a incité lui-même à des formations occa-sionnelles ou nouvelles. Cf. R. Marache, *Mots archaïques…*, p. 236, 271 ss.
3. *Aquil.*, 1 Ribbeck.
4. Frag., 100 Goetz.

facetia sermonis Plauto congruentis easque iam
nominibus aliorum occupatas Plauto uindicauit,
sicuti istam quam nuperrime legebamus, cui est
nomen ' Boe*o*tia '. **4.** Nam cum in illis una et
uiginti non sit et esse Aquili dicatur, nihil tamen
Varro dubitauit quin Plauti foret, neque alius
quisquam non infrequens Plauti lector dubitauerit,
si ue*l* hos solos ex ea fabula uersus cognouerit,
qui quoniam sunt, ut de illius Plauti more dicam,
Plautinissimi, propterea et meminimus eos et
adscripsimus. **5.** Parasitus ibi esuriens haec dicit :

Vt illum di perdant, primus qui horas repperit,
Quique adeo primus statuit hic solarium,
Qui mihi comminuit misero articulatim diem.
Nam... me puero ue*n*ter erat solarium
Multo omnium istorum optimum et uerissimum ;
Vbi*ui*s monebat esse, nisi quom nil erat.
Nunc etiam quod est non es*tur*, nisi soli libet ;
Itaque adeo iam oppletum est oppidum solariis,
Maior pars populi *iam* aridi reptant fame.

6. Fauorinus quoque noster, cum ' Neruula-
riam ' Plauti legerem, quae inter incertas habita
est, et audisset ex ea comoedia uersum hunc :

Scrattae, scrupipedae, strittiuillae, sordidae,

delectatus faceta uerborum antiquitate, mere-

3 boeotia *Iunt.* : boetia *PR, recc.* boecia *V, recc.* || **4** si uel *edd.* : siue *PRV, recc.* || de illius *PRV, recc.* : de illis *Madvig* de ipsius *Sciopp.* || **5** 4 me *PRV, recc.* : unum me *Hertz* olim me *Ritschl* me puerulo *Bentley* || uenter A mm. 23, 6, 77 : ueter *RV* vetet *P* uetus *recc.* || 6 ubiuis *edd.* : ubi iste *PRV, recc.* || 7 quod *PV, recc.* : quid *R* quom *Bothe* || estur *edd.* : est *PRV, recc.* || 8 iam *ante* oppletum *reiecit Hosius* || 9 iam *ante* aridi *add. Hertz* || 6 faceta *recc.* : facetia *PRV, recc.*

éclopées, sales, épilées), » celui-ci, charmé par l'archaïsme plaisant des mots indiquant les vices et les hideurs des courtisanes, s'écria : « Ce vers à lui seul, ma foi, peut garantir que cette pièce est de Plaute ».

7. Nous aussi tout dernièrement, comme nous lisions *le Détroit* (c'est le nom d'une comédie que certains pensent n'être pas de Plaute), nous n'avons pas hésité à considérer qu'elle était authentique et, de toutes, la plus caractéristique. **8.** Nous en avons extrait ces deux vers pour des recherches sur l'histoire de l'oracle d'Arretium : « Maintenant il y a ce qu'on dit avoir été répondu aux Grands Jeux par l'oracle d'Arretium[1] : « Je suis perdu si je ne le fais pas, si je le fais, je suis battu ».

9. Varron cependant dans le premier livre de son ouvrage *sur les Comédies de Plaute* reproduit ces mots d'Accius : « Car ni *les deux Marchands de femmes*, ni *la Bague d'esclave*, ni *la Vieille* ne sont de Plaute, la *deux fois Violée*, ni la *Béotienne* ne l'ont jamais été, pas plus d'ailleurs que le *Rustre* ou l'*Amitié jusque dans la mort* ne sont de cet auteur[2] ».

10. Il est indiqué aussi dans le même livre de Varron qu'il y eut un poète comique nommé Plautius ; puisque des pièces portaient l'inscription *Plauti*, on les a admises comme plautines, alors qu'elles n'étaient pas plautines de Plaute, mais plautiennes de Plautius.

---

1. Frag., 6 Goetz. L'oracle d'Arretium est inconnu. Certains *recentiores* corrigent en *Arietini*, entendant par là l'oracle de Jupiter Ammon. Mais celui-ci n'a rien à voir avec ce qui semble bien être la mésaventure de quelque esclave menacé de deux côtés, par exemple par son maître et le fils de son maître. Il semble qu'il y ait là un nom de personne définitivement déformé.
2. De Maccius Titus, dit le texte traditionnellement admis. Ce sont le *nomen* et le *praenomen* de Plaute d'après le manuscrit Ambrosien. Mais les manuscrits portent ¦M. Accii et la phrase reste énigmatique. Cf. A. Ernout, *Plaute*, ed. I, p. V.

tricum uitia atque deformitates significantium :
« Vel unus hercle, inquit, hic uersus Plauti esse
hanc fabulam satis potest fidei fecisse ».

7. Nos quoque ipsi nuperrime, cum legeremus
' Fretum ' — nomen est id comoediae quam Plauti
esse quidam non putant, — haud quicquam
dubitauimus quin ea Plauti foret, et omnium
quidem maxime genuina. 8. Ex qua duo hos
uersus exscripsimus, ut historiam quaereremus
oraculi Arretini :

Nunc illud est quod responsum Arretini ludis
    magnis dicitur :
Peribo, si non fecero, si faxo, uapulabo.

9. M. tamen Varro in libro ' de Comoediis
Plautinis ' primo Accii uerba haec ponit : « Nam
nec ' Geminei Lenones ' nec ' Condalium ' nec
' Anus ' Plauti, nec ' Bis Compressa ' nec ' Boeotia '
umquam fuit, neque adeo ' Agroecus ' neque
' Commorientes ' Macci Titi ».

10. In eodem libro M. Varronis id quoque
scriptum, et Plautium fuisse quempiam poetam
comoediarum ; quoniam fabulae Plauti inscriptae
forent, acceptas esse quasi Plautinas, cum essent
non a Plauto Plautinae, sed a Plautio Plau-
tianae.

---

7 ipsi *recc.* : ipse *PRV* ‖ **8** arretini *PRV* : arietini *recc. p.*,
bis ‖ magnis *edd.* : magis *PRV*, *recc.* ‖ **9** geminei *PRV* : —
ni *recc.* ‖ lenones Prisc. *edd.* : leones *PRV*, *recc.* ‖ boeotia
edd. : boetia *R* boecia *PV* ‖ macci *edd.* : m. accii *PR* m. actii *V*
‖ **10** cuius *ante* quoniam *add. edd.* ‖ eae *post* fabulae *add.*
Hertz .

11. Il circule sous le nom de Plaute environ cent trente comédies ; **12.** mais un grand savant, Lucius Aelius[1], jugea qu'il n'y en avait que vingt cinq qui fussent de lui. **13.** Cependant il n'est pas douteux que celles dont on ne semble pas pouvoir admettre l'authenticité et qui sont mises sous son nom, sont des comédies de poètes anciens qu'il a reprises et auxquelles il a mis la dernière main : aussi sentent-elles la manière de Plaute. **14.** Mais le *Saturio* et l'*Assignation* ainsi qu'une troisième dont je n'ai pas le nom présent à l'esprit, il les a écrites dans un moulin, comme Varron et beaucoup d'autres érudits l'ont rapporté : ayant perdu dans les affaires tout l'argent qu'il avait gagné aux travaux du théâtre, il était revenu à Rome dépouillé de tout, et, pour gagner sa vie, il avait loué ses services à un boulanger, et tournait des meules qu'on appelle *trusatiles*, à bras [2].

15. Nous avons entendu dire aussi de Naevius qu'il a écrit deux pièces en prison, *le Devin* et *Leonte*, quand, à cause des incessantes attaques et injures qu'il lançait à la manière des poètes grecs, contre les premiers des citoyens, il avait été jeté dans les fers à Rome par les triumvirs [3]. D'où il fut tiré ensuite par les tribuns de la plèbe, après avoir détruit dans les pièces que je viens d'indiquer, les passages délictueux et les propos inconsidérés dont il avait auparavant blessé bien des gens.

---

1. Sur L. Aelius, cf. 1, 18, 4 et la n.
2. De *trudo*, pousser, par opposition aux *molae asinariae* que l'animal tirait, cf. Caton, *Agr.*, 10, 4 et 11, 4.
3. Les *triumuiri capitales* bien entendu, qui étaient chargés des exécutions, des prisons et du châtiment public des esclaves. C'était une magistrature du vigintivirat (sevigintivirat après Auguste), ensemble de fonctions mineures confiées à des jeunes gens qui se destinaient à la carrière des honneurs.

11. Feruntur autem sub Plauti nomine comoediae circiter centum atque triginta ; **12.** sed homo
eruditissimus L. Aelius quinque et uiginti eius
esse solas existimauit. **13.** Neque tamen dubium
est quin istaec quae scriptae a Plauto non uidentur
et nomini eius addicuntur, ueterum poetarum
fuerint et ab eo retractatae, expolitae sint ac
propterea resipiant stilum Plautinum. **14.** Sed
enim ' Saturionem ' et ' Addictum ' et tertiam
quandam, cuius nunc mihi nomen non subpetit,
in pistrino eum scripsisse Varro et plerique alii
memoriae tradiderunt, cum, pecunia omni quam
in operis artificum scaenicorum pepererat, in
mercatibus perdita, inops Romam redisset et ob
quaerendum uictum ad circumagendas molas quae
' trusatiles ' appellantur, operam pistori locasset.

15. Sicuti de Naeuio quoque accepimus fabulas
eum in carcere duas scripsisse, ' Hariolum ' et
' Leontem ', cum ob assiduam maledicentiam et
probra in principes ciuitatis de Graecorum
poetarum more dicta in uincula Romae a triumuiris
coniectus esset. Vnde post a tribunis plebis
exemptus est, cum in his quas supra dixi fabulis
delicta sua et petulantias dictorum quibus multos
ante laeserat diluisset.

---

12 l. aelius *Carrio* : aelius *PRV, recc.* ‖ **13** neque : non *recc.*
‖ istaec *recc.* : ista *P* ista hec *R* ista et *V* : ista *P* ‖ scriptae :
scripta *recc.* ‖ et *ante* expolitae *add. Carrio* ‖ **14** mercatibus
PRV : mercationibus *edd.* ‖ **15** in *ante* his *om. recc.* ‖ his *P,
recc.* : hiis *V* iis *R*.

IV

Que Publius Scipion l'Africain et d'autres hommes en vue à l'époque avaient l'habitude héréditaire de se raser la barbe et les joues sans être vieux.

1. Dans les livres que nous avons lus sur la vie de Publius Scipion l'Africain, nous avons remarqué que ce Publius Scipion, fils de Paulus[1], après avoir triomphé des Carthaginois et exercé la censure, a été cité devant le peuple par le tribun de la plèbe, Claudius Asellus, à qui il avait enlevé le rang de chevalier pendant cette censure, et, bien qu'étant accusé, il ne cessa pas de se raser la barbe, portait des vêtements blancs et ne prit pas la tenue habituelle des accusés. **2.** Mais comme il est établi qu'à ce moment Scipion n'avait pas quarante ans, nous nous étonnions de ce qui est indiqué sur sa barbe rasée. **3.** Or nous apprîmes qu'à l'époque tous les hommes en vue se rasaient la barbe[2] à cet âge ; aussi voyons-nous beaucoup d'images d'anciens ainsi représentés, qui ne sont pas vieux, mais d'âge moyen.

V

Qu'Arcésilas reprocha, durement et spirituellement à la fois, à quelqu'un, la tenue excessivement voluptueuse et efféminée de ses yeux et de son corps.

1. Plutarque[3] rapporte que le philosophe Arcésilas

---

1. Il s'agit, bien entendu de Scipion Emilien, le vainqueur de Carthage (146) et de Numance (133). Cf. 2, 20, 6 et la note, 4, 17.
2. C'est Hadrien qui avait fait abandonner cet usage et lancé la mode de porter la barbe tant qu'elle n'était pas blanche.
3. *Sympos.*, VII, 5 E ; *de tuenda sapientia*, 7.

IV

Quod P. Africano et aliis tunc uiris nobilibus ante aetatem senectam barbam et genas radere mos patrius fuit.

1. In libris quos de uita P. Scipionis Africani compositos legimus, scriptum esse animaduertimus P. Scipioni, Pauli filio, postquam de Poenis triumphauerat censorque fuerat, diem dictum esse ad populum a Claudio Asello, tribuno plebis, cui equum in censura ademerat, eumque, cum esset reus, neque barbam desisse radi neque non candida ueste uti neque fuisse cultu solito reorum. **2.** Sed cum in eo tempore Scipionem minorem quadraginta annorum fuisse constaret, quod de barba rasa ita scriptum esset mirabamur. **3.** Comperimus autem ceteros quoque in isdem temporibus nobiles uiros barbam in eiusmodi aetate rasitauisse, idcircoque plerasque imagines ueterum, non admodum senum, sed in medio aetatis, ita factas uidemus.

V

Deliciarum uitium et mollities oculorum et corporis ab Arcesila philosopho cuidam obprobrata acerbe simul et festiuiter.

1. Plutarchus refert Arcesilaum philosophum

IV. *Lem.* mos patrius : patrii moris *et* moris *recc.* ‖ **1** in *om.* *R* ‖ libris *PV*² : libros *V*¹, *om.* *R* ‖ scipioni *recc.* : scipionis *PRV*, *recc.* ‖ cui *P*, *recc.* : cum *RV* ‖ non *post* neque *deleuit Gron.* ‖ cultu : cultus *PRV* ‖ **2** minorem : maiorem *Perigonius* ‖ esset *recc.* : esse *PRV*, *recc.* ‖ **3** que *post* idcirco *om. V*, *recc.*
V. *Exstat in TY.*

a eu un mot violent sur un riche trop amolli, qui cependant passait pour être sans corruption et intact de tout stupre. **2.** Voyant qu'il parlait avec une voix de tête, qu'il avait ses cheveux disposés avec art, qu'il jouait des yeux, les rendant séducteurs et voluptueux : « Il n'y a pas de différence, dit-il, qu'on soit débauché des membres postérieurs ou antérieurs [1] ».

VI

Sur la force naturelle du palmier, que le bois de cet arbre, si on le charge, fait effort en sens inverse.

1. C'est un phénomène étonnant assurément que relatent Aristote, au septième livre de ses *Problèmes* [2], et Plutarque au huitième des *Symposiaca* [3]. **2.** « Si on place des poids énormes sur une pièce de bois de palmier et qu'on le presse et charge si fortement que l'importance du poids se fasse irrésistible, le palmier ne cède pas, il ne s'infléchit pas vers le bas, il se redresse sous le faix, fait effort vers le haut [4] et s'incurve contre la poussée. **3.** C'est pourquoi, dit Plutarque, il a paru bon de faire de la palme le signe de la victoire dans les combats, puisque la nature de son bois est tel qu'il ne cède pas à ceux qui le pressent et veulent l'accabler.

---

1. La chrie d'Arcésilas est conforme à la meilleure tradition diatribique, avec sa façon paradoxale, grossière et rude de secouer les idées reçus.
2. Frag., 229 Rose.
3. 5 E.
4. Exagération également attestée par Pline, 16, 223, cf. Theophr., *H. Pl.*, 5, 6, 1 ; Strab., 15, 3, 10 ; Xen., *Cyrop.*, 7, 5, 11.

uehementi uerbo usum esse de quodam nimis delicato diuite, qui incorruptus tamen et a stupro integer dicebatur. **2.** Nam cum uocem eius infractam capillumque arte compositum et oculos ludibundos atque inlecebrae uoluptatisque plenos uideret : « Nihil interest, inquit, quibus membris cinaedi sitis, posterioribus an prioribus ».

VI

De ui atque natura palmae arboris, quod lignum ex ea ponderibus positis renitatur.

1. Per hercle rem mirandam Aristoteles in septimo ' Problematorum ' et Plutarchus in octauo ' Symposiacorum ' dicit. **2.** « Si super palmae, inquiunt, arboris lignum magna pondera inponas ac tam grauiter urgeas oneresque, ut magnitudo oneris sustineri non queat, non deorsum palma cedit nec in*f*ra flectitur, sed aduersus pondus resurgit et sursum nititur recuruaturque ». **3.** « Propterea, inquit Plutarchus, in certaminibus palmam signum esse placuit uictoriae, quoniam ingenium ligni eiusmodi est, ut urgentibus oppri- mentibusque non cedat ».

---

1 tamen *om. recc.* || **2** uocem : uestem *R* || eius *om. TY.*

VI. *Exstat in TY* || *Lem.* positis *PV, recc.* : impositis *recc.* positum *recc.* || **1** problematorum : problematum *R¹, recc.* || **2** ac tam *TY, recc.* : ac tamen *PRV, recc.* || arboris *ante* oneris *add. R* || infra *edd.* : intra *PRV, recc.* in terra *TY.*

VII

Histoire du tribun militaire Quintus Caedicius, tirée des annales. Citation d'un passage de Caton où celui-ci compare la vertu de Caedicius avec celle du Spartiate Leonidas.

1. C'est un brillant fait d'armes, grands dieux ! et digne de la majesté oratoire de l'éloquence grecque que Caton [1] dans ses *Origines* nous a conservé du tribun Quintus Caedicius. **2.** Voici à peu près ce qu'il dit : **3.** « Le commandant carthaginois, en Sicile[2], lors de la première guerre punique, s'avance au-devant de l'armée romaine et occupe le premier les collines et les positions favorables. **4.** Les soldats romains pénètrent, comme la situation les y contraint dans un lieu propice à l'embuscade et à la destruction. **5.** Le tribun va au consul, lui montre la position défavorable, les ennemis tout autour, l'anéantissement tout prêt. **6.** «A mon avis, dit-il, si tu veux te tirer d'affaire, il faut faire en sorte d'envoyer quelque quatre cents soldats sur cette verrue (c'est ainsi que Caton appelle un lieu élevé et escarpé), leur ordonner et les supplier de s'en emparer. Quand les ennemis les verront, tous les plus courageux et les mieux disposés s'attacheront à leur faire opposition et à combattre contre eux, ils s'absorberont à cette seule affaire, et ces quatre cents hommes, on n'en peut douter, seront tous massacrés. **7.** Alors, tandis que les ennemis seront occupés à ce massacre, tu auras

---

1. Frag., 83 Peter. Cf. Liv., *Epit.* 17 et 22, 60, 11. Sur le nom du tribun, cf. Frontin, *Stratag.*, 4, 5, 10 : *Alii Laberium, nonnulli Q. Caedicium, plurimi Calpurnium Flammam.* Nombreux en effet sont les auteurs qui rapportent cet exploit sous l'un de ces trois noms.

2. Il s'agit d'un épisode de la première guerre punique en 258 près de la cité de Camarina. Le consul romain était A. Atilius Calatinus.

VII

Historia ex annalibus sumpta de Q. Caedicio tribuno militum ; uerbaque ex ' Originibus ' M. Catonis apposita quibus Caedici uirtutem cum Spartano Leonida aequiperat,

1. Pulcrum, dii boni, facinus Graecarumque facundiarum magniloquentia condignum M. Cato libris ' Originum ' de Q. Caedicio tribuno militum scriptum reliquit. 2. Id profecto est ad hanc ferme sententiam. 3. Imperator Poenus in terra Sicilia, bello Carthaginiensi primo, obuiam Romano exercitui progreditur, colles locosque idoneos prior occupat. 4. Milites Romani, uti res nata est, in locum insinuant fraudi et perniciei obnoxium. 5. Tribunus ad consulem uenit, ostendit exitium de loci importunitate et hostium circumstantia maturum. 6. « Censeo, inquit, si rem seruare uis, faciundum ut quadringentos aliquos milites ad uerrucam illam (sic enim Cato locum editum asperumque appellat) ire iubeas, eamque uti occupent imperes horterisque ; hostes profecto ubi id uiderint, fortissimus quisque et promptissimus ad occursandum pugnandumque in eos praeuertentur unoque illo negotio sese alligabunt atque illi omnes quadringenti procul dubio obtruncabuntur. 7. Tunc interea, occupatis in ea caede hostibus, tempus exercitus ex hoc loco

---

VII. **1** in *ante* libris *add. recc.* || **3** sicilia : —iam *P* || bello *P, recc.* : bella *RV* || exercitui *P, recc.* : —tu *RV, recc.* || **5** *distinctionem ante* maturum *ponunt codices* || **6** quadringentos : trecentos *Liuius alii* || praeuertentur : peruertentur *recc.* || **7** tunc : tum *recc. p.*

le temps de faire sortir l'armée de ce lieu. **8.** C'est le seul moyen de salut ». Le consul répondit au tribun que ce plan lui paraît, à lui aussi, plein de sagesse : « Mais ces quatre cents soldats, qui y aura-t-il pour les mener vers la colline contre les attaques de l'ennemi? — **9.** Si tu ne trouves personne d'autre, répond le tribun, tu peux te servir de moi pour affronter ce danger ; je donne ma vie pour toi et pour la république ». **10.** Le consul adresse au tribun remerciements et louanges. **11.** Le tribun avec quatre cents hommes part[1] à la mort. **12.** Les ennemis s'étonnent de leur audace et se demandent où ils vont. **13.** Mais quand il apparut qu'ils marchaient pour s'emparer de la verrue, le général carthaginois envoie contre eux les cavaliers et les fantassins les plus braves qu'il avait dans l'armée. **14.** Les soldats romains sont encerclés ; ils résistent encerclés. **15.** Un combat se déroule longtemps douteux. **16.** Le nombre enfin l'emporte. Les quatre cents tombent tous ensemble, transpercés par l'épée ou accablés par les traits. **17.** Le consul, tandis que l'on combat, se retire sur une position sûre et élevée.

18. Mais nous ne dirons plus nous-même ce qui arriva par la faveur des dieux à ce tribun, le chef des quatre

---

1. Les divers auteurs qui ont fait allusion à cet épisode héroïque ont prêté au tribun une exhortation de circonstance. Cf. Liv. 22, 60, 11. Sénèque, *Ep.*, 82, 22 lui prête une *sententia* qui porte sa griffe : « *Ire, commilitones, illo necesse est, unde redire non est necesse* ». Le nombre des soldats sacrifiés est de 300 chez Tite-Live comme chez Sénèque.

educendi habebis. **8.** Alia nisi haec salutis uia
nulla est ». Consul tribuno respondit, consilium
quidem istud aeque prouidens sibi uiderier :
« Sed istos, inquit, milites quadringentos ad eum
locum in hostium cuneos quisnam erit qui ducat ?
— **9.** Si alium, inquit tribunus, neminem repperis,
me licet ad hoc periculum utare ; ego hanc tibi
et reipublicae animam do ». **10.** Consul tribuno
gratias laudesque agit. **11.** Tribunus et quadringenti
ad moriendum proficiscuntur. **12.** Hostes eorum
audaciam demirantur, quorsum ire pergant in
expectando sunt. **13.** Sed ubi apparuit ad eam
uerrucam occupandam iter intendere, mittit
aduersum illos imperator Carthaginiensis pedita-
tum equitatumque quos in exercitu uiros habuit
strenuissimos. **14.** Romani milites circumueniuntur,
circumuenti repugnant ; **15.** fit proelium diu
anceps. **16.** Tandem superat multitudo. Quadringenti omnes cum uno perfossi gladiis aut
missilibus operti cadunt. **17.** Consul interim, dum
ibi pugnatur, se in locos tutos atque editos
subducit.

18. Sed quod illi tribuno, duci militum quadrin-
gentorum, diuinitus in eo proelio usus uenit,

---

8 quidem istud *P* : quidem istuc quidem *V* quidem istuc
fidem *recc.* quidem *R* ‖ aeque *P* : atque *RV*, *recc.* ‖ **9** tribunus
recc. : — num *PRV* ‖ **10** agit *PRV*, *recc.* : egit *recc.* ‖ **12** in
om. P ‖ **13** ad eam *Gron.* : adem *R*[1] eadem *R*[2] *V* eandem
P, *recc.* ad eandem *recc.* ‖ **16** tandem : tamen *V* ‖ cum uno
PRV : cum una *recc.* tum una *recc.* cum tribuno *Maehly* ‖ **17**
interim dum ibi pugnatur se *P* : interibi dum ea pugna se
RV interibi dum ea pugna fit *recc.* ‖ **18** tribuno *P*, *recc.* : —
ni *RV* ‖ usus *PRV*, *recc.* : usu *recc.*

cents, voici les termes de Caton : **19.** « Les dieux immortels donnèrent au tribun un sort digne de sa vertu. Car voici ce qui arriva : bien qu'il ait été atteint en de multiples endroits, sa tête fut épargnée, et on le reconnut parmi les morts, évanoui sous les blessures, ayant perdu son sang ; on le releva ; il guérit, et souvent par la suite il offrit à la patrie les services de son courage et de sa bravoure ; par son haut fait, en menant à la mort ces soldats, il avait sauvé le reste de l'armée. Mais le même héroïsme est jugé bien différemment selon le lieu. Le Lacédémonien Léonidas qui accomplit aux Thermopyles un acte semblable, toute la Grèce célébra la gloire et la popularité extraordinaires que lui avait value sa vertu, par des monuments de la plus illustre réputation : portraits, statues, inscriptions, récits entre autres assurèrent à son exploit la plus grande popularité. Au contraire le tribun ne recueillit que peu de gloire pour son héroïsme[1] : il avait pourtant fait aussi bien, et il avait sauvé la situation ».

20. Caton illustra par un tel témoignage cet acte héroïque de Quintus Caedicius. **21.** Mais Claudius Quadrigarius au troisième livre de ses *Annales* [2] ne l'appelle pas Caedicius, il le nomme Laberius.

---

1. Vopiscus, *Probus* 1 : *Certum est quod Sallustius... Cato et Gellius historici sententiae modo in litteras rettulerunt, omnes omnium uirtutes tantas esse quantas uideri eas voluerint eorum ingenia qui uniuscuiusque facta descripserint.*
2. Frag., 42 Peter.

non iam nostris, sed ipsius Catonis uerbis subiecimus : **19**. « Dii inmortales tribuno militum for-
tunam ex uirtute eius dedere. Nam ita euenit :
cum saucius multifariam ibi factus esset, tamen
uulnus capiti nullum euenit, eumque inter mor-
tuos, defetigatum uulneribus atque quod sanguen
eius defluxerat, cognouere. Eum sustulere ; isque
conualuit, saepeque post illa operam reipublicae
fortem atque strenuam praehibuit ; illoque facto,
quod illos milites subduxit, exercitum ceterum
seruauit. Sed idem benefactum quo in loco ponas,
nimium interest. Leonides Laco, qui simile apud
Thermopylas fecit, propter eius uirtutes omnis
Graecia gloriam atque gratiam praecipuam clari-
tudinis inclitissimae decorauere monumentis :
signis, statuis, elogiis, historiis aliisque rebus
gratissimum id eius factum habuere ; at tribuno
militum parua laus pro factis relicta, qui idem
fecerat atque rem seruauerat ».

20. Hanc Q. Caedici tribuni uirtutem M. Cato
tali suo testimonio decorauit. **21**. Claudius autem
Quadrigarius ' Annali ' tertio non Caedicio nomen
fuisse ait, sed Laberio.

---

19 tribuno P^2, *recc.* : —ni *RV* —nus P^1 || fortunam *P*,
recc. : — na *RV* || *post* ita euenit *add.* ita P^1R (?)*V* uti P^2 ||
esset *P*, *recc.* : esse *RV* || tamen *PRV* : tum *recc.* || eumque *PV*,
recc. : eum *R* cumque *recc.* || defetigatum *RV* : defatigatum *P*,
recc. || sanguen eius *edd.* : sanguinis eius *P* sanguen *RV* || post
illa *RV* : post illam *P*, *recc.* || praehibuit *Quicherat* : perh —
PRV || huc usque *post* seruauit *add.* *P* || Leonides : — das
recc. p. || laco *Gron.* : lacu *PRV* laudatur *recc.* || gratissimum :
grauissimum *V* || at P^2V^2 : ad RV^1 a P^1 || rem : rem publicam
recc. p. || **20** hanc q. *edd.* : hancque *PRV*, *recc.* || tribuni *om.*
recc. p. || **21** annali *recc.* : —lis *PRV* || laberio : lauerio *PRV*, *recc*

VIII

Lettre remarquable des consuls Caius Fabricius et Quintus Aemilius au roi Pyrrhus, conservée par l'historien Quintus Claudius.

1. Alors que le roi Pyrrhus était sur la terre d'Italie, qu'il avait remporté plusieurs victoires, et que les Romains se trouvaient en position critique, la plupart des Italiens ayant fait défection, un certain Timocharès d'Ambracie, un ami du roi Pyrrhus, vint trouver en secret le consul Fabricius et lui demanda une somme d'argent : si on était d'accord sur cette somme, il promit de tuer le roi par le poison, ajoutant que la chose était facile à faire puisque ses propres fils servaient d'échanson au roi dans les banquets. **2.** Fabricius en informa le Sénat. **3.** Le Sénat envoya des ambassadeurs au roi et leur manda de ne rien dire de Timocharès, mais d'avertir le roi d'être plus méfiant et de défendre sa sécurité contre les complots de son entourage. **4.** Cette anecdote est ainsi racontée dans l'histoire de Valerius Antias [1]. **5.** Mais Quadrigarius dans son troisième livre [2] atteste que ce ne fut pas Timocharès, que ce fut Nicias qui vint trouver le consul, que les ambassadeurs n'ont pas été envoyés par le Sénat mais par les consuls, et que Pyrrhus a adressé au peuple romain des louanges et des remerciements, a vêtu et rendu tous les prisonniers qu'il avait.

6. Les consuls étaient alors Caius Fabricius et Quintus Aemilius [3]. **7.** La lettre qu'ils envoyèrent au

---

1. Frag., 21 Peter. Ammien (30, 1, 22), rappelle cette anecdote, mais déforme le nom de Timocharès en Démocharès.
2. Frag., 40 Peter.
3. Consuls en — 278. Sur Caius Fabricius Luscinus, cf. 1, 14, 1 et la n.

VIII

**Litterae eximiae consulum C. Fabricii et Q. Aemilii
ad regem Pyrrhum, a Q. Claudio, scriptore historiarum, in
memoriam datae.**

1. Cum Pyrrhus rex in terra Italia esset et
unam atque alteram pugnas prospere pugnasset
satisque agerent Romani et pleraque Italia ad
regem desciuisset, tum Ambraciensis quispiam
Timochares, regis Pyrrhi amicus, ad C. Fabricium
consulem furtim uenit ac praemium petiuit *et*,
si de praemio conueniret, promisit regem uenenis
necare, idque facile esse factu dixit, quoniam
filii sui pocula in conuiuio regi ministrarent. **2.**
Eam rem Fabricius ad senatum scripsit. **3.** Senatus
ad regem legatos misit mandauitque ut de Timo-
chare nihil proderent, sed monerent uti rex
circumspectius ageret atque a proximorum insidiis
salutem tutaretur. **4.** Hoc ita, uti diximus, in Valeri
Antiatis historia scriptum est. **5.** Quadrigarius
autem in libro tertio non Timocharem, sed
Niciam adisse ad consulem scripsit, neque legatos
a senatu missos, sed a consulibus, et *Pyrrhum*
populo Romano laudes atque gratias scripsisse
captiuosque omnes quos tum habuit uestiuisse
et reddidisse.

6. Consules tum fuerunt C. Fabricius et Q.

VIII. **1** terra Italia : terram Italiam *recc. p.* || pugnas :
pugnam *recc. p.* || agerent : agerentur *recc.* || Timochares *RV* :
Timochares *P* Demochares Amm. 30, 1, 22 || et *edd.* : ut
PRV, recc. || filii sui : filius suus *P* || regi ministrarent *R, recc.* :
reministrarent *V* regi ministraret *P* || **5** a senatu : ad sena-
tum *R* || pyrrhum *add. Hertz* : regem *edd., om. PRV, recc.* ||
6 et q. aem— *PRV* : atque aem— *recc.*

roi Pyrrhus était, selon Claudius Quadrigarius, rédigée
ainsi :

8. « Les consuls de Rome saluent le roi Pyrrhus.

Il est vrai que blessés jusqu'au fond du cœur par tes
torts continuels envers nous, nous mettons notre
ardeur à te faire la guerre en ennemis. Mais pour donner
à tous un exemple de bonne foi, il nous a paru bon
de vouloir te sauver afin que nous ayons à te vaincre
par les armes. Nicias, ton intime, est venu nous
demander une somme d'argent pour t'assassiner en
secret. Nous affirmons que nous ne le voulons pas, et
nous lui avons dit qu'il n'attendît rien pour cela ; en
même temps il nous a paru bon de te mettre au courant,
afin que s'il arrivait un accident de cette sorte, les
peuples n'allassent penser que c'était l'effet de nos
desseins et que nous combattons par l'argent, l'achat
et la trahison, procédés que nous n'approuvons pas.
Quant à toi si tu ne prends garde, tu périras. »

IX

**Ce qu'était le cheval de Seius dont parle le proverbe ;
et quelle est la couleur des chevaux qu'on dit *spadices*
(bais) ; explication de ce mot.**

1. Gavius Bassus dans ses *Notes* [1], et de même Julius
Modestus au deuxième livre de ses *Questions Mélangées* [2],

---

1. Frag., 4 Fun. Sur Gavius Bassus, cf. 2, 4, 3 et la n.
2. P. 15 Bunte. Sur Julius Modestus, cf. *Praef.*, 3, n. 3. Les
Quaestiones Confusae sont citées également par Quintilien (1, 6, 36).
Elles portaient notamment sur l'étymologie et l'orthographe.
Modestus avait écrit également un *de feriis* cité par Macrobe
(1, 4, 7).

Aemilius. **7.** Litteras, quas ad regem Pyrrhum super ea causa miserunt, Claudius Quadrigarius scripsit fuisse hoc exemplo :

8. « Consules Romani salutem dicunt Pyrro regi.

Nos pro tuis iniuriis continu*is* animo tenu*s* commoti inimiciter tecum bellare studemus. Sed communis exempli et fidei ergo uisum ut te saluum uelimus, ut esset quem armis uincere possimus. Ad nos uenit Nicias familiaris tuus, qui sibi praemium a nobis peteret, si te clam inter-fecisset. Id nos negamus uelle, neue ob eam rem quicquam commodi expectaret, et simul uisum est ut te certiorem faceremus, ne quid eiusmodi, si accidisset, nostro consilio ciuitates putarent factum, et, quod nobis non placet, pretio aut praemio aut dolis pugnare. Tu, nisi caues, iacebis ».

IX

Quis et cuiusmodi fuerit qui in prouerbio fertur equus Seianus ; et qualis color equorum sit qui ' spadices ' uocantur ; deque istius uocabuli ratione.

1. Gauius Bassus in ' Commentariis ' suis, item Iulius Modestus in secundo ' Quaestionum

---

8 continuis *Gron.* : —nuo *PRV, recc.* ‖ tenus *Gron.* : tenui *PRV* strenui *recc.* ‖ ergo *PRV* : gratia *recc., om. recc.* ‖ ut te *P* : uitae *R* uite *V* est uti te *recc.* ‖ possimus *PRV, recc.* : possemus *recc.* ‖ praemium : pretium *recc.* ‖ negamus *PRV, recc.* : negauimus *recc., edd.* ‖ caues : caueas *recc. p.* ‖ iacebis : tace— *V*[1].

IX. *Exstat in TY* ‖ *Lem.* deque istius *P*[3], *recc.* : dequestius ‖ **1** gauius *PRVT, recc.* : gaius *et* gannius *recc. p.* fabius *Y*.

nous transmettent l'histoire du cheval de Seius, qui est étonnante et digne de mémoire. **2.** Il existait un certain Seius qui avait un cheval né à Argos dans le pays de Grèce ; celui-ci avait la renommée bien établie d'être de la descendance des chevaux qui avaient appartenu à Diomède le Thrace[1] et qu'Hercule, après avoir tué Diomède, avait emmenés de Thrace à Argos. **3.** Ce cheval avait, selon ces auteurs, une taille inaccoutumée, une haute encolure, sa couleur était rouge, sa crinière luxuriante[2] et épaisse, et il l'emportait de beaucoup par toutes les autres qualités qu'on peut demander à un cheval ; mais ce cheval était poursuivi, disent-ils, d'une fatalité ou d'un sort, si bien que tous ceux qui l'avaient en leur possession, périssaient avec toute leur maison, leur famille et tous leurs biens jusqu'à l'anéantissement. **4.** C'est ainsi que son premier maître, ce Gnaeus Seius, condamné à mort par Marc Antoine, qui fut par la suite un des triumvirs à pouvoir constituant, périt misérablement dans les supplices ; au même moment Cornelius Dolabella, consul, qui partait pour la Syrie, fut amené par la renommée de ce cheval à faire le détour d'Argos, et embrasé du désir de l'avoir, l'acheta pour cent mille sesterces ; mais Dolabella, lui aussi, fut assiégé et tué en Syrie lors de la guerre civile ; puis Caius Cassius qui l'avait assiégé, emmena le cheval qui avait appartenu à Dolabella. **5.** Ce Cassius par la suite, c'est assez connu, son parti vaincu et son armée taillée en pièces,

---

1. Diomède, roi de Thrace, faisait dévorer les étrangers par ses cavales. Hercule, après avoir vaincu Diomède, amena les chevaux à Eurysthée, roi de Mycènes et de Tirynthe.
2. *Florus* est un adjectif archaïque et rare (Acc. *Trag.* 255) que Probus lisait dans l'*Enéide* 12, 605, si l'on en croit Servius. Il peut s'entendre de la couleur claire, brillante, comme de la masse.

Confusarum ', historiam de equo Seiano tradunt
dignam memoria atque admiratione. 2. Gnaeum
Seium quempiam scribunt fuisse eumque habuisse
equum natum Argis in terra Graecia, de quo
fama constans esset tamquam de genere equorum
progenitus foret qui Diomedis Thracis fuissent,
quos Hercules, Diomede occiso, e Thracia Argos
perduxisset. 3. Eum equum fuisse dicunt magnitudine inuisitata, ceruice ardua, colore poeniceo,
flora et comanti iuba, omnibusque aliis equorum
laudibus quoque longe praestitisse ; sed eundem
equum tali fuisse fato siue fortuna ferunt, ut quisquis haberet eum possideretque, ut is cum omni
domo, familia fortunisque omnibus suis ad
internecionem deperiret. 4. Itaque primum illum
Gnaeum Seium, dominum eius, a M. Antonio, qui
postea triumuirum reipublicae constituendae fuit,
capitis damnatum, miserando supplicio affectum
esse ; eodem tempore Cornelium Dolabellam
consulem, in Syriam proficiscentem, fama istius
equi adductum Argos deuertisse cupidineque
habendi eius exarsisse emisseque eum sestertiis
centum milibus ; sed ipsum quoque Dolabellam in
Syria bello ciuili obsessum atque interfectum
esse ; mox eundem equum, qui Dolabellae fuerat,
C. Cassium, qui Dolabellam obsederat abduxisse.
5. Eum Cassium postea satis notum est, uictis
partibus fusoque exercitu suo, miseram mortem

---

1 memoria *VTY*, *recc.* : — riam *P* memorari *R* || 2 scribunt
TY, *recc.* : scribant *RV* scribam *P* || quos *recc.* : quod *PVT* ||
3 inuisitata *V* : inusitata *PRTY*, *recc.* || flora *PRVT* : florea
Y flaua *recc.* || deperiret : deriperet *P*. || 4 triumuirum *RV* :
triumuir *PTY*, *recc.* || fama *PTY*, *recc.* : famam *RV* || eius
om. Y, *recc.* || 5 partibus : parthis *R*.

trouva une mort misérable ; enfin Antoine, après la mort de Cassius, ayant remporté la victoire, réclama le cheval fameux du vaincu ; et s'en étant emparé, vaincu et abandonné, il périt lui aussi par la suite, de la mort la plus abominable. **6.** De là est venu le proverbe qu'on a l'habitude de dire à propos d'hommes que le malheur poursuit : « Celui-là possède le cheval de Seius ».

7. C'est aussi le sens du vieux proverbe que nous avons entendu en ces termes : « L'or de Toulouse ». Comme le consul Quintus Caepio [1] avait pillé la ville de Toulouse dans le pays gaulois, et comme il y avait beaucoup d'or dans les temples de cette ville, tous ceux qui touchèrent à l'or provenant de ce pillage, périrent d'une mort pitoyable et cruelle.

8. Gavius Bassus rapporte qu'il a vu ce cheval à Argos : il était d'une beauté et d'une ardeur extraordinaires, d'une couleur très vive.

9. Cette couleur nous l'appelons *poeniceus* (rouge, bai), comme je l'ai dit, et les Grecs, les uns φοῖνιξ, les autres *spadix* [2], parce que le rameau de palmier, arraché de l'arbre avec son fruit, est dit *spadix*.

---

1. Quintus Seruilius Caepio, consul en — 106, mena contre les partisans de Marius une lutte violente et intransigeante. La *lex Seruilia Caepionis* écartait, croit-on, les chevaliers des jurys (*quaestiones*). En 105 il pilla Toulouse avant d'être battu par les Cimbres à Orange, et, de ce fait, condamné en 103. A Toulouse, capitale des Volsques Tectosages, il trouva de l'or en quantité dans les étangs sacrés où avaient été cachés les trésors. Les convois qui transportaient cet or à Rome furent pillés et tout fut perdu.

2. Sur *spadix*, cf. plus haut 2, 26, 10.

oppetisse, deinde post Antonium, post interitum Cassii parta victoria, equum illum nobilem Cassi requisisse et, cum eo potitus esset, ipsum quoque postea uictum atque desertum, detestabili exitio interisse. **6.** Hinc prouerbium de hominibus calamitosis ortum dicique solitum : « Ille homo habet equum Seianum ».

7. Eadem sententia est illius quoque ueteris prouerbii, quod ita dictum accepimus : « Aurum Tolosanum ». Nam cum oppidum Tolosanum in terra *Gall*ia Quintus Caepio consul diripuisset multumque auri in eius oppidi templis fuisset, quisquis ex ea direptione aurum attigit misero cruciabilique exitu periit.

8. Hunc equum Gauius Bassus uidisse Argis refert haut credibili pulcritudine uigoreque et colore exuberantissimo.

9. Quem colorem nos, sicuti dixi, poeniceum dicimus, Graeci partim φοίνικα, alii σπάδικα appellant, quoniam palmae termes ex arbore cum fructu auulsus ' spadix ' dicitur.

---

5 post *ante* antonium *om. recc. p.* || requisisse : reliquisisse *P* || 7 gallia *Erasme* : italia *RVTY, recc.* italica *P* || caepio *RVTY* : scipio *P* || 8 se *post* uidisse *add. recc. p.* || exuberantissimo *TY* : exuperantissimo *PRV, recc.* (*uide supra* 2, 26, 9 *et* Marache, *Mots nouveaux...,* p. 231). || 9 dicimus *P* : *om. VT, R cum eiusdem sententiae plerisque uerbis* || huc usque *post* dicimus *add. P.*

X

Que le nombre sept a une force et une puissance qui ont été remarquées dans bien des phénomènes de la nature, ce dont Varron disserte avec abondance dans les *Hebdomades*.

1. Varron dans le premier livre de ses *Hebdomades* ou *Portraits* [1], énumère de nombreuses et diverses propriétés et facultés du nombre sept, que les Grecs appellent ἑϐδομάδα. **2.** « Ce nombre, dit-il, forme dans le ciel les Ourses, la grande et la petite, les *Vergiliae* [2] que les Grecs appellent les Pléiades ; il gouverne même les astres que certains nomment *erraticas* (errants), mais Nigidius *errones* [3] (vagabonds)». **3.** Il y a aussi sept cercles dans le ciel autour de l'axe pris dans sa longueur : les deux plus petits qui touchent les extrémités de l'axe sont appelés selon lui les pôles ; mais ils ne figurent pas sur la sphère dite armillaire [4], à cause de leur petitesse. **4.** Le zodiaque lui-même ne se passe pas du nombre sept : le solstice d'été se fait dans le septième signe après le solstice d'hiver ; le solstice d'hiver dans le septième après le solstice d'été ; l'équinoxe dans le septième après l'équinoxe. **5.** Puis les jours pendant lesquels les alcyons [5] font leur nid sur l'eau, l'hiver sont aussi au nombre de sept. **6.** En outre le cours de la lune s'accomplit en quatre périodes

---

1. P. 255 Bipont. Cet ouvrage comportait sept cents portraits de Grecs et de Latins illustres ; ces portraits étaient groupés en sept séries, et formaient ainsi quatorze livres auxquels s'ajoutait un livre d'introduction. Cf. Pline, *N.H.*, 35, 11.

2. Le nom de *Vergiliae* est évidemment à rapprocher de *uergo* (cf. Ernout-Meillet, *Dict. Etym.* s.u.). Comme le lever de cette constellation, du 22 avril au 10 mai, coïncidait avec l'arrivée du printemps, l'étymologie populaire avait mis le mot en relation avec *uer*.

3. Frag., 87 Swoboda. Sur cette question, cf. 14, 1, 11. Aux six planètes alors connues, la terre étant exclue, on ajoutait la lune.

4. Il s'agit d'un arrangement de cercles destiné à montrer la position relative des différents cercles célestes ; dans le système de Ptolémée la terre se trouvait au centre. Sur les pôles considérés comme des cercles, cf. Cicéron, *Arat.*, 296.

5. Sur les alcyons, cf. en particulier Plin., *N.H.*, 10, 47, 90 ; 18, 26, 231. Ils faisaient leur nid sept jours avant le solstice et

X

Quod est quaedam septenarii numeri uis et facultas
in multis naturae rebus animaduersa, de qua M. Varro
in ' Hebdomadibus ' disserit copiose.

1. M. Varro in primo librorum qui inscribuntur
' Hebdomades ' uel ' de Imaginibus ', septenarii
numeri, quem Graece ἑβδομά ⟨δα⟩ appellant, uirtutes
potestatesque multas uariasque dicit. 2. « Is
namque numerus, inquit, septentriones maiores
minoresque in caelo facit, item uergilias, quas
πλειάδας Graeci uocant, facit etiam stellas quas
alii ' erraticas ', P. Nigidius ' errones ' appellat».
3. Circulos quoque ait in caelo circum longitudi-
nem axis septem esse ; ex qu*is* duos minimos, qui
axem extimum tangunt, πόλους appellari dicit ;
sed eos in sphaera, quae κρικωτή uocatur, propter
breuitatem non inesse. 4. Ac neque ipse zodiacus
septenario numero caret ; nam in septimo signo
fit solstitium a bruma, in septimo bruma a
solstitio, in septimo aequinoctium ab aequinoctio.
5. Dies deinde illos quibus alcyones hieme anni
in aqua nidulantur, eos quoque septem esse dicit.
6. Praeterea scribit lunae curriculum confici
integris quater septenis diebus : « Nam die
duodetricesimo luna, inquit, ex quo uestigio

X. 1 graece *PV* : graeci *R, recc.* ‖ ἑβδομάδα *edd.* : ebdoma *R*
hebdoma *PV* ‖ 3 *a* circulos *usque ad* septenarios (9) *om. R* qui
in eorum loco add. ml'ta dimito a Macrobio dicta ‖ ex quis
edd. : exque *PV* aeque *recc.* ‖ 4 bruma a *recc.* : a bruma a
PV ‖ 5 anni *om.* NONIVS ‖ 6 die duodetricesimo *Hertz* : die
de tricesimo *PV* duodetricesimo *recc.*

entières de sept jours : « Car au vingt-huitième jour elle revient à la position dont elle est partie, dit-il » ; et il cite comme source de ce qu'il avance Aristide de Samos [1] ; en cela, selon lui, on ne doit pas seulement remarquer que la lune fait son parcours en quatre fois sept, c'est-à-dire en vingt-huit jours, mais que le nombre sept, si on part de l'unité en faisant la somme de tous les nombres par lesquels on passe, et si on l'ajoute lui-même, forme le nombre vingt-huit, celui des jours du circuit lunaire. 7. Il dit aussi que la force de ce nombre s'étend et touche à la naissance humaine : « Quand la semence génitale est déposée, dit-il, dans l'utérus de la femme, les sept premiers jours elle s'amasse et se condense, devenant capable de prendre figure. Puis ensuite au cours de la quatrième période de sept jours, pour le fœtus qui sera du sexe masculin, la tête et l'épine dorsale se forment. Mais à la septième période de sept jours, en général, c'est-à-dire au quarante-neuvième jour, l'être humain tout entier s'achève dans l'utérus ». 8. Varron mentionne encore une autre propriété de ce nombre qui a été relevée, c'est qu'avant le septième mois aucun enfant, ni mâle, ni femelle, ne peut naître et survivre suivant la nature, et que les fœtus qui suivent la règle, naissent deux cent soixante treize jours après la conception, c'est-à-dire finalement à la quarantième semaine [2]. 9. Quant aux périodes dangereuses qui menacent la vie et le sort des hommes, que les astrologues appellent climatériques, c'est après une période de sept ans [3] qu'elles sont le plus graves. 10. En outre la mesure la plus

sept jours après, pendant lesquels la mer restait parfaitement calme.

1. Il faut lire en réalité Aristarchus de Samos, mathématicien et astronome (310-230), de grande réputation, qui passe pour avoir formulé le premier l'hypothèse héliocentrique (cf. Plut., *De facie in orbe lunae*). On a conservé de lui un traité *Sur la taille et la distance du soleil et de la lune*.

2. Cf. 3, 16 où Aulu-Gelle donne des opinions beaucoup moins assurées.

3. Cf. 14, 1, où Favorinus combat brillamment contre la croyance à l'astrologie, et aux astrologues (*Chaldaei*). Par *cli-*

profecta est, eodem redit » ; auctoremque opinionis
huius Aristidem esse Samium ; in qua re non id
solum animaduerti debere dicit quod quater
septenis, id est octo et uiginti, diebus conficeret
luna iter suum, sed quod is numerus septenarius,
si ab uno profectus, dum ad semetipsum progreditur, omnes per quos progressus est numeros
comprehendat ipsumque se addat, facit numerum
octo et uiginti, quot dies sunt curriculi lunaris.
7. Ad homines quoque nascendos uim numeri
istius porrigi pertinereque ait : « Nam cum in
uterum, inquit, mulieris genitale semen datum est,
primis septem diebus conglobatur, coagulaturque
fitque ad capiendam figuram idoneum. Post
deinde quarta hebdomade, quod eius uirile secus
futurum est, caput et spina, quae est in dorso,
informatur. Septima autem fere hebdomade, id
est nono et quadragesimo die, totus, inquit,
homo in utero absoluitur ». 8. Illam quoque uim
numeri huius obseruatam refert, quod ante
mensem septimum neque mas neque femina
salubriter ac secundum naturam nasci potest, et
quod hii qui iustissime in utero sunt, post ducentos
septuaginta tres dies postquam sunt concepti,
quadragesima denique hebdomade ita nascuntur.
9. Pericula quoque uitae fortunarumque omnium,
quae ' climacteras ' Chaldaei appellant, grauissimos
quosque fieri affirmat septenarios. 10. Praeter

---

6 animaduerti : — tere *V* || quot dies *recc.*, *edd.* : quod dies *PV*.
|| 7 secus *PV* : fetus *recc.* || 8 mas : masculus *recc. p.* || hii *P* :
dii *V* hi *et* ii *recc.* || iustissime *recc.* : —mo *PV* || quadragesima
recc. p. : —me *PV* || ita : inita *Skutsch.* || 9 grauissimos
quosque : grauissima quaeque *edd.* affirmat *om. P* || septenarios
PRV, *recc.* : — riis *edd.*

haute qu'atteigne le corps humain est de sept pieds. **11.** Cela est plus vrai, à notre avis, que ce qu'Hérodote, grand inventeur de mensonges, dit, dans le premier livre de ses *Histoires* [1], qu'on a trouvé sous terre le corps d'Oreste, de sept coudées de long, ce qui fait douze pieds et quart, à moins que, comme c'est l'opinion d'Homère [2], le corps des anciens hommes ait été plus grand et plus long et que maintenant, l'univers vieillissant, il y ait une décroissance des hommes et des choses. **12.** Varron dit aussi que les dents naissent dans les sept premiers mois, qu'il en pousse sept de chaque côté, qu'elles tombent à sept ans et que les molaires poussent après la deuxième période de sept ans. **13.** Les veines dans le corps humain ou plutôt les artères, à ce qu'affirment les médecins musiciens, sont mues par le nombre sept, ce qu'ils appellent l'accord de quarte, qui a lieu par une juxtaposition des éléments du nombre quatre [3]. **14.** Les risques dangereux dans les maladies se présentent selon lui avec plus d'intensité dans les jours multiples du nombre sept ; et entre ces jours apparaissent les plus critiques de tous (κρισίμους comme disent les médecins), ceux qui terminent la première période de sept, la deuxième et la troisième. **15.** Et, ce qui contribue encore à augmenter la valeur et les propriétés du nombre sept, que ceux qui ont décidé de mourir de faim, n'atteignent la mort que le septième jour [4].

mactera il faut entendre comme le dit Aulu-Gelle, des périodes critiques ou décisives dans la destinée ou la santé humaines. Le nombre 7 et le nombre 9 y jouaient le principal rôle, cf. Boll, *in* Pauly Wissowa *s.u.*

1. Ch. 68. Quant au jugement d'Aulu-Gelle sur Hérodote, cf. notre *Critique littéraire*, p. 192 s.

2. Cf. en particulier, *Il.*, 5, 304 ; 12, 383.

3. Sur l'usage de la musique en médecine, cf. *infra*, 4, 13 ; sur le nombre sept Censorinus, *Die Nat.*, 14: *dicentes septenarium ad corpus, nouenarium ad animum pertinere. Hunc medicinae corporis et Apolloni tributum illum Musis, quia morbos animi, quos appellant, musica lenire ac sanare consueuerit.* L'accord de quarte contient trois intervalles et quatre notes ce qui permet d'y retrouver le nombre sept (cf. Martian. Capella, 9, 933).

4. C'est l'opinion d'Hippocrate (1, 442 K) et, malgré ses réserves, de Pline, 11, 54, 283.

hoc, modum esse dicit summum adolescendi
humani corporis septem pedes. **11.** Quod esse
magis uerum arbitramur quam quod Herodotus,
homo fabulator, in primo ' Historiarum ' inuentum
esse sub terra scripsit Oresti corpus cubita longi-
tudinis habens septem, quae faciunt pedes duodecim et quadrantem, nisi si, ut Homerus opinatus
est, uastiora prolixioraque fuerunt corpora hominum antiquiorum et nunc, quasi iam mundo
senescente, rerum atque hominum decrementa
sunt. **12.** Dentes quoque et in septem mensibus
primis et septenos ex utraque parte gigni ait et
cadere annis septimis et genuinos adnasci annis
fere bis septenis. **13.** Venas etiam in hominibus,
uel potius arterias, medicos musicos dicere ait
numero moueri septenario, quod ipsi appellant
τὴν διὰ τεσσάρων συμφωνίαν, quae fit in collatione
quaternarii numeri. **14.** Discrimina etiam peri-
culorum in morbis maiore ui fieri putat in diebus
qui conficiuntur ex numero septenario, eosque
dies omnium maxime, ita ut medici appellant,
κρισίμους uideri primam hebdomadam et secundam et tertiam. **15.** Neque non id etiam sumit ad
uim facultatesque eius numeri augendas, quod,
quibus inedia mori consilium est, septimo demum
die mortem oppetunt.

---

11 esse *ante* magis *om. R* || arbitramur : arbitror *R* || quod
post quam *om. R* || oresti : horestis *P* || antiquiorum *PV*,
recc. : —quorum *R, recc.* || mundo senescente *recc.* : mundum
senescentem *PRV* || *cum uerbis* decrementa sunt *hoc capitulum
explicit* in *R* || **14** putat : putant *recc. p.* || κρισίμους *Vu* :
κριτικοὺς ἢ κρισίμους *recc.* || cui *ante* uideri *add. PRV, recc.* ||
15 sumit *P* : sunt *V* est *recc.*

16. Tout cet écrit de Varron témoigne d'un grand esprit de recherche. Mais il accumule au même endroit des notations bien peu intéressantes [1] : qu'il y a au monde sept travaux merveilleux ; qu'il y eut sept sages dans l'Antiquité, qu'aux jeux du cirque le nombre de tours de piste consacré par la tradition est de sept, qu'il y eut sept chefs choisis pour assiéger Thèbes. **17.** Il ajoute alors là qu'il a abordé la douzième série de sept années de sa vie et que, jusqu'à ce jour, il a écrit soixante dix séries de sept livres, dont un assez grand nombre a disparu quand il fut proscrit [2], ses bibliothèques ayant été pillées.

XI

De quels arguments futiles Accius se sert dans les *Didascalica* **quand il s'efforce de démontrer qu'Hésiode est plus ancien qu'Homère.**

1. On n'est pas d'accord sur l'époque où vécurent Homère et Hésiode. **2.** Les uns ont écrit qu'Homère était plus ancien qu'Hésiode, parmi eux Philochorus [3] et Xenophanes [4], d'autres qu'il était plus récent, parmi eux le poète Lucius Accius et l'historien Ephorus [5]. **3.** Quant à Varron, dans le premier livre de

---

1. Voici un nouvel exemple de la théorie de limitation. Les notations qui précèdent sont intéressantes et remarquables, celles qui suivent sont dépourvues d'intérêt. Il semble que la distinction puisse s'établir ainsi : les spéculations relatives à l'ordre du monde, s'aidant de telles remarques fondées sur la mystique des nombres, permettent d'avancer dans la science ; le reste n'est qu'un relevé de coïncidences. Au demeurant rien de tout cela ne s'accorde totalement avec la théorie d'Aulu-Gelle sur l'inutilité du savoir théorique (cf. Introduction, p. XXVI s.).

2. Varron fut proscrit par Antoine en 43 ; il échappa à la mort grâce à Fufius Calenus.

3. *Frag. Hist. Graec.*, 1, 393 Müller. Auteur d'une *Atthis* (Histoire de l'Attique) en 17 livres. Il fut mis à mort par Antigonus Gonatus comme partisan de Ptolémée II peu après — 261/260.

4. *Poet. Phil. Frag.*, 13 Diels ; *Poesis lubid* frag., 5, p. 191 Wachsmuth.

5. *Frag. Hist. Graec.*, I, 277 Müller. Ephorus (405-330) contemporain de Théopompe, élève d'Isocrate, écrivit entre

16. Haec Varro de numero septenario scripsit
admodum conquisite. Sed alia quoque ibidem
congerit frigidiuscula : ueluti septem opera esse
in orbe terrae miranda et sapientes item ueteres
septem fuisse et curricula ludorum circensium
sollemnia septem esse et ad oppugnandas Thebas
duces septem delectos. **17.** Tum ibi addit, se
quoque iam duodecimam annorum hebdomadam
ingressum esse et ad eum diem septuaginta
hebdomadas librorum conscripsisse, ex quibus
aliquammultos, cum proscriptus esset, direptis
bibliothecis suis, non comparuisse.

XI

Quibus et quam friuolis argumentis Accius in ' Didascalicis ' utatur, quibus docere nititur Hesiodum esse quam
Homerum natu antiquiorem.

1. Super aetate Homeri atque Hesiodi non
consentitur. **2.** Alii Homerum quam Hesiodum
maiorem natu fuisse scripserunt, in quis Philochorus et Xenophanes, alii minorem, in quis L.
Accius poeta et Ephorus historiae scriptor. **3.** M.
autem Varro in primo ' de Imaginibus ', uter
prior sit natus parum constare dicit, sed non esse
dubium quin aliquo tempore eodem uixerint, idque
ex epigrammate ostendi quod in tripode scriptum
est, qui in monte Helicone ab Hesiodo positus

---

16 terrae *PV*, *recc.* : terrarum *recc.* || et *ante* ad *om. recc.* ||
17 aliquam multos *PV* : quam multos *et* quantum *et* tantum
recc. || direptis : directis *P.*

XI. *Lem.* natu *recc.* : natum *PV* || **3** natus : natu *Gron., om.*
R || ostendi : —dit *recc.*

ses *Portraits* [1], il dit qu'on ne sait guère quel est le plus ancien, mais que, sans aucun doute, ils ont vécu en même temps pendant quelques années, et il le montre par l'inscription [2] qui figure sur le trépied consacré au mont Hélicon par Hésiode, suivant la tradition. **4.** Accius, dans le premier livre des *Didascalica* [3] se sert d'arguments sans aucun poids pour démontrer qu'Hésiode est le plus ancien : **5.** « Homère au début de son poème, disant qu'Achille est fils de Pélée, n'a pas ajouté qui était Pélée. Il l'aurait dit sans aucun doute, ajoute-t-il, s'il ne voyait pas qu'Hésiode l'avait déjà fait. Il en va de même pour le Cyclope qui n'avait qu'un œil ; il n'aurait pas laissé de côté un détail aussi remarquable si ce n'avait pas déjà été répandu par les poèmes d'Hésiode [4] qui vivait auparavant. »

6. Sur la patrie d'Homère on a discuté encore beaucoup plus. Les uns disent qu'il était de Colophon, d'autres de Smyrne ; il y en a qui en font un Athénien, certains un Egyptien ; d'après Aristote [5] il était de l'île d'Io. **7.** Varron, dans le premier livre des *Portraits*, a placé sous celui d'Homère cette épigramme [6] : « Cette chevrette blanche indique son tombeau, car c'est le sacrifice offert par ceux d'Ios au poète défunt ».

XII

Que l'homme avide de boire largement est appelé par le grand érudit Nigidius, *bibosus*, selon une dérivation inusitée et presque choquante.

1. Publius Nigidius dans ses *Notes grammaticales* [7]

---

autres ouvrages, des *Histoires* en 30 livres, une histoire universelle. Il a servi de source à Diodore de Sicile.

1. P. 258 Bipont. Sur cet ouvrage de Varron, cf. 3, 16, 1 et la n.
2. *Anth. Pal.*, 7, 53.
3. Frag., 1 Müller ; *Frag. Poet. Lat.*, 7 Bährens. Sur cet ouvrage d'Accius, cf. *Praef.*, p. 2 n. 22.
4. *Theog.*, 142.
5. Frag., 76 Rose.
6. *Frag. Poet. Rom.*, 1 Bährens.
7. Frag., 5 Swoboda.

traditur. **4.** Accius autem in primo ' Didascalico ' leuibus admodum argumentis utitur, per quae ostendi putat, Hesiodum natu priorem : **5.** « Quod Homerus, inquit, cum in principio carminis Achillem esse filium Pelei diceret, quis esset Peleus non addidit ; quam rem procul, inquit, dubio dixisset, nisi ab Hesiodo iam dictum uideret. De Cyclope itidem, inquit, uel maxime quod unoculus fuit, rem tam insignem non praeterisset, nisi aeque prioris Hesiodi carminibus inuulgatum esset ».

6. De patria quoque Homeri multo maxime dissensum est. Alii Colophonium, alii Smyrnaeum, sunt qui Atheniensem, sunt etiam qui Aegyptium fuisse dicant, Aristoteles tradidit ex insul*a I*o. **7.** M. Varro in libro ' de Imaginibus ' primo Homeri imagini epigramma hoc apposuit :

Capella Homeri candida haec tumulum indicat,
Quod *h*ac Ietae mortuo faciunt sacra.

XII

Largum atque auidum bibendi a P. Nigidio, doctissimo uiro, noua et prope absurda uocabuli figura ' bibosum ' dictum.

1. Bibendi auidum P. Nigidius in ' commentariis

---

4 autem *om. P* || ostendi putat *PRV* : ostendit *recc.* || **5** fuit *om. recc. p.* || **6** insula io *Gron.* : insulcho *PV* insulco *R* in consulatu natum *et* io insula natum *recc.* || **7** tumulum *recc.* : tumultum *PRV, recc.* || hac ietae *Saumaize* : aciete *PR¹V* ariete *recc.* || *Post sacra recc. epigramma notissimum* Ἑπτὰ πόλεις... *addiderunt.*

XII. *Lem.* bibendi *recc. P³* : uidendi *PV, recc.* || prope : prope-modum *recc. p.* || absurda *V* : —dum *P* —di *recc.* || bibosum *recc.* : uiuosum *PV* || **1** figulus *post* nigidius *add. recc.*

appelle l'homme avide de boisson *bibax* et *bibosus*.
2. *Bibax* comme *edax* (avide de manger), a été dit par
beaucoup d'autres, comme je le constate ; mais *bibosus*,
je ne l'ai encore trouvé nulle part, si ce n'est chez
Laberius, et il n'y a aucun autre mot formé de la même
manière. **3.** Il ne ressemble en rien à *uinosus* ou
uitiosus et autres mots de cette sorte, qui sont dérivés
de noms et non de verbes. **4.** Laberius dans le mime
intitulé *Salinator* [1] se sert du même mot : « Non pas
chargée de mamelles ou d'années, ni avide de boisson
(*bibosa*), ou prodigue d'insolences ».

XIII

**Que Démosthène, encore jeune homme, étant disciple
du philosophe Platon, après avoir entendu par hasard le
rhéteur Callistrate dans une assemblée du peuple, s'écarta
de Platon et suivit Callistrate.**

1. Hermippus nous atteste [2] dans ses écrits que
Démosthène tout jeune homme, avait l'habitude de
fréquenter l'Académie et d'écouter Platon. **2.** « Et
Démosthène, dit-il, sorti de chez lui comme d'habitude,
pour aller auprès de Platon, voyant un grand concours
de peuple, en demande la raison et apprend que les
gens courent entendre Callistrate. **3.** Ce Callistrate [3]

---

1. V. 80 Ribbeck 3. Sur les mots en *osus*, voir A. Ernout,
Les adjectifs en osus et ulentus. Paris, 1949. Cf. 4, 9 sur *religiosus*,
chapitre qui vient lui aussi de Nigidius Figulus.

2. *Frag. Hist. Graec.*, 3, 49. Hermippus de Smyrne (3e siècle)
est un biographe péripatéticien : son ouvrage arrivait jusqu'à sa
propre époque. Il est une des sources de Plutarque. Diogène
Laërce en donne quelques fragments.

3. Callistrate fut un des chefs de la politique athénienne dans
la première moitié du IVe siècle. Stratège en 378 et 372, il s'illustra
dans la guerre contre Sparte. Mais il fut un des artisans de la paix
de 371, car il avait conscience du danger thébain. Condamné à
mort *in absentia* en 361, il se réfugia auprès du roi de Macédoine,
Perdiccas II, auprès duquel il eut l'occasion d'exercer ses compé-
tences financières.

grammaticis ' ' bibacem ' et ' bibosum ' dicit.
2. ' Bibacem ' ego, ut ' edacem ', a plerisque aliis
dictum lego ; ' bibosum ' dictum nondum etiam
usquam repperi nisi apud Laberium, neque aliud
est quod simili inclinatu dicatur. **3.** Non enim
simile est ut ' uinosus ' aut ' uitiosus ' ceteraque
quae hoc modo dicuntur, quoniam a uocabulis,
non a uerbo, inclinata sunt. **4.** Laberius in mimo,
qui ' Salinator ' inscriptus est, uerbo hoc ita
utitur :

Non mammosa, non annosa, non bibosa, non
procax.

XIII

**Quod Demosthenes etiamtum adulescens, cum Platonis
philosophi discipulus foret, audito forte Callistrato rhetore
in contione populi, destitit a Platone et sectatus Callistratum est.**

1. Hermippus hoc scriptum reliquit, Demosthenen admodum adulescentem uentitare in
Academiam Platonemque audire solitum. **2.** «Atque
is, inquit, Demosthenes domo egressus, ut ei mos
erat, cum ad Platonem pergeret complurisque
populos concurrentes uideret, percontatur eius rei
causam cognoscitque currere eos auditum Callistratum. **3.** Is Callistratus Athenis orator in

2 ut edacem *recc.* : uedacem *PRV* || nondum *om. recc.* ||
usquam : nusquam *recc.* || repperi : inueni *R* || 3 quae *om. recc.*
|| uocabulis : —lo *recc. p.* || 4 uel primo *post* in mimo *add. recc.*

XIII. *Lem.* cum *om. recc. p.* || callistrato *recc.* : gallis— *PV
qui et infra* g *utuntur* || 2 populos : e populo *Stephanus* || *inde
a uocabulo* causam *incipit A.*

était dans la vie publique athénienne un orateur, de ceux qu'on appelle δημαγωγούς, chefs du peuple. **4.** Il lui parut bon de se détourner un peu et de voir si le discours méritait un tel empressement et une telle ardeur. **5.** Il vint, ajoute Hermippe, et entendit Callistrate prononcer sa célèbre *Plaidoirie sur Oropos* [1], et il fut ému, charmé et pris à tel point qu'il se mit dès lors à suivre Callistrate et abandonna l'Académie avec Platon. »

XIV

Que dire : « J'ai lu *dimidium librum,* la moitié d'un livre » ou : « J'ai entendu *dimidiam fabulam,* la moitié d'un conte », et autres expressions de cette sorte, c'est parler incorrectement ; que Varron donne l'explication de cette incorrection ; et qu'aucun des anciens ne s'est servi de cette expression.

1. « J'ai lu *dimidium librum,* la moitié d'un livre, ou j'ai entendu *dimidiam fabulam,* la moitié d'un conte, ou d'autres expressions du même genre, Varron les estime mauvaises et incorrectes. **2.** « Il faut dire en effet, dit-il [2], *dimidiatum librum* (diminué de la moitié) et non *dimidium* (moitié) ; *dimidiatam fabulam* et non *dimidiam.* Au contraire si, d'un setier, on a répandu une hémine, on doit dire qu'il a été répandu *dimidium sextarium* (une moitié de setier) et non *dimidiatum* (diminué de la moitié), et celui qui a reçu cinq cents sesterces de mille qui lui étaient dues, nous dirons qu'il a reçu *dimidium* (la moitié) et non *dimidiatum* (le demi). **3.** Mais si une coupe d'argent, ajoute Varron, qui m'appartenait en commun avec un autre a été coupée en deux, je dois dire de cette coupe qu'elle est *dimidiata* (diminuée de la moitié), non *dimidia* (à

---

1. Oropos à la limite de la Béotie et de l'Attique était un des principaux sujets de contestation entre Athènes et Thèbes.
2. P. 349 Bipont.

republica fuit quo*s* illi δημαγωγούς appellant. **4.** Visum est paulum deuertere experirique an digna auditio tanto properantium studio foret. **5.** Venit, inquit, atque audit Callistratum nobilem illam τὴν περὶ 'Ωρωποῦ δίκην dicentem, atque ita motus et demultus et captus est ut Callistratum iam inde sectari coeperit, Academiam cum Platone reliquerit ».

XIV

« **Dimidium librum legi** » aut « **dimidiam fabulam audiui** » aliaque huiuscemodi qui dicat, uitiose dicere ; eiusque uitii causas reddere M. Varronem ; nec quemquam ueterem hisce uerbis ita usum esse.

1. « Dimidium librum legi » aut « dimidiam fabulam audiui », uel quid aliud huiuscemodi, male ac uitiose dici existumat Varro. **2.** « Oportet enim, inquit, dicere ' dimidiatum librum ', non ' dimidium ', et ' dimidiatam fabulam ', non ' dimidiam '. Contra autem si sextario hemina fusa est, non ' dimidiatum ' sextarium fusum dicendum est, et qui ex mille nummum, quod ei debebatur, quingentos recepit, non ' dimidiatum ' recepisse dicemus, sed ' dimidium '. **3.** A*t* si scyphus, inquit, argenteus mihi cum alio communis in duas partes disiectus sit, ' dimidiatum ' eum

---

3 quos... appellant *om. R* — quos *Hertz* : quod *A om.* **PV** *recc.* || **4** ad *ante* digna *add. recc.* || auditio *A* : audito **PRV**, *recc.* auditu *recc.* || properantium *A* : properatum **PRV**, *recc.* || **5** cum uerbo *atque* desinit *A* || reliquerit *V*, *recc.* : relinquerit *R* relinqueret *P*, *recc.*

XIV. *Lem.* huiuscemodi **PV**, *recc.* : eiusmodi *et* eiuscemodi *recc. p.* || ueterem : ueterum *recc. p.* || **2** non dimidium *et* non dimidiam *om. R* || ex *ante* sextario *add. recc. p.* || **3** at *edd.* : ac **PRV**, *recc.* || eum : meum *edd.*

moitié) ; quant à l'argent qui est dans la coupe je dois dire que ce que j'ai, c'est *dimidium* (la moitié), non *dimidiatum* (diminué de la moitié) ; » 4. et il disserte en faisant la distinction, avec une grande subtilité, sur la différence qu'il y a entre *dimidium* et *dimidiatum*. 5. D'après lui, Ennius connaissait sa langue quand il a dit [1] : « *Si quis ferat uas uini dimidiatum,* si quelqu'un apportait un vase de vin à demi plein » ; de même la part qui manque à ce vase ne doit pas être dite *dimidiata* mais *dimidia*.

6. Au total cette discussion qu'il expose avec subtilité, mais un peu obscurément, aboutit à ceci : *dimidiatum* est comme *dismediatum*, partagé en son milieu et divisé en deux parties égales. 7. Il ne convient donc de dire *dimidiatum* que du tout qui a été divisé. 8. *Dimidium* au contraire n'est pas le tout qui a été divisé, mais la partie qui en a été retirée. 9. Quand nous voulons dire que nous avons lu la moitié d'un livre[2] ou que nous avons entendu la moitié d'un conte, si nous disons *dimidiam fabulam* ou *dimidium librum*, nous faisons une faute : c'est le tout, lui-même, qui a été diminué de la moitié (*dimidiatum*) et partagé, que nous disons *dimidium*. 10. Aussi Lucilius dit-il[3] en observant la même règle : « Diminué (*dimidiatus*) d'un œil et de deux pieds comme un porc », et ailleurs [4] : « Et quoi ? le fripier aussi qui veut vendre ses

---

1. *Ann.*, 526 Vahlen.
2. La distinction est très claire, son application l'est moins. Il n'est pas toujours facile de distinguer si la partie considérée est celle qui reste ou celle qui a été retirée.
3. 1342 Marx.
4. 1282 Marx.

esse dicere scyphum debeo, non ' dimidium ',
argentum autem, quod in eo scypho inest,
' dimidium ' *m*eum esse, non ' dimidiatum ' » ;
4. disseritque ac diuidit subtilissime quid ' dimidium ' ' dimidiato ' intersit, **5.** et Q. Ennium
scienter hoc in ' Annalibus ' dixisse ait :

Sicuti si quis ferat uas uini dimidiatum,

sicuti pars quae deest ei uaso non ' dimidiata '
dicenda est, sed ' dimidia '.

6. Omnis autem disputationis eius, quam sub-
tiliter quidem, sed subobscure explicat, summa
haec est : ' dimidiatum ' est quasi ' dismediatum '
et in partis duas pares diuisum ; **7.** ' dimidiatum '
ergo nisi ipsum quod diuisum est dici haud
conuenit; **8.** ' dimidium ' uero est, non quod ipsum
dimidiatum est, sed quae ex dimidiato pars altera
est. **9.** Cum igitur partem dimidiam libri legisse
uolumus dicere aut partem dimidiam fabulae
audisse, si ' dimidiam fabulam ' aut ' dimidium
librum ' dicimus, peccamus ; totum enim ipsum
quod dimidiatum atque diuisum est ' dimidium '
dicis. **10.** Itaque Lucilius eadem secutus :

Vno oculo (inquit) pedibusque duobus dimi-
      diatus
Vt porcus,

et alio loco :

---

3 debeo : debebo *R* || argentum *P* : argenti *RV recc.* || meum
edd. : eum *PRV*, *recc.* || 4 — que*om. recc.* || 5 dixisse *RV*[2],
recc. : — isset *PV*[1] || sicuti : sicut *recc. p.* || uaso : uase *recc. p.* ||
dimidiata *recc.* : dimidiato *PRV* || 10 eadem *R* : eandem *PV*,
recc. || dimidiatus *recc.* : dimiditus *RV* dimidius *P*.

nippes, il en fait l'éloge, le coquin, un strigile brisé, une demi-sandale (*dimidiatam*). » **11.** Dans le vingtième livre il a évité avec soin de dire *dimidiam horam* (moitié d'heure), mais au lieu de *dimidia*, il met *dimidium* (moitié) dans ces vers [1] : « A son moment, en un unique et même instant, trois heures et demie étant passées (*et horae dimidio et tribus confectis*), jusqu'à la quatrième seulement ». Alors qu'il était facile et naturel de dire « *dimidia et tribus confectis*, une demie et trois étant écoulées », il a veillé attentivement à éviter un mot fautif. **13.** Par là il apparaît que même *hora dimidia* n'est pas correct, mais *hora dimidiata* ou *dimidia pars horae*.

14. C'est pourquoi Plaute également, dit dans les *Bacchides* [2], *dimidium auri*, la moitié de l'or et non *dimidiatum aurum*, le demi or. **15.** Dans l'*Aululaire* [3] de même il écrit *dimidium obsoni*, la moitié du plat et non *dimidiatum obsonium* ; voici le vers : « Il dit de lui donner la moitié du plat. » **16.** Dans les *Ménechmes* [4] il emploie *dimidiatum diem* et non *dimidium* dans ce vers : « *Dies quidem iam ad umbilicum dimidiatus mortuus est*. Le jour, coupé par

1. 570 Marx.
2. 1189.
3. 291.
4. 157.

Quidni ? et scruta quidem ut uendat scrutarius
    laudat,
Praefractam strigilem, soleam improbus dimi-
    diatam.

11. Iam in uicesimo manifestius ' dimidiam
horam ' dicere studiose fugit, sed pro ' dimidia '
' dimidium ' ponit in hisce uersibus :

Tempestate sua atque eodem uno tempore, et
    horae
Dimidio et tribus confectis dumtaxat — eandem
A*d* quartam.

12. Nam cum obuium proximumque esset
dicere : « Dimidia et tribus confectis », uigilate
atque attente uerbum non probum uitauit. **13.** Per
quod satis apparet ne ' horam ' quidem ' dimidiam ' recte dici, sed uel ' dimidiatam ' horam
uel ' dimidiam partem ' horae.

14. Propterea Plautus quoque in ' Bacchidibus '
' dimidium auri ' dicit, non ' dimidiatum aurum ' ;
15. item in ' Aulularia ' ' dimidium obsoni ', non
' dimidiatum obsonium ', in hoc uersu :

Ei adeo obsoni hic iussit dimidium dari ;

16. in ' Menaechmis ' autem ' dimidiatum diem ',
non ' dimidium ' in hoc uersu :

Dies quidem iam ad umbilicum dimidiatus
    mortuust.

10 uendat *edd.* : uendat et *PRV, recc.* ‖ praefractam *P* : perfrac-
tam *recc. p.* praefactam *RV* ‖ **11** uersibus : uerbis *recc. p.* ‖
horae *recc.* : hora *PRV, recc.* ‖ ad *Hertz* : at *PRV, recc.* et *recc.*
‖ **12** dimidia *Hertz* : dimidiam *PRV, recc.* dimidium *recc.* ‖
uitauit *PRV²,recc.* : mutauit *V¹, recc.* ‖ **13** dici *V, recc.* : dicit
PR, recc. ‖ sed *om. recc. p.* ‖ **14** quoque *om. recc.* ‖ **15** hic :
hinc *codd. Plaut.* ‖ **16** mortuust *Carrio* : mortuus est *PRV, recc.*

le nombril, en deux, est désormais passé ». **17.** Caton dans son livre *de l'Agriculture*[1], a écrit : « Semez serrée la graine de cyprès, de la manière dont on sème le lin. Là-dessus criblez de la terre, un demi-doigt (*dimidiatum digitum*). Puis aplanissez bien avec une planche, les pieds ou les mains ». **18.** Il dit *dimidiatum digitum* et non *dimidium*. Car il faut dire *dimidium digiti* (la moitié du doigt) ou du doigt lui même qu'il est *dimidiatus* (demi). **19.** Caton a écrit de même[2] des Carthaginois : « Ils ont enfoui des hommes en terre jusqu'à mi-corps (*dimidiatos*), ils mirent le feu autour et les tuèrent ainsi ». **20.** Et aucun de ceux qui ont parlé correctement, ne s'est servi de ces mots autrement que je ne l'ai dit.

XV

Qu'il est attesté dans les livres et conservé dans la mémoire des hommes qu'une joie intense et inattendue apporta une mort subite à bien des gens, le souffle vital étant coupé et ne supportant pas la violence d'un mouvement de surprise intense.

1. Aristote raconte [3] que sous l'effet brutal d'une joie inattendue, Polycrita, femme très connue, de l'île de Naxos, rendit l'âme. **2.** Philippides de même, poète comique non sans réputation, alors qu'il était déjà très âgé, avait contre son attente remporté le prix au concours des poètes, et en conçut une joie si vive qu'il mourut subitement au milieu de cette joie [4]. **3.** L'histoire du Rhodien Diagoras est très connue. Ce Diagoras

---

1. 151, 3.
2. *Ann.*, p. 56, frag., 3 Jordan.
3. Frag., 559 Rose.
4. Philippides est un poète de la nouvelle Comédie Attique. Il remporta le prix en 311. Quant à Polycrita, femme de Naxos, elle s'était illustrée dans la guerre contre Erythrée et Milet. Prisonnière du chef Erythréen Diognetos, elle devint sa maîtresse et obtint qu'il livrât le camp, dont il avait la garde, aux soldats de Naxos. Polycrita reçut tant d'honneurs, de cadeaux et de couronnes qu'elle mourut en rentrant dans la ville.

17. M. etiam Cato in libro quem ' de Agri-
cultura ' conscripsit : « Semen cupressi serito
crebrum, ita uti linum seri solet. Eo cribro terram
incernito, dimidiatum digitum. Iam id bene tabula
aut pedibus aut manibus complanato ». **18.**
' Dimidiatum, inquit, digitum ', non ' dimidium '.
Nam digiti quidem ' dimidium ', digitum autem
ipsum ' dimidiatum ' dici oportet. **19.** Item M.
Cato de Carthaginiensibus ita scripsit : « Homines
defoderunt in terram dimidiatos ignemque cir-
cumposuerunt, ita interfecerunt ». **20.** Neque
quisquam omnium qui probe locuti sunt his
uerbis sequius quam dixi usus est.

XV

**Extare in litteris perque hominum memorias traditum,
quod repente multis mortem attulit gaudium ingens,
insperatum, interclusa anima et uim magni nouique motus
non sustinente.**

1. Cognito repente insperato gaudio expirasse
animam refert Aristoteles philosophus Polycritam,
nobilem feminam Naxo insula. **2.** Philippides
quoque, comoediarum poeta haud ignobilis,
aetate iam edita cum in certamine poetarum
praeter spem uicisset et laetissime gauderet, inter
illud gaudium repente mortuus est. **3.** De Rhodio
etiam Diagora celebrata historia est. Is Diagoras

---

17 etiam *om. recc. p.* || iam : terram altam succernito *Cato* ||
tabula *recc., Cato* : tabulam *PRV* || **19** ignemque *P, recc.* :
igneque *RV* || **20** sequius : secus *recc. p.*

XV. *Exstat in TY* || *Lem.* traditum : tradi *recc. p.*

avait trois fils[1], des jeunes gens, adonnés l'un au pugilat, l'autre au pancrace, le troisième à la lutte ; il les vit tous remporter la victoire et la couronne à Olympie le même jour ; et comme les trois jeunes gens, l'ayant pris dans leurs bras, avaient posé leurs couronnes sur la tête de leur père et le baisaient, comme le public de tous côtés jetait joyeusement des fleurs sur lui, il rendit l'âme là, dans le stade, sous les yeux du public, entre les bras et les baisers de ses fils.

4. Nous lisons aussi dans nos annales qu'au temps où l'armée du peuple romain fut taillée en pièces à Cannes, une vieille mère reçut la nouvelle de la mort de son fils [2] et fut plongée dans le deuil et le chagrin. Mais cette nouvelle n'était pas vraie, et le jeune homme revint à Rome peu de temps après la bataille. La vieille femme vit soudain son fils et fut abattue mortellement par l'excès, le bouleversement, et, pour ainsi dire, l'écroulement de la joie inattendue qui tombait sur elle.

XVI

Quelle diversité les médecins et les philosophes nous ont attestée dans la durée de la grossesse de la femme ; au même chapitre également les opinions des poètes anciens sur la question ainsi que beaucoup d'autres renseignements dignes d'être écoutés et retenus ; et les propres paroles du médecin Hippocrate tirées de son livre intitulé Περὶ Τροφῆς, *De la Nourriture.*

1. Médecins et philosophes illustres se sont interrogés

1. Diagoras de Rhodes est l'athlète chanté par Pindare dans le VIIe Olympique. De famille quasiment royale, il s'illustra par de nombreuses victoires. Ses fils Damagetos, Akusilaos et Doricus remportèrent le même jour la palme à Olympie (Pausanias, 6, 7, 3 ; cf. Diogène Laerce, 1, 3, 72 et Cicéron, *Tusc.*, 1, 46, 111).

2. Sur cette histoire, cf. Pline, *N.H.*, 7, 53, 180 et Liu., 22, 7, 13.

tres filios adulescentes habuit, unum pugilem, alterum pancratiasten, tertium luctatorem. Eos omnis uidit uincere coronarique Olympiae eodem die, et, cum ibi eum tres adulescentes amplexi, coronis suis in caput patris positis, sauiarentur, cum populus gratulabundus flores undique in eum iaceret, ibidem in stadio, inspectante populo, in osculis atque in manibus filiorum animam efflauit.

4. Praeterea in nostris annalibus scriptum legimus, qua tempestate apud Cannas exercitus populi Romani caesus est, anum matrem, nuntio de morte filii allato, luctu atque maerore affectam esse ; sed is nuntius non uerus fuit, utque is adulescens non diu post ex ea pugna in urbem redit, anus repente filio uiso copia atque turba et quasi ruina incidentis inopinati gaudii oppressa exanimataque est.

XVI

Temporis uarietas in puerperis mulierum quaenam sit a medicis et a philosophis tradita ; atque inibi poetarum quoque ueterum super eadem re opiniones multaque alia auditu atque memoratu digna ; uerbaque ipsa Hippocratis medici ex libro illius sumpta qui inscriptus est περὶ Τροφῆς.

1. Et medici et philosophi illustres de tempore

---

3 tres *VT* : *PRY* tris *recc.* ‖ populus : —lis *P*[1] ‖ gratula bundus : — dis *P*[1] ‖ iaceret : — rent *recc.* ‖ osculis : oculis *R.* ‖ **4** affectam : effectam *Y* ‖ is nuntius : id nuntius *R* ‖ post ex ea pugna : post eam pugnam *Y* ‖ oppressa *om. recc. p.* ‖ que *om. Y, recc. p.*

XVI. *Lem.* a philosophis *P, recc.* : philosophis *V, recc.* ‖ re *P*[2]*, recc.* : se *P*[1]*V* ‖ opiniones *P, recc.* : —ne *V, recc.* ‖ illius : ipsius *recc. p.* ‖ **1** illustres *recc.* : —tre *PRV* ‖

sur la durée de la gestation humaine. Une opinion
très répandue et désormais admise pour vraie, c'est
qu'à partir du moment où l'utérus de la femme a
reçu la semence, l'être humain naît rarement au
septième mois, jamais au huitième, souvent au neuvième, plus souvent au dixième ; et que la limite
dernière pour l'accouchement humain c'est dix mois,
non pas entamés mais pleins. **2.** Et nous voyons Plaute,
poète ancien, le dire dans sa comédie, la *Cistellaria* [1],
en ces termes : « Alors, celle qu'il avait violée, mit au
monde une fille, le mois dixième achevé ». **3.** Ménandre,
poète plus ancien, tout à fait expert en ce qui concerne
la vie humaine donne la même tradition. J'ai transcrit
ses vers sur la question, tirés de la pièce *Plocium* [2] :
« La femme porte dix mois... ». **4.** Mais Caecilius chez
nous, faisant une comédie du même titre et du même
sujet, et empruntant beaucoup à Ménandre, ne laissa
pas de côté, dans l'énumération des mois où la naissance
est possible, le huitième, comme le faisait Ménandre.
Voici les vers [3] de Caecilius : « Une femme accouche-t-elle
au dixième mois ? Bien sûr, au neuvième aussi, même
au septième et au huitième ». **5.** Que Caecilius n'ait
pas dit cela à la légère et ne se soit pas écarté sans
raison de Ménandre et d'une opinion très répandue,

1. 162.
2. Frag., 413 Koch. Voir des extraits de cette pièce en 2, 23.
3. 164 Ribbeck.

humani partus quaesiuerunt. Multa opinio est, eaque iam pro uero recepta, postquam mulieris uterum semen conceperit, gigni hominem septimo rarenter, numquam octauo, saepe nono, saepius numero decimo mense, eumque esse homin*u*m gignendi summum finem : decem menses non inceptos, sed exactos. **2.** Idque Plautum, ueterem poetam, dicere uidemus in comoedia ' Cistellaria ' his uerbis :

tum illa, quam compresserat,
Decumo post mense exacto hic peperit filiam.

3. Hoc idem tradit etiam Menander, poeta uetustior, humanarum opinionum uel peritissimus ; uersus eius super ea re de fabula ' Plocio ' posui :

Γυνὴ κυεῖ δέκα μῆνας.

4. Sed noster Caecilius, cum faceret eodem nomine et eiusdem argumenti comoediam ac pleraque a Menandro sumeret, in mensibus tamen genitalibus nominandis non praetermisit octauum, quem praeterierat Menander. Caecilii uersus hice sunt :

Insoletne mulier decimo mense parere ? —
Pol nonoque
Etiam septimo atque octauo.

5. Eam rem Caecilium non inconsiderate dixisse neque temere a Menandro atque a multorum

---

1 conceperit : concepit *V* ‖ hominum *Gron.* : —nem *PRV*, *recc.* ‖ **3** δέκα μῆνας *Hertz* : δεκαμηινας *V* δεκαμνινας *et* δεκαμηνος *recc.* ‖ **4** *Cum uerbis* Caecilius cum *denuo incipit A* ‖ tamen *PRV* : tum *et* tunc *recc.* ‖ hice *Carrio* : hisce *PRV*, *recc.* ‖ insoletne *PRV*, *recc.* : soletne *Hertz* ‖ nonoque *PRV*, *recc.* : nono quoque *recc.* ‖ **5** inconsiderate : cons— *recc. p.*

Varron nous en persuade. **6.** Il a écrit et laissé au livre quatorzième de ses *Réalités religieuses* [1], qu'il y a eu parfois des accouchements au huitième mois ; dans ce livre il affirme en outre que la naissance humaine peut se faire parfois au onzième mois et de cette opinion sur le huitième mois et sur le onzième, il donne comme source Aristote [2]. **7.** Mais on peut apprendre quelle est la cause de ce désaccord sur le huitième mois dans le livre d'Hippocrate qui est intitulé περὶ Τροφῆς, *de la Nourriture* [3], d'où j'ai tiré ces mots : « Il existe et n'existe pas d'enfants nés au bout de huit mois ». **8.** Cette formule si obscure et si bien frappée, pour ainsi dire contradictoire, le médecin Sabinus, qui a si bien commenté Hippocrate, l'a expliquée en ces termes : « Il en existe car ils paraissent vivants après l'avortement, il n'en existe pas car ils meurent ensuite. Ils existent donc et n'existent pas, puisqu'ils ont l'apparence de la vie dans l'immédiat, mais non la force de vivre ».

9. Varron dit que les anciens Romains n'ont pas admis les cas de cette sorte qui sont pour ainsi dire raretés prodigieuses, et qu'ils ont estimé que l'accouchement ne peut se faire, selon la nature, qu'au neuvième ou au dixième mois et à nul autre, c'est pourquoi ils ont donné aux trois Destinées des noms tirés de *parere*, enfanter, de *nonus* et *decimus*, neuvième et dixième mois. **10.** « *Parca*, la Parque, vient de *partus*, enfantement, après changement d'une seule lettre [4] ; *Nona* et *Decima* du moment favorable pour

1. Frag., 12 Agahd.
2. *Hist. Anim.*, 7, 4.
3. 2, p. 23 Kühn. La citation d'Aulu-Gelle n'est pas littérale. Le médecin Sabinus est cité par Galien dans son commentaire du περὶ τροφῆς. Sur son œuvre, cf. Gossen, *R.E.* s.u.
4. Tertullien (*de anima*, 3, 7), parle d'une déesse de l'enfantement *Partula*, à côté de *Nona* et de *Decima*. L'étymologie de *Parca*, donnée par Varron, est considérée comme vraisemblable par les modernes.

opinionibus desciuisse, M. Varro uti credamus facit. 6. Nam mense nonnumquam octauo editum esse partum in libro quarto decimo ' Rerum diuinarum ' scriptum reliquit ; quo in libro etiam undecimo mense aliquando nasci posse hominem dicit, eiusque sententiae tam de octauo quam de undecimo mense Aristotelem auctorem laudat. 7. Sed huius de mense octauo dissensionis causa cognosci potest in libro Hippocratis qui inscriptus est περὶ Τροφῆς, ex quo libro uerba haec sunt : Ἔστιν δὲ καὶ οὐκ ἔστιν τὰ ὀκτάμηνα. 8. Id tamen obscure atque praecise, tanquam aduerse dictum Sabinus medicus, qui Hippocratem commodissime commentatus est, uerbis *his* enarrauit : Ἔστιν μέν, φαινόμενα ὡς ζῷα μετὰ τὴν ἔκτρωσιν · οὐκ ἔστιν δέ, θνήσκοντα μετὰ ταῦτα · καὶ ἔστιν οὖν καὶ οὐκ ἔστιν, φαντασίᾳ μὲν παραυτίκα ὄντα, δυνάμει δὲ οὐκέτι.

9. Antiquos autem Romanos Varro dicit non recepisse huiuscemodi quasi monstruosas raritates, sed nono mense aut decimo, neque praeter hos aliis, partionem mulieris secundum naturam fieri existimasse idcircoque eos nomina Fatis tribus fecisse a pariendo et a nono atque decimo mense. 10. Nam « Parca, inquit, inmutata una littera, a partu nominata, item Nona et Decima a partus

---

6 nonnumquam *recc.* : nonum quam *PRV* || undecimo : in decimo *recc. p.* || 7 τὰ ὀκτάμηνα : *deest in Hippocr.*|| 8 tamen : *PRV*, *recc.* tam *edd.* || tanquam *PRV*, *recc.* : et tanquam *Otho* tamque *edd.* || *his add. edd.* || δὲ *post* ὡς *add. edd. edd.* || ἔκτρωσιν *recc.* : ἔκπτωσιν *Hertz* ΕΚΠΣΩΣΙΝ *V* || καὶ ἔστιν οὖν *om. recc.* || καὶ οὐκ ἔστιν *om. edd.*|| δυνάμει *edd.* : διανμει *V* διαμενει *recc.* || οὐκ ἔτι *V* : οὐκ ἔστιν *edd.* || 9 aliis *Carrio* : alios *PRV*, *recc.* alias *edd.* || que *post* idcirco *om. V recc. p.* || 10 parca *recc.* : parga *PRV*.

l'accouchement ». **11.** Mais Caesellius Vindex[1] dans ses *Lectures Antiques* dit : « Les Parques ont trois noms *Nona, Decuma, Morta* », et il cite ce vers de l'*Odyssée* de Livius Andronicus [2], poète très ancien : « Quand viendra le jour que la Parque (*Morta*) a prédit ? ». Caesellius, homme sans malice, a pris *Morta* pour un nom propre alors qu'il eût dû y voir un équivalent de *moera*, la destinée.

12. En outre, à propos de l'accouchement humain, en dehors de ce que j'ai lu dans les livres, j'ai appris quant à moi, qu'il était arrivé à Rome ce que voici. Une femme de bonne et honorable conduite, d'une chasteté indiscutable, avait accouché le onzième mois après la mort de son mari, et on lui avait fait des difficultés à cause de la longueur du délai, dans l'idée qu'elle avait conçu après la mort de son mari, puisque les décemvirs avaient écrit qu'un être humain vient au monde dans les dix mois, et non au cours du onzième [3] ; mais feu l'empereur Hadrien, ayant appelé à lui la cause, avait décrété que l'accouchement pouvait survenir aussi au cours du onzième mois ; et nous avons lu quant à nous son décret sur le sujet. Dans ce décret Hadrien dit qu'il prend cette décision après avoir consulté l'opinion des philosophes et des médecins anciens. **13.** Aujourd'hui encore nous avons lu les mots que voici [4], dans une satire de Varron intitulée *Le Testament* : « Si un fils ou plusieurs me naissent dans les dix mois, s'ils sont comme l'âne qui veut jouer

---

1. Sur Caesellius Vindex, cf. 2, 16 et la n.
2. Frag., 12 Bährens. L'étymologie de *Morta* proposée par Aulu-Gelle, *moera* est acceptée par A. Ernout, *Dict. étym. s. u.* D'autres rattachent le mot à *mors*.
3. *XII, Tab.*, IV, 4 ; cf. Ulpien, *Dig.*, 38, 6, 3, 11 : *Post decem menses mortis natus non admittetur ad legitimam hereditatem.*
4. Frag., 543 Bücheler.

tempestiui tempore ». **11.** Caesellius autem Vindex
in ' Lectionibus ' suis ' antiquis ' : « Tria, inquit,
nomina Parcarum sunt : Nona, Decuma, Morta, »
et uersum hunc Liuii, antiquissimi poetae, ponit
ex 'Οδυσσεία :

> Quando dies adueniet quem profata Morta
>   est ?

Sed homo minime malus Caesellius ' Mortam '
quasi nomen accepit, cum accipere quasi Moeram
deberet.

12. Praeterea ego de partu humano, praeterquam quae scripta in libris legi, hoc quoque usu
uenisse Romae comperi. Feminam bonis atque
honestis moribus, non ambigua pudicitia, in
undecimo mense post mariti mortem peperisse
factumque esse negotium propter rationem temporis, quasi marito mortuo postea concepisset,
quoniam decemuiri in decem mensibus gigni
hominem, non in undecimo scripsissent ; sed
diuum Hadrianum, causa cognita, decreuisse in
undecimo quoque mense partum edi posse ;
idque ipsum eius rei decretum nos legimus. In
eo decreto Hadrianus id statuere se dicit requi-
sitis ueterum philosophorum et medicorum sententiis. **13.** Hodie quoque in satura forte M.
Varronis legimus, quae inscribitur ' Testamen-
tum ', uerba haec : « Si quis mihi filius unus
pluresue in decem mensibus gignantur, ii si

---

11 inquit : sine quod *P* ‖ morta *recc.* : orta *PRV* ‖ **13** gignantur *V* :   gignuntur   *PR, recc.*

de la lyre [1], qu'ils soient déshérités ; s'il en est né un le onzième mois, comme le veut Aristote, qu'Attius[2] ait les mêmes droits auprès de moi que Titius ». **14.** Par ce vieux proverbe Varron indique, comme on avait l'habitude de dire dans le langage courant de deux choses qui ne différaient en rien entre elles : « C'est la même chose pour Attius que pour Titius », que les fils nés dans les dix mois et les fils nés dans les onze, ont des droits égaux et identiques.

15. Si de la sorte la femme ne peut porter au delà du dixième mois, il faut se demander pourquoi Homère [3] a prêté ces mots à Neptune s'adressant à une jeune femme qu'il venait de violer : « Réjouis toi de mon amour, l'année une fois écoulée, tu donneras le jour à de nobles enfants : le lit des immortels n'est point stérile ». **16.** J'avais soumis ce texte à bon nombre de grammairiens : une partie d'entre eux affirmaient qu'à l'époque d'Homère comme à celle de Romulus, l'année était non de douze mois mais de dix ; d'autres qu'il convenait à Neptune et à sa majesté qu'un rejeton de lui mît plus de temps à se former ; d'autres de nouvelles billevesées. **17.** Mais Favorinus me dit que περιπλομένου ἐνιαυτοῦ ne signifie pas l'année terminée (*confecto*), mais l'année proche de sa fin (*affecto*). **18.** En cela il usa d'un mot dont le sens n'est pas du langage ordinaire. **19.** *Affectus*, dans le langage de Cicéron et des écrivains anciens les plus raffinés, se disait proprement de ce qui n'était pas arrivé à son terme mais qui en

---

1. Des incapables ; l'expression se fonde sur un proverbe grec. Cf. Otto, *Sprichwörter*, p. 41.
2. Ces noms sont de ceux qu'emploient les juristes pour leur donner une valeur généralisante (un tel, M. Dupont ou M. X.). Attius est rare (*Dig.*, 41, 1, 8), Titius très fréquent, mais il alterne généralement dans cet usage avec Caius Seius, jamais avec Attius. Cf. S. Lancel, in *Hommages à Jean Bayet*, Bruxelles, 1964, p. 359. Les manuscrits donnent *Tetio* et *Teti*, Hertz lisait *Tettio*, d'après Nonius (p. 40, 1 M) qui cite une satire de Varron.
3. *Od.*, 11, 248.

erunt ὄνοι λύρας, exheredes sunto; quod si
quis undecimo mense, κατ' 'Αριστοτέλην, natus est,
Attio idem, quod Titio, ius esto apud me ».
14. Per hoc uetus prouerbium Varro significat,
sicuti uulgo dici solitum erat de rebus nihil inter
sese distantibus : « Idem Atti, quod Titi »,
ita pari eodemque iure esse in decem mensibus natos
et in undecim.

15. Quod si ita neque ultra decimum mensem
fetura mulierum protolli potest, quaeri oportet
cur Homerus scripserit, Neptunum dixisse puellae
a se recens compressae :

Χαῖρε γυνὴ φιλότητι · περιπλομένου δ' ἐνιαυτοῦ
τέξεις ἀγλαὰ τέκν', ἐπεὶ οὐκ ἀποφώλιοι εὐναὶ
ἀθανάτων.

16. Id cum ego ad complures grammaticos
attulissem, partim eorum disputabant Homeri
quoque aetate, sicuti Romuli, annum fuisse non
duodecim mensium, sed decem ; alii conuenisse
Neptuno maiestatique eius dicebant, ut longiore
tempore fetus ex eo grandesceret ; alii alia quaedam nugalia. **17.** Sed Fauorinus mihi ait περιπλομένου ἐνιαυτοῦ non ' confecto ' esse anno, sed
' affecto '. **18.** In qua re uerbo usus est non
uulgariae significationis. **19.** ' Adfecta ' enim,
sicuti Marcus Cicero et ueterum elegantissimi
locuti sunt, ea proprie dicebantur quae non ad

---

13 sunto *recc.* : sunt *PRV*, *recc.* || titio *edd.* : tetio *V*, *recc.*
tecio *P*, *recc.* || **14** idem : item *P* || titi *edd.* : teti *PRV* teci
recc. || **16** longiore *RV*, *recc.* : longiori *P* || **17** confecto *edd.* :
—tos *PRV*, *recc.* || esse anno *om. R* — anno *edd.* : annos *PV*,
recc. || affecto *PR* : — tos *V recc.* || **19** adfecta : —te *R*.

avait été poussé et amené tout près. Cicéron a usé de ce mot en ce sens dans le discours qu'il a prononcé *Sur les Provinces consulaires* [1].

20. Hippocrate, dans le livre dont j'ai écrit plus haut [2], après avoir déterminé le nombre de jours pendant lesquels le germe conçu prend forme dans l'utérus, et le moment de l'accouchement au neuvième ou au dixième mois, en ajoutant que le terme n'était pas cependant toujours constant, et que cela se passait tantôt plus tôt, tantôt plus tard, ajouta finalement ces mots : « Il y a en cela du plus ou du moins, pour le tout et les parties, mais le plus n'est pas beaucoup plus, ni le moins beaucoup moins ». Ces mots ⟨ grecs ⟩ veulent dire que ce qui parfois va plus vite, ne va pas beaucoup plus vite, et que ce qui est plus tardif, ne l'est pas beaucoup.

21. Je me souviens quant à moi avoir recherché avec soin et inquiétude, une affaire d'importance le réclamant, si un enfant né vivant au huitième mois et mort aussitôt après, donnait le droit des trois enfants[3], certains pensant qu'il s'agissait d'un avortement et non d'un accouchement, vue l'impossibilité d'une naissance au huitième mois.

22. Mais puisque nous avons dit ce que nous savions sur la gestation d'un an dont parle Homère et sur le onzième mois, il nous a semblé qu'il ne fallait pas laisser de côté ce que nous avons lu dans le livre septième [4] de l'*Histoire Naturelle* de Pline. **23.** Comme

---

1. 8, 19 et 12, 29.
2. § 7.
3. La *loi Pappia Poppaea* (— 8) donnait aux pères de trois enfants des distinctions honorifiques et des immunités assez importantes pour que les empereurs aient souvent conféré le *ius trium liberum* comme une récompense à des mérites tout autres. Sur l'activité judiciaire d'Aulu-Gelle, cf. *Introduction*, p. ix.
4. 7, 5, 40.

finem ipsum, sed proxime finem progressa deduc-
taue erant. Hoc uerbum ad hanc sententiam
Cicero in hac fecit, quam dixit ' de Prouinciis
Consularibus '.

20. Hippocrates autem in eo libro de quo supra
scripsi, cum et numerum dierum quibus conceptum
in utero coagulum conformatur, et tempus ipsius
partionis nono aut decimo mense definisset neque
id tamen semper eadem esse fini dixisset, sed
alias ocius fieri, alias serius, hisce ad postremum
uerbis usus est : Γίνεται δὲ ἐν τούτοις καὶ πλείω
καὶ ἐλάσσω καὶ ὅλον καὶ κατὰ μέρος · οὐ πολλὸν δὲ καὶ
πλείω πλείω καὶ ἐλάσσω ἐλάσσω. Quibus uerbis significat, quod aliquando ocius fieret, non multo
tamen fieri ocius neque quod serius, multo serius.

21. Memini ego Romae accurate hoc atque
sollicite quaesitum, negotio non rei tunc paruae
postulante, an octauo mense infans ex utero
uiuus editus et statim mortuus ius trium liberorum suppleuisset, cum abortio quibusdam, non
partus, uideretur mensis octaui intempestiuitas.

22. Sed quoniam de Homerico annuo partu
ac de undecimo mense diximus quae cognoueramus,
uisum est non praetereundum quod in Plinii
Secundi libro septimo ' Naturalis Historiae '

19 proxime finem *recc.* : proximi effinem *V* proximye finem
PR || hac *Gron.* : hoc *PRV*, *recc.* || fecit *P* : fuit *RV*, *recc.* |
20 numerum *R²* *recc.* : — ro *PV*, *recc.* || definisset : defuisse
recc. || serius *post* alias *recc.* : setius *PRV* secius *recc.* || τούτοις :
ΤΟΥΣΟΥ *V* || οὐ πολλὸν *Hippocr.* : ΟΙΠΟΜΟΝ *V* εἴπομεν *recc.* ||
πλείω πλείω *edd.* : πλεω πλειω *V* πλεω πλειονα *u recc.* || quod ali-
quando : quo al —*recc. p.* || serius (*bis*) *recc.* : sepius *PRV* setius
recc. || **21** an octauo *P*, *recc.* : an octaue *R* ac noctiue *V* ||
uiuus : unius *recc. p.* || **22** homerico : homeri *R* || annuo :
humano *recc. p.*

cela peut paraître incroyable, nous donnons le texte même de Pline : « Masurius [1] garantit que le préteur Lucius Papirius, alors qu'un héritier en seconde ligne intentait une action devant lui, accorda une *bonorum possessio* (entrée en jouissance) à son adversaire, que sa mère disait avoir porté pendant treize mois, car ce magistrat pensait qu'il n'y avait pas de terme fixe, défini pour la gestation ». 24. Dans le même livre de Pline [2] il y a ces mots : « Bailler au cours de l'accouchement est mortel, comme éternuer au cours de l'union est abortif ».

XVII

Qu'il a été transmis également à la postérité, par des hommes de la plus grande autorité, que Platon acheta à un prix incroyable trois livres du pythagoricien Philolaos, et Aristote quelques-uns du philosophe Speusippe.

1. La tradition rapporte que le philosophe Platon avait un patrimoine tout à fait modeste et qu'il a cependant acheté trois livres du pythagoricien Philolaos [3] pour dix mille deniers [4]. **2.** Certains ont écrit que cet argent lui avait été donné par son ami Dion de Syracuse. **3.** Il est de tradition aussi qu'Aristote a acheté quelques livres du philosophe Speusippe [5], après sa mort, pour trois talents attiques. Cette somme fait

---

1. Frag., 31 Bremer, p. 430.
2. 7, 6, 42.
3. Philolaos de Crotone, était un pythagoricien contemporain de Socrate. Il avait écrit un περὶ φύσιος et des Βάκχαι.
4. C'est un prix sans rapport avec les prix couramment pratiqués, beaucoup plus tard cependant, sous l'empire Romain : le livre de Martial ne coûtait que cinq deniers en édition de luxe (cf. Martial, 1, 117, 17).
5. Speusippe, neveu et successeur de Platon à la tête de l'Académie (347-339), écrivit de nombreux traités aujourd'hui perdus, relatifs surtout à la science empirique et à la biologie.

legimus. **23.** Id autem quia extra fidem esse
uideri potest, uerba ipsius Plinii posuimus :
« Masurius auctor est, L. Papirium praetorem,
secundo herede lege agente, bonorum possessionem
contra eum dedisse, cum mater partum se trede-
cim mensibus tulisse diceret, quoniam nullum
certum tempus pariendi statutum ei uideretur ».
24. In eodem libro Plini Secundi uerba haec
scripta sunt : « Oscitatio in nixu letalis est, sicut
sternuisse a coitu abortiuum ».

XVII

**Id quoque esse a grauissimis uiris memoriae manda-
tum, quod tres libros Plato Philolai Pythagorici et Aristoteles
pauculos Speusippi philosophi mercati sunt pretiis fidem
non capientibus.**

1. Memoriae mandatum est Platonem philosophum tenui admodum pecunia familiari fuisse
atque eum tamen tres Philolai Pythagorici libros
decem milibus denarium mercatum. **2.** Id ei
pretium donasse quidam scripserunt amicum eius
Dionem Syracosium. **3.** Aristotelem quoque traditum libros pauculos Speusippi philosophi post
mortem eius emisse talentis Atticis tribus ; ea
summa fit nummi nostri sestertia duo et septua-

---

23 masurius *V, recc.* : massurius *P, recc.* masirius *R* mansurius
recc. || statutum *RP², recc.* : statum *P¹V recc.* || ei *om.* Plin. ||
uideretur : uidetur *recc. p.* || **24** a coitu Plin., *recc.* : accitu
PRV accitur *recc.*

XVII. *Lem.* speusippi : speusi *P* || **1** philolai *recc.* : philolaii
PV philosoii *R* philosophi *recc. p.* || mercatum : emisse *R*
|| **2** dionem : diogenem *recc. p.* || syracosium : syracusanum
recc. p. || **3** pauculos : paucos *R* || fit *om. P*

en notre monnaie soixante douze mille sesterces. **4.** Timon, caractère un peu amer, a écrit un livre très médisant qui a pour titre *Sillos*. **5.** Dans ce livre il interpelle injurieusement Platon lui reprochant d'avoir acheté à un prix déraisonnable un ouvrage de l'école pythagoricienne et de l'avoir remanié pour en tirer le *Timée*, ce célèbre dialogue. **6.** Voici les vers de Timon [1] sur la question : « Et toi, Platon aussi, le désir de science s'est emparé de toi. Contre un tout petit livre, tu donnas un gros tas d'argent ; ainsi tu as appris comment composer le *Timée*. »

XVIII

Ce que c'est que des sénateurs *à pieds*, et pourquoi on les a appelés ainsi ; quelle est l'origine de cette expression de l'édit traditionnel des consuls : « Les sénateurs et ceux qui ont le droit de donner leur avis au sénat ».

1. Bien des gens pensent que l'on a appelé sénateurs *à pieds* des sénateurs qui ne prenaient pas la parole au sénat pour donner leur avis, mais se rangeaient à l'opinion d'autrui en se déplaçant à pieds. **2.** Mais quoi ? Quand un senatus-consulte se faisait par division, tous les sénateurs ne donnaient-ils pas leur avis en se déplaçant à pieds [2] ? **3.** Il y a encore une explication de ce mot que Gavius Bassus [3] a écrite et

---

1. *Poet. Phil. Frag.*, 54 Diels ; *Poesis lubid.*, 26, p. 130 Wachsmuth. Timon était un sceptique, disciple de Pyrrhon. De pauvre famille, il gagna sa vie comme danseur. Converti à la philosophie par Stilpon de Mégare, il rencontra Pyrrhon à Elis. Après une vie de voyages, il s'installa à Athènes où il mourut à 90 ans. C'était un écrivain mordant, auteur de comédies et de tragédies. Dans les *Silloi*, il ridiculisa la philosophie dogmatique.

2. En réalité on attendait d'un sénateur qu'il exprimât sa *sententia* personnelle par un petit exposé. Il est donc possible qu'on ait raillé ceux qui ne faisaient que se ranger aux avis d'autrui et qu'on les ait déclarés plus capables de se servir de leurs pieds que de leur langue. Tel est le sens du vers de Laberius cité plus bas.

3. Frag., 7 Fun. Sur Gavius Bassus, cf. *supra*, 2, 4, 3 et la n.

ginta milia. **4.** Τίμων amarulentus librum male-
dicentissimum conscripsit, qui Σίλλος inscribitur. **5.** In eo libro Platonem philosophum
contumeliose appellat, quod impenso pretio librum Pythagoricae disciplinae emisset exque
eo ' Timaeum ', nobilem illum dialogum, concin-
nasset. **6.** Versus super ea re Τίμωνος hi sunt :

Καὶ σύ, Πλάτων, καὶ γάρ σε μαθητείης πόθος ἔσχεν,
πολλῶν δ' ἀργυρίων ὀλίγην ἠλλάξαο βίβλον,
ἔνθεν ἀπαρχόμενος <τιμαιο>γραφεῖν ἐδιδάχθης.

XVIII

**Quid sint ' pedari ' senatores et quam ob causam ita
appellati ; quamque habeant originem uerba haec ex
edicto tralaticio consulum : « Senatores quibusque in
senatu sententiam dicere licet ».**

1. Non pauci sunt qui opinantur ' pedarios
senatores ' appellatos, qui sententiam in senatu
non uerbis dicerent, sed in alienam sententiam
pedibus irent. **2.** Quid igitur ? cum senatusconsultum per discessionem fiebat, nonne uniuersi
senatores sententiam pedibus ferebant ? **3.** Atque
haec etiam uocabuli istius ratio dicitur, quam
Gauius Bassus in ' Commentariis ' suis scriptam

4 τίμων : τειμον *PRV* || 5 *post* philosophum *uerba* tenui
admodum pecunia familiari fuisse *repetunt PRV, recc.* || librum :
libros *recc. p.* || concinnasset : continuasset *recc. p.* || 6 <τιμαιο>
testes ceteri : *om V u, recc.* || ἐδιδάχθης : — θην *V.*

XVIII. *Lem.* licet : licebat *recc. p.* || 3 haec *om. R* || gauius
Sciop. : g. *PRV, recc.*

laissée dans ses *Notes*. **4.** Au temps des anciens, dit-il, les sénateurs qui avaient géré une magistrature curule venaient d'ordinaire à la curie en char : c'était un honneur ; dans ce char (*currus*) il y avait une chaise où ils s'asseyaient, qu'on appelait pour cette raison *curulis* ; mais les sénateurs qui n'avaient pas encore reçu de magistrature curule, allaient à la curie à pieds ; c'est pourquoi les sénateurs qui n'avaient pas eu en-core les plus hautes charges étaient dits *à pieds*. **5.** Varron, dans une satire Ménippée intitulée Ἱπποκύων [1] dit que certains chevaliers étaient appelés *à pieds* et que cela paraît désigner ceux qui, n'ayant pas encore été inscrits au sénat par les censeurs, n'étaient pas sénateurs, mais, ayant exercé les charges confiées par le peuple, venaient au sénat et avaient le droit d'y donner leur avis. **6.** Car même après avoir géré des magistratures curules, s'ils n'avaient pas encore été inscrits au sénat par les censeurs, ils n'étaient pas sénateurs ; et parce qu'ils étaient inscrits en fin de liste, on ne leur demandait pas d'exposer leur avis, ils se comptaient sur les avis exprimés par les premiers. **7.** C'est ce qu'indique l'édit dont les consuls, quand ils convoquent les sénateurs à la curie, usent encore dans les termes traditionnels, pour observer la coutume. **8.** Voici les termes de l'édit : « Les sénateurs et ceux qui ont le droit de donner leur avis au sénat » [2].

---

1. Frag., 220 Bücheler.
2. Cf. cette formule dans Liu. 23, 32, 3 ; 36, 3, 3 et l'explication de Festus (p. 338, 15 M) *quia... non uocantur senatores ante quam in senioribus sunt censi.* Cette explication coïncide imparfaitement avec la deuxième explication d'Aulu-Gelle, qui, quoi qu'il en dise, est très différente de celle du § 4. Si *pedari* se disait des sénateurs qui ne prenaient pas la parole, toutes ces définitions pouvaient coexister, ou ont pu se succéder à divers moments.

reliquit. **4.** Senatores enim dicit in ueterum aetate, qui curulem magistratum gessissent, curru solitos honoris gratia in curiam uehi, in quo curru sella esset super quam considerent, quae ob eam causam ' curulis ' appellaretur ; sed eos senatores, qui magistratum curulem nondum ceperant, pedibus itauisse in curiam : propterea senatores nondum maioribus honoribus ' pedarios ' nominatos. **5.** M. autem Varro in ' Satira Menippea ', quae Ἱπποκύων inscripta est, equites quosdam dicit ' pedarios ' appellatos, uideturque eos significare qui, nondum a censoribus in senatum lecti, senatores quidem non erant, sed quia honoribus populi usi erant, in senatum ueniebant et sententiae ius habebant. **6.** Nam et curulibus magistratibus functi, si nondum a censoribus in senatum lecti erant, senatores non erant, et, quia in postremis scripti erant, non rogabantur sententias sed, quas principes dixerant, in eas discedebant. **7.** Hoc significabat edictum quo nunc quoque consules, cum senatores in curiam uocant, seruandae consuetudinis causa tralaticio utuntur. **8.** Verba edicti haec sunt : « Senatores quibusque in senatu sententiam dicere licet ».

---

4 honoris : honorum *recc. p.* ‖ uehi : euehi *R* ‖ considerent *recc.* : —ret *PRV*, *recc.* ‖ itauisse *recc.* : ita uis se *V* ita iuisse *R* intrauisse *P*, *recc.* iterauisse *recc.* ‖ functos *post* honoribus *add. recc.* ‖ **5** autem *om. P* ‖ senatores : erant *P*‖ quidem *post* usi *add. recc.* ‖ **6** functi si *edd.* : functis *PRV* functi qui *recc.* ‖ quia *recc.* : qui *PRV*, *recc.* ‖ **7** que *post* consules *add. PRV* qui *recc.* ‖ utuntur *edd.* : mutantur *PRV*, *recc.* ‖ **8** licet *PR*, *recc.* : —ceret *V*, *recc.*

9. Nous avons fait noter aussi un vers de Laberius [1] dans lequel se trouve ce mot ; nous l'avons lu dans le mime intitulé *Stricturae* : « Tête sans langue tel est l'avis d'un sénateur à pieds ». **10.** Bien souvent nous l'avons remarqué, on emploie une forme barbare : on dit, au lieu de *pedarii*, *pedanei*.

XIX

Quelle explication Gavius Bassus a donnée dans ses écrits de *parcus homo*, homme économe, quelle est, selon lui, l'origine de ce mot ; et, en sens contraire, de quelle manière et en quels termes Favorinus a ridiculisé cet enseignement.

1. Aux dîners du philosophe Favorinus, quand les convives avaient pris place et qu'on avait commencé de servir les plats, un esclave, debout auprès de la table du maître, entreprenait de lire une page de la littérature grecque ou de la nôtre ; ainsi on lisait un jour où j'étais là, un livre de Gavius Bassus [2], homme érudit, *sur l'Origine des verbes et des noms*. **2.** Il y était écrit à peu près ceci : « *Parcus* (économe) est un mot composé, de *par arcae* (égal à un coffre) : de même que dans un coffre tout est enfermé, conservé sous bonne garde et maintenu, de même l'homme parcimonieux qui se contente de peu, tient tout enfermé sous bonne garde comme le fait un coffre ; c'est pour cette raison qu'on l'a appelé *parcus*, c'est-à-dire *par arcae*, égal à un coffre ».

---

1. 88 Ribbeck. Sur Laberius, cf. supra, 1, 7, 12 et la n.
2. Frag., 6 Fun. Sur Gavius Bassus, cf. 2, 4, 3 et la n. Sur les repas et la lecture chez Favorinus, cf. 2, 22, 1.

9. Versum quoque Laberii, in quo id uocabulum positum est, notari iussimus, quem legimus in mimo qui ' Stricturae ' inscriptus est :

Caput sine lingua pedari sententia est.

10. Hoc uocabulum a plerisque barbare dici animaduertimus ; nam pro ' pedariis ' ' pedaneos ' appellant.

XIX

Qua ratione Gauius Bassus scripserit ' parcum ' hominem appellatum et quam esse eius uocabuli causam putarit ; et contra, quem in modum quibusque uerbis Fauorinus hanc traditionem eius eluserit.

1. Apud cenam Fauorini philosophi cum discubitum fuerat coeptusque erat apponi cibus, seruus assistens mensae eius legere attemptabat aut Graecarum quid litterarum aut nostratium ; uelut eo die quo ego affui, legebatur Gauii Bassi, eruditi uiri, liber ' de Origine Verborum et Vocabulorum '. **2.** In quo ita scriptum fuit : « ' Parcus ' composito uocabulo est dictus, quasi ' par arcae ', quando, sicut in arca omnia reconduntur eiusque custodia seruantur et continentur, ita homo tenax paruoque contentus omnia custodita ac recondita habet, sicuti arca. Quam ob causam ' parcus ' quasi ' par arcae ' est nominatus ».

---

9 est notari iussimus *recc. p.* : et notarius simus *PRV* ‖ stricturae : scripturae *recc.* ‖ pedari *edd.* : pedani *PRV* pedaria *et* pede *recc.*

XIX. *Lem.* esse *om. recc. p.* ‖ putarit : putauerit *recc. p.* ‖ contra *om. recc. p.* ‖ **1** attemptabat *V* : temptabat *PR* inceptabat *recc.* ‖ nostratium : nostratum *R* ‖ **2** ac recondita *PV* : et rec— *recc.* ‖ par arcae *PRV, recc.* : pararcus *Hertz.*

3. Favorinus, quand il entendit cela : « C'est de manière bien compliquée, dit-il, désagréable à l'excès, et odieuse, que votre Gavius Bassus a fabriqué et imaginé l'origine du mot, plus qu'il n'en a rendu compte. **4.** Car si on peut se permettre d'inventer, pourquoi ne paraîtrait-il pas plus acceptable d'admettre qu'on a dit *parcus* celui qui empêche, *arcet*, et interdit[1] de consumer et dépenser l'argent, *pecuniam*, comme *pecuniarcus* ? **5.** Pourquoi ne pas dire plutôt, ajouta-t-il, ce qui est plus simple et plus vrai ? *Parcus* n'a pas été dérivé d'*arca* ni d'*arcendo*, mais de l'idée de *parum*, peu et *paruus*, petit. »

---

1. L'étymologie de *parco* n'est pas connue ; le rapport avec *arceo* n'est pas à écarter a priori, mais l'explication de Gavius Bassus est ridicule de précision.

3. Tum Fauorinus, ubi haec audiuit : « Superstitiose, inquit, et nimis moleste atque odiose
confabricatus commolitusque magis est originem
uocabuli Gauius iste Bassus quam enarrauit. **4.** Nam
si licet res dicere commenticias, cur non probabilius uideatur ut accipiamus ' parcum ' ob eam
causam dictum, quod pecuniam consumi atque
impendi arceat et prohibeat, quasi ' pecuniarcus ' ?
5. Quin potius, inquit, quod simplicius ueriusque
est, id dicimus ? ' Parcus ' enim neque ab arca,
neque ab arcendo, sed ab eo, quod est ' parum '
et ' paruum ', denominatus est ».

3 quam enarrauit *edd.* : quem narrauit *PRV* quae enarrauit
recc. ‖ **4** commenticias *recc.* : commentaticias *V* commentaticas
R commendaticias *P* ‖ prohibeat : probet *R* ‖ **5** quod est : qui
est *R*.

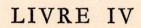

LIVRE IV

LIVRE IV

LIVRE IV

I

Une conversation du philosophe Favorinus avec un grammairien un peu fanfaron, menée à la manière socratique[1] ; il est dit au même chapitre dans quels termes le mot *penus* (provisions) a été défini par Quintus Scaevola ; et que la dite définition a été contestée et critiquée.

1. Au Palatin, dans le vestibule du palais, une foule de presque tout rang attendait le moment de saluer l'empereur[2] ; et là, dans un cercle de gens instruits, en présence du philosophe Favorinus, un quidam trop riche de science grammaticale étalait des balivernes d'école, dissertant sur les genres et les cas des noms, le sourcil haut, une majesté d'emprunt dans la voix et sur le visage, comme un interprète souverain des oracles de la Sibylle. **2.** Puis, avisant Favorinus, quoiqu'il ne fût guère connu de lui : « *Penus* aussi, dit-il, change de genre et change de déclinaison. Car les anciens ont dit et *hoc penus* et *haec penus, huius peni* et *penoris*. **3.** *Mundus* aussi, au sens de parure féminine, Lucilius[3], au livre XVI de ses *Satires*, l'a

---

1. Cf. le § 19 et l'*Introduction*, p. xxviii ss. sur le rôle de Favorinus et son influence en ce qui concerne les idées diatribiques. Cf. *ibid.*, p. xxx n. 2. Socrate est l'autorité la plus sûre quand il s'agit d'affirmer le primat de la morale, ou, comme Favorinus croit le faire ici, de tirer un enseignement plein d'intérêt d'une scène de pédantisme.

2. Il s'agit d'Hadrien (117-138) ou d'Antonin le Pieux (138-161) ; la seule indication chronologique à retirer de ce texte, c'est que la scène est antérieure à 161, date après laquelle il y eut deux empereurs, Marc Aurèle et Lucius Verus.

3. 519 Marx.

LIBER QVARTVS

I

Sermo quidam Fauorini philosophi cum grammatico iactantiore factus in Socraticum modum ; atque ibi in sermone dictum quibus uerbis ' penus ' a Q. Scaeuola definita sit ; quodque eadem definitio culpata reprehensaque est.

1. In uestibulo aedium Palatinarum omnium fere ordinum multitudo opperientes salutationem Caesaris constiterant ; atque ibi in circulo doctorum hominum, Fauorino philosopho praesente, ostentabat quispiam grammaticae rei ditior scholica quaedam nugalia, de generibus et casibus uocabulorum disserens cum arduis superciliis uocisque et uultus grauitate composita, tamquam interpres et arbiter Sibyllae oraculorum. **2**. Tum aspiciens ad Fauorinum, quamquam ei nondum etiam satis notus : « esset ' Penus ' quoque, inquit, uariis generibus dictum et uarie declinatum est. Nam et ' hoc penus ' et ' haec penus ' et ' huius peni ' et ' penoris ' ueteres dictauerunt ; **3**. mundum quoque muliebrem Lucilius in ' Satirarum ' XVI. non uirili genere, ut ceteri, sed neutro appellauit his uerbis :

I. *Lem.* est *PV*, *recc.* : sit *recc.* || **1** omnium : omnis *recc. p.* || opperientes *recc.* : operientes *PRV*, *recc.* || ditior *P, recc.* : dicior *RV* doctior *recc. edd.* || uultus *recc.* : uultibus *PV* uocibus *R* || **2** penoris *RP2* : penuris *PV* peniris *et* peniteris *recc.* || **3** XVI : XVII Non. 51, 4 || ceteri *recc.* : ceteris *PRV* || uerbis : uersibus *recc. p.*

employé non au masculin comme les autres, mais au neutre dans les mots suivants : « Un homme légua à sa femme toute sa parure (*mundum omne*) et toutes ses provisions. Mais qu'est-ce que la parure ? Qu'est-ce qui en est exclu ? Qui fera le départ ? ».

4. Et il retentissait d'exemples et de témoignages sur tout cela ; comme il glapissait trop odieusement, Favorinus intervint calmement : « Je t'en prie, dit-il, maître, quel que soit ton nom, tu nous a appris à satiété bien des choses, que nous ignorions assurément, et que nous ne demandions certainement pas à connaître. 5. Que m'importe à moi et à mon interlocuteur quel genre donner à *penus* [1], ou à l'aide de quelle désinence le décliner, pourvu que nous le fassions l'un et l'autre[2] sans trop gros barbarisme ? 6. Mais j'ai absolument besoin d'apprendre ce qu'il faut entendre par *penus*, et dans quelle limite[3] l'employer, pour éviter ce que font les esclaves nouvellement achetés, en commençant à parler latin, nommer une chose d'usage courant d'un autre nom qu'il ne faut.

— 7. Tu ne demandes, répondit l'autre, rien que de très facile. Qui ignore que *penus*, c'est le vin, le blé, l'huile, les lentilles, les fèves et autres choses de cette sorte. 8. Est-ce encore, reprend Favorinus, que le millet, le panic, le gland et l'orge font partie du *penus* ? Ils sont

---

1. Favorinus affirme là sa fidélité à la doctrine diatribique de limitation et à l'attitude de Socrate écartant les savoirs inutiles. Mais il le fait avec un manque de logique certain, car comment éviterait-il les fautes de langage, s'il ignorait le genre des mots ?

2. *Nemo* est employé comme *neuter* qui très souvent se met au pluriel.

3. Les manuscrits suggèrent *quo fini*, mais Aulu-Gelle emploie le féminin très constamment et Gronove lisait *qua fini* (cf. 1, 3, 16 ; 1, 3, 20 ; 3, 16, 20 ; 13, 21, 9).

Legauit quidam uxori mundum omne penumque.
Atqui quid mundum ? quid non ? quis diuidet
istuc ? »

4. Atque horum omnium et testimoniis et
exemplis constrepebat ; cumque nimis odiose
*b*latiret, intercessit placide Fauorinus et : « Amabo,
inquit, magister, quicquid est nomen tibi, abunde
multa docuisti quae quidem ignorabamus et scire
haud sane postulabamus. **5.** Quid enim refert
mea eiusque quicum loquor, quo genere ' penum '
dicam aut in quas extremas litteras declinem, si
nemo id non nimis barbare fecerimus ? **6.** Sed
hoc plane indigeo discere, quid sit ' penus ' et
quo *fi*ni id uocabulum dicatur, ne rem cotidiani
usus, tamquam qui in uenalibus Latine loqui
coeptant, alia quam oportet uoce appellem.

— **7.** Quaeris, inquit, rem minime obscuram.
Quis adeo ignorat, ' penum ' esse uinum et
triticum et oleum et lentim et fabam atque
huiuscemodi cetera ? — **8.** Etiamne, inquit
Fauorinus, milium et panicum et glans et hordeum ' penus ' est ? sunt enim propemodum haec
quoque eiusdemmodi.» **9.** Cumque ille reticens

---

3 uxori mundum omne : mundum omnem uxori sue
R ‖ penumque atqui quid *Hertz* : atque penumque quid
PRV ‖ quid non : quod non *P* ‖ 4 constrepebat : cum
strepebat *P* ‖ blatiret *Hosius* : plateret *RV* placeret *P*, *recc.*
blateraret *Bentley* ‖ amabo *I. Gron.* : ambo *PRV* amabone *recc.*
‖ 5 si nemo *PRV*, *recc.* : si modo *Lion* si nemo non *Mommsen*
‖ fecerimus *P* : fecerim *RV* fecerit *recc.* ‖ 6 quo fini *edd.* :
quo fani *PRV* ‖ in uenalibus *PRV* : in uenabulis *recc.* in
cunabulis *Falster* ‖ coeptant : temptant *recc. p.* ‖ 7 *A*
uocabulis et lentem *A denuo incipit* — lentim *RV* : lentem *A*
lentam *P* ‖ 8 glans *A* (?) *edd.* : glandem *PRV*, *recc. p.* ‖
eiusdem modi *A* : eiusmodi *PV*, *recc.* huiusmodi *R*.

aussi à peu près du même ordre ». **9.** Comme l'autre
gardait le silence et hésitait : « Je ne veux plus que
tu te mettes en peine pour savoir si ce que j'ai énuméré,
est appelé *penus*. Mais peux-tu, au lieu de me nommer
quelque espèce de *penus*, définir en énonçant le genre
et indiquant les différences, ce qu'est le *penus* ?
— Je ne comprends pas, ma foi, de quel genre et de
quelles différences tu parles. — **10.** Tu demandes,
répondit Favorinus, que ce qui a été dit clairement,
soit, ce qui est bien difficile, dit plus clairement encore ;
car il est bien connu que toute définition[1] consiste dans
l'énoncé du genre et des différences. **11.** Mais si tu
veux que je te mâche les morceaux, comme on dit[2],
j'irai jusque là pour te faire honneur ».

12. Puis il commença ainsi : « Si je te demandais
moi, de me dire et, dans ta réponse, de délimiter, pour
ainsi dire, ce qu'est l'homme, tu ne me répondrais pas,
je pense, que nous sommes des hommes, toi et moi.
C'est en effet montrer qui est homme ; ce n'est pas dire
ce qu'est l'homme. Mais si, disais-je, je te demandais
de définir ce qu'est l'homme, en lui même, tu me dirais
assurément que l'homme est un animal mortel, capable
de raison et de science ; ou bien tu t'exprimerais d'une
autre manière pour le distinguer de tout les autres
animaux. Ainsi donc je te demande maintenant de
me dire ce qu'est le *penus*, et non de me nommer

---

1. Leçon élémentaire de logique formelle : la définition consiste
à indiquer le genre prochain et les différences spécifiques. Cf.
Quintilien, 5, 10, 55 ss. qui donne précisément le même exemple
que Favorinus au § 12.
2. Cf. Otto, *Sprichwörter...*, p. 247 s.u. *nutrix*, qui rapproche
du texte Cic., *de Orat.*, 2, 39, 162.

haereret: « Nolo, inquit, hoc iam labores, an ista,
quae dixi, ' penus ' appellentur. Sed potesne mihi
non speciem aliquam de penu dicere, sed definire,
genere proposito et differentiis adpositis, quid sit
' penus ' ? — Quod, inquit, genus et quas diffe-
rentias dicas, non hercle intellego. — **10**. Rem,
inquit Fauorinus, plane dictam postulas, quod
difficillimum est, dici planius ; nam hoc quidem
peruolgatum est, definitionem omnem ex genere
et differentia consistere. **11**. Sed si me tibi
praemand*e*re, quod aiunt, postulas, faciam sane
id quoque honoris tui habendi gratia ».

12. Ac deinde ita exorsus est : « Si, inquit, ego
te nunc rogem ut mihi dicas et quasi circumscribas
uerbis cuiusmodi ' homo ' sit, non, opinor,
respondeas hominem esse te atque me. Hoc enim
quis homo sit ostendere est, non quid homo sit
dicere. Sed si, inquam, peterem ut ipsum illud,
quod homo est, definires, tu profecto mihi diceres
hominem esse animal mortale, rationis et scientiae
capiens, uel quo alio modo diceres, ut eum a
ceteris omnibus separares. Proinde igitur nunc
te rogo ut quid sit ' penus ' dicas, non ut aliquid

---

9 penus *recc.* : penis *PRV* || appellentur *PV*, *recc.* : appelentur
R appelletur *A ut uidetur* || non *recc.* : nos *PRV*, *om. A* || dicere
recc. : diceres *PRV* || quid *recc.* : qui *PRV* || quod inquit genus *A* :
quod sint penus *PRV*, quot sint penus *recc.* || **10** dictam :
dicam *A* || postulas *AP³*, *recc.* : postulans *PRV* || quod :¸que *A* ||
11 si me tibi *A* : siste mihi *P* si tent hi *V* si temi h et *R* si te
mihi *et* si item mihi *recc.* || praemandere *Gron.*: —dare *APRV*,
recc. || **12** est *post* exorsus *om. recc. p.* || ut *A* : uti *PRV*, *recc.* ||
cuiusmodi *A* : quid *P²RV* quod *P¹*|| tu... diceres *deest in R* — tu
P : tum *V*, *recc.* || animal *A* : *om. PRV*, *recc.* || ut quid *recc.* :
ut quit *A* uti qui *P²RV* uti quis *P¹* || aliquid : aliquod *P*.

certaines sortes de *penus* ». **13.** Alors le hâbleur, d'une voix désormais douce et humble : « Je n'ai pas étudié, quant à moi, dit-il, les disciplines philosophiques, et je n'ai pas désiré les étudier ; j'ignore si l'orge fait partie du *penus* et en quels termes on définit le mot *penus*, cela ne prouve pas que je sois dépourvu des autres connaissances littéraires.

— **14.** Savoir ce que signifie *penus*, dit Favorinus avec un sourire, ne relève pas plus de la philosophie, notre discipline, que de la grammaire que tu professes. **15.** Tu te souviens, je suppose, que l'on se demande traditionnellement si Virgile a écrit *penum instruere longam* ou *longo ordine* [1]. Tu sais qu'on adopte couramment l'une ou l'autre leçon. **16.** Mais pour te donner meilleure conscience, on ne juge pas que ces maîtres du droit ancien qu'on a qualifiés de sages, aient, eux non plus, défini convenablement ce qu'est le *penus*. **17.** Voici les mots dont Quintus Scaevola [2] s'est servi pour montrer ce qu'est *penus*, à ce qu'on me rapporte : « *Penus* ce sont, dit-il, des aliments ou des boissons ; ce qu'on s'est procuré pour le père de famille lui-même, les enfants du père de famille ou les personnes qui sont autour de lui et de ses enfants, et ne font pas de travail [3], doit, comme Mucius le dit, passer pour *penus*. Ce qu'on se procure chaque jour pour

1. *Aen.*, 1, 703 : *Quinquaginta intus famulae, quibus ordine cura longo penum struere et flammis adolere Penates.* Charisius donne *longam* ; Servius et les manuscrits *longo*. Favorinus cite Virgile, comme le narrateur, par exemple, fait Ennius en 20, 10, pour se placer sur le terrain même de l'adversaire. L'explication de Virgile étant la tâche propre du grammairien, comment peut-il s'en acquitter s'il n'est pas capable de définir correctement les mots dont le poète s'est servi ? Il est remarquable cependant que la discussion sur le genre du mot est très importante pour l'établissement du texte du passage.

2. *Iur. Ciu.*, 2, 5 a Bremer. La définition de *penus* importait aux anciens juristes à cause des questions de propriété et d'héritage. Il s'agit de Quintus Mucius Scaevola *pontifex*, consul en 95, auteur de la *lex Licinia Mucia* qui chassait les Latins de Rome. Proconsul d'Asie en 94, il publia un édit qui servit de modèle. Il composa le premier traité de droit civil. Le Q. Mucius cité paraît ne pas être un autre que lui-même : le traité cite une de ses réponses.

3. L'expression a surpris. Il s'agit probablement d'exclure du

ex penu nomines ». **13.** Tum ille ostentator,
uoce iam molli atque demissa : « Philosophias,
inquit, ego non didici neque discere adpetiui et,
si ignoro an hordeum ex ' penu ' sit aut quibus
uerbis ' penus ' definiatur, non ea re litteras quoque
alias nescio.

— **14.** Scire, inquit ridens iam Fauorinus, quid
' penus ' sit, non ex nostra magis est philosophia
quam ex grammatica tua. **15.** Meministi enim,
credo, quaeri solitum quid Vergilius dixerit, ' penum instruere' uel ' longam,' uel ' longo ordine';
utrumque enim profecto scis legi solitum. **16.** Sed
ut faciam te aequiore animo ut sis, ne illi quidem
ueteris iuris magistri, qui sapientes appellati
sunt, definisse satis recte existimantur, quid sit
' penus '. **17.** Nam Quintum Scaevolam ad
demonstrandam penum his uerbis usum audio :
« Penus est, inquit, quod esculentum aut poscu-
lentum est ; quod ipsius patrisfamilias aut liberum
patrisfamilias *aut familiae* eius, quae circum e*um*
aut liberos eius est et opus non facit, causa
paratum est, ut Mucius ait, ' penus ' uideri debet.
Nam quae ad edendum bibendumque in dies
singulos prandii aut cenae causa parantur,

---

13 discere *AP*, *recc.* : dicere *RV* addiscere *recc.* || *cum uerbo
alias explicit A* || **15** instruere *PRV*, *recc.* : struere *Verg.* ||
16 te *om. recc.* || ueteris *PV*, *recc.* : ueteres *R* || **17**
penum *recc.* : penu *PRV* || posculentum *RV* : postulentum
P poculentum *P*[2] *recc.* || aut matris familias *post* patris familias
add. Hertz || aut familiae *add. Hertz* : *om. PRV*, *recc.* || quae
circum *recc.* : quam circum *PRV* || eum *edd.* : eos *PRV*, *recc.* ||
non *PRV*, *recc.* : eorum *Lambecius* || *lacunam post* paratum est
coniectauit Mommsen.

manger et boire au déjeuner ou au dîner, ne fait pas partie du *penus* ; mais bien plutôt les objets de cette sorte qu'on rassemble et renferme pour un usage à long terme, sont appelés *penus*, du fait qu'on ne les a pas sous la main, qu'ils sont tenus à l'intérieur et au fond de la maison (*penitus*). **18.** Bien que je me sois consacré à la philosophie, ajouta-t-il, je n'ai pas négligé, moi, d'apprendre ces choses ; puisque pour des citoyens romains de langue latine, désigner un objet par un mot qui n'est pas le bon, n'est pas moins honteux que d'appeler une personne par un nom qui n'est pas le sien ».

19. Ainsi Favorinus détournait de telles discussions d'objets sans importance ni intérêt vers des considérations plus utiles à entendre et à étudier, sans aller les chercher au loin, sans étalage, mais en les faisant naître du sujet même pour les accueillir.

20. En outre, sur *penus*, j'ai pensé devoir encore ajouter que Servius Sulpicius dans sa *Critique de divers chapitres de Scaevola*[1] a écrit que, suivant l'avis de Catus Aelius [2], faisait partie du *penus* non ce qui se boit et se mange, mais aussi l'encens et les bougies qu'on se procurait en général à des fins analogues. **21.** Masurius Sabinus [3], dans le deuxième livre de son droit civil, déclare que même les provisions faites pour les bêtes dont le maître se sert, sont à assigner au *penus*. **22.** Le bois, les fagots, le charbon qui servent à préparer les provisions, certains [4] ont considéré, dit-il, que cela faisait aussi partie du *penus*. **23.** Si des provisions à vendre sont mélangées avec celles dont on se

penus tout ce qui a un caractère d'entreprise, qu'il s'agisse de la nourriture d'ouvriers agricoles ou urbains, esclaves ou non.

1. Frag., 3 Bremer, t. 1, p. 220. Cf. 2, 10, 1 et la n.
2. Frag., 1 Bremer, t. 1, p. 15. Ce juriste, consul en — 198, avait publié un commentaire de la loi des XII Tables et les formes de *legis actiones*. Pomponius disait de son ouvrage *ueluti incunabula iuris continet*.
3. Frag., 38 Bremer. Masurius Sabinus (première moitié du premier siècle), élève d'Ateius Capito et chef de l'école des Sabiniens, risque d'être la source unique de cette note. Aulu-Gelle lui a pris la citation de Servius Sulpicius aussi bien que celles de Scaevola et d'Aelius Catus.
4. Rufus, *Resp.* ; Mucius, *Iur. ciu.*, 7 a, t. I, p. 75, Bremer.

' penus ' non sunt; sed ea potius, quae huiusce
generis longae usionis gratia contrahuntur et
reconduntur, ex eo, quod non in promptu s*int*, sed
intus et penitus habeantur, ' penus ' dicta
est.   **18.** Haec ego, inquit, cum philosophiae
me dedissem, non insuper tamen habui discere ;
quoniam ciuibus Romanis Latine loquentibus rem
non *suo* uocabulo demonstrare non minus turpe
est quam hominem non suo nomine appellare ».

19. Sic Fauorinus sermones i*d* genus commune*s*
a rebus paruis et frigidis abducebat ad ea quae
magis utile esset audire ac discere, non allata
extrinsecus, non per ostentationem, sed indidem
nata acceptaque.

20. Praeterea de penu adscribendum hoc etiam
putaui, Seruium   Sulpicium   in   ' Reprehensis
Scaevolae Capitibus ' scripsisse Cato Aelio pla-
cuisse, non quae esui et potui forent, sed thus
quoque et cereos in penu esse, quod esset eius ferme
rei causa comparatum. **21.** Masurius autem Sabinus
in ' Iuris Ciuilis ' secundo, etiam quod iumentorum
causa apparatum esset quibus dominus uteretur,
penori attributum dicit. **22.** *L*igna quoque et
uirgas et carbones, quibus conficeretur penus,
quibusdam ait uideri esse in penu. **23.** Ex his
autem quae promercalia et usuaria isdem in locis

---

17 in promptu sint *edd.* : in p — est *PRV, recc.* ‖ habeantur
PRV, recc. : habeatur *Gron.* ‖ dicta est *R* : d — sunt *PV, recc.*
‖ **18** quoniam *PRV* : quin *recc.* ‖ rem non *PRV* : om. *recc.* ‖
suo *add. edd.* ‖ est *PRV, recc.* : esse *recc.* esset *edd.* ‖ **19** sic :
sicut *recc. p.* ‖ id *edd.* : in *PRV, recc.* ‖ communes *edd.* : commune
PRV, recc. ‖ **20** cato *recc.* : sato *PRV* sexto *Thysius* ‖ quod
esset *edd.*: quod non esset *R* quod esset non *PV, recc.* ‖ **22**
ligna *edd.* : signa *PRV, recc.* ‖ **23** his : iis *recc. p.*

servira, fait partie du *penus*, à son avis, seulement ce qui suffit à l'usage d'un an.

II

Quelle est la différence entre *morbus*, maladie et *uitium*, vice de conformation, quelle est la valeur de ces mots dans un édit des édiles ; et si l'eunuque et les femmes stériles donnent lieu à rédhibition ; avis opposés sur la question.

1. Dans l'édit des édiles curules [1], dans la partie qui traite des ventes d'esclaves, il était écrit ceci : « Qu'on veille à ce que l'écriteau de chaque esclave soit rédigé de façon à ce qu'on puisse bien comprendre quelle est la maladie ou le vice de chacun et s'il est sous le coup d'un châtiment ».

2. Aussi les jurisconsultes anciens ont-ils recherché ce qu'il était correct d'appeler esclave malade, ou esclave vicieux, et quelle différence il y a entre maladie et vice. **3.** Caelius Sabinus dans le livre qu'il a composé *Sur l'Edit des Ediles curules* [2], rappelle que Labéon [3] a défini en ces termes ce qu'était une maladie, *morbus* : « La maladie est un état du corps contraire à la nature, qui en rend l'usage défectueux ». **4.** Mais la maladie tombe parfois sur le corps tout entier, parfois sur une partie. Une maladie de tout le corps, c'est par exemple la phtisie ou la fièvre ; d'une partie, par exemple la

1. L'édit est le texte par lequel un magistrat fixait les règles de sa juridiction. Quand une série de magistrats successifs adoptaient les mêmes règles (*edictum tralaticium*), l'édit finissait par constituer une sorte de code. Les édiles avaient entre autres attributions la surveillance des marchés. Horace, *Epist.*, 2, 2, 1 ss., fait allusion à la procédure de vente d'un esclave vicieux.

2. *Frag.*, 2 Bremer. Caelius Sabinus, consul en 69 avec Flavius Sabinus (cf. Tac., *Hist.*, 1, 77), n'a laissé que peu de fragments.

3. *Ad Edict. Aedil.*, frag., 1, t. 2, p. 142, Bremer.

essent, esse ea sola penoris putat quae satis sint usu annuo.

II

Morbus et uitium quid differat et quam uim habeant uocabula ista in edicto aedilium ; et an eunuchus et steriles mulieres redhiberi possint ; diuersaeque super ea re sententiae.

1. In edicto aedilium curulium, qua parte de mancipiis uendundis cautum est, scriptum sic fuit : « Titulus seruorum singulorum scriptus sit curato ita ut intellegi recte possit quid morbi uitiiue cuique sit, quis fugitiuus erroue sit noxaue solutus non sit ».

2. Propterea quaesierunt iure consulti ueteres, quod mancipium morbosum quodue uitiosum recte diceretur quantumque morbus a uitio differret. **3.** Caelius Sabinus in libro, quem ' de Edicto Aedilium Curulium ' composuit, Labeonem refert quid esset ' morbus ' hisce uerbis definisse : « Morbus est habitus cuiusque corporis contra naturam, qui usum eius facit deteriorem ». **4.** Sed morbum alias in toto corpore accidere dicit, alias in parte corporis. Totius corporis morbum esse, ueluti sit phthisis aut febris, partis autem, ueluti sit caecitas aut pedis debilitas. **5.** « Balbus autem,

---

23 essent *add. Mommsen* || satis *om. recc.*

II. *Lem.* an *recc.* : ne *V, om. P* || **1** seruorum *recc.* : scripto-rum *PRV* || **2** iureconsulti : iurisconsulti *R* || quod... quodue : quid... quidue *recc.* || differret *R, recc.* : differet *PV* differt *recc.* || **3** est *R, recc.* : et *P¹V* || cuiusque : huiusque *R* || **4** sit *bis om. recc. p.* || phthisis *edd.* : phisis *PRV* thisis *recc.* || pedis : pedi *R.*

cécité ou la faiblesse d'un pied. 5. « Mais le bègue, dit-il, et celui qui ne peut articuler, sont atteints d'un vice de conformation plus que d'une maladie ; le cheval qui mord ou qui rue, est vicieux et non pas malade. Mais celui qui est malade, a en même temps un vice. L'inverse n'est pas vrai. Celui qui est vicieux, peut n'être pas malade. Aussi quand il s'agira d'un homme malade, dira-t-on : « Combien son prix sera-t-il diminué à cause de ce vice ? ».

6. Pour l'eunuque, on s'est demandé s'il était contraire à l'édit des édiles de le vendre en laissant ignorer à l'acheteur son état. 7. Labéon, dit-on, a répondu qu'on pouvait en faire la rédhibition comme d'un malade ; 8. il a écrit de même [1] que si des truies stériles avaient été vendues, on pouvait intenter une action en se fondant sur l'édit des édiles. 9. Mais pour la femme stérile, si elle est stérile de naissance, Trebatius a répondu, dit-on, en combattant Labéon. 10. Alors que Labéon [2] avait pensé que c'était un cas de rédhibition, car elle n'était pas saine, Trebatius [3], dit-on, a affirmé qu'on ne pouvait pas intenter une action fondée sur l'édit, si la femme était stérile de toujours, d'une stérilité congénitale. Au contraire si elle avait été atteinte d'une maladie, et que de ce fait elle avait contracté un vice de conformation qui l'empêchait de concevoir, alors elle ne pouvait passer pour saine, et c'était un cas de rédhibition. 11. Sur le myope qui en latin se dit *luscitiosus*, on n'est pas

---

1. *Ibid.*, frag., 12, t. 2, p. 145 Bremer.

2. T. 2, p. 143, Bremer.

3. T. 1, p. 392, Bremer. La position de Trebatius paraît pouvoir s'expliquer ainsi : une stérilité congénitale n'étant liée à aucune infirmité visible, doit passer pour une propriété permanente et normale de la femme. Une stérilité due à une maladie apparaît au contraire immédiatement comme un *uitium*, la femme atteinte étant normalement féconde.

inquit, et atypus uitiosi magis quam morbosi sunt,
et equus mordax aut calcitro uitiosus, non
morbosus est. Sed cui morbus est, idem etiam
uitiosus est. Neque id tamen contra fit ; potest
enim qui uitiosus est non morbosus esse. Quamobrem, cum de homine morboso agetur, *a*eque,
inquit, ita dicetur : « Quanto ob id uitium minoris
erit ? »

6. De eunucho quidem quaesitum est an
contra edictum aedilium uideretur uenundatus, si
ignorasset emptor eum eunuchum esse. **7.** Labeonem respondisse aiunt redhiberi posse quasi
morbosum ; **8.** sues etiam femina*e* si sterilae essent
et uenum issent, ex edicto aedilium posse agi
Labeonem scripsisse. **9.** De sterila autem muliere,
si natiua sterilitate sit, Trebatium contra Labeonem respondisse dicunt. **10.** Nam cum redhiberi
eam Labeo, quasi minus sanam, putasset, ne*ga*sse
aiunt Trebatium ex edicto a*gi* posse, si ea mulier
a principio genitali sterilitate esset. At si ualitudo
eius offendisset exque ea uitium factum esset ut
concipere fetus non posset, tum sanam non
uideri et esse in causa redhibitionis. **11.** De m*y*ope

---

5 atypus *edd.* : atyphus *PV, recc.* atiphus *R, recc.* ‖ idem :
is *et* id *recc.* ‖ enim *om. recc.* ‖ agetur *PRV* : ageretur
recc. ‖ aeque *Huschke* : neque *PRV, recc.* ‖ dicetur : diceretur *recc.* ‖ **6** ignorasset : ignoraret *R* ‖ **8** etiam : autem
recc. ‖ feminae *Huschke* : feminas *PRV, recc.* ‖ sterilae
PRV, recc. : steriles *P² recc.* ‖ uenum issent : meminissent *P*
‖ **9** sterila *V, recc.* : — li *PR, recc.* ‖ sit *om. P.* ‖ **10** negasse
I. Gron. : necesse *PRV, recc.* ‖ aiunt *PV* : esset *R* autem *recc.*
‖ agi posse *I. Gron.* : aposse *PV* aposa *R* apposuisse *recc.* ‖ in *post*
genitali *add. recc.* ‖ **11** de myope *Beroald.* : demum ope *R, recc.*
emum ope *PV.*

d'accord non plus ; les uns disent qu'il y a forcément rédhibition dans tous les cas, les autres que non, à moins que ce vice ne lui ait été donné par une maladie. **12.** Quant à celui à qui il manquait une dent, Servius répondit [1] qu'il pouvait être objet de rédhibition ; Labéon affirma[2] qu'il n'était pas dans un cas de rédhibition : « Car beaucoup de gens ont perdu une dent, et, la plupart ils n'en sont pas malades pour autant, de plus il est absurde de dire que les hommes naissent malades parce que les enfants ne viennent pas au monde avec leurs dents ».

13. Il ne faut pas omettre non plus qu'il est écrit dans les livres des jurisconsultes anciens [3] que la différence entre *morbus*, maladie, et *uitium*, vice de conformation, c'est que le vice est perpétuel alors que la maladie a un début et une fin. **14.** Mais s'il en est ainsi, ni l'aveugle, ni l'eunuque ne sont des malades, contrairement à l'opinion de Labéon exposée plus haut.

15. Je donne en appendice un texte de Masurius Sabinus [4] tiré du deuxième livre de son *droit civil* : « Le fou furieux, le muet ou celui qui a quelque membre déchiré, blessé ou le gênant et le rendant invalide, sont des malades. Celui qui par nature a la vue trop courte, n'est pas plus malade que celui qui court trop lentement ».

---

1. Resp. 108 Bremer. Sur Servius Sulpicius Rufus, cf. 2, 10, 1 et la n.
2. Frag. 2 Bremer. Labéon considère que la chute des dents est aussi normale que leur absence et leur poussée lors de la première enfance. Un biologiste serait peut-être d'un avis différent.
3. Cael. Sab. *Ad ed.* frag. 1 ss. Bremer.
4. Frag., 73 Bremer.

quoque, qui luscitiosus Latine appellatur, dissensum est ; alii enim redhiberi omnimodo
debere, alii contra, nisi id uitium morbo contractum
esset. **12.** Eum uero cui dens deesset, Seruius
redhiberi posse respondit, Labeo in causa esse
redhibendi negauit : « Nam et magna, inquit, pars
dente aliquo carent, neque eo magis plerique
homines morbosi sunt, et absurdum admodum
est dicere non sanos nasci homines, quoniam cum
infantibus non simul dentes gignuntur ».

13. Non praetereundum est id quoque in
libris ueterum iurisperitorum scriptum esse,
morbum et uitium distare, quod uitium perpetuum,
morbus cum accessu decessuque sit. **14.** Sed hoc
si ita est, neque caecus neque eunuchus morbosus
est, contra Labeonis quam supra dixi sententiam.

15. Verba Masuri Sabini apposui ex libro
' Iuris ciuilis ' secundo : « Furiosus mutusue,
cuiue quod membrum lacerum laesumque est, aut
obest quo ipse minus aptus sit, morbosi sunt.
Qui natura longe minus uidet tam sanus est quam
qui tardius currit ».

---

12 eum : cum *PRV*, *recc.* || seruius : seruus *R*, *recc.* || **13** deces-
suque : discessuque *recc.* || **14** morbosus : morbus *recc.* || **15**
ipse *recc.* : ipsi *PRV* || tardius : tardus *R*.

III

Qu'il n'y eut pas de procès entre époux dans la ville de Rome avant le divorce de Carvilius ; et au même chapitre ce qu'est proprement *paelex* (la maîtresse) et quelle est l'explication de ce mot.

1. La tradition nous informe que dans une période d'environ cinq cents ans après la fondation de Rome, il n'y eut ni actions, ni clauses de garantie [1] pour des questions de dot à Rome ni dans le Latium, tout simplement parce que personne n'en éprouvait le besoin, aucun mariage ne se rompant encore à cette époque. **2.** Servius Sulpicius encore, dans le livre qu'il a composé *sur les Dots* [2], a écrit aussi que les clauses de garantie pour une dot, parurent pour la première fois nécessaires quand Spurius Carvilius qui portait le surnom de Ruga, homme de famille connue, divorça d'avec sa femme, parce qu'elle ne lui donnait pas d'enfant en raison d'un vice de conformation, en l'an cinq cent vingt trois de la fondation de la ville, sous le consulat de Marcus Atilius et Publius Valerius [3]. Ce Carvilius, d'après la tradition, avait pour la femme qu'il répudia, une affection extraordinaire, et l'aimait beaucoup à cause de son caractère, mais il avait fait passer le respect du serment avant l'inclination et l'amour, parce que les censeurs l'avaient contraint à jurer de prendre femme pour avoir des enfants.

3. Quant à *paelex* (la maîtresse), on appelait ainsi, et on tenait pour déshonorée, la femme qui entretenait des rapports habituels avec un homme ayant sous sa *manus* et en toute propriété une autre femme qui était

---

1. Par *cautio* il faut comprendre les procédés juridiques destinés à protéger la dot et à assurer qu'en cas de divorce elle reviendra avec l'épouse répudiée.
2. Frag., 4, t. 1, p. 227, Bremer.
3. En — 231. Les consuls cités sont en réalité ceux de 527 a.u.c. / — 227. Cf. A. Degrassi, *Fasti Capitolini*, Turin, 1954, p. 161.

III

Quod nullae fuerunt rei uxoriae actiones in urbe Roma ante Caruilianum diuortium ; atque inibi, quid sit proprie ' paelex ' quaeque eius uocabuli ratio sit.

1. Memoriae traditum est quingentis fere annis post Romam conditam nullas rei uxoriae neque actiones neque cautiones in urbe Roma aut in Latio fuisse, quoniam profecto nihil desiderabantur, nullis etiamtunc matrimoniis diuertentibus. **2.** Seruius quoque Sulpicius in libro, quem composuit ' de Dotibus ', tum primum cautiones rei uxoriae necessarias esse uisas scripsit, cum Spurius Caruilius, cui Ruga cognomentum fuit, uir nobilis, diuortium cum uxore fecit, quia liberi ex ea corporis uitio non gignerentur, anno urbis conditae quingentesimo uicesimo tertio M. Atilio, P. Valerio consulibus. Atque is Caruilius traditur uxorem quam dimisit egregie dilexisse carissimamque morum eius gratia habuisse, *sed* iurisiurandi religionem animo atque amori praeuertisse quod iurare a censoribus coactus erat, uxorem se liberum quaerundum gratia habiturum.

3. ' Paelicem ' autem appellatam probrosamque habitam, quae iuncta consuetaque esset cum eo in

---

III. *Lem.* roma : romana *recc.* || eius *recc.* : eis *PV* || **1** roma : romana *recc.* || desiderabantur *recc.* : —batur *PRV*, *recc.* || **2** quingentesimo uicesimo tertio : DXXVII *recc. p.* || consulibus *recc.* : consule *PRV* || carissimamque *recc.* : carissimaque *PRV* || sed *Carrio* : et *PRV*, *recc.* || liberum : liberorum *recc.* || quaerundum : quaerundorum *recc.* || **3** paelicem : pellicem *recc. et sic bis infra.*

son épouse, c'est ce que montre une loi très ancienne [1] qui émane du roi Numa, nous a-t-on appris : « Qu'une *paelex* (maîtresse) ne touche pas le temple de Junon ; si elle le touche, qu'elle sacrifie une agnelle les cheveux défaits ».

Paelex [2] est une déformation de πάλλαξ, jeune femme, c'est-à-dire de παλλακίς, courtisane. Comme beaucoup d'autres, ce mot est dérivé d'un mot grec.

IV

Ce que Servius Sulpicius a écrit, dans son livre qui traite *des Dots*, sur le droit et la coutume qui présidaient aux fiançailles chez les Anciens.

1. Les fiançailles se faisaient dans la partie de l'Italie qu'on appelle Latium, suivant la coutume et la jurisprudence suivantes, comme a écrit Servius Sulpicius dans le livre [3] qu'il a composé *des Dots* : « **2.** Celui qui allait prendre femme obtenait par stipulation de celui qui devait la donner, la promesse de la lui donner ; quant à lui, il s'engageait de même par *sponsio*. Ce contrat par *stipulatio* et *sponsio* s'appelait *sponsalia*. Alors celle qui avait été promise était dite *sponsa*, fiancée ; celui qui avait promis de l'épouser, *sponsus*. Mais, si après ces stipulations on refusait de donner la femme en mariage ou de la prendre, le stipulateur intentait une action *ex sponsu* (en vertu d'une *sponsio*). L'affaire était mise entre les mains des juges. Le juge recherchait pourquoi la femme n'avait pas été donnée en mariage ou pourquoi elle n'avait pas été reçue. S'il n'y avait pas de raison légitime, il estimait le

---

1. T. 1, p. 135, Bremer.
2. L'étymologie de *paelex* et son rapport avec πάλλαξ restent obscurs, cf. Meillet-Ernout, *Dict. étym.* s.u.
3. Frag., 1, t. 1, p. 226. Bremer. Le texte du passage est très altéré. Il faut corriger *ductum* en *datum* et *cui* en *qui*, c'est-à-dire inverser à deux reprises le sujet pour lui donner un sens et établir le double engagement dont témoigne la suite. Il reste que la notion de *sponsus* est obscure. Le futur mari n'est pas promis, il est l'auteur de la promesse.

cuius manu mancipioque alia matrimonii causa
foret, hac antiquissima lege ostenditur, quam
Numae regis fuisse accepimus : « Paelex aedem
Iunonis ne tangito ; si tangit, Iunoni crinibus
demissis agnum feminam caedito ».

' Paelex ' autem quasi πάλλαξ, id est quasi
παλλακίς. Vt pleraque alia, ita hoc quoque uocabulum de Graeco flexum est.

IV

**Quid Seruius Sulpicius, in libro qui est ' de Dotibus ',
scripserit de iure atque more ueterum sponsaliorum.**

1. Sponsalia in ea parte Italiae quae Latium
appellatur hoc more atque iure solita fieri scripsit
Seruius Sulpicius in libro quem scripsit ' de
Dotibus ' : **2.** « Qui uxorem, inquit, ducturus erat,
ab eo unde ducenda erat stipulabatur, eam in
matrimonium datum iri. Qui ducturus erat,
itidem spondebat. Is contractus stipulationum
sponsionumque dicebatur sponsalia. Tunc, quae
promissa erat ' sponsa ' appellabatur, qui spoponderat ducturum, sponsus. Sed si post eas
stipulationis uxor non dabatur aut non ducebatur,
qui stipulabatur ex sponsu agebat. Iudices
cognoscebant. Iudex quamobrem data acceptaue
non esset uxor quaerebat. Si nihil iustae causae

---

3 aedem : aram *Paulus* || tangit *PRV, recc.* : tanget *Paulus*
tagit *Ernout.*

IV. *Lem.* quid *V, recc.* : quod *P* || **2** eam : eum *R* ||
datum iri *Otho* : ductum iri *PRV, recc.* || qui *ante* duc-
turus *Iunt.* : cui *PRV, recc.* || spoponderat *recc.* : sponderat
PRV, sed uide infra || post eas *recc.* : postea *PRV, recc.* || esset
PV, recc. : fuisset *R, recc.*

différend en argent et la somme à laquelle s'élevait l'intérêt qu'il y aurait eu à ce que la femme fût donnée ou reçue, il condamnait celui qui avait fait la promesse, *sponsio*, à la payer à celui qui avait fait la stipulation.

3. Ce droit relatif aux fiançailles resta en vigueur, dit Servius, jusqu'au moment où le droit de cité fut donné à tout le Latium par la loi *Julia* [1]. Neratius [2] donne les mêmes renseignements dans le livre qu'il a composé *sur le Mariage*.

V

Histoire sur la perfidie d'haruspices étrusques ; et qu'en raison de cela le vers suivant a été chanté par les enfants dans toute la ville de Rome : « Mauvais conseil nuit au conseilleur ».

1. Une statue, élevée au *comitium*, d'Horatius Coclès, homme de grand courage, fut frappée par la foudre. **2.** Dans l'intention de faire des sacrifices d'expiation, on fit venir des haruspices d'Etrurie, qui, dans des sentiments de haine et d'hostilité nationale à l'égard du peuple Romain, avaient décidé de faire les cérémonies d'expiation au contraire de ce que prescrivait la religion, **3.** et ils conseillèrent faussement de transporter la statue en question dans un lieu moins élevé, que le soleil n'éclairait jamais, car il était entouré de hautes constructions de tous côtés. **4.** Après avoir conseillé d'agir ainsi, ils furent dénoncés au peuple, démasqués, et, après avoir reconnu leur perfidie, ils furent mis à mort ; il fut établi que, comme les vrais principes découverts ensuite le prescrivaient, cette statue devait être amenée dans un lieu élevé, et par

1. En — 90, dans le cadre des troubles, de la guerre et de la législation qui eurent pour conséquence l'extension du droit de cité aux Italiens.

2. Frag., 1 Bremer. Neratius est un des grands juristes du règne de Trajan et d'Hadrien. Il eut une carrière très brillante et on vit en lui un successeur possible de Trajan. Son ouvrage est vraisemblablement à la source des chapitres 3 et 4. (Cf. Bremer, p. 286).

uidebatur, litem pecunia aestimabat, quantique interfuerat eam uxorem accipi aut dari, eum qui spoponderat *ei* qui stipulatus erat, condemnabat ».

3. Hoc ius sponsaliorum obseruatum dicit Seruius ad id tempus quo ciuitas uniuerso Latio lege Iulia data est. Haec eadem *N*eratius scripsit in libro quem ' de Nuptiis ' composuit.

V

Historia narrata de perfidia aruspicum Etruscorum ; quodque ob eam rem uersus hic a pueris Romae urbe tota cantatus est : « Malum consilium consultori pessimum est ».

1. Statua Romae in comitio posita *H*oratii Coclitis, fortissimi uiri, de caelo tacta est. **2.** Ob id fulgur piaculis luendum aruspices ex Etruria acciti, inimico atque hostili in populum Romanum animo, instituerant eam rem contrariis religionibus procurare, **3.** atque illam statuam suaserunt in inferiorem locum perperam transponi, quem sol oppositu circum undique al*t*arum aedium num-quam illustraret. **4.** Quod cum ita fieri persuasis-sent, delati ad populum proditique sunt et, cum de perfidia confessi essent, necati sunt, constititque eam statuam, proinde ut uerae rationes post

---

2 uidebatur *R* : — bantur *PV*, *recc.* ‖ ei *add. Cramer* : aut *add. edd.* ‖ 3 uniuerso *recc.* : —sa *PRV*, *recc.* ‖ neratius *Beroald.* : uer — *PRV*, *recc.*

V. *Lem.* etruscorum : et rusticorum *recc. p.* ‖ est *post* pessimum *om. recc. p.* ‖ 1 horatii *edd.* : oratii *PV²*, *recc.* oratio *RV¹*. ‖ 2 contrariis *recc.* : contractis *PRV* ‖ religionibus *recc.* : region — *PRV*, *recc.* ‖ 3 suaserunt: persuaserunt *recc. p.* ‖ montis *post* circum *add. P* ‖ altarum *Jahn* : aliarum *RV*, *recc.* aliarumque *P* ‖ 4 confessi essent *P*, *recc.* : confessent *V* confesserant *R*.

conséquent être établie dans l'esplanade de Vulcain qui est à une plus grande hauteur [1] ; à la suite de quoi arrivèrent succès et prospérité au peuple Romain. **5.** A ce moment-là donc, parce qu'on avait tiré punition et vengeance des haruspices étrusques conseillant pour le malheur, on fit, dit-on, le vers suivant [2] qui est joli, et les jeunes garçons le chantèrent par toute la ville : « Mauvais conseil nuit au conseilleur ».

6. Cette histoire sur les haruspices et sur ce vers sénaire est consignée dans les *Grandes Annales* [3], au livre onzième, et dans le premier livre des *Evénements mémorables* de Verrius Flaccus [4]. **7.** Mais le vers semble traduit du célèbre vers grec d'Hésiode [5] : « Mauvais conseil est très mauvais pour qui le donne ».

VI

Texte d'un senatus consulte ancien où il est décrété un sacrifice de purification avec des victimes adultes, parce que les lances de Mars avaient tremblé dans le trésor sacré ; il est expliqué dans le même chapitre ce que sont des *hostiae succidaneae*, victimes de substitution, ce qu'est de même une truie *praecidanea*, préalablement immolée ; et qu'Ateius Capito qualifie certaines fêtes de *praecidaneae*.

1. La coutume veut qu'on annonce que la terre a tremblé, ce qui donne lieu à une purification : c'est ainsi que nous lisons dans les antiques mémoires qu'on

---

1. L'*area Volcani* était très voisine du *Comitium*, mais située au-dessus, sur la pente du Capitole.

2. P. 37 Bährens.

3. Frag., 4 Peter. Les *Annales Maximi* en 80 livres *ab initio rerum Romanarum usque ad P. Mucium pontificem maximum* furent publiées peut-être par Mucius Scaevola lui-même (pontife entre — 131 et — 114). Elles devaient se fonder pour une grande partie sur la *tabula pontificum*.

4. P. xiii, Müller. Verrius Flaccus, affranchi, fut professeur des petits-fils d'Auguste et un des plus grands érudits romains, Pline se servit beaucoup de ses *Rerum memoriae*. Festus résuma son *de Significatu uerborum*. Les Fastes de Préneste sont de lui.

5. *Trav.*, 266.

compertae monebant, in locum editum subdu-
cendam atque ita in area Volcani sublimiore loco
statuendam ; ex quo res bene ac prospere populo
Romano cessit. 5. Tum igitur, quod in Etruscos
aruspices male consulentis anim*aduersum* uindicatumque fuerat, uersus hic scite factus canta-
tusque esse a pueris urbe tota fertur :

Malum consilium consultori pessimum est.

6. Ea historia de aruspicibus ac de uersu isto
senario scripta est in ' Annalibus Maximis ', libro
undecimo, et in Verri Flacci libro primo ' Rerum
memoria dignarum '. 7. Videtur autem uersus
hic de Graeco illo Hesiodi uersu expressus :

Ἡ δὲ κακὴ βουλὴ τῷ βουλεύσαντι κακίστη.

VI

**Verba ueteris senatusconsulti *po*sita, quo decretum est
hostiis maioribus expiandum, quod in sacrario ha*stae
Marti*ae* mouissent ; atque ibi enarratum quid sint ' hostiae
succidaneae ', quid item ' por*ca* praecidanea ' ; et quod
Capito Ateius ferias quasdam ' praecidaneas ' appellauit.**

1. Vt terram mouisse nuntiari solet eaque res
procuratur, ita in ueteribus memoriis scriptum
legimus nuntiatum esse senatui in sacrario in

5 animaduersum uindicatumque *recc.* : anim uindicatumque
RV uindicatum *P* ‖ pessimum est *PRV*, *recc.* : est pessimum
Varro *R.R.* 3, 2, 1 est *om. recc.* ‖ 6 annalibus *P*, *recc.* : anilibus
RV ‖ hucusque *post* dignarum *add. P*.

VI. *Lem.* ueteris *recc.* : ueteri *PV* ‖ consulti posita quo *edd.* :
consulti sit a quo *V* consultis ita quo *P* consulti itaque *recc.*
consulti sita quo *edd.* ‖ hastae martiae *recc.* : hostie marti *V*
hostie arti *P* ‖ mouissent : —set *V* ‖ item porca praecidanea
Gron.: item tempore a praecidanea *PV* item tempora praecidanea
recc. ‖ ateius *Carrio* : atheius *et* athenis *recc.* ad eius *PV*.

annonça au sénat que les lances de Mars avaient tremblé dans le trésor sacré [1], à la Regia. **2.** A la suite de cela un sénatus consulte fut pris à l'instigation des consuls Marcus Antonius et Aulus Postumius[2], en voici le texte : « Caius Julius, fils de Lucius, grand pontife, a annoncé que dans le trésor sacré à la *Regia* les lances de Mars avaient tremblé ; sur ce sujet les sénateurs ont été d'avis que le consul Marcus Antonius fît un sacrifice à Jupiter et à Mars avec des victimes adultes, et aux autres dieux, à ceux qu'il lui semblerait bon, avec de jeunes animaux de lait. Ils furent d'avis qu'il fallait se contenter de ces sacrifices ; s'il y avait besoin de victimes de substitution, qu'il se servît d'animaux au poil roux ».

3. Quant à l'expression de *succidaneas hostias* (victimes de substitution) dont le sénat s'est servi, il est traditionnel de se demander ce que le mot signifie. **4.** J'entends poser la question à propos du même mot dans la comédie de Plaute intitulée *Epidicus* [3], aux vers que voici : « Faut-il pour ta sottise être victime expiatoire, te voir offrir mon dos en substitut de ta sottise (*stultitiae tuae succidaneum*). »

5. Si les victimes sont dites *succidaneae*, c'est que, comme d'habitude dans les mots composés [4], la lettre *ae* a été changée en *i*. **6.** Elles ont été appelées comme *succaedaneae* (qu'on frappe à la place), parce que si les

---

1. Le *sacrarium*, trésor où l'on conservait les objets sacrés se trouvait à la *Regia* ; il renfermait notamment les lances et les boucliers sacrés. On a longtemps cru que ces derniers, les *ancilia*, se trouvaient au Palatin dans la *curia Saliorum*.

2. Consuls en —99. En —44, Dion Cassius note (44, 17) que les lances et les boucliers sacrés furent secoués violemment avant la mort de César.

3. 139 s.

4. La diphtongue *ae* dans le verbe simple se trouve en syllabe initiale ; du fait de la composition elle passe en syllabe intérieure et subit l'apophonie qui la réduit à *i* long.

regia hastas Martias mouisse. 2. Eius rei causa
senatusconsultum factum est M. Antonio A.
Postumio consulibus, eiusque exemplum hoc est :
« Quod C. Iulius, L. filius, pontifex, nuntiauit in
sacrario *in* regia hastas Martias mouisse, de ea
re ita censuerunt, uti M. Antonius consul hostiis
maioribus Ioui et Marti procuraret et ceteris dis,
quibus uideretur, lactantibus. *Ibus* uti procu-
rasset satis habendum censuerunt. Si quid
succidaneis opus esset, robiis succideret. »

3. Quod ' succidaneas ' hostias senatus appellauit, quaeri solet quid uerbum id significet. 4. In
Plauti quoque comoedia quae ' Epidicus ' inscripta est, super eodem ipso uerbo requiri audio
in his uersibus :

Men piacularem oportet fieri ob stultitiam
    tuam,
Vt meum tergum tuae stultitiae subdas succi-
    daneum ?

5. ' Succidaneae ' autem hostiae dicuntur, a*e*
littera per morem compositi uocabuli in *i* litteram *mutata* ; 6. nam quasi ' succaedan*e*ae ',
appellatae, quoniam, si primis hostiis litatum

2 consultum *recc.* : consilium *PRV*, *recc.* ‖ est *post* hoc *om.*
recc. p. ‖ in *edd.* : *om. PRV, recc.* ‖ marti *edd.* : m. *PRV, recc.* ‖
lactantibus *Hertz* : plantantibus *PRV, recc.* placandis *edd.* ‖
ibus *add. Hertz* ‖ robiis *RV* : robus *P* robigus *recc.* ‖ succideret
*PRV*² : succederet *V*¹ accederet *recc.* ‖ 4 tuae stultitiae : stultitiae
tuae PLAVT. ‖ 5 ae littera *I. Gron.* : aliter *PRV* a littera
recc. ‖ morem : modum *recc.* ‖ i *edd.* : *om. PRV, recc.* ‖ mutata
edd. : *om. PRV, recc.* tramutata *Mommsen qui* nam *deleuit*
‖ 6 succaedaneae *Gron.* : succedanie *PRV*.

premières victimes n'avaient pas été agréées par les dieux, on en amenait d'autres ensuite qu'on tuait ; et celles-ci, parce que, les premières ayant déjà été frappées, elles leur étaient substituées pour accomplir la purification et frappées à leur place (*succidebantur*), étaient nommées *succidaneae* (qu'on frappe à la place), avec un *i* long ; car j'entends certaines gens abréger cette lettre dans le mot [1], ce qui est barbare.

7. On nomme aussi victimes *praecidaneae*, mot de la même étymologie, celles qui sont frappées la veille des sacrifices solennels[2]. **8.** On a appelé également *porca praecidanea* la truie qu'on avait coutume d'immoler à Cérès en sacrifice de purification, avant de faire les nouvelles récoltes, si on n'avait pas purifié une maison après un deuil ou si on l'avait fait autrement qu'il le fallait.

9. Mais qu'on appelle une truie et des victimes *praecidaneas*, comme je l'ai dit, c'est chose connue couramment ; qu'on dise *ferias praecidaneas*, c'est, je crois, étranger au grand public. **10.** C'est pourquoi j'ai relevé les termes d'Ateius Capito au cinquième des livres [3] qu'il a composés *sur le droit des pontifes* : « Tiberius Coruncanius, grand pontife, inaugura des *feriae praecidaneae* pour un jour noir. Le collège décréta qu'il ne fallait pas voir d'obstacle religieux à les célébrer ce jour-là ».

---

1. Par confusion avec les composés de *cado*.
2. Ou tout simplement celles qui tombaient les premières. Cf. P. Festus 250, 11 L. Le terme devait avoir divers emplois. Mais *feriae praecidaneae* ne peut s'expliquer que par un raccourci : la fête où l'on abat les premières victimes.
3. Frag., 1, p. 272, Bremer. Tiberius Coruncanius, consul en — 280, fut en — 253 le premier grand pontife plébéien. Grand juriste il admit le public à ses consultations, ce qui parachevait la laïcisation du droit. (Cf. 1, 10).

non erat, aliae post easdem ductae hostiae caede-
bantur ; *q*uae qu*i*a, prioribus iam caesis, luendi
piaculi gratia subdebantur et succidebantur,
' succidaneae ' nominatae, littera *i* scilicet tractim
pronuntiata ; audio enim quosdam eam litteram in
hac uoce barbare corripere.

7. Eadem autem ratione uerbi ' praecidaneae '
quoque hostiae dicuntur quae ante sacrificia
sollemnia pridie caeduntur. 8. Porca etiam
' praecidanea ' appellata quam piaculi gratia ante
fruges nouas captas immolare Cereri mos fuit,
si qui familiam funestam aut non purgauerant,
aut aliter eam rem, quam oportuerat, procura-
uerant.

9. Sed porcam et hostias quasdam ' praecidaneas ', sicuti dixi, appellari, uulgo notum est,
ferias ' praecidaneas ' dici, id opinor, a uolgo
remotum est. 10. Propterea uerba A*t*ei Capitonis,
ex quinto librorum quos ' de Pontificio Iure '
composuit, scripsi : « Tib. Coruncanio pontifici
maximo feriae praecidaneae in atrum diem
inauguratae sunt. Collegium decreuit non habendum religioni, quin eo die feriae praecidaneae
essent ».

6 quae quia *Otho* :   due qua *PR²V* due quas *R*¹ due quasi
recc. || i *edd.*: *om.   PRV,   recc.* || corripere *om. recc.* ||
8 quam : quoniam *recc.* || immolare *PV* : immolari *R, recc.* || si
qui *recc. edd.* : si quid *PRV* si quis *recc.* || funestam : —ta *R* ||
purgauerant : purgati erant *V* || oportuerat : oporteat *R*¹
|| **10** atei *Carrio*: adei *PRV* || quos *recc.* : quid *PRV* || scripsi
tib. *Gron.* : scripsit ibi *PRV* || coruncanio *R*: — rio *PV* — no *recc.*

VII

Au sujet d'une lettre du grammairien Valerius Probus, adressée à Marcellus et traitant de l'accent de certains mots puniques.

1. Le grammairien Valerius Probus fut à son époque d'une science sans égale. **2.** Il prononçait *Hannibalem, Hasdrubalem* et *Hamilcarem* en marquant l'avant-dernière syllabe de l'accent circonflexe [1], comme l'indique la lettre à Marcellus dans laquelle il affirme que Plaute et Ennius, et beaucoup d'autres parmi les anciens, ont prononcé de la sorte. **3.** Il ne donne cependant qu'un vers du seul Ennius, tiré du livre intitulé *Scipion*.

4. Ce vers, un octonaire, nous le donnons ci-dessous ; si la troisième syllabe du nom d'Hannibal n'était pas prononcée avec le circonflexe, le mètre y serait boiteux. **5.** Voici le vers d'Ennius qu'il a cité :

Partout, de près il voit les troupes d'Hannibal. [2]

VIII

Paroles de Fabricius sur Cornelius Rufinus, homme cupide qu'il s'employa à faire nommer consul, bien qu'il l'eût en haine et fût son ennemi.

1. Fabricius Luscinus [3] fut un homme de grande

---

1. Il s'agit en réalité de savoir si la pénultième est brève ou longue. On devait couramment la prononcer brève, ce qui reportait l'accent sur l'antépénultième. Probus la prononçait longue et par conséquent accentuée comme le sont les longues en pareil cas, c'est-à-dire de l'accent circonflexe.

2. *Varia*, 13, Vahlen ; 465 Bucheler. Le vers tel qu'il est donné par la tradition manuscrite ne comporte que sept iambes. Hertz lisait *quaque* et Bücheler *si qua* de façon à avoir un octonaire trochaïque catalectique.

3. Sur Fabricius Luscinus cf. plus haut, 1, 14, 1 et la n.

VII

De epistula Valerii Probi grammatici ad Marcellum scripta super accentu nominum quorundam Poenicorum.

1. Valerius Probus grammaticus inter suam aetatem praestanti scientia fuit. **2.** Is ' Hannibalem ' et ' Hasdrubalem ' et ' Hamilcarem ' ita pronuntiabat ut paenultimam circumflecteret, ut est epistula eius scripta ad Marcellum, in qua Plautum et Ennium multosque alios ueteres eo modo pronuntiasse affirmat. **3.** Solius tamen Ennii uersum unum ponit ex libro, qui ' Scipio ' inscribitur.

4. Eum uersum quadrato numero factum subiecimus, in quo, nisi tertia syllaba de Hannibalis nomine circumflexe promatur, numerus clausurus est. **5.** Versus Ennii quem dixit, ita est :

Qua*que* propter Hannibalis copias considerat.

VIII

Quid C. Fabricius de Cornelio Rufino homine auaro dixerit, quem, cum odisset inimicusque esset, designandum tamen consulem curauit.

1. Fabricius Luscinus magna gloria uir magnis-

VII. *Lem.* super accentu *recc.* : supra centum *P*, *recc.* super centum *V* ‖ 2 ut est *PRV*, *recc.* : ut testis est *edd.* teste *Gron.* et est *Lion* ‖ 4 circumflexe : —xa *recc.* ‖ promatur *PRV* : ponatur *recc.* pronuntietur *Gron.* ‖ 5 quaque *Hertz* : qua *PRV*, *recc.* si qua *Bücheler* qui *recc.*

VIII. 1 luscinus *P*, *recc.* : luscinius *V* lucinus *R*.

gloire et aux grands exploits. **2.** Publius Cornelius Rufinus[1] était physiquement courageux et brave à la guerre,
tout à fait au courant de l'art militaire, mais rapace
et d'une cupidité intense. **3.** Fabricius ne l'estimait
pas, n'usait pas de son amitié et même le détestait
à cause de son caractère. **4.** Mais comme il fallait élire
des consuls en des temps très difficiles pour la République, et que ce Rufinus briguait le consulat avec pour
compétiteurs des hommes impropres à la guerre et
sans valeur, Fabricius s'employa de toutes ses forces
à faire décerner le consulat à Rufinus. **5.** Beaucoup
s'étonnaient qu'il cherchât à faire élire consul un homme
cupide, dont il était l'ennemi déclaré : **6.** « Je préfère,
dit-il, être pillé par un concitoyen que vendu aux
enchères [2] par l'ennemi ».

7. Par la suite, ce Rufinus qui avait été deux fois
consul et dictateur, Fabricius, alors censeur [3], le chassa
du sénat, lui infligeant un blâme pour son luxe, parce
qu'il avait chez lui dix livres d'argenterie.

8. Quant à ce que j'ai écrit plus haut, les paroles de
Fabricius sur Cornelius Rufinus telles que les rapportent
la plupart des histoires, Cicéron raconte dans le
deuxième livre du *de Oratore*[4], que ce fut dit par
Fabricius, non à des tiers, mais à Rufinus lui-même,
qui le remerciait, ayant été désigné consul grâce à
son aide.

1. P. Cornelius Rufinus fut consul en 290 avec Manius Curius
Dentatus au début de la dernière guerre contre les Samnites.
Comme il est indiqué au § 6 il reçut un deuxième consulat en
277 avec Caius Junius Bubulcus. Un homonyme exerça la dicta-
ture en — 337, cf. Liu., 8, 17.
2. La phrase est lacunaire, mais la deuxième partie étant
complète, il ne reste guère de doute sur l'ensemble. Cicéron la
rapporte comme un jeu sur les mêmes mots *compilare* et *uendere* ;
mais Aulu-Gelle explique ces mots par l'opposition *ciuis, hostis*
absente chez Cicéron. Cf. Quintilien, 12, 1, 43.
3. Sur cette censure exercée en — 275 avec Q. Aemilius
Papus, cf. 17, 21, 39 ; Liu., *Epit.*, 14, etc.
4. 66, 268.

que rebus gestis fuit. 2. P. Cornelius Rufinus
manu quidem strenuus et bellator bonus mili-
tarisque disciplinae peritus admodum fuit, sed
furax homo et auaritia acri erat. 3. Hunc Fabricius non probabat neque amico utebatur osusque
eum morum causa fuit. 4. Sed cum in temporibus
rei *publicae* difficillimis consules creandi forent et
is Rufinus peteret consulatum competitoresque
eius essent imbelles quidam et fu*t*tiles, summa
ope adnixus est Fabricius uti Rufino consulatus
deferretur. 5. Eam rem plerisque admirantibus,
quod hominem auarum cui esset inimicissimus,
creari *consulem uellet* 6. « *Malo, inquit, ciuis me*
compilet, quam hostis uendat ».

7. Hunc Rufinum postea, bis consulatu et
dictatura functum, censor Fabricius senatu mouit
ob luxuriae notam, quod decem pondo libras
argenti facti *hab*e*ret.

8. Id autem quod supra scripsi, Fabricium
de Cornelio Rufino ita, ut in pleraque historia
scriptum est, dixisse, M. Cicero non ali*i*s a Fabricio,
sed ipsi Rufino, gratias agenti quod *ope* eius
de*s*ignatus esset, dictum esse refert in libro
secundo ' de Oratore '.

2 manu : — nus *P* || disciplinae *P, recc.* : — na *RV, recc.* ||
peritus : praeditus *R* || acri erat : accierat *recc.* || 3 osusque *P²,*
edd. : ususque *P¹RV* || 4 rei publicae *edd.* : rei *PRV* ne
recc.|| forent *R, recc.* : ferent *PV* || futtiles *Hertz* : futiles *PV²*
fustiles *R* subtiles *V* || est *recc.* : et *PRV.* || 5 consulem... me :
om. PRV, recc., add. Gron. Lion Hertz || 7 facti haberet
Scioppus, cf. 17, 21, 39 : factitaret *PRV, recc.* iactitaret *Gron.*
|| 8 ut in *V, recc.* : uti in *R* uti *P* || aliis *edd.* : alius *PRV* aliud
recc. || ope *add. Hertz* || designatus *edd.* : dedignatus *PRV,*
recc. || esse *recc.* : esset *PRV.*

IX

Ce que signifie proprement *religiosus*, vers quels sens particuliers le mot s'est infléchi, et une citation sur le sujet, prise aux *Notes* de Nigidius Figulus.

1. Nigidius Figulus, l'homme, à mon sentiment, le plus savant après Varron, rapporte au livre XI de ses *Notes Grammaticales* [1] un vers d'un poète ancien, bien digne de mémoire : « Sois scrupuleux, pas superstitieux [2] (*religiosus*) ». Il ne dit pas de qui est le poème. **2.** Mais il ajoute au même endroit : « Les mots dérivés suivant cette formation comme *uinosus*, *mulierosus*, *religiosus*, indiquent une abondance immodérée de la chose dont on parle. C'est pourquoi on appelait *religiosus* celui qui s'était lié par des scrupules religieux excessifs, et le mot était pris en mauvaise part [3] ».

3. Mais en dehors de ce que dit Nigidius, dans une autre dérivation de sens, si l'on peut ainsi parler, *religiosus* s'est mis à s'employer pour un homme irréprochable et respectueux, se contraignant à des règles et des limites déterminées. **4.** De manière analogue voici des expressions qui, parties de même origine,

---

1. Frag., 4 Swoboda. Préteur en 58 et, en politique, de tendance Pompéienne, Publius Nigidius Figulus eut en effet une érudition dont la profondeur et l'étendue ne le cédèrent qu'à Varron. Il était pythagoricien, ce qui a infléchi ses recherches vers des spéculations mystiques. On rapprochera de ce chapitre le chapitre 3, 12 qui traite d'un mot en *-osus*, *bibosus*.

2. 148 Ribbeck.

3. *Religisus* dérive de *religio*, qui désigne le sentiment religieux. A Rome ce sentiment prenait l'aspect d'un scrupule religieux qui pouvait correspondre à une spiritualité élevée, ou, plus souvent, à une crainte superstitieuse. L'adjectif dérivé pouvait donc être pris en bonne ou en mauvaise part.

IX

Quid significet proprie ' religiosus '; et in quae diuerticula significatio istius uocabuli flexa sit ; et uerba
Nigidii Figuli ex ' Commentariis ' eius super ea re
sumpta.

1. Nigidius Figulus, homo, ut ego arbitror,
iuxta M. Varronem doctissimus, in undecimo
' Commentariorum Grammaticorum ' uersum ex
antiquo carmine refert, memoria hercle dignum :

Religentem esse oportet, religiosus ne *fu*as,

cuius autem id carmen sit non scribit. 2. Atque
in eodem loco Nigidius : « Hoc, inquit, inclina-
mentum semper huiuscemodi uerborum, ut ' uinosus ', ' mulierosus ', ' religiosus ', significat copiam
quandam inmodicam rei super qua dicitur.
Quocirca ' religiosus ' is appellabatur, qui nimia et
superstitiosa religione sese alligauerat, eaque res
uitio assignabatur ».

3. Sed praeter ista quae Nigidius dicit, alio
quodam diuerticulo significationis ' religiosus '
pro casto atque obseruanti cohibentique sese
certis legibus finibusque dici coeptus. 4. Simili
autem modo illa quoque uocabula, ab eadem
profecta origine, diuersum significare uidentur,
' religiosi dies ' et ' religiosa delubra '. 5. ' Reli-

IX. *Adhibuit* Nonivs *s.u.* religio || *Lem.* quid *V, recc.* :
quod *P* || 1 uersum *recc.* : uersu *PRV, recc.* || ne fuas
Fleckeisen : nefas *PRV, recc.* || scribit : refert *R* || 2 *post* reli-
giosus *add.* nummosus *recc. p. edd.* || significat : signat *recc.*
|| appellabatur : appellatur *R* || assignabatur : assignatur *R*[1]
|| 3 diuerticulo *P, recc.* : de— *RV.* || 4 delubra : templa *R* ||
5 *om. R.*

paraissent avoir des sens opposés : *religiosi dies* et *religiosa delubra*. 5. *Religiosi dies* sont des jours de sinistre réputation interdits à l'action, car ils sont de mauvais augure, pendant lesquels il faut se garder de célébrer des cérémonies religieuses ou d'entreprendre quoi que ce soit de nouveau ; la multitude ignorante les appelle à tort et par erreur [1] néfastes. 6. Aussi dans le livre neuvième des *Lettres à Atticus* [2], Cicéron dit-il : « Nos ancêtres voulurent que le jour de la bataille de l'Allia fût plus funeste que celui de la prise de la ville ; parce que le premier malheur est cause du second. Ainsi l'un est encore au nombre des jours appelés *religiosi*, l'autre est ignoré du public ». 7. Cependant le même Cicéron, dans son discours sur le choix d'un accusateur [3], appelle des sanctuaires *religiosa*, non comme sinistres et funestes, mais majestueux et respectables. 8. Masurius Sabinus, dans les *Notes* [4] qu'il composa *sur les Mots d'origine latine* a écrit : « *Religiosus* s'applique à ce qui est écarté et séparé de nous à cause de son caractère sacré, et vient de *relinquere* (laisser), comme *caerimoniae* de *carere* (manquer) ». 9. Selon cette interprétation de Sabinus, les temples et les sanctuaires, — parce qu'en ce qui les concerne, l'excès ne tombe pas sous la critique comme lorsqu'il s'agit de qualités dont le mérite consiste dans la mesure — sont *religiosa*, c'est-à-dire qu'il ne faut pas les aborder indistinctement et sans précaution, mais avec pureté et suivant un cérémonial, et ils sont à respecter et à craindre plus qu'à rendre familiers à la

---

1. La distinction entre *dies nefasti* et *dies religiosi*, semble avoir été la suivante : les seconds sont entièrement tabous ; au cours des premiers, seul l'exercice de la justice est suspendu. Cf. Gaius, 4, 29 : *nefasto quoque die id est quo non licebat lege agere*.

2. 5, 2. Le même exemple est cité par Nonius s.u. *religiosos*, p. 379, 1 M, après une phrase inspirée d'Aulu-Gelle.

3. *Diuin in Caec.*, 3.

4. P. 366 Bremer. L'étymologie proposée par Masurius Sabinus n'a pas grande vraisemblance. Cicéron fait venir le mot de *relegere* (*Nat. Deor.*, 2, 72) ; Lactance de *religare* (*Inst.*, 4, 28, 2, cf. Servius, *Aen.*, 8, 349) ce qui conviendrait mieux au sens de

giosi ' enim ' dies ' dicuntur tristi omine infames
inpeditique, in quibus et res diuinas facere et rem
quampiam nouam exordiri temperandum est,
quos multitudo imperitorum praue et perperam
' nefastos ' appellat. 6. Itaque M. Cicero in libro
' epistularum ' nono ' ad Atticum ' : « Maiores,
inquit, nostri funestiorem diem esse uoluerunt
Aliensis pugnae quam urbis captae, quod hoc
malum ex illo. Itaque alter religiosus etiamnunc
dies, alter in uolgus ignotus ». 7. Idem tamen
M. Tullius in oratione de accusatore constituendo ' religiosa delubra ' dicit non ominosa
nec tristia, sed maiestatis uenerationisque plena.
8. Masurius autem Sabinus in commentariis
quos ' de Indigenis ' composuit « Religiosum,
inquit, est quod propter sanctitatem aliquam
remotum ac sepositum a nobis est, uerbum a
' relinquendo ' dictum, tamquam ' caerimoniae '
a ' carendo '». 9. Secundum hanc Sabini interpre-
tationem, templa quidem ac delubra — quia
horum cumulus in uituperationem non cadit, ut
illorum quorum laus in modo exstat —, quae non
uolgo ac temere, sed cum castitate caerimoniaque
adeundum, et reuerenda et reformidanda sunt
magis quam inuolganda ; 10. sed dies ' religiosi '

---

5 omine *recc.* : homine *P*[1] homines *P*[2]*V* ‖ infames *recc.* :
—me *PV* ‖ impeditique *recc.* : —penditeque *PV* ‖ diuinas
recc.: —na *PV* ‖ appellat:—lant *recc. p.* ‖ 6 aliensis *recc., codd.*
Non.: alienis *PRV, recc. codd.* Non. ‖ 7 ominosa: ignominiosa *P*
‖ 9 quia... exstat *del.* Madvig —horum : et *P* —in modo exstat
V : in modo estat *PR* immodesta est *recc.* ‖ adeundum *PV*,
recc. : adeundem *R* adeunda *recc.* ‖ reuerenda : reuertenda
recc. p. ‖ reformidanda : reformanda *recc.* ‖ inuolganda : diuol —
R.

foule ; **10.** mais on a appelé *religiosi* les jours que nous laissons (*relinquimus*) pour une raison opposée, ils sont de mauvais augure et sinistres. **11.** Et Térence [1] dit : « Ce que je donne, ce sont des « très bien ». Car j'ai scrupule (*mihi religio est*) à lui dire que je n'ai rien. »

12. Si, comme Nigidius le dit, tous les dérivés de cette sorte indiquent l'excès et le manque de mesure, et par là deviennent péjoratifs, comme *uinosus*, adonné au vin, *mulierosus*, aux femmes, *morosus*, d'humeur chagrine, *uerbosus*, verbeux, *famosus*, de mauvaise réputation, pourquoi *ingeniosus*, talentueux, *formosus*, beau, *officiosus*, serviable, *speciosus*, de belle apparence, qui sont dérivés de la même manière d'*ingenium*, *forma* et *officium*, pourquoi encore *disciplinosus*, savant, *consiliosus*, bon au conseil, *uictoriosus*, familier de la victoire, que Caton forma [2] suivant le même principe, pourquoi encore *facundiosa*, éloquents, — que Sempronius Asellio employa [3] ainsi au livre treize de son *Histoire* : « Ce sont ses actes que chacun doit regarder, et non ses paroles, si elles manquent d'éloquence » — pourquoi, dis-je, tous ces mots ne sont-ils jamais péjoratifs, mais toujours élogieux, quoiqu'ils indiquent de même une qualité poussée jusqu'à l'excès ? Est-ce parce que dans le cas des mots que j'ai énumérés en premier lieu, il faut apporter une mesure nécessaire ? **13.** Car la faveur (*gratia*) si elle est excessive et immodérée [4], l'humeur (*mores*) si elle est répétée et renouvelée, les paroles si elles sont émises sans arrêt, sans limite et de façon étourdissante, la renommée si elle est grande, tourmentée et en

---

scrupule religieux, mais fait difficulté pour la forme, cf. Ernout-Meillet, *Dict. Et.* s.u. Quant à *caerimonia* l'étymologie en est inconnue, bien que certains des anciens le fassent dériver de Caere (Paul, *Fest.*, p. 38 Lindsay ; Val. Max., 1, 1, 10).

1. *Heaut.*, 228.
2. Frag. inc., 42 Jordan.
3. Frag., 10 Peter.
4. Il y a une certaine incohérence entre la liste du § 12 et l'explication du § 13 ; il est possible que *gratiosus* ait été omis dans l'archétype de nos manuscrits ; ou que l'erreur remonte plus haut, peut-être jusqu'à l'auteur.

dicti, quos ex contraria causa, propter ominis
diritatem, relinquimus. **11.** Et Terentius :

Tum, quod dem ' recte ' est. Nam, nihil esse
mihi, religio est dicere.

12. Quod si, ut ait Nigidius, omnia istiusmodi
inclinamenta nimium ac praeter modum significant et idcirco in culpas cadunt, ut ' uinosus ',
' mulierosus ', ' morosus ', ' uerbosus ', ' famosus ',
cur ' ingeniosus ' et ' formosus ' et ' officiosus '
et ' speciosus ', quae pariter ab ingenio et forma
et officio inclinata sunt, cur etiam ' disciplinosus ',
' consiliosus ', ' uictoriosus ', quae M. Cato ita
affigurauit, cur item ' facundiosa ', quod Sempronius Asellio XIII ' Rerum Gestarum ' ita
scripsit :«Facta sua spectare oportere, non dicta,
si minus facundiosa essent», cur, inquam, ista omnia
numquam in culpam, sed in laudem dicuntur,
quamquam haec *item* incrementum sui nimium
demonstrent ? an propterea, quia illis quidem
quae supra posui, adhibendus est modus quidam
necessarius ? **13.** Nam et gratia, si nimia atque
inmodica, et mores, si multi atque uarii, et
uerba, si perpetua atque infinita et obtundentia,
et fama, si magna et inquieta et inuidiosa sit,

---

10 ominis R^2, *recc.* : omis R^1 hominis *PV* || **11** quod dem
V, *recc.* : quoddam *P*, *recc.* quod eem *R* quod dictum ei *recc.*
quod dem ei *codd.* Ter. || nam Ter., *recc.* : an *PRV*, *recc.* ||
esse *om. R* || **12** et specie *post* officio *desiderabat Hosius* ||
affigurauit *R*, *recc.* : afigurauit *V* figurauit *P* || spectare *PRV*,
recc. : — ri *recc.* || haec item *Hosius* : haec cum *PRV*, *recc.* aecum
Hertz haec quoque *edd.* || posui *edd.* : — it *PRV*, *recc.* ||**13** qui-
dem *post* nimia *add. recc.*

butte à l'envie, ne sont ni louables ni utiles ; **14.** mais le talent, *ingenium*, le devoir, *officium*, la beauté, *forma*, la science, *disciplina*, le conseil, *consilium*, la victoire, *uictoria*, et l'éloquence, *facundia*, comme l'intensité même des vertus, ne sont contenus par aucune limite : plus ils sont grands et s'accroissent, plus ils méritent d'éloges.

X

Selon quelles règles était établi l'ordre dans lequel on demandait aux sénateurs leur avis ; dispute survenue au sénat entre César, consul, et Caton qui employait la journée à son discours.

1. Avant la règle que l'on observe maintenant aux séances du sénat[1], l'ordre selon lequel on recueillait les avis était variable. **2.** Parfois on prenait celui que les censeurs avaient mis en premier lieu sur la liste sénatoriale (*princeps*), d'autres fois ceux qui étaient consuls désignés. **3.** Certains des consuls, entraînés par l'amitié ou un quelconque lien, interrogeaient d'abord qui leur semblait bon, pour lui faire honneur, en dehors de l'ordre normal. **4.** Quand on procédait en dehors de l'ordre, on s'en tenait cependant à l'usage de n'interroger en premier lieu qu'un personnage consulaire. **5.** César, dans le consulat qu'il exerça avec Bibulus [2], n'interrogea que quatre sénateurs en dehors de l'ordre, dit-on : parmi ces quatre, c'est à Crassus qu'il s'adressait en premier lieu ; mais depuis qu'il avait fiancé sa fille à Pompée, il s'était mis à interroger Pompée le premier.

6. Il expliqua la chose au sénat, comme Tullius Tiro,

---

1. Sur la *lex de senatu habendo*, cf. 14, 7, 9.
2. En — 59. Sur les initiatives de César, cf. Suétone, *Iul.*, 21 : il n'était pas habituel que les consuls modifiassent l'ordre en cours d'année.

neque laudabilia neque utilia sunt ; **14.** ingenium
autem et officium et forma et disciplina et
consilium et uictoria et facundia sicut ipsae
uirtutum amplitudines nullis finibus cohibentur,
sed quanto maiora auctioraque sunt, m*ul*to etiam
tanto laudatiora sunt.

X

Quid obseruatum de ordine rogandarum in senatu
sententiarum ; iurgiumque in senatu C. Caesaris consulis
et M. Catonis, diem dicendo eximentis.

1. Ante legem quae nunc de senatu habendo
obseruatur, ordo rogandi sententias uarius fuit.
2. Alias primus rogabatur qui princeps a censoribus in senatum lectus fuerat, alias qui designati
consules erant. **3.** Quidam e consulibus, studio aut
necessitudine aliqua adducti, qu*e*m is uisum erat
honoris gratia extra ordinem sententiam primum
rogabant. **4.** Obseruatum tamen est, cum extra
ordinem fieret, ne quis quemquam ex alio quam
ex consulari loco sententiam primum rogaret. **5. C.**
Caesar in consulatu, quem cum M. Bibulo gessit,
quattuor solos extra ordinem rogasse sententiam
dicitur. Ex his quattuor principem rogabat M.
Crassum ; sed, postquam filiam Cn. Pompeio
desponderat, primum coeperat Pompeium rogare.

6. Eius rei rationem reddidisse eum senatui

---

14 multo *Gron.* : mito *RV* inito *P, om. recc.*

X. *Lem.* quid : quod *P* ‖ iurgiumque *edd.* : i urgiorum qui *PV*
iurgiorumque *recc.* ‖ **3** quem *edd.* : quam *PRV, recc.* quae *recc.*
‖ **6** reddidisse *recc.* : reddisse *PRV.*

l'affranchi de Cicéron[1], le rapporte disant l'avoir appris de son patron. Ce renseignement lui-même, Ateius Capiton[2] l'a laissé par écrit dans le livre qu'il a composé *sur la Fonction de Sénateur*.

8. Il est écrit aussi dans le même livre[3] de Capiton : « César, consul, demanda à Caton son avis. Caton ne voulait pas que soient prises les décisions sur lesquelles on le consultait, parce qu'elles lui paraissaient contraires à l'intérêt de la République. Pour faire traîner l'affaire, il faisait un long discours et employait toute la journée à parler. Un sénateur avait le droit, quand on lui avait demandé son avis, de dire auparavant tout ce qu'il voulait sur un autre sujet, et aussi longtemps qu'il le voulait. Le consul César appela un appariteur, et comme Caton ne terminait pas, il le fit arrêter en plein discours, et conduire en prison. Le sénat se leva et accompagnait Caton en prison. Son acte ainsi rendu odieux, dit Capiton, César renonça et fit relâcher Caton[4]. »

XI

Quels sont les renseignements qu'Aristoxène a livrés à la postérité sur Pythagore, comme ce qu'il y a de mieux établi ; et ce que Plutarque à son tour a écrit de la même manière sur le même Pythagore.

1. Une vieille erreur s'est emparée des esprits et a prévalu, que le philosophe Pythagore ne mangeait pas de chair animale et s'abstenait également de fèves que les Grecs appellent κύαμον. **2.** C'est ce qui a fait

---

1. Sur Tiro Tullius, cf. *supra*, 1, 7, 1 et la n.
2. Frag., 1, p. 282 Bremer. *Supra* 1, 12, 1 et la n. sur Ateius Capito, cf. sur son livre, *infra* 4, 14, 1 et la n.
3. Frag., 2, p. 282, Bremer.
4. L'anecdote est rappelée par Suétone, *Caes.*, 20, Val. Max., 2, 10, 7, Plutarque, *Caes.*, 14, *Cato Minor*, 33 ; Dion Cass., 28, 2.

Tiro Tullius, M. Ciceronis libertus, refert, itaque
se ex patrono suo audisse scribit. **7.** Id ipsum
Capito Ateius in libro quem ' de Officio Senatorio ' composuit, scriptum reliquit.

8. In eodem libro Capitonis id quoque scriptum
est : « C., inquit, Caesar consul M. Catonem
sententiam rogauit. Cato rem quae consulebatur,
quoniam non e republica uidebatur, perfici
nolebat. Eius rei ducendae gratia longa oratione
utebatur eximebatque dicendo diem. Erat enim
ius senatori, ut sententiam rogatus diceret ante
quicquid uellet aliae rei et quoad uellet. Caesar
consul uiatorem uocauit eumque, cum finem non
faceret, prendi loquentem et in carcerem duci
iussit. Senatus consurrexit et prosequebatur
Catonem in carcerem. Hac, inquit, inuidia facta
Caesar destitit et mitti Catonem iussit ».

XI

Quae qualiaque sint quae Aristoxenus quasi magis
comperta de Pythagora memoriae mandauit ; et quae
item Plutarchus in eundem modum de eodem Pythagora
scripserit.

1. Opinio uetus falsa occupauit et conualuit,
Pythagoram philosophum non esitauisse ex animalibus, item abstinuisse fabulo, quem Graeci κύαμον

---

7 senatorio : — ris *recc. p.* ‖ 8 dicendo : ducendo *recc. p.* ‖
erat *V*, *recc.* : orat *PR* ‖ aliae : alii *recc.*|

XI. *Lem.* mandauit : commendauit *recc.* ‖ 1 item *recc.* : uitem
uel fabam *P* uitam *V* uiam *R* ‖ fabulo *V* : pabulo *P* faba *R*.

écrire au poète Callimaque [1] : « Jette la fève, aliment affligeant, je le dis, moi, comme a dit Pythagore ».
3. Dans la même erreur, Cicéron a dit au cours du premier livre [2] de son traité *de la Divination* : « Platon ordonne donc d'aller au lit, le corps disposé en sorte que rien n'amène à l'esprit erreur ou trouble. De là vient, pense-t-on, l'interdiction faite aux Pythagoriciens de se nourrir de fèves, aliment qui détermine un ballonnement important, contraire à la recherche de la tranquillité d'esprit, comme il est établi ».

4. Voilà ce que Cicéron dit. Mais le musicien Aristoxène [3], homme très scrupuleux dans ses recherches sur les lettres anciennes, disciple du philosophe Aristote, dit dans un livre qu'il a laissé sur Pythagore, que celui-ci n'a jamais usé d'aucun légume plus souvent que des fèves, parce que cet aliment soulageait insensiblement le ventre et l'adoucissait. **5.** Je joins le texte d'Aristoxène : « Les fèves étaient le légume que Pythagore estimait le plus, le disant émollient et laxatif ; aussi en a-t-il beaucoup usé ».

1. Frag., 128 Schneider.
2. 30, 62. L'allusion à Platon se réfère à *Resp.* 9, 571.
3. Aristoxène de Tarente, né entre 375 et 360 était en réalité un philosophe et un théoricien de la musique. Il avait reçu une éducation musicale très poussée de son père Spintharus et de Lamprus d'Erythrée. Il fut l'élève du pythagoricien Xenophilus avant de compter parmi les plus brillants disciples d'Aristote. Il écrivit de nombreux ouvrages sur la musique et notamment sur les principes d'harmonique et de rythmique, à côté de livres d'érudition sur des sujets divers.

appellant. **2.** Ex hac opinione Callimachus poeta scripsit :

Καὶ κυάμων ἄπο χεῖρας ἔχε⟨ι⟩ν, ἀνιῶντος ἐδεστοῦ,
κἀγώ, Πυθαγόρας ὡς ἐκέλευε, λέγω.

3. Ex eadem item opinione M. Cicero in libro ' de Diuinatione ' primo haec uerba posuit : « Iubet igitur Plato sic ad somnum proficisci corporibus affectis, ut nihil sit quod errorem animis perturbationemque afferat. Ex quo etiam Pythagoreis interdictum putatur ne faba uescerentur, quod habet inflationem magnam is cibus, *quam* tranquillitatem mentis quaerentibus constat esse contrariam ».

4. Haec quidem M. Cicero. Sed Aristoxenus musicus, uir litterarum ueterum diligentissimus, Aristotelis philosophi auditor, in libro quem ' de Pythagora ' reliquit, nullo saepius legumento Pythagoram dicit usum quam fabis, quoniam is cibus et subduceret sensim aluum et leuigaret. **5.** Verba ipsa Aristoxeni subscripsi : Πυθαγόρας δὲ τῶν ὀσπρίων μάλιστα τὸν κύαμον ἐδοκίμασεν· λειαντικόν τε γὰρ εἶναι καὶ διαχωρητικόν · διὸ καὶ μάλιστα κέχρηται αὐτῷ.

---

2 poeta *R, recc.* : — te *PV* ‖ ἔχειν *edd.* : εχεν *V, recc.* εσχεν *u, recc.* ‖ ἀνιῶντος *V* : ανιωντων *u, recc.* ‖ ἐδεστοῦ *edd.* : εδεστους *V u, recc.* ‖ κἀγώ *V (fere)* : καὶ ἐγὼ *u, recc.* ‖ **3** etiam : eum a *P* ‖ pythagoreis : —ricis *codd.* Cic. ‖ quod Cic. : quae res *PRV recc.* ‖ is cibus *del.* Gron. ‖ quam *ego* : om. *PRV, recc.*, Cic. ‖ tranquillitatem : — tati Cic. ‖ quaerentibus : — ti uera Cic. ‖ constat esse *PRV, recc.* : *om.* Cic., *del.* Gron. ‖ **4** aristotelis : — tili *P¹* ‖ **5** ipsa : ista *recc.* ‖ subscripsi : — it *P* ‖ δὲ τῶν : λεγων *Vu* ‖ λειαντικόν *Cobet* : λιανκυτυκον *V* λιαν κνητικον *u.*

6. Le même Aristoxène rapporte qu'il se nourrissait aussi de petits cochons de lait et de jeunes chevreaux. **7.** Il semble le tenir du Pythagoricien Xenophilus[1], son ami, et de certains autres qui étaient ses aînés et se trouvaient moins éloignés de l'époque de Pythagore. **8.** Le poète Alexis[2], dans une comédie intitulée *la Pythagorisante*, nous donne lui aussi le renseignement sur les animaux.

9. Quant à l'abstinence de fèves, il semble que la cause de l'erreur réside dans un poème d'Empédocle, qui avait suivi l'enseignement pythagoricien, et qui a écrit ce vers[3] : « Pauvres gens, malheureux, ne touchez pas aux fèves ». **10.** On a pensé généralement que κυάμους, fèves, désigne le légume, selon l'usage ordinaire. Mais ceux qui ont interprété avec plus de soin et d'habileté les poèmes d'Empédocle, disent que κυάμους indique là les testicules, qu'il a appelés ainsi de façon secrète et symbolique, à la manière de Pythagore, κυάμους, parce qu'ils sont αἴτιοι τοῦ κυεῖν, responsables de l'enfantement, et que c'est d'eux que la génération humaine prend sa force ; ainsi Empédocle, dans ce vers, n'aurait pas voulu détourner les hommes de la consommation des fèves, mais du plaisir vénérien.

11. Plutarque également, homme dont l'autorité est d'un grand poids en matière d'érudition, écrivit dans le premier des livres qu'il composa sur Homère que le philosophe Aristote a donné précisément le

---

1. Xénophilus de Chalcis (ive s.) était un philosophe pythagoricien. Il mourut à Athènes âgé de 105 ans.
2. Frag., 199 Kock. Poète de la moyenne et de la nouvelle comédie attique, cf. supra 2, 23, 1.
3. Frag., 141 Diehls. Les Καθαρμοί d'Empédocle sont empreints d'un ton prophétique et mystique, et, en contradiction avec sa physique, le philosophe se présente comme un adorateur pythagoricien du dieu Apollon.

6. Porculis quoque minusculis et haedis tene-
rioribus uictitasse, idem Aristoxenus refert. 7.
Quam rem uidetur cognouisse e Xenophilo Pytha-
gorico, familiari suo, et ex quibusdam aliis natu
maioribus, qui ab aetate Pythagorae *minus diu
aberant.* 8. Ac de animalibus Alexis etiam poeta
in comoedia, quae Πυθαγορίζουσα inscribitur, id
docet.

9. Videtur autem de κυάμῳ non esitato causam
erroris fuisse, quia in Empedocli carmine, qui
disciplinas Pythagorae secutus est, uersus hic
inuenitur :

Δειλοί, πάνδειλοι, κυάμων ἄπο χεῖρας ἔχεσθαι.

10. Opinati enim 'sunt plerique κυάμους legu-
mentum dici, ut a uulgo dicitur. Sed qui diligentius
scitiusque carmina Empedocli arbitrati sunt,
κυάμους hoc in loco testiculos significare dicunt,
eosque more Pythagorae operte atque symbolice
κυάμους appellatos, quod sint αἴτιοι τοῦ κυεῖν et
geniturae humanae uim praebeant ; idcircoque
Empedoclen uersu isto non a fabulo edendo, sed
a rei ueneriae prolubio uoluisse homines deducere.

11. Plutarchus quoque, homo in disciplinis
graui auctoritate, in primo librorum quos de
Homero composuit, Aristotelem philosophum

---

6 minusculis *R*, *recc.* : munusc — *PV* ‖ **7** minus diu aberant
Hertz : om. *PRV*, *recc.* haud multum ab— *edd.* ‖ **8** πυθαγορίζουσα *Reines.* : pytagori uia *PRV*, *recc.* pythagorae uita
recc. ‖ id docet *Sciopp.* : indocet *PV* docet *R* ‖ **10** κυάμους *edd.* :
cyamus *PV* ciamus *R*, *recc. et sic ter* ‖ dici ut *Gron.* : dicitur
PV, om. *R*, *recc.* ‖ in *ante* empedoclen *add.* PRV, *recc.* ‖ a
rei : arti *P* ‖ prolubio *Lion* : proluuio *PRV*, *recc.*

même renseignement[1] sur les Pythagoriciens, qu'ils ne s'abstenaient pas de la chair animale si ce n'est de quelques viandes seulement. **12.** Je transcris les mots mêmes de Plutarque [2] puisqu'ils heurtent l'opinion généralement répandue : « Aristote affirme que les Pythagoriciens s'abstenaient de la matrice et du cœur des animaux, de l'ortie de mer et d'autres animaux analogues, mais usaient de tout le reste ». **13.** Ἀκαλήφη, l'ortie de mer, est un animal marin qui se nomme *urtica*. Mais Plutarque dit dans les *Symposiaca* [3] que les Pythagoriciens s'abstenaient aussi de nombreux poissons.

14. Pythagore lui-même, comme il est bien connu, répétait, dit-il, qu'il avait été d'abord Euphorbe [4]. Ce que Cléarque [5] et Dicéarque [5] ont transmis à la postérité est moins connu, qu'il fut ensuite Pyrrhus de Pyranthe[7], puis Aethalidès, enfin une courtisane d'une très grande beauté, dont le nom était Alco.

XII

Flétrissures et réprimandes des censeurs qui, recueillies dans des documents anciens, méritent de ne pas être oubliées.

1. Si on avait laissé son champ se salir de mauvaises

1. Frag., 194 Rose.
2. 7, p. 100 Bernadakis.
3. 8, 8.
4. Guerrier troyen, fils de Panthoos, qui blessa Patrocle (*Il.*, 16, 806 ss.) et fut tué par Ménélas (*Il.*, 17, 45 ss.). Comme le dit Aulu-Gelle, il est de notoriété courante dans l'antiquité, que Pythagore croyait avoir été Euphorbe (cf. Hor., *Carm.*, 1, 28, 10 ; Porph. et Acron *ad loc.*). D'après Héraclide du Pont, cité par Diogène Laërce, 8, 1, 4, Pythagore disait avoir été Aethalides, Euphorbe, Hermotimus et Pyrrhus. Le scholiaste d'Apollonios de Rhodes (1, 645) donne le même ordre, mais supprime Hermotimus.
5. *Frag. Hist. Graec.*, 2, 317. Originaire de Soli à Chypre, probablement élève d'Aristote, Cléarque est l'auteur d'un ouvrage περὶ βίων que cite Athénée.
6. *Frag. Hist. Graec.*, 2, 244. Originaire de Messine, cet écrivain vécut surtout dans le Péloponèse et à Sparte. Il fut cependant disciple d'Aristote, et écrivit un grand nombre d'ouvrages de philosophie, de politique, de géographie et même d'histoire littéraire parmi lesquels des βίοι.
7. Pyranthe était une petite ville de Crète. Ce Pyrrhus était

scripsit eadem ipsa de Pythagoricis scripsisse,
quod non abstinuerint edundis animalibus, nisi
pauca carne quadam. **12.** Verba ipsa Plutarchi,
quoniam res inopinata est, subscripsi : Ἀριστοτέλης
δὲ μήτρας καὶ καρδίας καὶ ἀκαλήφης καὶ τοιούτων
τινῶν ἄλλων ἀπέχεσθαί φησιν τοὺς Πυθαγορικούς · χρῆσ-
θαι δὲ τοῖς ἄλλοις. **13.** Ἀκαλήφη autem est animal
marinum, quod ' urtica ' appellatur. Sed et
piscibus mul*t*is abstinere Pythagoricos, Plutarchus
in ' Symposiacis ' dicit.

14. Pythagoram uero ipsum, sicuti celebre est
Euphorbum primo fuisse dictasse. Ita haec
remotiora sunt his quae Clearchus et Dicaearchus
memoriae tradiderunt, fuisse eum postea Pyrrum
Pyranthium, deinde Aethaliden, deinde feminam
pulcra facie meretricem, cui nomen fuerat Alco.

XII

Notae et animaduersiones censoriae in ueteribus monumentis repertae memoria dignae.

1. Si quis agrum suum passus fuerat sordescere
eumque indiligenter curabat ac neque arauerat
neque purgauerat, siue quis arborem suam

---

12 subscripsi *recc.* : — sit *PRV* ‖ **13** multis *Mommsen* : mullis
PRV, *recc.* ‖ symposiacis : symphoniacis *recc.* ‖ **14** se *post*
fuisse *add. Hertz* ‖ dictasse : dictitasse *recc.* ‖ haec *uel* his
del. Mommsen ‖ clearchus : archus *P* ‖ pyrrum pyranthium
Hertz (cf. *schol.* Aᴘ. Rʜᴏᴅ. 1, 645) : pyrrandum *P* pirrandum *RV*
pyrandrum *recc.* ‖ deinde aethaliden *Menage* : deinda et hali-
dena *P* deinde thalidena *V* deinde talideria *R*, *recc.* ‖ alco *PRV*,
recc. : alce *edd.*

XII. *Lem.* repertae *P²*, *recc.* : reper *P¹V* ‖ memoria *recc.* :
— riae *PV*, *recc.*

herbes, le soignait avec négligence sans le labourer ni le nettoyer, ou si on ne s'était pas occupé de ses arbres ou de sa vigne, cela n'allait pas sans punition : c'était le rôle des censeurs, et les censeurs reléguaient parmi les *aerarii* [1]. **2.** De même tout chevalier romain dont le cheval paraissait maigre ou peu brillant était flétri pour *impolitia*. Le sens de ce mot est à peu près celui d'incurie. **3.** Plusieurs auteurs garantissent ces deux sévérités et, en particulier, Caton[2] les a maintes fois attestées.

XIII

Que certains chants de flûte, joués d'une manière déterminée, peuvent guérir la sciatique.

1. Beaucoup ont cru et publié qu'au moment le plus aigu des crises de sciatique, si un flûtiste joue sur un rythme doux, les souffrances diminuent, **2.** tel est ce que j'ai trouvé tout récemment dans un livre de Théophraste[3]. **3.** Qu'un morceau de flûte, joué habilement et mélodieusement, guérit les morsures de vipère, un livre de Démocrite intitulé ⟨ *de la Peste* ⟩ le rapporte, dans lequel il est enseigné que beaucoup de maladies humaines ont été guéries par des airs de flûte. **4.** Tant est grande la parenté entre le corps et l'esprit humains, et par conséquent entre les affections et les remèdes de l'âme et du corps.

---

un pêcheur crétois (Schol. Apollon., *loc. laud.*) ou délien (Schol. Soph. *El.*, 62).

1. Les *aerarii* étaient des citoyens non propriétaires, exclus de ce fait des centuries serviennes et même, jusqu'au milieu du Ve siècle, des tribus. Ils payaient une taxe en numéraire proportionnelle à leurs revenus, d'où leur nom.

2. Frag., 2, p. 52 Jordan.

3. Frag., 87 Wimmer.

uineamque habuerat derelictui, non id sine poena fuit, sed erat opus censorium censoresque aerarium faciebant. **2.** Item, quis eques Romanus equum habere gracilentum aut parum nitidum uisus erat, ' inpolitiae ' notabatur ; id uerbum significat quasi tu dicas ' incuriae '. **3.** Cuius rei utriusque auctoritates sunt et M. Cato id saepenumero adtestatus est.

XIII

Quod incentiones quaedam tibiarum certo modo factae ischiacis mederi possunt.

1. Creditum hoc a plerisque es*se* et memoriae mandatum, ischia cum maxime doleant, tum, si modulis lenibus tibicen incinat, minui dolores, **2.** ego nuperrime in libro Theophrasti scriptum inueni. **3.** Viperarum morsibus tibicinium scite modulateque adhibitum mederi, refert etiam Democriti liber, qui inscribitur ‹ περὶ Λοιμῶν ›, in quo docet plurimis hominum morbidis medicinae fuisse incentiones tibiarum. **4.** Tanta prosus adfinitas est corporibus hominum mentibusque et propterea uitiis quoque aut medellis animorum et corporum.

---

1 poena *recc.* : pena *R*[1] penae *PR*[2]*V* || **2** si *ante* quis *add. edd.* || quasi *PV, recc.* : quasi si *R, recc.*

XIII. *Lem.* certo *recc.* : certe *PV, recc.* || factae ischiacis *recc.* facta esciacis *P* facte sciacis *V* || possunt *recc.* : possint *PV, recc.* || **1** hoc *V, recc.* : hos *PR* || esse *Hertz* : est *PRV, recc.* || *post* dolores *et* mederi *distinxerunt codd., nulla distinctione post* inueni *adhibita, corr. Gron. cf.* ATHEN. 14, 18, 624 a. || **3** tibicinium *PRV*[2] : —num *V*[1] —nem *recc.* || περὶ λοιμῶν *om. codd. add., Hertz* || morbidis: morbis *et* morsibus *recc.* || medicinae : — nam *recc. p.* || **4** que *post* mentibus *om. P.*

XIV

**Histoire d'Hostilius Mancinus, un édile, et de la courtisane
Manilia : texte de la décision des tribuns auprès desquels
Manilia fit appel.**

1. Comme nous lisions le livre neuvième [1] des
Coniectanea d'Ateius Capiton, intitulé *Des Jugements de
droit public*, une décision des tribuns nous parut
pleine de l'austérité antique. **2.** C'est pourquoi j'en
fais mention : voici pour quelle cause et dans quel
sens elle a été écrite. **3.** Aulus Hostilius Mancinus était
édile curule [2]. Il cita devant le peuple la courtisane
Manilia, pour avoir été frappé d'une pierre jetée de
son étage, la nuit, et il montrait la blessure que la
pierre lui avait faite. **4.** Manilia en appela aux tribuns du peuple[3]. **5.** Elle déclara auprès d'eux que
Manilius était venu faire la fête chez elle ; il ne lui avait
pas convenu de le recevoir dans sa maison, et comme
il voulait entrer de force, il avait été chassé à coups de
pierres. **6.** Les tribuns décidèrent qu'elle avait eu
raison de chasser l'édile d'un endroit où il n'était pas
convenable qu'il vînt couronné [4] ; c'est pourquoi ils
firent intercession pour empêcher l'édile de soumettre
l'affaire au peuple.

---

1. Frag., 1, p. 283 Bremer. Le livre IX paraît en réalité être
de officio senatorio : on lit en général VIII.
2. Cf. *R.E.*, *s.u.*, nº 17 : Munzer identifie ce personnage à
celui qui fit partie d'une ambassade envoyée en Bithynie pour
régler certains différends dans la famille royale. Caton raillant
cette légation avait dit de lui qu'il avait reçu une tuile sur la
tête.
3. Le terme employé est *prouocauit*, qui s'emploie normalement
pour l'appel au peuple d'une décision d'un magistrat. Ici Manilia
s'adresse aux tribuns pour qu'ils s'opposent à l'action judiciaire
par *intercessio*.
4. C'est-à-dire en *comessator*, et non dans l'attitude du magistrat
qui vient exercer le contrôle qui est dans ses attributions.

XIV

Narratur historia de Hostilio Mancino aedilium et Manilia meretrice ; uerbaque decreti tribunorum ad quos a
Manilia prouocatum est.

1. Cum librum IX. Atei Capitonis ' Coniecta-
neorum ' legeremus, qui inscriptus est ' de
Iudiciis Publicis ', decretum tribunorum uisum est
grauitatis antiquae plenum. **2.** Propterea id
meminimus, idque ob hanc causam et in hanc
sententiam scriptum est. **3.** Aulus Hostilius Mancinus aedilis curulis fuit. Is Maniliae meretrici diem
ad populum dixit, quod e tabulato eius noctu
lapide ictus esset, uulnusque ex eo lapide osten-
debat. **4.** Manilia ad tribunos plebi prouocauit.
5. Apud eos dixit comessatorem Mancinum ad
aedes suas uenisse ; eum sibi recipere non fuisse
e *re* sua, sed cum ui inrumperet, lapidibus
depulsum. **6.** Tribuni decreuerunt aedilem ex eo
loco iure deiectum quo eum uenire cum coro*ll*ario
non decuisset ; propterea ne cum populo aedilis
ageret intercesserunt.

XIV. *Lem.* aedilium *Hertz* : aedulium *PV* (cf. 1, 12, 6 ; 3, 9,
4 et VARRON *ap.* 13, 12, 6) aedili *recc.* ‖ manilia *recc.* : mamilia
PV manulia *recc.* ‖ manilia *recc.* : mamilia *P* manulia *V, recc.* ‖
1 capitonis *recc.* : catonis *PRV* ‖ **2** propterea *R* : praeterea *PV*,
recc. ‖ hanc s— *recc.* : hac s— *PRV* ‖ sententiam *V, recc.* : sententia *PR* ‖ **3** quod *recc.* : et quod *PRV*, *recc.* eo quod *Gron.*
‖ e tabulato *Salmas.* : et ambulato *PRV* de ambulacro *et*
deambulatio *et alia recc.* ‖ **4** Manilia *recc.* : — liam *PRV* ‖
plebi : plebis *recc. p.* ‖ **5** e re *Bentley* : ede *PRV* aede *et* in aede
et alia recc. ‖ **6** corollario *Thysius* : coronario *PRV, recc.*

XV

Justification d'une phrase de l'histoire de Salluste, que des critiques injustes ont attaqué avec malignité.

1. Le raffinement du style de Salluste et son goût pour forger et renouveler les mots lui attirèrent bien des haines, et beaucoup d'hommes d'un grand talent ont mis tout leur soin à lui trouver des fautes et à lui faire des critiques [1]. La plupart du temps ils cherchent la petite bête maladroitement ou méchamment. Certains passages cependant peuvent paraître mériter un reproche ; par exemple celui qui a été relevé dans l'*histoire de Catilina* [2] et qui a l'apparence d'avoir été écrit sans grande attention. **2.** Voici les termes de Salluste : « Quant à moi, quoique la gloire qui accompagne l'historien ne soit nullement égale à celle de qui a la responsabilité des événements, il me paraît cependant particulièrement difficile d'écrire l'histoire : d'abord parce qu'il faut porter le style à la hauteur des actes ; ensuite parce que si l'on reproche des fautes, beaucoup le pensent dit par malveillance et jalousie ; quand on rappelle la valeur immense et la gloire des grands hommes, chacun reçoit dans l'indifférence ce qu'il estime facile à faire ; au-dessus il ne voit qu'invention et mensonge ».

3. Il a annoncé, disent-ils, qu'il exposerait les causes pour lesquelles il paraît difficile d'écrire l'histoire, et après avoir donné une première cause, il n'en ajoute

---

1. Sur cette question, cf. A. Ernout, éd. p. 24 et n. 2. Titus Castricius encore dans les *Nuits Attiques* mêmes, n'échappe pas à ce reproche, bien qu'Aulu-Gelle n'en ait nullement conscience. Cf. R. Marache, *Le jugement d'Aulu-Gelle sur Salluste* in *Mélanges Herrmann*, Bruxelles, 1960, p. 499 et 2, 27, 3 et la n.

2. 3, 2.

XV

Defensa a culpa sententia ex historia Sallustii, quam iniqui eius cum insectatione maligni reprehenderint.

1. Elegantia orationis Sallustii uerborumque fingendi et nouandi studium cum multa prorsus inuidia fuit, multique non mediocri ingenio uiri conati sunt reprehendere pleraque et obtrectare. In quibus plura inscite aut maligne uellicant. Nonnulla tamen uideri possunt non indigna reprehensione ; quale illud in ' Catilinae historia ' repertum est, quod habeat eam speciem, quasi parum adtente dictum. **2.** Verba Sallustii haec sunt : « Ac mihi quidem, tametsi haud quaquam par gloria sequitur scriptorem et auctorem rerum, tamen inprimis arduum uidetur res gestas scribere ; primum, quod facta dictis exaequanda sunt ; dein, quia plerique quae delicta reprehenderis maliuolentia et inuidia dicta putant. Vbi de magna uirtute atque gloria bonorum memores, quae sibi quisque facilia factu putat, aequo animo accipit ; supra ueluti ficta, pro falsis ducit ».

3. Proposuit, inquiunt, dicturum causas quamobrem uideatur esse arduum, res gestas scribere ; atque ibi cum primam causam *dixerit, dein non*

XV. *Lem.* culpa *recc.* : culpe *PV* || iniqui eius *PV* : inimicitiam *recc.* inimici eius *edd.* || insectatione *recc.* : nem— *PV* || maligni *PV* : — gne *recc.* reprehenderint *PV²*, *recc.* : — runt *V¹ recc.* || **1** fingendi *Gron.* : findi *PRV* facundia *recc.* || inuidia *RV¹*, *recc.* : — die *PV* || multi... uiri *om. recc.* || **2** sequitur *PR*, *recc.* : sequatur *V³ recc.* Sall. *codd.* p. || reprehenderis *recc.* Sall. : dep— *PRV* || *post* supra *add.* ea Sall. || **3** primam *PV*, *recc.* : —mum *recc.* — ma *R* || dixerit... causam *add.* Hertz Gron. sequens ; *alii alia.*

pas une seconde, il se plaint. **4.** On ne doit pas en effet
considérer comme une cause rendant difficile le travail
de l'historien, le fait que les lecteurs interprètent avec
iniquité ce qui est écrit, ou refusent d'y accorder foi.
5. Selon eux, il faut dire que l'histoire est soumise
et exposée à des jugements faux et non qu'elle est
difficile : ce qui est difficile, l'est par le caractère du
travail qu'il exige en soi-même, non par les erreurs
dans les idées d'autrui.

6. Tels sont les propos de ces critiques malveillants.
Cependant Salluste n'a pas employé *arduus* seulement au
sens de difficile, mais aussi de ce que les Grecs appellent
χαλεπός, c'est-à-dire difficile certes, mais aussi pénible,
désagréable et fâcheux [1]. Ce sens convient bien à la
phrase de Salluste citée plus haut.

XVI

**Sur certains mots que Varron et Nigidius déclinent
contrairement à l'usage du langage courant ; et dans le
chapitre certains faits de même sorte rapportés avec les
exemples des anciens.**

1. Varron et Nigidius [2], les hommes les plus savants
de la race romaine, n'ont pas dit ni écrit autre chose,
nous le savons, que *senatuis*, *domuis* et *fluctuis* au
génitif des mots *senatus*, le sénat, *domus*, la maison ;
ils ont dit également *senatui*, au sénat, *fluctui*, au flot,

---

1. En réalité Aulu-Gelle prend trop au sérieux le raisonnement
des vétilleux critiques : le bon sens enseigne que la crainte des
reproches rend le travail de l'écrivain plus difficile. Mais il reste
que le développement de Salluste est inspiré de l'exorde que
Thucydide prête à Périclès dans son oraison funèbre (2, 35, 2) ;
et Thucydide se sert du mot χαλεπός.
2. Frag., 63 Swoboda. Sur Nigidius, cf. 4, 9, 1 et la n.

alteram causam sed querelas dicit. **4.** Non enim causa uideri debet cur historiae opus arduum sit, quod hi qui legunt aut inique interpretantur quae scripta sunt aut uera esse non credunt. **5.** Obnoxiam quippe et obiectam falsis existimationibus eam rem dicendam aiunt quam arduam; quia quod est arduum sui operis difficultate est arduum, non opinionis alienae erroribus.

6. Haec illi maliuoli reprehensores dicunt. Sed arduum Sallustius non pro difficili tantum, sed pro eo quoque ponit quod Graeci χαλεπόν appellant, quod est cum difficile, tum molestum quoque et incommodum et intractabile. Quorum uerborum significatio a sententia Sallustii supra scripta non abhorret.

XVI

De uocabulis quibusdam a Varrone et Nigidio contra cotidiani sermonis consuetudinem declinatis; atque inibi id genus quaedam cum exemplis ueterum relata.

1. M. Varronem et P. Nigidium, uiros Romani generis doctissimos, comperimus non aliter elocutos esse et scripsisse quam ' senatuis' et ' domuis' et ' fluctuis ', qui est patrius casus ab eo quod est ' senatus ', ' domus '; huic ' senatui ', ' fluc-

---

4 hi *PR, recc.* : hii *V, recc.* ‖ 5 obnoxiam : obnoxi autem *P* ‖ magis *ante* dicendam *add. recc.* ‖ 6 maliuoli *V, recc.* : mali maliuoli *P* mali *R* ‖ quoque ponit *om. recc.p.* ‖ χαλεπόν : δυσχερὲς *recc. p.*

XVI. *Lem.* id : in id *V recc. p.* ‖ **1** m. *om. PRV* ‖ elocutos *P¹RV²* : locutos *V¹P²recc.* ‖ patrius : patritius *P* ‖ fluctus *post* domus *add. edd., om. PRV, recc.* ‖ senatui *V, recc.* : senatu *PR* ‖ domui *post* senatui *add. edd., om. PRV, recc.*

et les autres formes semblables. **2.** Un vers du poète comique, Térence [1] est aussi écrit de la même manière dans les manuscrits anciens : « Pour la vieille, il paraît, qui est morte (*eius anuis...*) ».

3. Ces autorités, certains des grammairiens anciens ont voulu les confirmer encore par la raison, parce que tout datif singulier terminé par la lettre *i*, s'il n'est pas semblable au génitif singulier, forme ce génitif par addition de la lettre *s* comme *patri patris, duci ducis, caedi caedis.* **4.** Donc, disent-ils, comme nous disons au datif *huic senatui*, le génitif singulier formé d'après lui, est *senatuis* et non *senatus*.

5. Mais tous ne reconnaissent pas qu'il faille dire au datif *senatui* plus que *senatu*. **6.** Ainsi Lucilius dit au même cas *uictu* et *anu* [2] dans ces vers : « Car tu aimes mieux des frais et des festins, que la vie honorable (*uictu praeponis*). » Et ailleurs : « Je nuis à une vieille, *anu noceo* », dit-il. **7.** Virgile aussi dit au datif *aspectu* et non *aspectui* : « Ne te soustrais pas à mon regard. *Teque aspectu ne subtrahe nostro* [3] ». Et dans les *Géor-*

1. *Heaut.*, 287. Le sénatus-consulte des Bacchanales atteste une forme *senatuus* qui est comparable à *senatuis* ; plusieurs formes en *-uis* sont attestées chez Plaute.

2. 1288 et 280 Marx.

3. *Aen.*, 6, 465. Mais la forme peut-être celle d'un ablatif. Au demeurant le datif en *-u* semble analogique du datif en *-o* de la 2e déclinaison.

tui ' ceteraque is consimilia pariter dixisse. **2.**
Terentii quoque comici uersus in libris ueteribus
itidem scriptus est :

Eius anuis causa, opinor, quae est emortua.

3. Hanc eorum auctoritatem quidam e ueteribus
grammaticis ratione etiam firmare uoluerunt,
quod omnis datiuus singularis ' i ' littera finitus,
si non similis est genetiui singularis, ' s ' littera
addita genetiuum singularem facit, ut ' patri
patris ', ' duci ducis ', ' caedi caedis '. **4.** « Cum
igitur, inquiunt, in casu dandi ' huic senatui '
dicamus, genetiuus ex eo singularis ' senatuis '
est, non ' senatus '.

5. *Sed* non omnes concedunt in casu datiuo
' senatui ' magis dicendum quam ' senatu '. **6.**
Sicuti Lucilius in eodem casu ' uictu ' et ' anu '
dicit, non ' uictui ' nec ' anui ', in hisce uersibus :

Quod sumptum atque epulas uictu praeponis
honesto,

et alio in loco :

Anu noceo, inquit.

7. Vergilius quoque in casu dandi ' aspectu '
dicit, non ' aspectui ' :

...Teque aspectu ne subtrahe nostro,

---

1 is : his *recc.* ‖ **2** causa opinor quae Ter. : opinor causa
quae *PRV*, *recc.* ‖ est *PR*, *recc.* : eius *V* erat Ter. ‖ **3** ratione
R, *recc.* : —nem *PV* ‖ i *R*, *recc.* : *om. PV*, *recc. p.* ‖ si : sed *recc.*
‖ s : scilicet *recc.* ‖ **4** et *ante* non *add. recc.* ‖ **5** sed *edd.* : et
PRV, *recc.* ‖ **6** nec : et *recc.* ‖ sumptum : — tu *PRV*, *recc.* ‖
7 casu *recc.* : causa *PRV*.

giques[1] : « Le fait qu'elles refusent l'accouplement...
Quod nec concubitu indulgent... ». **8.** César, autorité
de poids en matière de langue latine, dit encore dans
son *Anticaton*[2] : « A l'arrogance, l'orgueil et la tyrannie
(*dominatu*) d'un seul ». De même au livre I de la première
action[3] contre Dolabella : « Ceux dans les temples et
les sanctuaires de qui ils étaient placés, pour leur
gloire et leur ornement (*ornatu*) ». **9.** Dans les livres
de l'*Analogie*[4] il pense qu'aucune des formes de cette
sorte ne doit avoir d'*i*.

XVII

Sur la nature de certaines particules, qu'il est barbare et
grossier de tendre et d'allonger quand elles sont mises en
préfixe à des verbes ; discussion appuyée sur un bon nombre
d'exemples et d'arguments rationnels.

1. Lucilius dit[5] au onzième livre : « Asellus le vaurien objectait (*obiciebat*) à Scipion le grand, son
lustre et sa censure, mauvais et malheureux ». J'entends beaucoup de gens lire *obiciebat* avec *o* long, et
ils font ainsi, disent-ils, pour sauvegarder la mesure
du rythme. **2.** De même plus bas[6] : « Je voulais établir
en mes vers les paroles (*conicere*) de Granius, commis-

---

1. 6, 198.
2. 3, p. 136 Dinter. L'ouvrage était composé, comme on sait,
pour répondre aux éloges dont Cicéron avait entouré le souvenir
de Caton d'Utique.
3. 3, p. 121 Dinter. Tout jeune homme (en 77) César avait
accusé Cnaeus Cornelius Dolabella *de repetundis* (Tac., *D.O.*,
34 ; Suet., *D. Iul.*, 4).
4. 3, p. 129 Dinter.
5. 394 Marx. Asellus est l'ennemi de Scipion sur lequel
Cicéron nous a conservé deux plaisanteries (*de Orat.*, 2, 64, 258
et 2, 66, 268). Cf. 3, 4.
6. 411 Marx. Lucilius racontait le dîner de Crassus chez le
praeco Granius (Cic., *Brut.*, 63, 160).

et in ' Georgicis ' :

Quod nec concubitu indulgent.

8. C. etiam Caesar, grauis auctor linguae Latinae, in ' Anticatone ' : « Vnius, inquit, arrogantiae, superbiae dominatuque ». Item ' in Dolabella*m* actionis ' I. lib. I : « Isti, quorum in aedibus fanisque posita et honori erant et ornatu ». **9.** In libris quoque analogicis omnia istiusmodi sine ' i ' littera dicenda censet.

XVII

De natura quarundam particularum quae praepositae uerbis intendi atque produci barbare et inscite uide*n*tur, exemplis rationibusque plusculis disceptatum.

1. Lucilii ex XI. uersus sunt :

Scipiadae magno improbus obiciebat Asellus,
Lustrum illo censore malum infelixque fuisse.

' Obiciebat ' ' o ' littera producta multos legere audio, idque eo facere dicunt ut ratio numeri salua sit. **2.** Idem infra :

Conicere in uersus dictum praeconis uolebam
Grani.

---

8 superbiae *PR* : —bia *V* superbiaeque *recc. p.* || dñatu *post* dominatuque *add. PV* || dolabellam *Carrio* : — lla *PRV*, *recc.* || I lib I isti *Hertz* : inlibuisti *P*, *recc.* inlibusti *RV*. || 9 i *recc.* : *om. PRV* || censet *recc.* : — sent *PRV*, *recc.*

XVII. *Lem.* et *PRV* : atque *recc.* || uidentur *edd.* : uidetur *PV* uideretur *recc.* || **1** XI. : XXI. *R* || **2** in *ante* uersus *PRV*, *recc.* : et *recc.* etiam *recc.*

32

saire-priseur ». Là aussi dans le préverbe du premier
verbe, on allonge *o* pour la même raison. **3.** De même au
quinzième livre [1] : « Bien plein, il substitue (*subicet*)
à celui-ci, un homme pauvre et très inférieur », on
lit *subicit* avec un *u* long, parce qu'il ne convient pas
que la première syllabe soit brève dans un vers héroïque.
4. De même chez Plaute dans l'*Epidicus* [2] on prononce
la syllabe *con* longue : « Allons, prépare toi, Epidicus,
et jette ton manteau (*conice*) sur tes épaules ». **5.** Chez
Virgile [3] aussi, j'entends beaucoup de gens allonger
le verbe *subicit* : « Déjà le laurier du Parnasse, petit,
(*se subicit*), se cache à l'ombre immense de sa mère ».

6. Mais ni le préverbe *ob*, ni *sub* ne sont longs par nature,
ni non plus *con*, excepté quand il est suivi des
lettres qui viennent tout de suite après dans les
verbes *constituit* et *confecit*, ou quand la lettre *n* tombe,
comme chez Salluste [4] : « *Faenoribus*, dit-il, *copertus*,
couvert de dettes ». **7.** Mais dans les citations que j'ai
faites plus haut, le mètre peut être sauvegardé sans qu'il
faille allonger ces préverbes [5], ce qui est barbare :
la deuxième lettre de ces mots doit en effet s'écrire
par deux *i* et non par un seul. **8.** Le verbe devant

1. 509 Marx, qui lit *suffert citus* après Leo.
2. 194.
3. *Georg.*, 2, 18.
4. *Hist. Frag.*, 4, 52 Maurenbrecher. Les explications d'Aulu-
Gelle sont quelque peu confuses dans la forme. Il s'intéresse en
effet jusqu'au § 6, non pas à la longueur de la syllabe, mais à
celle de la voyelle ; et l'allongement du *o* dans *copertus* tient à
ce que c'est en réalité un double *o* et non pas seulement à la
chute du *n*. Tout cela est repris du chap. 2, 17. Cf. en particulier
l'allongement de la voyelle placée devant *ns* ou *nf*, 2, 17, 9 et
la n.
5. Là encore, il faudrait dire : « la voyelle de ces préverbes ».

In hac quoque primi uerbi praepositione ' *o* ' ob eandem causam producunt. 3. Item XV. :

Subicit huic humilem et suffercitus posteriorem,

' subicit ' ' u ' littera longa legunt, quia primam syllabam breuem esse in uersu heroico non conuenit. 4. Item apud Plautum in ' Epidico ' ' con ' syllabam productam pronuntiant :

Age nunciam, orna te, Epidice, et pallium in collum conice.

5. Apud Vergilium quoque ' subicit ' uerbum produci a plerisque audio :

       etiam Parnasia laurus
Parua sub ingenti matris se subicit umbra.

6. Sed neque ' ob ' neque ' sub ' praepositio producendi habet naturam, neque item ' *con* ', nisi cum eam litterae secuntur quae in uerbis ' constituit ' et ' confecit ' secundum eam primae sunt, uel cum eliditur *ex* ea ' n ' littera, sicut Sallustius : « Faenoribus, inquit, copertus ». 7. In his autem quae supra posui et metrum esse integrum potest et praepositiones istae possunt non barbare protendi ; secunda enim littera in his uerbis per duo ' i ', non per unum scribenda est. 8. Nam uerbum ipsum, cui supradictae

---

2 o *add.* Mommsen || producunt : producitur *recc.* || **4** pallium *PRV* : palliolum Plavt. || **5** etiam *PRV* : et iam Verg. item *recc.* || se *om. R* || subicit : subigit Verg. || **6** con *om. PRV, recc., add. edd.* || nisi *om. P* || ex *om. PRV, recc., add. edd.* || n *edd.* : non *PRV* || copertus *RV* : compertus *P* coopertus *recc.* || **7** protendi *recc.* : pretendi *PRV* || i *recc.* : *om. PRV* ii *recc.* || **8** ipsum : istud *R, recc.*

lequel les particules susdites sont placées, n'est pas *icio* mais *iacio* ; et le parfait n'en est pas *icit*, mais *iecit*. Quand elle est mise en composition, la lettre *a* est changée en *i*, comme cela se passe dans les verbes *insilio* et *incipio* ; ainsi le *i* a la valeur d'une consonne[1] et par conséquent cette syllabe, prononcée un peu plus longue et plus ample, ne souffre pas que la première syllabe soit brève, mais la rend longue par position, et par là la mesure du vers et la logique de la prononciation sont sauvegardées.

9. De ce que nous avons dit ci-dessus, il s'ensuit que le mot que nous trouvons employé au sixième livre [2] chez Virgile : « Enlève-moi de tant de maux, être invincible, ou bien alors, jette sur moi un peu de terre (*inice*) », nous savons qu'il faut le lire et l'écrire *iniice*, comme je l'ai dit, à moins qu'on ne soit si entêté qu'on aille encore là aussi allonger le préverbe *in* par licence poétique. **10.** A ce moment-là nous demandons en vertu de quelle logique la lettre *o* dans *obicibus* s'allonge, alors que ce nom est fait à partir du verbe *obicio*, et n'est pas du tout semblable au nom *motus* qui est tiré du verbe *moueo* et se prononce avec *o* long. **11.** Pour ma part, je me souviens que Sulpicius Apollinaris, homme d'un savoir remarquable en lettres, prononçait *obices* et *obicibus* avec *o* bref, et le lisait ainsi dans Virgile [3] : « Avec quel poids la mer monte et

---

1. Il a la valeur d'une consonne suivie d'une voyelle : *iniacio* donne *iniicio* qui s'écrit habituellement *inicio*.
2. 365.
3. *Georg.*, 2, 479. Là encore bien entendu, si le *o* est bref, la syllabe est longue. Sulpicius Apollinaris fut, par excellence, le maître d'Aulu-Gelle en grammaire. Mais sa méthode ne diffère pas des autres amis et maîtres : étude de mots ou de tours rares : cf. 2, 16 et l'index. Il était originaire de Carthage et fut le maître de l'empereur Pertinax.

particulae praepositae sunt, non est ' icio ',
sed ' iacio ' et praeteritum non ' icit ' facit, sed
' iecit '. Id ubi compositum est, ' a ' littera in
' *i* ' mutatur, sicuti fit in uerbis ' insilio ' et
' incipio ', atque ita uim consonantis capit,
et idcirco ea syllaba productius latiusque paulo
pronuntiata priorem syllabam breuem esse non
patitur, sed reddit eam positu longam, proptereaque
et numerus in uersu et ratio in pronuntiatu
manet.

9. Haec quae diximus eo etiam conducunt, ut
quod apud Vergilium in sexto positum inuenimus :

Eripe me his, inuicte, malis, aut tu mihi terram
Inice,

sic esse ' iniice ', ut supra dixi, et scribendum et
legendum sciamus, nisi quis tam indocilis est,
ut in hoc quoque uerbo ' in ' praepositionem
metri gratia protendat. 10. Quaerimus igitur in
' obicibus ' ' o ' littera qua ratione intendatur,
cum id uocabulum factum sit a uerbo ' obicio '
et nequaquam simile sit quod a uerbo ' moueo '
' motus ' ' o ' littera longa dicitur. 11. Equidem
memini Sulpicium Apollinarem, uirum praestanti
litterarum scientia, ' obices ' et ' obicibus ' ' o '
littera correpta dicere, in Vergilio quoque sic
eum legere :

qua ui maria alta tumescant
Obicibus ruptis ;

8 facit *om. recc.* || a *Lion* : ex a *PRV, recc.* || i *om. PRV, recc.,
add. edd.* || positu *recc.* : prositu *PRV, recc.* || in pronuntiatu
recc. : et pro — *PRV* || 9 quod *add. edd.* || iniice *recc.* : inice
PRV, recc. || ut *edd.* : *om. PRV recc.* || 10 obicio : obiicio *recc.
p. Hertz* || quod *om. recc.*

gonfle et brise les digues (*obicibus ruptis*). » 12. Mais comme nous l'avons dit, il prononçait un peu plus abondamment et largement la lettre *i* qui, dans le nom aussi, doit être double.

13. Il est donc conséquent que *subices* également, qui est composé comme *obices*, doive être prononcé avec *u* bref. 14. Ennius, dans la tragédie qui a pour titre *Achille* [1], emploie *subices* pour les couches élevées de l'air qui se trouvent juste au-dessous du ciel ; dans les vers que voici : « Par le sol des dieux (*deum subices*), aérien, humide et d'où sort la pluie, dans un fracas, une tempête horribles », on entendrait cependant la plupart des gens lire en allongeant [2] la lettre *u*.

15. Caton emploie ce verbe avec un autre préverbe, dans le discours [3] qu'il a prononcé sur son consulat : « Ainsi le vent, dit-il, les emporte vers le promontoire des Pyrénées d'où il les jette (*proicit*) ensuite vers le large ». Et Pacuvius de même dans *Chryses* [4] : « *Ida* le promontoire dont la langue se jette (*proicit*) jusqu'à la haute mer ».

---

1. 2 Ribbeck.
2. Parce qu'ils ne prononcent pas le *i* double et n'ont d'autre recours pour allonger la syllabe que d'allonger la voyelle.
3. 1, 9 Jordan, qui lit *nos* au lieu de *hos*. On a là l'exemple d'une addition faite à un chapitre par simple association d'idées.
4. 94 Ribbeck. La tragédie mettait aux prises Oreste et Pylade avec le fils de Chryseis, qui les haïssait avant d'apprendre qu'il était lui-même fils d'Agamemnon.

12. sed ita ut diximus, ' i ' litteram, quae in uocabulo quoque gemina esse debet, paulo uberius largiusque pronuntiabat.

13. Congruens igitur est ut ' subices ' etiam, quod proinde ut ' obices ' compositum est, ' u ' littera breui dici oporteat. **14.** Ennius in tragoedia quae ' Achilles ' inscribitur, ' subices ' pro aere alto ponit qui caelo subiectus est ; in his uersibus :

> per ego deum sublimas subices
> Humidas, unde oritur imber sonitu saeuo et
> strepitu ;

plerosque omnes tamen legere audias ' u ' littera producta.

15. Id ipsum autem uerbum M. Cato sub alia praepositione dicit in oratione quam ' de Con- sulatu suo ' habuit : « Ita hos, inquit, fert uentus ad primorem Pyrenaeum, quo proicit in altum ». Et Pacuuius item in ' Chryse ' :

> Idae promunturium, cuius lingua in altum
> proicit.

---

12 hoc *ante* uocabulo *uolebat Hertz* || **13** breui *edd.* : breuis *PRV, recc.* || **14** per ego *PR* : er ego *V* ergo *recc.* || humidas : humidus *recc. p.* || strepitu *PRV, recc.* : spiritu *Carrio ex Festo.* || **15** ita hos : ita nos *H. Meyer* italos *Falster* || primorem *Mommsen* : priorem *PRV, recc.* || quo *PRV, recc.* : quod *edd.* || idae *Vossius* : id *PRV, recc.* || lingua *edd.* : linguam *PR, recc.* —ga *V*.

XVIII

Sur le premier Africain, quelques traits dignes de mémoire, pris dans les *Annales*.

1. Combien la gloire de ses vertus assura de prestige à Scipion le premier Africain, combien il était hautain de cœur et de manières, et quelle grande conscience il avait de son mérite[1], un grand nombre de ses paroles et de ses actes le montrent. **2.** Parmi eux voici deux exemples de sa confiance en soi et de sa hauteur extra-ordinaires.

3. Alors que Marcus Naevius, tribun de la plèbe, l'accusait devant le peuple[2] disant qu'il avait reçu de l'argent du roi Antiochus pour faire la paix avec lui au nom du peuple romain à des conditions favorables et douces, et portait contre lui d'autres accusations indignes d'un tel héros, alors Scipion, ayant commencé par prononcer quelques mots que réclamaient la grandeur de sa carrière et sa gloire, ajouta : « Il me revient en mémoire, Quirites, que c'est aujourd'hui le jour où j'ai vaincu Hannibal, le Carthaginois, le pire ennemi de votre empire, dans un grand combat sur la terre d'Afrique, et je vous ai donné la paix et une victoire admirable. Ne soyons donc pas ingrats envers les dieux, et, j'en suis d'avis, laissons ce vaurien, allons, sans attendre, remercier Jupiter très bon et très grand ». **4.** Sur ces mots il se détourne et se met à marcher vers le Capitole. **5.** Alors l'assistance tout entière, qui était venue pour juger Scipion, laissant le

---

1. Cf. 6, 1 trois anecdotes tendant à faire de Scipion un personnage plus qu'humain.
2. En — 185. Ces incidents sont racontés par de nombreux auteurs, notamment Tite-Live (38, 50 s. ; cf. Plutarque, *Cato Maior*, 15 ; Valère-Maxime, 3, 7, 1), qui les distinguent mal et hésitent pour l'accusateur entre Naevius et les Petilii.

XVIII

De P. Africano superiore sumpta quaedam ex annalibus memoratu dignissima.

1. Scipio Africanus antiquior quanta uirtutum gloria praestiterit et quam fuerit altus animi atque magnificus et qua sui conscientia subnixus, plurimis rebus quae dixit quaeque fecit declaratum est. 2. Ex quibus sunt haec duo exempla eius fiduciae atque exuperantiae ingentis.

3. Cum M. Naeuius tribunus plebis accusaret eum ad populum diceretque accepisse a rege Antiocho pecuniam, ut condicionibus gratiosis et mollibus pax cum eo populi Romani nomine fieret, et quaedam item alia crimini daret indigna tali uiro, tum Scipio pauca praefatus quae dignitas uitae suae atque gloria postulabat : « Memoria, inquit, Quirites, repeto, diem esse hodiernum quo Hannibalem Poenum imperio uestro inimicissimum magno proelio uici in terra Africa pacemque et uictoriam uobis peperi inspectabilem. Non igitur simus aduersum deos ingrati et, censeo, relinquamus nebulonem hunc, eamus hinc protinus Ioui optimo maximo gratulatum ». 4. Id cum dixisset, auertit et ire ad Capitolium coepit. 5. Tum contio uniuersa, quae ad sententiam de Scipione ferendam conuene-

---

XVIII. *Lem.* p *om. V, recc.* || **1** animi : — mo *recc.* || dixit quaeque fecit : dixerit quaeque fecerit *recc. p.* || **3** crimini *edd.* : — na *PRV, recc.* || pauca *om. recc. p.* || uestro : nostro *recc.* || inspectabilem *PRV, recc.* : insperabilem *recc.* inexpectabilem *I. Gron.* || hinc *PRV* : nunc *recc.* || **4** ad *P, recc.* : in *RV, recc.*

tribun, accompagna Scipion au Capitole et de là lui fit cortège jusqu'à sa maison, avec les manifestations habituelles de joie et de reconnaissance. **6.** On montre même le discours qui passe pour avoir été prononcé ce jour-là par Scipion, et ceux qui mettent en doute son authenticité, ne nient pas cependant que les paroles rapportées plus haut, du moins, soient de Scipion.

7. Il y a de même une autre réaction[1] célèbre de sa part. Certains Petilii, tribuns de la plèbe, disposés et poussés contre lui, à ce qu'on dit, par Marcus Caton, ennemi de Scipion, réclamaient avec beaucoup d'insistance au sénat qu'il rendît compte de l'argent d'Antiochus et du butin de cette guerre. **8.** Il avait été dans cette expédition légat de son frère, Lucius Scipion Asiaticus, investi du commandement en chef. **9.** Alors Scipion se lève et, tirant de sa toge un livre, dit qu'il avait là en écrit les comptes de tout l'argent et de tout le butin ; **10.** il l'avait apporté pour qu'il fût lu publiquement et déposé au trésor public. **11.** « Mais je ne le ferai pas, dit-il, et je ne m'infligerai pas à moi-même un affront ». **12.** Aussitôt en plein sénat, il déchira le livre de ses mains et le mit en pièces, n'ayant pu supporter qu'on demandât raison de l'argent du butin à qui on devait porter en compte le salut de la République et de son empire.

---

1. Tite-Live suit Valerius Antias et attribue aux Petilii l'action de Naevius. Polybe ne parle pas de la montée au Capitole. La distinction entre le procès de Lucius et le procès de Publius n'est pas faite par Tite-Live qui donne la version critiquée par Aulu-Gelle en 6, 19, 8. Le recit d'Aulu-Gelle est plus satisfaisant et beaucoup de modernes s'y rallient. Cf. notamment P. Fraccaro, *Athenaeum*, 1937, qui date le premier procès de 187, le deuxième de 184.

rat, relicto tribuno, Scipionem in Capitolium comitata atque inde ad aedes eius cum laetitia et gratulatione sollemni prosecuta est. **6.** Fertur etiam oratio quae uidetur habita eo die a Scipione, et qui dicunt eam non ueram, non eunt infitias quin haec quidem uerba fuerint, quae dixi, Scipionis.

7. Item aliud est factum eius praeclarum. Petilii quidam tribuni plebis a M., ut aiunt, Catone, inimico Scipionis, comparati in eum atque inmissi, desiderabant in senatu instantissime ut pecuniae Antiochinae praedaeque in eo bello captae rationem redderet, **8.** Fuerat enim L. Scipioni Asiatico, fratri suo, imperatori in ea prouincia legatus. **9.** Ibi Scipio exurgit et, prolato e sinu togae libro, rationes in eo scriptas esse dixit omnis pecuniae omnisque praedae ; **10.** illatum, ut palam recitaretur et ad aerarium deferretur. **11.** « Sed enim id iam non faciam, inquit, nec me ipse afficiam contumelia », **12.** eumque librum statim coram discidit suis manibus et concerpsit, aegre passus quod cui salus imperii ac reipublicae accepta ferri deberet rationem pecuniae praedatae posceretur.

---

5 in capitolium *om. P* || aedes : sedes *P* || 7 petilii *PRV* : petunt *recc.* || quidam *PV²*, *recc.* : quaedam *R* quidem *V¹* || instantissime : infantissime *P* || antiochinae : —chene *P* || quae *post* praedaeque *recc.* || captae *I. Gron.* : capta erat *PRV*, *recc.* || 8 l. : lelio *R* || asiatico fratri *u* : asiaco fratri *PRV* asia cum fratre *recc.* || 10 illatum : —tae *Skutsch* || 12 coram *om. recc. p.* || ferri : fieri *recc.* || rationem *R* : —tione *PV* —tio *recc.* || praedatae *P* : praedacte *V* praedaceae *R*, *recc.* praedaticiae *edd.*

XIX

Ce que Varron a écrit dans le *Logistoricus* sur la manière de régler la nourriture des enfants impubères.

1. Il est établi que les enfants impubères, s'ils abusent de la nourriture et du sommeil, deviennent mous jusqu'à l'apathie de la léthargie et de la somnolence, leurs corps restent petits et la croissance ne se fait pas. **2.** La plupart des médecins et philosophes l'ont écrit, entre autres Varron, dans son *Logistoricus* [1] intitulé *Catus* ou *De l'Education des enfants*.

XX

Ont été flétris par les censeurs, des gens qui, en leur présence, avaient fait des plaisanteries déplacées ; leur délibération sur la flétrissure de celui qui s'était trouvé pris de bâillement devant eux.

1. Parmi les sévérités des censeurs voici trois exemples d'une discipline très stricte, relatés par la littérature. **2.** Le premier est ainsi. Un censeur faisait prêter le serment habituel sur les épouses. **3.** La formule était : « Réponds selon ton âme et ton cœur, as-tu une femme ? ». Celui qui jurait était un plaisantin, mor-

---

1. Frag., 17 Riese. Les *logistorici* sont des traités procédant de la philosophie et de l'histoire. Ils portent toujours un double titre : un nom de personne et l'énoncé d'un sujet. *Catus de liberandis educandis* est celui que nous connaissons le mieux.

XIX

Quid M. Varro in ' Logistorico ' scripserit de moderando uictu puerorum inpubium.

1. Pueros inpubes compertum est, si plurimo cibo nimioque somno uterentur, hebetiores fieri ad ueterni usque aut eluci tarditatem, corporaque eorum inprocera fieri minusque adolescere. 2. Idem plerique alii medicorum philosophorumque et M. Varro in ' Logistori*co* ' scripsit, quae in scripta est ' Ca*tus* aut de Liberis educandis '.

XX

Notati a censoribus qui audientibus iis dixerant ioca quaedam intempestiuiter ; ac de eius quoque nota deliberatum qui steterat forte apud eos oscitabundus.

1, Inter ce*n*sorum seueritates tria haec exempla in litteris sunt castigatissimae disciplinae. 2. Vnum est huiuscemodi. Censor agebat de uxoribus sollemne iusiurandum. 3. Verba erant ita concepta : « Vt tu ex animi tui sententia uxorem habes ? ». Qui iurabat cauillator quidam et cani-

---

XIX. *Lem.* logistorico *Ald.* : longi historia *PV*, *recc.* longa h— *recc.* || 1 impubes : —beres *recc.* || ad ueterni usque aut eluci : aduertimusque hinc elici *recc.* || 2 idem *R²* *recc.* : dem *V* dest *P* (*uterque spatio ante* d *relicto*) idem deest *R* || logistorico *Ald* : longa istoria *V*, *recc.* longa historia *PR*, *recc.* logistoria *Hertz* || catus *edd.* : capis *PRV*, *recc.*

XX. *Lem.* iis *P* : hiis *V* his *recc.* || ac de *recc.* : accede *PV* || 1 inter censorum *Gron.* : intercessorum *PRV* inter censores *recc. p.* || castigatissimae : castissime *P* || 2 huiuscemodi : huiusmodi *R* || agebat *edd.* : acebat *PRV* aiebat *et* adigebat *recc.* || 3 haec *post* uerba *add. recc. p.* || ita *om. P* || canicula : canalicola *Lipsius*.

dant [1] et bouffon à l'excès. **4.** Croyant avoir trouvé une occasion de faire un bon mot, il répondit au censeur qui lui disait suivant la coutume : « Selon ton âme et ton cœur, as-tu une femme ? — **5.** J'en ai une, il est vrai, mais non pas[2] selon mon cœur ». **6.** Le censeur le relégua parmi les *aerarii* [3] pour s'être amusé incongrument et indiqua pour motif la plaisanterie bouffonne qui lui avait été faite en réponse.

7. Une deuxième sévérité est de la même école et part des mêmes principes. **8.** On délibéra pour savoir si l'on flétrirait quelqu'un qui avait été appelé par un ami comme témoin et qui, debout au tribunal, bailla trop ostensiblement et bruyamment, s'exposant à une sanction pour avoir fait montre d'un esprit incapable de se fixer et rêveur, d'une insouciance inconsistante et désinvolte. **9.** Mais il fut dispensé de la flétrissure déjà décidée, lorsqu'il eut juré que c'était malgré lui et en dépit de ses efforts, qu'il avait baillé, étant atteint de la maladie qu'on appelle *oscedo* (fièvre oscitante). **10.** Publius Scipion l'Africain, fils de Paul Emile, a inséré les deux histoires dans le discours qu'il a prononcé lors de sa censure en exhortant le peuple à revenir aux mœurs de ses ancêtres [4].

11. Masurius Sabinus rapporte au septième livre de ses *Mémorables* [5] un autre trait de sévérité : « Les censeurs Publius Scipion Nasica et Marcus Popilius [6], dit-il, alors qu'ils faisaient le recensement des chevaliers,

---

1. *Canicula* sert à désigner une femme mordante chez Plaute (*Curc.* 598) et chez Tertullien Diogène (*adu. Marc.* 1, 1) ; mais ici le féminin, paraît sans explication. Juste Lipse lisait *canalicola*.

2. Cicéron raconte la même anecdote (*de Orat.*, 2, 64, 260). Il prête la réponse à un L. Nasica auquel le manuscrit donne le nom de Porcius. Elle aurait été faite à Caton lors de sa censure.

3. Sur les *aerarii*, cf. supra 4, 12, 1 et la n.

4. H. Malcovati, *Orat. Rom. Frag.*, 13, p. 124.

5. Frag., 3, p. 369 Bremer.

6. Censeurs en — 159.

cula et nimis ridicularius fuit. **4.** Is locum esse
sibi ioci dicun*d*i ratus, cum ita uti mos erat censor
dixisset, « Vt tu ex animi tui sententia uxorem
habes ? — **5.** Habeo equidem, inquit, uxorem,
sed non hercle ex animi mei sententia ». **6.** Tum
censor eum, quod intempestiue lasciuisset, in
aerarios rettulit, causamque hanc ioci scurrilis
apud se dicti subscripsit.

7. Altera seueritas eiusdem sectae discipli-
naeque est. **8.** Deliberatum est de nota eius qui ad
censores ab amico aduocatus est, et in iure stans
clare nimis et sonore oscitauit ; atque inibi ut
plecteretur fuit, tamquam illud indicium esset
uagi animi et alucinantis et fluxae atque apertae
securitatis. **9.** Sed cum ille deiurasset inuitissimum
sese ac repugnantem oscitatione uictum tenerique
eo uitio quod oscedo appellatur, tum notae
iam destinatae exemptus est. **10.** Publius Scipio
Africanus, Pauli filius, utramque historiam posuit
in oratione quam dixit in censura, cum ad maiorum
mores populum hortaretur.

11. Item aliud refert Sabinus Masurius in
septimo ' Memoriali ' seuere factum : « Censores
inquit, Publius Scipio Nasica et Marcus Popilius,
cum equitum censum agerent, equum nimis

---

4 dicundi ratus *Gron.* : dicunt iratus *PV* dicunt ratus *R* dici
ratus *recc.* ‖ **5** equidem *P*, *recc.* : et quidem *RV* ‖ mei : tui
recc. p. ‖ **6** dicti *recc.* : dictis *PRV* ‖ **9** notae iam *R*², *recc.* :
noctae iam *R*¹ nota iam *P* notelam *V* ‖ **11** sabinus : scabrius
Non. *s.u. strigosus* ‖ in septimo : lib. XVII Non. ‖ memoriali
recc. : memor memoriali *RV* memorum memoriali *P* ‖ popilius
RV : pompilius *P*.

virent un cheval trop maigre et mal tenu dont le cavalier était très florissant et bien en chair. « Comment se fait-il, lui dirent-ils, que tu sois mieux soigné que ton cheval ? — Parce que, répondit-il, c'est moi qui me soigne, mon cheval, c'est Statius, un vaurien d'esclave ». La réponse parut impertinente et il fut relégué parmi les *aerarii*, selon l'usage.

12. Statius était un nom d'esclave. 13. La plupart des esclaves étaient nommés ainsi chez les anciens. Caecilius, l'illustre poète comique, fut esclave et porta le nom de Statius. Mais ensuite il le changea pour en faire un surnom et s'appela Caecilius Statius.

strigosum et male habitum, sed equitem eius uberrimum et habitissimum uiderunt et : « Cur, inquiunt, ita est, ut tu sis quam equus curatior ? — Quoniam, inquit, ego me curo, equum Statius nihil*i* seruos.» Visum est parum esse reuerens responsum relatusque in aerarios, ut mos est ».

12. ' Statius ' autem seruile nomen fuit. Plerique apud ueteres serui eo nomine fuerunt. **13.** Caecilius quoque, ille comoediarum poeta inclutus, seruus fuit et propterea nomen habuit ' Statius '. Sed postea uersum est quasi in cognomentum, appellatusque est Caecilius Statius.

---

11 habitissimum : habilissimum Non. || nihili seruos *Gron.* : nichil seruos *PRV* || **13** ille *om. P* || est *alterum om. recc.*

NOTES COMPLÉMENTAIRES

P. 1.

2. *Indulgeri* passif rare (*Dig.*, XLVIII, 16, 17), dérivé de la construction *me indulgeo* (Térence, Lucilius).

3. La définition du mot fera *penus* l'objet du chapitre IV, f 1. Il faut noter ici la volonté de faire œuvre artistique, de se servir de mots rares et remarquables : dès l'ouverture du volume Aulu-Gelle emploie un mot sur lequel il jugera intéressant de composer tout un chapitre.

P. 2.

4. C'était d'après Aulu-Gelle lui-même (1, 25, 17) un ouvrage d'Aurelius Opilius en 5 livres. Affranchi d'un épicurien, l'auteur enseigna la philosophie, la rhétorique et la grammaire, mais quitta Rome pour suivre Rutilius Rufus en exil (— 92). Il passa le reste de sa vie à Smyrne où il écrivit *les Muses* et un *Pinax*.

5. Il ne s'agit ni de Stace, ni de Lucain auquel Vacca attribue 10 livres de *Siluae*. Suétone emploie le mot au singulier en parlant de Valerius Probus (*Gramm.*, 24, 2). On connaît la ὕλη d'Ateius Philologus, collaborateur de Salluste ; on appelle quelquefois la παντοδαπὴ ἱστορία de Favorinus, παντοδαπὴ ὕλη.

6. Πέπλος, à l'origine manteau brodé et bigarré comme celui que les femmes d'Athènes offraient à la déesse. Les critiques refusent de voir là une allusion à Brontinos de Métaponte qui avait intitulé ainsi un ouvrage (Suidas, II, p. 1175 Bernhardy) ; c'est un des titres mentionnés par Clément d'Alexandrie, *Stromata*, VI, 2, 1 : ἦ καὶ Λειμῶνάς τινες καὶ Ἑλικῶνας καὶ Κηρία καὶ Πέπλους συναγωγὰς φιλομαθεῖς ποικίλως ἐξανθισάμενοι συνεγράψαντο.

7. Œuvre du péripatéticien Sotion (cf. 1, 8, 1 et la note). Pline (*Praef.*, 24), raille déjà ce titre : Κέρας Ἀμαλθείας *quod copiae cornu, ut uel lactis gallinacei sperare possis in uolumine haustum.* Diogène Laërce (9, 7, 46) attribue à Démocrite d'Abdère un ouvrage de ce nom.

8. Cf. Pline (*Praef.*, 24) : Κηρίον *inscripsere quod uolebant intellegi fauom.* Dans l'*Anthologie* grecque le mot désigne une poésie, mais seulement à cause de son charme. Philostrate (p. 72 l. 23 Kayser) cite parmi les ouvrages attribués à Herodes Atticus des Καίρια, florilège et bréviaire de l'antique érudition. Il pourrait s'agir en réalité de Κηρία.

9. Cf. Clément d'Alexandrie *loc. laud.* qui explique l'expression par l'abondance et la variété des fleurs dans une prairie. Pam-

phile d'Alexandrie avait composé un recueil de ce titre (cf. Suidas *s.u.*). Mais il est probable qu'Aulu-Gelle pense plutôt au λειμῶνες de Cicéron. Le *pratum* de Suétone est mentionné plus bas.

10. Ce titre ne figure pas chez Pline. On ne connaît pas d'ouvrage de ce nom.

12. C'est le titre d'un ouvrage de Caesellius Vindex, grammairien du début du iiᵉ siècle qu'Aulu-Gelle cite très fréquemment.

15. Cf. Pline *N.H.*, 21, 13 : *ex nostris autem inscripsere aliqui anthologicon, flores uero persecutus est nemo quod equidem inueniam*. On ne connaît pas d'ouvrage de ce titre excepté les *Florida* d'Apulée qui doivent être postérieures.

13. Ephore et Philostephanus ont écrit des Εὑρήματα. Or Ephore est mentionné en 3, 11, 2 et cité par Pline dans sa table du livre I parmi les auteurs du livre VII : *Stratone qui contra Ephori* Εὑρήματα *scripsit*. Philostephanus est cité en 9, 4, 3.

14. Pline, *Praef.* considère *lucubratio* comme un nom latin qui prête à rire, cf. le *lycnobius* de Sénèque (*Ep.* 122, 16). Aulu-Gelle appelle sa propre œuvre *lucubratiunculas* (*infra*, 14).

15. Ce sera le titre de Clément d'Alexandrie. Il s'agit probablement ici d'un ouvrage de Caesellius Vindex (cf. Priscien, 6, 18 et 40, Keil, 210 et 230, 11), plutôt que de Plutarque.

16. Titre cité par Pline (*Praef.* 24). C'était aussi le titre d'un écrit de Tullius Tiro qui est cité en 13, 9, 3.

17. Montagne aux cent détours. Le titre n'est pas cité par Pline.

18. Προβλήματα d'Aristote plusieurs fois cités par Aulu-Gelle.

19. Cf. Pline (*Praef.* 24). C'était selon Philostrate le titre d'un ouvrage d'Herodes Atticus. Il n'y a dans les *Nuits Attiques* aucune mention de l'Ἐγχειρίδιον d'Epictète.

20. Aucun ouvrage d'auteur connu ne porte ce nom.

21. Les *Memoriales libri* de Masurius Sabinus sont cités à plusieurs reprises par Aulu-Gelle : 4, 20, 11 ; 5, 6, 13 ; 7, 7, 8.

22. Trois ouvrages érudits du poète Accius : *L. Accius in Pragmaticis* (20, 3, 3) ; *Accius in primo Didascalico* (3, 11, 4) ; *Accius Parergorum lib. I* (Nonius Marcellus, p. 61, 19 M.).

23. Le titre n'a rien de particulièrement recherché. Mais Aulu-Gelle s'amuse à rendre à Pline la monnaie de sa pièce ; au demeurant sa hargne contre les *exquisitissimi tituli* manque de conviction.

24. C'est l'ouvrage de Favorinus, cf. *Diog. Laert.*, 8, 12, etc.

25. Ouvrage de Suétone souvent cité aux iiᵉ et ivᵉ siècles.

26. Straton de Lampsaque d'après Diogène Laërce (V, 3, 59) avait écrit des τόποι. Mais la correction de J. Gronove τὸ πᾶν est loin d'être invraisemblable.

27. D'Ateius Capito (2, 24, 2, etc.) et d'Alfenus (7, 5, 1), tous deux jurisconsultes au temps d'Auguste.

P. 3.

3. Cf. 3, 9, 1 et la note : *Iulius Modestus in secundo Quaes-*

tionum Confusarum ; c'était l'affranchi et l'élève de Caius Iulius Hyginus, bibliothécaire de la biliothèque du Palatin et ami d'Ovide. Cf. Suétone, *Gramm.* 20. Pline ne donnait que seize titres, six seulement lui sont communs avec Aulu-Gelle.

4. Ici commence une polémique, beaucoup moins acerbe que celle de Pline, mais d'une tout autre portée, car elle s'inspire exclusivement de la doctrine de limitation : cf. *Introduction*, p. xxiv ss.

5. Le sens du proverbe est donné par Sophocle, *frag.* 307 Nauck : οὐ μᾶλλον ἢ λευκῷ λίθῳ λευκὴ στάθμη, pas plus qu'une ligne blanche sur une pierre blanche. La ligne blanche est la ligne invisible, cf. Platon, *Charm.*, 3 ; Plut., *De Garrul.*, 22, p. 331, l. 9. Bernadakis. En sens contraire, semble-t-il, Lucilius (XXIX, 830 Marx). Cf. Otto, *Sprichwörter s.u.*

TABLE DES MATIÈRES

ACHEVÉ D'IMPRIMER
EN NOVEMBRE 1967
SUR LES PRESSES
DE G. DE BUSSAC
CLERMONT-FERRAND

Dépôt légal, 4ᵉ trimestre 1967.
Imprimeur, nᵒ 1037. Editeur, nᵒ 1419.